名校名师

2018年

ACCOUNTING

注册会计师
全国统一考试一本通

经济法

■ 注册会计师全国统一考试命题研究中心 编著

人民邮电出版社
北京

图书在版编目（CIP）数据

经济法 / 注册会计师全国统一考试命题研究中心编
著. -- 北京 ：人民邮电出版社，2018.7
2018年注册会计师全国统一考试一本通
ISBN 978-7-115-48519-9

Ⅰ．①经… Ⅱ．①注… Ⅲ．①经济法－中国－资格考
试－自学参考资料 Ⅳ．①D922.29

中国版本图书馆CIP数据核字(2018)第112219号

内 容 提 要

本书以注册会计师协会新颁布的《注册会计师全国统一考试大纲》为依据，详细讲解"经济法"科目的相关知识点，并辅以大量的例题和习题，旨在帮助考生高效复习，顺利通过该科目的考试。

本书共 14 章，序章为"考纲分析与应试策略"，通过总结、提炼考试内容的重点及命题方式，为考生提供全面的复习与应试策略。第 1 章至第 12 章为分章考点讲解和强化训练，每章的结构为"考情分析+考点精讲+历年真题+全真模拟试题"。其中，"考点精讲"部分主要讲解近几年考试中的高频考点以及重点内容；"历年真题"和"全真模拟试题"部分，均按照新版考试大纲对应的考点分类设置考题，并提供相应的答案和解析。而且在解析中特设"易错警示"小栏目，以帮助考生识别命题人设计的"陷阱"，提高得分率。第 13 章为历年真题套卷，提供 2017 年和 2016 年的真题及其答案解析。另有 7 套历年真题及其答案解析在本书配套的题库中提供。

在本书配套的全真模考与练习题库中设有"考试指南""同步练习""题型特训""真题演练""模拟考场"和"错题重做"等板块，其中"模拟考场"提供的模拟考试系统，可自主组卷，并模拟真实考试环境，限时做题，完全满足全国各地考生的模考与练习需求。

本书适合报考注册会计师全国统一考试"经济法"科目的考生使用，也适合作为各类院校与社会培训机构的辅导书。

◆ 编　著　　注册会计师全国统一考试命题研究中心
　　责任编辑　李　莎
　　责任印制　马振武

◆ 人民邮电出版社出版发行　　北京市丰台区成寿寺路 11 号
　　邮编　100164　　电子邮件　315@ptpress.com.cn
　　网址　http://www.ptpress.com.cn
　　大厂聚鑫印刷有限责任公司印刷

◆ 开本：787×1092　1/16
　　印张：16.5　　　　　　　　　2018 年 7 月第 1 版
　　字数：451 千字　　　　　　　2018 年 7 月河北第 1 次印刷

定价：49.80 元

读者服务热线：(010)81055410　印装质量热线：(010)81055316
反盗版热线：(010)81055315
广告经营许可证：京东工商广登字 20170147 号

前　言

○● 编写本书的初衷

注册会计师考试（也称 CPA 考试）是根据《中华人民共和国注册会计师法》设立的执业资格考试，通过该考试是目前取得注册会计师执业资格的必备条件。为了帮助考生高效备考 2018 年注册会计师考试，快速提高应试能力，我们组织了一批注册会计师考试辅导名师，为不熟悉考查重点、考试形式、出题方式以及需要进行高效复习的考生量身打造了本书。

○● 本书能给予读者的帮助

■ 紧扣考试大纲，明确学习要点，提高复习效率

本书以《注册会计师全国统一考试大纲》为基准，对近几年考试中的高频考点、重点考点和难点考点分章进行讲解。在各章的"考情分析"和"本章考点概览"中，对各考点涉及的题型、重要程度进行了归纳、总结，并依据考试大纲要求用星号（★）标注，帮助考生明确复习要点，准确、迅速地抓住重点，提高复习效率。其中，"★★★"表示要求掌握的考点，"★★"表示要求熟悉的考点，"★"表示要求了解的考点。

■ 讲解通俗易懂，配有相关图示和表格，一看就懂

本书在讲解考点的过程中，尽量做到语言描述清楚、易懂，并通过示意图或表格对重难 考点进行总结、归纳，使考生不仅看得懂，而且容易记忆、理解。

■ 同步提供大量真题和全真模拟试题，揭示命题思路，点拨应试技巧

本书在对各章考点讲解后，针对各考点辅以近几年的典型考试真题和全真模拟试题，并同步给出答案和解析。考生通过做题，不仅能强化、巩固所学知识点，而且能熟悉各种考试题型的解题思路与命题特点，提高应试能力。

■ 配套题库，完全模拟真实机考环境，提前实战演练

本书配套的全真模考与练习题库，主要提供"考试指南""同步练习""题型特训""真题演练"和"模拟考场"等板块。其中，"模拟考场"完全模拟真实机考环境，能将考生提前带入"考场"。本题库中的所有考题，均是精心挑选的历年真题和专家编写的预测题，并且全部配有参考答案和详细解析，能有效帮助考生在模拟演练中掌握解题思路，明确考查重点，突破复习难点。

○● 怎样使用本书

■ 了解考试要求，明确复习思路

先认真研究本书的"考纲分析与应试策略"部分，深入了解考试大纲的考查要求与命题趋势，明确复习重点，做好复习计划。

■ 复习抓重点，有的放矢

在复习第 1 章至第 12 章时，建议考生先仔细阅读"考情分析"和"本章考点概览"部分，初步了解常考考点，明确复习重点，然后依次练习历年真题和全真模拟测试题，对应答案和解析全面掌握解题要领，提高应试能力。

■ **综合训练，模拟考试**

本书最后提供了 2017 年真题和 2016 年真题试卷，考生可以限时作答，提前实战演练，掌握答题时间和答题技巧。

■ **与题库配合使用，通关有保障**

考生复习完木书中的一章或全部知识点后，可通过本书配套的全真模考与练习题库进行反复练习，在提前适应机考环境的同时，检测自己对知识点的掌握情况，查漏补缺。

◎● 致谢

在编写过程中，本书得到了数位资深注册会计师以及知名高校财会专业教师的指导和审读。同时，教育部教育信息管理中心对本书的题库建设、系统开发给予了大力支持，在此一并表示衷心的感谢！

尽管编写组成员力求精益求精，书中亦难免有不足之处，恳请广大读者批评指正。本书编者的联系邮箱为 muguiling@ptpress.com.cn。

编　者

目　录

IV

V

考纲分析与应试策略

一、考试简介

注册会计师考试，又称CPA考试，是根据《中华人民共和国注册会计师法》设立的执业资格考试，由财政部成立的考试委员会（以下简称"财政部考委会"）负责组织实施。该考试是取得中国注册会计师执业资格的必备条件，全国统一考试大纲，统一考试内容。

1．考试科目

该考试分为专业阶段与综合阶段。每一阶段的考试都是每年举办一次。

专业阶段的考试科目有6个，分别为会计、审计、财务成本管理、经济法、税法、公司战略与风险管理。单科合格成绩5年有效。在连续5年内取得专业阶段6个科目合格成绩的考生，将获得专业阶段合格证。

综合阶段的考试科目为职业能力综合测试（试卷一、试卷二）。考生在取得专业阶段合格证后，才能参加综合阶段考试，而且须在5个年度考试中完成（即通过该考试）。考生通过综合阶段考试后，将取得全科合格证。

2．考试形式

注册会计师考试的专业阶段，采用闭卷方式，并自2012年以来实施计算机考试模式（以下简称"机考"）。为适应机考环境的变化，该考试简化主观题题干，降低阅读量，并在保持试题难易程度总体不变的情况下，增加了客观题的比重。

在机考中，为方便考生输入，考试系统支持8种输入法，分别为：微软拼音输入法、全拼输入法、智能ABC输入法、谷歌拼音输入法、搜狗拼音输入法、王码五笔型输入法、极品五笔输入法、万能五笔输入法。同时，为便于考生计算，考试系统亦提供模拟计算器，如图1所示。

机考系统提供了必要的辅助功能，帮助考生完成答题。资料区辅助工具如图2所示。

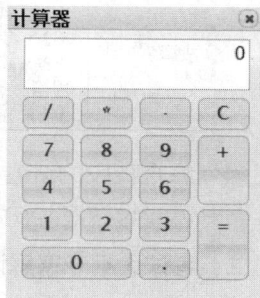

图1　模拟计算器

图2　资料区辅助工具栏

答题区辅助工具如图3所示。

图3　答题区辅助工具栏

注册会计师的综合阶段，采用闭卷、机试的方式。

该考试由两张试卷组成，分别是试卷一，考查内容以鉴证业务为核心，涉及会计、审计和税法等专业领域；试卷二，考查内容以技术咨询和业务分析为核心，涉及财务成本管理、公司战略与风险管理等专业领域。

3．考试题型与答题时间

专业阶段考试的单科满分为100分，60分为合格，各科的题型与答题时间不尽相同，如表1所示。

表1　专业阶段6门单科题型及答题时间

科目	题型	答题时间
会计	（1）单项选择题。12小题，每题2分，共24分 （2）多项选择题。10小题，每题2分，共20分 （3）计算分析题。2小题，每题10分。其中一道小题可以用中文或英文解答，如使用英文解答，须全部使用英文，答题正确的，增加5分，计算分析题最高得分为25分 （4）综合题。2小题，每题18分，共36分	180分钟
审计	（1）单项选择题。25小题，每题1分，共25分 （2）多项选择题。10小题，每题2分，共20分 （3）简答题。6小题，共36分。其中一道小题可以用中文或英文解答，如使用英文解答，须全部使用英文，答题正确的，增加5分，简答题最高得分为41分 （4）综合题。1题，19分	150分钟
财务成本管理	（1）单项选择题。14小题，每小题1.5分，共21分 （2）多项选择题。12小题，每小题2分，共24分 （3）计算分析题。5小题，共40分。其中一道小题可以用中文或英文解答，如使用英文解答，须全部使用英文，答题正确的，增加5分，计算分析题最高得分为45分 （4）综合题。1题，15分	150分钟
税法	（1）单项选择题。24小题，每小题1分，共24分 （2）多项选择题。14小题，每小题1.5分，共21分 （3）计算题。4小题，共24分。其中一道小题可以用中文或英文解答，如使用英文解答，须全部使用英文，答题正确的，增加5分，因而此题的最高得分为29分 （4）综合题。2小题，共31分	120分钟
经济法	（1）单项选择题。24小题，每小题1分，共24分 （2）多项选择题。14小题，每小题1.5分，共21分 （3）案例分析题。4小题，共55分。其中一道小题可以用中文或英文解答，如使用英文解答，须全部使用英文，答题正确的，增加5分，简答题最高得分为60分	120分钟
公司战略与风险管理	（1）单项选择题。24小题，每小题1分，共24分 （2）多项选择题。14小题，每小题1.5分，共21分 （3）简答题。4小题，共30分。其中一道小题可以用中文或英文解答，如使用英文解答，须全部使用英文，答题正确的，增加5分，简答题最高得分为35分 （4）综合题。1题，25分	120分钟

综合阶段的试卷一与试卷二各有一道题，每题50分，合计得60分为合格。试卷一与试卷二的考试时长均为3.5个小时。

二、考试大纲专家解读

本书面向注册会计师考试专业阶段的"经济法"科目，下面就详细介绍该科目的考试内容。

1.考查要点概览

"经济法"科目包括四部分内容，一是法律基本原理（本书第1章），二是民法相关制度（本书第2章至第4章），三是商法相关制度（本书第5章至第9章），四是经济法相关制度（本书第10章至第12章），各部分的考核情况如表2所示。

表2　"经济法"科目的考核要点

章节	新版考试大纲要求	近几年主观题主要考点	各章近几年分值比例	内容重要程度
第1章　法律基本原理	了解法律渊源、法律关系的客体、法律关系的变动原因	法律渊源、法律关系变动的原因	2%	★
第2章　基本民事法律制度	了解无效民事行为、附条件和附期限的法律行为，法律诉讼时效的中止和中断的情形以及时间限制	无效民事行为、诉讼时效的中止	4%	★★
第3章　物权法律制度	了解所有权、用益物权、担保物权的变动，掌握担保物权中的抵押权、质权和留置权相关知识点	质权、抵押权、建设用地使用权	8%	★★★

续表

章节	新版考试大纲要求	近几年主观题主要考点	各章近几年分值比例	内容重要程度
第4章 合同法律制度	了解合同的订立、效力、履行、担保转让、终止整个流程，能够对违约责任进行鉴定	提存、免责条款、建设工程合同	14%	★★★
第5章 合伙企业法律制度	了解普通合伙企业和有限合伙企业在事务执行和责任承担范围的区别，掌握入伙退伙、财产继承和合伙人性质的相关知识点	有限合伙企业设立的特殊规定、合伙企业财产、合伙事务执行、入伙和退伙、合伙人性质转变的特殊规定	6%	★★
第6章 公司法律制度	掌握有限责任公司和股份有限公司的区别	公司的设立、股东权利保护、公司的组织机构	14%	★★★
第7章 证券法律制度	掌握股票的发行上市与交易、公司债券的发行与交易、证券欺诈的法律责任的相关知识点	股票发行的类型、非上市公众公司和上市公司增发股票、持股权益披露、虚假陈述行为	14%	★★★
第8章 企业破产法律制度	掌握企业破产的基本法律程序，尤其是管理人制度和清算程序	破产管理人的报酬、破产财产的变价和分配	12%	★★★
第9章 票据与支付结算法律制度	了解汇票的相关法律制度，并能够熟练转移到本票和支票上；了解非票据结算方式	质押背书、转让背书、追索权	16%	★★★
第10章 企业国有资产法律制度	掌握企业国有资产的产权界定、评估和产权转让制度；掌握境外国有资产的管理制度；掌握金融企业国有资产与一般企业国有资产的异同	关系企业国有资产出资人权益的重大事项	2%	★
第11章 反垄断法律制度	了解垄断协议规制制度、滥用市场支配地位规制制度、经营者集中反垄断审查制度、滥用行政权力排除、限制竞争规制制度	反垄断法的适用范围、反垄断法的实施机制、横向垄断协议和市场支配地位的认定	4%	★
第12章 涉外经济法律制度	了解涉外投资法律制度、对外贸易法律制度和外汇管理法律制度	外商直接投资法律制度、对外贸易法的适用范围和原则、经常项目外汇管理制度	4%	★

2．命题趋势分析

总结近几年考试命题，其命题趋势如下。

（1）考核全面

历年试题的命题范围以考试大纲为依据，基本覆盖了考试大纲所规定的考试内容。考生要在规定的考试时间内，完成大量的试题，不仅要求考生牢固掌握专业知识，而且要对教材内容达到相当熟悉的程度。这么多题目分布在十二章中，每一章都有考题，因此考生一定要按考试大纲规定范围全面学习，放弃盲目猜题、押题的侥幸心理；但案例分析题一般出现在合同法律制度、公司法律制度、证券法律制度、企业破产法律制度、票据与支付结算法律制度中，对这几章的复习要加大力度。

（2）理论联系实际，重点突出

"经济法"科目以经济相关的法律为核心，主要阐述并解释了经济体在运营过程中所可能遇到的法律法规问题，主要分为民法、商法和经济法3个部分，其中商法部分为考试重点。试题重点突出，着重于测试考生作为一名执业注册会计师应具备的业务知识和技能。其考试重点可归纳为以下3点。

① 本学科核心内容，即"经济法"科目本身的核心内容，具体如下。

◆ 第2章主要考查民事行为的种类和法律诉讼时效的中止和中断。对于诉讼时效中所涉及的具体时间需要特别记忆。

◆ 第3章主要涉及物权的种类和物权的变动两大板块。其中担保物权是重点，用益物权中的建设土地使用权也经常在客观题中出现，需要特别注意。

◆ 第4章主要涉及合同的订立、效力、履行、担保转让、终止和违约责任。上述每一点都可能出题，另外，本章所列出的一些有名合同也要特别注意，尤其是建设工程合同。本章出现案例分析题的可能性也较大，往往是将合同的效力、履行、担保转让、终止和违约责任结合起来考查。

◆ 第5章主要涉及普通合伙企业、有限合伙企业和合伙企业的解散与清算三大部分。普通合伙企业与有限合伙企业要对比起来记忆。合伙企业的解散与清算要第6章的公司的解散与清算结合起来理解记忆。

◆ 第6章主要涉及股份有限公司、有限责任公司两个概念；其构架结构，组织机构制度，财务制度，合并、分立与减资及解散和清算都是重要考查点。任何制度都应放在股份有限公司和有限责任公司两个框架下对比记忆。本章常和第7章结合起来考查，一定要多注意。

◆ 第7章主要涉及股票的发行、上市与交易，公司债券的发行与交易，上市公司的收购和重组，证券欺诈的法律责任4个方面。

◆ 第8章主要涉及破产的申请与受理、管理人制度、债务人财产、破产债权、债权人会议、重整程序、和解制度和破产清算程序。本章出现案例分析题的可能性较大，一定要对各个环节都非常注意。

◆ 第9章主要涉及票据法律制度和非票据结算方式两部分。其中票据法律制度中的汇票是重中之重，其主要考查点体现为背书、质押和追索权。本章出现案例分析题的可能性也比较大。

◆ 第10章主要涉及企业国有资产的产权界定、评估制度、产权转让制度，企业境外国有资产管理制度和金融企业国有资产管理制度3个方面。普通国有资产的管理制度要和金融国有资产的管理制度进行对比，境内国有资产的管理制度要和境外国有资产的管理制度进行对比。

◆ 第11章主要涉及垄断协议规制制度，滥用市场支配地位规制制度，经营者集中反垄断审查制度，滥用行政权力排除、限制竞争规制制度4个方面。本节历年所考题目几乎全部为客观题，只要对几个基本概念记忆理解即可。

◆ 第12章主要涉及涉外投资、对外贸易和外汇管理3个部分。对于外商直接投资法律制度要重点复习。本节历年来所涉及的客观题较多，分值较重，但是不可能出现案例分析题，记熟知识点即可。

② 与注册会计师业务联系紧密的内容。例如合同的制定、效力、履行、终止、违约责任，普通合伙企业和有限合伙企业，有限责任公司和股份有限公司，股票的发行上市与交易、公司债券的发行与交易，破产清算，票据支付，国有资产管理制度，滥用市场支配地位，对外投资相关内容等。

③ 新增内容。主要是近一两年考试大纲新增加的内容，包括首次公开发行股票时的老股转让、网上网下同时发行机制、境外投资管理等。

对这些内容，考生应给予更多关注，有针对性地加强学习。

三、应试经验与解题技巧

考试时，应了解并合理应用一些作答方法和解题技巧。

1．客观题

客观题的题型为单项选择题与多项选择题，虽然每道题的分值不高，但题量很大，总计有45分左右，所占比重很大。可见，客观题是全面考核的具体体现，主要考查考生对知识的全面理解及分析判断能力。因而，考生要全面掌握考核知识点，才能保证客观题的得分量。

考生在解答客观题时，首先要仔细看清楚题意和所有备选答案，然后再寻找最佳答案。常用的解题方法有以下3种。

（1）直接挑选法

这类试题一般属于法规、制度和规定性的"应知应会"内容，或者计算性的试题。考生只要掌握了相关知识点，就能直接做出正确的选择，或者通过计算选择正确的答案。下面举例说明。

【例题1·单项选择题】（2017年真题）根据涉外投资法律制度的规定，境外公司股东以股权作为支付手段并购境内公司的，该境外公司及其管理层最近一定年限内应未受到监管机构的处罚。该一定年限是（   ）。

A．2年　　　　　　　　　　　　　B．1年
C．4年　　　　　　　　　　　　　D．3年

〖解析〗本题考查的是外国投资者以股权作为支付手段并购境内公司。根据涉外投资法律制度的规定，外国投资者以股权作为支付手段并购境内公司的，境外公司应合法设立并且其注册地具有完善的公司法律制度，且公司及其管理层最近3年未受到监管机构的处罚。

【答案】D

（2）排除法

如果不能一眼看出正确答案，应首先排除明显错误的选项。一般来说，单项选择题的正确答案基本是直接摘抄自教材或相关法规，其余备选项则是命题人自己设计的。即使再高明的专家，给出的备选项也可能会有明显错误的，所以尽可能排除错误的选项，提高答对题目的概率。

【例题2·多项选择题】（2017年真题）根据合伙企业法律制度的规定，下列有限合伙人的行为中，视为执行合伙事务的有（   ）。

A．参与决定转让合伙企业的知识产权　　B．参与决定普通合伙人退伙
C．参与决定合伙企业为第三人提供担保　D．对合伙企业的经营管理提出建议

〖解析〗本题考查的是有限合伙企业事务执行的特殊规定。有限合伙人不执行合伙事务，不得对外代表有限合伙企业，但有限合伙人的下列行为，不视为执行合伙事务：①参与决定普通合伙人入伙、退伙；②对企业的经营管理提出建议；③参与选择承办有限合伙企业审计业务的会计师事务所；④获取经审计的有限合伙企业财务会计报告；⑤对涉及自身利益的情况，查阅有限合伙企业财务会计账簿等财务资料；⑥在有限合伙企业中的利益受到侵害时，向有责任的合伙人主张权利或者提起诉讼；⑦执行事务合伙人怠于行使权利时，督促其行使权利或者为了本企业的利益以自己的名义提起诉讼；⑧依法为本企业提供担保。因此，选项B、D中的行为不视为执行合伙事务，应予排除。本题正确答案为选项A、C。

【答案】AC

（3）猜测法

若遇到实在不能确定正确答案的题目，也要根据自己的判断写出一个选项，因单项选择题和多项选择题选错并不倒扣分，其选错结果与不选是一样的。

2．案例分析题

案例分析题主要考查考生对知识的综合运用的能力。案例分析题涉及的内容多，而且一般

不止考查某一个问题，而是把几个知识点联系起来考查，所以考生答题时必须认真审题，仔细阅读题目中给出的资料、数据和具体要求，同时要开阔思路，将各个知识点联系起来，通过分析理出解题思路。

案例分析题的题目要求一般分成几道问题，这往往是一种提示，所以，一定要按照题目所问的顺序答题，并注意答题的系统性。

下面就通过一道例题说明如何解答案例分析题。

【例题3·案例分析题】（2017年真题）甲公司为支付货款，向乙公司签发一张以A银行为承兑人、金额为100万元的银行承兑汇票。A银行作为承兑人在汇票票面上签章，甲公司的股东郑某在汇票上以乙公司为被保证人，进行了票据保证的记载并签章。甲公司将汇票交付给乙公司工作人员孙某。

孙某将该汇票交回乙公司后，利用公司财务管理制度的疏漏，将汇票暗中取出，并伪造乙公司财务专用章和法定代表人签章，将汇票背书转让给与其相互串通的丙公司。丙公司随即将该汇票背书转让给丁公司，用于支付房屋租金，丁公司对于孙某伪造汇票之事不知情。

丁公司于汇票到期日向A银行提示付款。A银行在审核过程中发现汇票上的乙公司签章系伪造，故拒绝付款。丁公司遂向丙公司、乙公司和郑某追索，均遭拒绝。后丁公司知悉孙某伪造汇票之事，遂向其追索，亦遭拒绝。

要求：根据上述内容，分别回答下列问题。

（1）丁公司能否因丙公司的背书转让行为而取得票据权利？并说明理由。

（2）乙公司是否应当向丁公司承担票据责任？并说明理由。

（3）郑某是否应当向丁公司承担票据责任？并说明理由。

（4）孙某是否应当向丁公司承担票据责任？并说明理由。

〖解析〗

（1）丁公司能够因丙公司的背书转让行为而取得票据权利。根据《票据法》的规定，以欺诈、偷盗或者胁迫等手段取得票据的，或明知有以上所列情形仍然恶意取得票据的不能享有票据权利。无处分权人处分他人的票据权利，受让人依照票据法所规定的票据转让方式取得票据，并且善意且无重大过失，则可以取得票据权利。本题中，尽管丙公司不享有票据权利，但由于其形式上是票据权利人，在其向丁公司背书转让时，丁公司善意取得票据权利。

（2）乙公司不需要向丁公司承担票据责任。根据《票据法》的规定，票据伪造的被伪造人不承担票据责任，伪造人未以自己名义在票据上签章，不承担票据责任，但可能承担刑事、行政责任或民法上的赔偿责任。因此，本题中被伪造人（乙公司）不承担票据责任。

（3）郑某应当向丁公司承担票据责任。根据《票据法》的规定，如果被保证人的债务因实质要件的欠缺而无效（例如签章伪造）的，并不影响票据保证的效力。因此，本题中保证人（郑某）仍应对票据权利人（丁公司）承担票据保证责任。

（4）孙某不需要向丁公司承担票据责任。根据《票据法》的规定，伪造人未以自己名义在票据上签章，不承担票据责任，但可能承担刑事、行政责任或民法上的赔偿责任。因此，本题中由于伪造人（孙某）没有以自己的名义在票据上签章，所以不需要向丁公司承担票据责任。

四、学习方法与建议

一般情况下，备考学习要经过以下3步。

第一，看懂。依据教材进行系统学习，对不懂的知识点可反复研读，并通过教材上的例题进行深入理解，以透彻掌握该知识点。

第二，总结。在熟悉所有的知识点之后，依据考试大纲梳理教材中的知识点，查缺补漏，重点掌握高频考点。

第三，练习。多练习可以加深对知识点的理解。考生不仅可以通过辅导书练习，还可以通过配套光盘练习，双管齐下，复习更高效。

对于学习方法，具体建议如下。

（1）做好学习计划，合理分配学习时间

依据考试时间统计自己总的学习时间。在此基础上，根据考试重点、难点合理分配学习时间。

就"经济法"科目而言，商法部分所占考试分值较多，难度较大，这部分所需的学习时间在60%以上。考生在学习这一部分时一定要有耐心和信心，不要半途而废。经济法部分所占分值不大，但是考点较多，也要多加留意。

民法这部分的难度较低，所需的学习时间也相对较少。对于这部分内容，考生尤其要注意本书所列出的学习重点，在复习时要有的放矢，提高复习效率。

（2）"学"要系统，"练"要精细

在学习时，首先要系统地研读教材，全面掌握知识点，然后通过辅导书进行有针对性的练习。

练习时，不要搞题海战术，尤其是不能一开始就做大量习题，这样容易迷失在"题海"里。做题时，应首选历年真题和模拟题。因为这些试题最能反映命题人的命题特点，考生可在做题的过程中，掌握解题要领和解题技巧，提高应试能力。

（3）书和题库系统结合使用，提高学习效率

在学习的过程中，可结合本书配套的题库系统进行有针对性的练习，在检测自己对知识掌握情况的同时，熟悉真实机考环境，为机考做好准备，从而顺利通过考试。

第1章　法律基本原理

考情分析

在近8年考试中，涉及本章内容的考题不多，所占平均分值为2分左右，考查题型均为单选题。

学习建议

本章需记忆的内容较多，考生可在理解的基础上记忆。法律渊源是高频考点，几乎每年都考，考生需重点掌握。宪法、法律、法规、规章的制定机构和效力等级，以及它们的名称特点，巧用对比的方式即可轻松记忆。掌握法律主体和客体的具体内容以及权利能力与行为能力；熟悉法律关系的变动原因的两个主要方面（事件、行为）的内容。

本章考点概览

第1章　法律基本原理	1. 法律渊源	★★★
	2. 法律体系	★★
	3. 法律关系的变动原因——法律事实	★★

考点精讲

考点1　法律渊源（★★★）

法律渊源也称法律的形式，指法律的存在或表现形式。

类型		制定机关	效力	名称特点
宪法		全国人民代表大会	最高	
法律		全国人大及其常委会	次于宪法，高于行政法规、地方性法规、规章	××法，如《中华人民共和国合同法》（以下简称《合同法》）
法规	行政法规	国务院	仅次于宪法和法律	××条例
	地方性法规	地方人大及其常委会	不得与宪法、法律和行政法规抵触	
规章	部门规章	国务院的组成部门及其直属机构	—	××办法等规范性法律文件的总称
	地方政府规章	省、自治区、直辖市和较大市的人民政府		
司法解释		最高法院、最高检察院	指导性文件和法律解释的总称	
国际条约或协定		—	—	—

【名师点拨】法是反映由一定物质生活条件所决定的统治阶级意志的体现，由国家制定或认可，并由国家强制执行，保障权利和义务，调整人的行为和社会关系的行为规范。

考点2　法律关系（★★）

法律关系是根据法律规定产生的，以主体之间的权利与义务为内容的特殊的社会关系（如合同关系、夫妻关系）。法律关系三要素：主体、内容、客体。

基本构成			具体内容
主体	自然人		权利能力：始于出生，终于死亡
		民事行为能力	完全民事行为能力人：≥18周岁、16周岁≤X（以自己的劳动收入为主要生活来源）<18周岁的公民
			限制民事行为能力人：≥8周岁未成年人；不能完全辨认自己行为的精神病人
			无民事行为能力人：<8周岁未成年人；完全不能辨认自己行为的精神病人
	法人、非法人组织		权利能力、行为能力在成立时产生，终止时消灭；行为能力通过法定代表人或者其他代理人实现（如机关、企业、事业单位和社会团体，其他组织如分公司）
	国家		在特殊情况下，国家可以作为一个整体成为法律关系的主体
内容			权利（可为模式）与义务（应为或勿为模式）
客体			（1）物，如森林、建筑物、机器、各种产品 （2）行为，如旅客运输合同的客体是运送旅客的行为 （3）人格利益，如公民的肖像权、名誉权等 （4）智力成果，如文学艺术作品、科学著作和科学发明等

【名师点拨】绝对法律和相对法律的区别如下。

（1）绝对法律关系的主体的一方（权利人）是可以确定的、具体的；另一方（义务人）则是除了权利人以外的所有人；其表现形式为"一个主体对其他一切主体"。

（2）相对法律关系的主体的权利人和义务人都是可以确定的，其表现形式为"某个主体对某个主体"。

考点3　法律关系的变动原因——法律事实（★★）

法律事实是指法律规范所规定的，能够引起法律后果即法律关系产生、变更和消灭的客观现象。

类别		内容
事件——与当事人意志无关，但能够引起法律关系发生、变更和消灭的客观情况		（1）人的出生与死亡 （2）自然灾害与意外事件 （3）时间的经过
行为	法律行为——人的意思表示（有行为能力要求）	例如，签订合同
	事实行为——与表达法律效果，特定精神内容无关的行为（无行为能力要求）	例如，创作行为、侵权行为和建造房屋

📖 历年真题

一、单项选择题

1.　【2015年真题】下列关于法律关系主体的表述中，正确的是（　　　）。
   A. 法律关系主体必须同时具备权利能力和行为能力
   B. 作为法律关系主体的自然人不包括外国人
   C. 分公司具有法人地位

D. 法律关系主体既包括权利人，也包括义务人

2. 【2014年真题】下列关于各种法律渊源效力层级由高到低的排序中，正确的是（　　）。
   A. 宪法、行政法规、部门规章、法律
   B. 宪法、法律、部门规章、行政法规
   C. 宪法、行政法规、法律、部门规章
   D. 宪法、法律、行政法规、部门规章

3. 【2013年真题】小明今年3岁，智力正常，但先天腿部残疾。下列关于小明的权利能力和行为能力的表述中，正确的是（　　）。
   A. 小明有权利能力，但属于限制行为能力人
   B. 小明无权利能力，但属于限制行为能力人
   C. 小明有权利能力，但无行为能力
   D. 小明既无权利能力，也无行为能力

4. 【2012年真题A卷、B卷】中国证券监督管理委员会制定的《上市公司信息披露管理办法》属于（　　）。
   A. 法律　　　　　B. 行政法规　　　　　C. 部门规章　　　　　D. 司法解释

二、多项选择题

1. 【2015年真题】下列各项中，属于我国法律渊源的有（　　）。
   A. 联合国宪章
   B. 某公立大学的章程
   C. 《最高人民法院公报》公布的案例
   D. 中国证监会发布的《上市公司收购管理办法》

2. 【2014年真题】下列各项中，能导致一定法律关系产生、变更或者消灭的有（　　）。
   A. 人的出生　　　　B. 时间的经过　　　　C. 侵权行为　　　　D. 自然灾害

历年真题答案及解析

单项选择题答案速查表

题号	答案	题号	答案	题号	答案	题号	答案
1	D	2	D	3	C	4	C

多项选择题答案速查表

题号	答案	题号	答案
1	AD	2	ABCD

一、单项选择题答案及解析

1. D〖解析〗本题考查的是法律关系的主体相关内容。选项A，法律关系主体，必须具备权利能力；而法律关系主体要自己参与法律活动，必须具备相应的行为能力。选项B，法律关系主体的自然人既包括本国公民，也包括居住在一国境内或在境内活动的外国公民和无国籍人。选项C，分公司不具有法人地位，但可以以自己名义从事法律活动。选项D，法律关系主体即法律关系的参加者，是指依法享有权利和承担义务的当事人。

2. D〖解析〗本题考查的是各种法律渊源效力层级。法律渊源效力层级按照效力等级由大到小排序为：宪法＞法律＞行政法规＞部门规章，故答案为选项D。

【易错警示】不少考生理解宪法为高法，具有高效力，法律次之，但对于行政法规与部门规章则容易混淆。行政法规由国务院制定，部门规章由国务院部委及其直属机构制定，因此从制定机关的性质可判定行政法规的效力比部门规章大。

3．C〖解析〗本题考查的是自然人。自然人的民事权利能力始于出生、终于死亡，故小明享有民事权利能力；不满8周岁的未成年人肯定属于无民事行为能力人，法律一般以年龄和精神、智力状况作为判断和确定自然人民事行为能力的依据，腿部是否残疾与此无关，所以选项A、B、D错误。

4．C〖解析〗本题考查的是部门规章。部门规章由国务院的组成部门及其直属机构在其职权范围内制定。

【易错警示】部分考生易错选选项B，混淆行政法规与部门规章，前者是由国务院制定并颁布实施的，后者则是由国务院部委及其直属机构制定并颁布实施的。另外，我们也需要区分部门规章和地方政府规章。后者是由省级和较大的市人民政府制定并颁布实施的，因此从制定机关的性质可判定部门规章的效力比地方政府规章大。

二、多项选择题答案及解析

1．AD〖解析〗法律渊源也称法律形式，我国法律渊源均表现为制定法，包括宪法、法律、法规、规章、司法解释、国际条约和协定。选项A属于国际条约，选项D属于部门规章。

2．ABCD〖解析〗本题考查的是法律事实（法律关系的变动原因）。法律事实可以分为两类：①事件，如人的出生与死亡、自然灾害与意外事件、事件的经过。②人的行为，包括法律行为、事实行为。选项A、B、D属于事件的范畴，选项C属于人的行为（事实行为）范畴。

【易错警示】本题只要掌握了法律事实的概念，便可从概念中得出哪些是事件，哪些是人的行为，部分考生会把人的行为中法律行为和事实行为相混淆。法律行为：以行为人的意思表示为要素的行为，如订立合同。事实行为：与意思表示无关的行为，如创作行为、侵权行为。

全真模拟试题

一、单项选择题

1．下列各项中，不属于无效民事行为的是（　　）。
   A．张鸥将自己的房屋低价转让给拓达公司
   B．4岁的小黄用压岁钱购买价值200元的化妆品
   C．那某威胁周某，在此情况下，周某借款15万元给那某
   D．厂长曾某恶意串通财务科科长费某，将企业资金转移到其个人账户
2．根据法律规定，下列选项中有权制定行政法规的机关为（　　）。
   A．国务院
   B．省级人民政府
   C．国务院各部、委员会
   D．省级人民代表大会及其常务委员会
3．下列各项中，属于部门规章的是（　　）。
   A．中国证监会发布的《上市公司信息披露管理办法》
   B．全国人民代表大会制定的《中华人民共和国宪法》
   C．国务院制定的《中华人民共和国公司登记管理条例》

D. 全国人民代表大会常委会制定的《中华人民共和国合伙企业法》

4. 下列关于自然人民事行为能力的表述中，错误的是（　　　）。

A. 16周岁以上不满18周岁的自然人，能够以自己的劳动收入为主要生活来源的，视为完全民事行为能力人

B. 8周岁以下的未成年人是无民事行为能力人

C. 完全不能辨认自己行为的精神病人是无民事行为能力人

D. 8周岁以上的未成年人是限制民事行为能力人

5. 下列规范性文件中，属于行政法规的是（　　　）。

A. 厦门市人民代表大会制定的《厦门经济特区注册会计师条例》

B. 中国人民银行制定的《人民币银行结算账户管理办法》

C. 全国人民代表大会常务委员会制定的《中华人民共和国公司法》

D. 国务院制定的《中华人民共和国外汇管理条例》

二、多项选择题

1. 下列关于可变更、可撤销民事行为的撤销权的表述中，正确的有（　　　）。

A. 撤销权在性质上属于形成权，依撤销权人的意思表示即可产生相应的法律效力，无须相对人同意

B. 在一方以欺诈、胁迫的手段或者乘人之危，使对方在违背真实意思的情况下订立的合同，只有受损害方才有权撤销

C. 撤销权的行使期限属于除斥期间，不得适用诉讼时效的中止、中断和延长

D. 具有撤销权的当事人自知道或应当知道撤销事由之日起1年内没有行使撤销权的，撤销权消灭

2. 下列关于民事法律行为特征的说法正确的有（　　　）。

A. 继承开始后，继承人放弃继承的，应当在遗产处理前，做出放弃继承的表示。没有表示的，视为接受继承

B. 民事法律行为以设立、变更或终止权利义务为目的。此处的"目的"指的是当事人实施法律行为所追求的法律后果以及行为人实施行为的动机

C. 单方行为只要求当事人一方做出意思表示即可成立，而多方法律行为，则强调行为人意思表示一致才能成立

D. 民事法律行为是有目的的行为，是当事人欲达到一定法律效果的行为。此处的"目的"仅指当事人实施法律行为所追求的法律后果

全真模拟试题答案及解析

单项选择题答案速查表

题号	答案	题号	答案	题号	答案	题号	答案	题号	答案
1	A	2	A	3	A	4	B	5	D

多项选择题答案速查表

题号	答案	题号	答案
1	ABCD	2	ACD

一、单项选择题答案及解析

1. A〖解析〗本题考查的是民事行为能力。根据《中华人民共和国民法通则》（以下简称《民法通则》）的规定，无效民事行为包括：无行为能力人实施的民事行为；限制民事行为能力人依法不能独立实施的民事行为；一方以欺诈、胁迫的手段或者乘人之危，使对方在违背真实意思的情况下所为的民事行为；恶意串通，损害国家、集体或者第三人利益的民事行为；违反法律或者公共利益的民事行为；违反国家指令性计划的民事行为；以合法形式掩盖非法目的的民事行为。

2. A〖解析〗本题考查的是行政法规的制定权限。行政法规是国务院为领导和管理国家各项行政工作，根据宪法和法律，按照有关程序制定发布的各类法规的总称。由此可知，行政法规是由国务院制定的。

【易错警示】考生应注意区分行政法规和地方性法规：前者仅次于宪法、法律，是由国务院制定并颁布实施的；后者则不得与宪法、法律和行政法规相抵触，是由地方人大及其常委会制定并颁布实施的。

3. A〖解析〗本题考查的是部门规章。部门规章是指国务院的组成部门及其直属机构在其职权范围内制定的规范性文件，如中国人民银行颁发的《支付结算办法》、中国证监会发布的《上市公司信息披露管理办法》。

【易错警示】考生应注意区分行政法规和部门规章：前者是由国务院制定并颁布实施的；后者则是由国务院部委及其直属机构制定颁布实施的。

4. B〖解析〗本题考查的是民事行为能力。无民事行为能力人包括不满8周岁的未成年人（小于8周岁），或不能辨认自己行为的精神病人。选项B中"8周岁以下的未成年人"包括"8周岁"，说法错误。

【易错警示】考生若对"8周岁"临界点理解有误，则容易错选。考生应记住，"8周岁以上"包含"8周岁"，而限制民事行为能力人则为"不满8周岁"的未成年人。

5. D〖解析〗本题考查的是行政法规。选项A属于"地方性法规"；选项B属于"部门规章"；选项C属于"法律"；选项D属于"行政法规"。

二、多项选择题答案及解析

1. ABCD〖解析〗本题考查的是民事行为。撤销权是权利人以其单方的意思表示变更或撤销已经成立的民事行为的权利，撤销权在性质上属于形成权，因此，依撤销权人的意思表示即可产生相应的法律效力，无须相对人同意，故选项A、B、C、D都正确。

【易错警示】选项A具有一定的迷惑性，部分考生会漏选。看选项的时候，考生甚至觉得应该双方都同意才可以撤销，首先会把选项A排除。但是，撤销权在性质上属于形成权，依撤销权人的意思表示即可产生相应的法律效力，无须相对人同意，选项A的说法是正确的。

2. ACD〖解析〗本题考查的是民事法律行为的特征。民事法律行为是有目的的行为，是当事人欲达到一定法律效果的行为。此处的"目的"仅指当事人实施法律行为所追求的法律后果，不包括行为人实施行为的动机。

第2章　基本民事法律制度

🎯 考情分析

在近8年考试中，本章内容所占的平均分值为4分左右，考查题型多以主观题为主，偶尔会涉及客观题。在主观题型中，通常要求考生结合案例具体分析某一个或者几个知识点。本章属于基础理论章节，是学好以后相关章节的基础。

📝 学习建议

了解民事法律行为、代理的法律特征和诉讼时效的特点与适用对象；熟悉民事法律行为、附条件与附期限的民事法律行为、诉讼时效的特点和种类；掌握无效民事法律行为的种类、表见代理、滥用代理权、诉讼时效的起算和诉讼时效的中止与诉讼时效的中断。

🔍 本章考点概览

第2章　基本民事法律制度	1. 无效民事法律行为的种类	★★★
	2. 可撤销的民事法律行为	★★★
	3. 效力待定的民事法律行为	★★
	4. 附条件与附期限的民事法律行为	★★
	5. 表见代理	★★★
	6. 代理权滥用	★★★
	7. 诉讼时效的特点及适用对象	★★
	8. 诉讼时效的起算	★★
	9. 诉讼时效的中止与诉讼时效的中断	★★★

📰 考点精讲

考点1　无效民事法律行为的种类（★★★）

具体种类	具体内容
无民事行为能力人"独立实施的"民事法律行为	（1）无民事行为能力人接受赠与、奖励、获得报酬等纯获益的行为——有效 （2）无民事行为能力人可以实施某些与其年龄相适应的细小的日常生活方面的法律行为——有效
限制民事行为能力人依法不能独立实施的民事法律行为	（1）与年龄、精神健康状况相适应的民事活动，有效 （2）与年龄、精神健康状况不相适应的民事活动： ①合同行为，效力待定 ②如果实施单方法律行为，无效，如《中华人民共和国继承法》规定，限制行为能力行为人订立的遗嘱无效
欺诈	（1）欺诈方式签订的合同——没有损害国家利益，可变更、可撤销（《合同法》第54条） （2）欺诈方式签订的合同——损害了国家利益，合同行为无效（《合同法》第52条） （3）因欺诈方式实施的单方法律行为，无效（《民法通则》第58条） 【名师点拨】知假买假不构成欺诈

续表

具体种类	具体内容
胁迫（对相对人或其 亲属的生命健康及财产做出威胁）	（1）因胁迫而订立的合同，如果不损害国家利益的，属于可变更、可撤销合同 （2）因胁迫而订立的合同，如果损害国家利益的，属于无效合同 （3）因胁迫而实施的单方民事行为，属于无效民事行为
乘人之危	（1）因乘人之危订立的合同，属于可变更、可撤销合同（《合同法》第54条） （2）因乘人之危实施的单方民事行为，属于无效民事行为
恶意串通损害国家、集体或者第三人利益的民事法律行为	
违反法律或社会公众利益及公序良俗的民事法律行为	
以合法形式掩盖非法目的的民事法律行为	通过合法的买卖、捐赠形式来达到隐匿财产、逃避债务的目的，属于无效民事行为

考点2 可撤销的民事法律行为（★★★）

1. 可撤销的民事法律行为的种类

种类	内容
重大误解（对行为的性质，对方当事人，标的物的品种、质量、规格和数量等的错误认识）	（1）对内容有错误认识 （2）表意人基于误解做出了意思表示 （3）因误解方自己的过失造成，并非因受欺诈或不正当影响造成 （4）行为后果造成了较大的损失
显失公平	一方利用优势或者利用对方没有经验，致使双方的权利义务明显违反公平、等价有偿原则实施的民事行为
乘人之危	乘人之危而订立的合同
欺诈、胁迫	受欺诈、胁迫而订立的除损害国家利益之外的合同

2. 可撤销的民事法律行为与无效民事法律行为的区别

项目	无效行为	可撤销行为
法律效力	自始无效、当然无效、绝对无效	相对无效，被撤销前已生效
主张权利	司法或仲裁机构主动干预	法院被动干预效力
行为效果	自始无效、绝对无效	相对无效，撤销权人对权利行使拥有选择权，自行为开始时无效
行使时间	无期限限制	自当事人知道或应当知道撤销事由之日起"1年内"行使

考点3 效力待定的民事法律行为（★★）

效力待定的民事法律行为是指民事法律行为成立时尚未生效，必须经权利人追认才能生效的民事法律行为。追认的意思表示自到达相对人时生效，若追认，则民事法律行为自成立时起生效；若不追认，则无效。

类型	效力
限制民事行为能力依法不能独立实施的民事法律行为	（1）限制民事行为能力人实施的纯获利益的民事法律行为或与其年龄、智力、精神健康状况相适应的民事法律行为有效 （2）实施的其他民事法律行为经法定代理人同意或追认后有效 （3）相对人可以催告法定代理人在一个月内给予追认，逾期视为不追认
无权代理人实施的民事法律行为	（1）行为人无代理权、超越代理权、代理权终止后，仍实施代理权行为，未经被代理人追认的，代理行为无效 （2）行为人实施的行为未被追认的，善意相对人有权请求行为人履行债务或者就其受到的损害要求赔偿，但赔偿范围不得超越被代理人在追认时相对人所能获得的利益

【名师点拨】善意相对人有撤销权，但撤销应以通知的方式作出。

考点4　附条件与附期限的民事法律行为（★★）

类别	具体内容	
附条件的民事法律行为	附生效条件的民事法律行为	条件成就后，法律行为才生效
	附解除条件的民事法律行为	条件成就时，行为因此而归于无效
附期限的民事法律行为	延缓期限	待期限届至时生效
	解除期限	自期限届满时失效

考点5　表见代理（★★★）

　　表见代理指无权代理人的代理行为客观上存在使相对人相信其有代理权的情况，且相对人主观上为善意，因而可以向被代理人主张代理的效力。

表见代理	具体内容
表见代理的构成要件	（1）代理人无代理权 （2）相对人主观上善意且无过失 （3）客观上有使相对人相信无权代理人具有代理权的情形：合同签订人持有被代理人的介绍信或盖有印章的空白合同书，使得相对人相信其有代理权；无权代理人此前曾被授予代理权，且代理期限尚未结束，但实施代理行为时代理权已经终止；被代理人对第三人表示已将代理权授予他人，而实际并未授权
表见代理的法律效果	（1）对于本人来说：产生与有权代理一样的效果 （2）对于相对人来说：既可以主张其为狭义无权代理，也可以主张其为表见代理

考点6　代理权滥用（★★★）

　　代理权是代理人以他人名义独立为意思表示，并使其效果归属于他人的一种法律资格。代理权是代理制度的核心内容。滥用代理权的行为分为以下3种情形：自己代理、双方代理、代理人和第三人恶意串通，其具体内容如下表所示。

滥用代理权的行为	要点
自己代理	代理人以被代理人的名义与自己进行民事活动的行为为自己代理
双方代理	同一代理人代理双方当事人进行同一项民事活动的行为为双方代理
代理人和第三人恶意串通	代理人和第三人恶意串通，损害被代理人利益的，代理人应当承担民事责任，第三人和代理人负连带责任

考点7　诉讼时效的特点及适用对象（★★）

1. 诉讼时效的特点
（1）债权人不行使权利的事实状态存在且该状态持续了一段期间。
（2）诉讼时效届满，债权人丧失胜诉权、不丧失起诉权。
（3）诉讼时效具有强制性。
2. 诉讼时效的适用对象
（1）诉讼时效并非适用于所有的请求权。
（2）下列请求权不适用于诉讼时效。
①不动产物权和登记的动产物权的权利人请求返还财产。
②请求停止侵害、排除妨碍、消除危险。
③请求支付扶养费、赡养费（抚养费）。

④依法不适用诉讼时效的其他请求权。

（3）以下情况不适用的债权请求权：

①支付存款本金及利息请求权。

②兑付国债、金融债券以及向不特定对象发行的企业债券本息请求权。

③基于投资关系产生的缴付出资请求权。

④其他依法不适用诉讼时效规定的债权请求权。

考点8　诉讼时效的起算（★★）

一般诉讼时效	从知道或者应当知道权利被侵害时起开始计算
最长诉讼时效期间20年	从权利被侵害时计算，从权利被侵害之日起超过20年的，不再受法律保护
具体规定起算	附条件或附期限的债务的请求权，从条件成就或期限届满之日起算
	约定有履行期限的债务的请求权，从清偿届满之日起算
	约定同一债务分期履行的，诉讼时效期间从最后一期履行期限届满之日起计算
	未定或者不明确履行期限的债务的请求权，依照规定可以确定履行期限的，从履行期限届满之日起计算；不能确定，从债权人给予债务人清偿债务的宽限期届满之日起计算；但债务人在债权人第一次向其主张权利之时明确表示不履行义务的，从债务人明确表示不履行义务之日起计算
	因侵权行为而发生的赔偿请求权，从受害人知道或者应当知道其权利被侵害或者损害时起算
	请求他人不作为的债权的请求权，应当自义务人违反不作为义务时起算
	国家赔偿，国家机关及其工作人员行使职权时的行为被依法确认为违法之日起算
	可撤销合同受除斥期间的限制，故一方当事人就撤销合同之诉主张诉讼时效抗辩的，法院不予支持；但合同被撤销后，返还财产、赔偿损失请求权的诉讼时效期间从合同被撤销之日起计算

考点9　诉讼时效的中止与诉讼时效的中断（★★★）

1. 诉讼时效的中止与诉讼时效的中断的含义理解

类别	具体内容
诉讼时效的中止	诉讼时效的中止相当于计时器的"暂停键"，发生诉讼时效中止的事由时，先按一下"暂停键"；当中止事由消除后，再按一下"恢复键"，中间暂停的时间往后顺延；中止事由发生前已经经过的时效期限仍然有效
诉讼时效的中断	诉讼时效的中断相当于计时器的"清零键"，当出现法定事由时，按下"清零键"，诉讼时效期间重新计算；诉讼时效的中断可以数次进行，但不得超过20年最长诉讼时效的限制

2. 诉讼时效中止与诉讼时效中断的事由、时间及法律后果

类别	具体内容	
中止的事由——客观原因	不可抗力	
	其他障碍	（1）权利被侵害的无限制民事行为能力人没有法定代理人，或者法定代理人死亡、丧失代理权、丧失行为能力 （2）继承开始后未确定继承人或者遗产管理人 （3）权利人被义务人或者其他人控制，无法主张权利
中止的时间	（1）只有在诉讼时效期间的最后6个月内发生中止事由，才能中止诉讼时效的进行 （2）如果在诉讼时效期间的最后6个月以前发生权利行使障碍，而到最后6个月时该障碍已经消除，则不能发生诉讼时效中止 （3）如果该障碍在最后6个月时尚未消除，则应从最后6个月开始时中止时效期间，直至该障碍消除	

续表

类别		具体内容
中断的法定 事由——主观原因	（1）提起诉讼	申请仲裁；申请支付令；申请破产、申报破产债权；为主张权利而申请宣告义务人失踪或死亡；申请诉前财产保全、诉前临时禁令等诉前措施；申请强制执行；申请追加当事人或者被通知参加诉讼；在诉讼中主张抵销
	（2）当事人一方提出请求	①当事人一方直接向对方当事人送交主张权利文书，对方当事人在文书上签字、盖章或者虽未签字、盖章但能够以其他方式证明该文书到达对方当事人的 ②当事人一方以发送信件或者数据电文方式主张权利，信件或者数据电文到达或者应当到达对方当事人的 ③当事人一方为金融机构，依照法律规定或者当事人约定从对方当事人账户中扣收欠款本息的 ④当事人一方下落不明，对方当事人在国家级或者下落不明的当事人一方住所地的省级有影响媒体上刊登具有主张权利内容的公告的
	（3）义务人同意履行义务	除了书面或者能够证明的口头方式以外，债务人向债权人要求延期支付、对债务履行提供担保、部分履行、支付利息等属于同意履行义务的方式
诉讼时效中断 的法律效力		对于连带债权人/债务人中的一人中断效力的事由——全体中断
		债权人提起代位权诉讼的——债权人的债权和债务人的债权都中断
		债权转让的，应当认定诉讼时效从债权转让通知到达债务人之日起中断
		债务承担情形下，构成原债务人对债务承认的，应当认定诉讼时效从债务承担意思表示到达债权人之日起中断

18

历年真题

一、单项选择题

1. 【2015年真题】根据民事法律制度的规定，下列关于可撤销的民事行为的表述中，正确的是（　　）。
   A. 可撤销的民事行为一经撤销，自始无效
   B. 可撤销的民事行为亦称为效力待定的民事行为
   C. 自行为发生之日起1年内当事人未撤销的，撤销权消灭
   D. 法官审理案件时发现民事行为具有可撤销事由的，可依职权撤销

2. 【2014年真题】根据民事法律制度的规定，下列情形中，可导致诉讼时效中止的是（　　）。
   A. 债权人向人民法院申请支付令
   B. 债权人向人民法院申请债务人破产
   C. 债务人向债权人请求延期履行
   D. 未成年债权人的监护人在一次事故中遇难，尚未确定新的监护人

3. 【2014年真题】甲公司于2010年3月1日将一台机器寄存于乙公司。2010年4月1日，机器因乙公司保管不善受损。甲公司于2011年3月1日提取机器时发现机器受损，但考虑到两公司之间的长期合作关系，未要求赔偿。后两公司交恶，甲公司遂于2012年9月1日要求乙公司赔偿损失。下列关于甲公司要求乙公司赔偿损失的诉讼时效期间的表述中，正确的是（　　）。
   A. 适用2年的普通诉讼时效期间，尚未届满
   B. 适用2年的普通诉讼时效期间，已经届满
   C. 适用1年的短期诉讼时效期间，已经届满
   D. 适用4年的长期诉讼时效期间，尚未届满

4. 【2014年真题】甲欠乙10万元未还。乙索债时，甲对乙称，若不免除债务，必以硫酸毁乙容貌。乙恐惧，遂表示免除其债务。根据民事法律制度的规定，下列关于该债务免除行为效力的表述中，正确的是（　　）。
   A. 有效　　　　　　B. 无效　　　　　　C. 可撤销　　　　　　D. 效力待定

5. 【2014年真题】小凡年满10周岁，精神健康，智力正常。他在学校门口的文具店看中一块橡皮，定价2元，于是用自己的零用钱将其买下。下列关于小凡购买橡皮行为效力的表述中，正确的是（　　）。

A. 小凡是无民事行为能力人，其购买橡皮的行为无效

B. 小凡是无民事行为能力人，其购买橡皮的行为须经法定代理人追认方为有效

C. 小凡是限制民事行为能力人，其购买橡皮的行为有效

D. 小凡是限制民事行为能力人，其购买橡皮的行为须经法定代理人追认方为有效

6. 【2013年真题】甲为乙公司业务员，负责某小区的订奶业务多年，每月月底在小区摆摊，更新订奶户并收取下月订奶款。2013年5月29日，甲从乙公司辞职。5月30日，甲仍照常前往小区摆摊收取订奶款，订奶户不知内情，照例交款，甲亦如往常开出盖有乙公司公章的订奶款收据，之后甲下落不明。根据民事法律制度的规定，下列表述中，正确的是（　　）。

A. 甲的行为构成无权处分，应由乙公司向订奶户承担损害赔偿责任后，再向甲追偿

B. 甲的行为构成狭义无权代理，应由甲向订奶户承担损害赔偿责任

C. 甲的行为与乙公司无关，应由甲向订奶户承担合同履行义务

D. 甲的行为构成表见代理，应由乙公司向订奶户承担合同履行义务

7. 【2012年真题】下列情形中，属于有效法律行为的是（　　）。

A. 限制行为能力人甲临终立下遗嘱："我死后，我的全部财产归大姐。"

B. 甲、乙双方约定，若乙将与甲有宿怨的丙殴伤，甲愿付乙酬金5 000元

C. 甲因妻子病重，急需医药费，遂向乙筹款。乙提出，可按市场价买下甲的祖传清代青花瓷瓶，甲应允

D. 甲要求乙为其债务提供担保，乙拒绝。甲向乙出示了自己掌握的乙虚开增值税发票的证据，并以检举相要挟，乙被迫为甲出具了担保函

8. 【2012年真题】下列法律行为中，须经双方当事人意思表示一致才能成立的是（　　）。

A. 甲免除乙对自己所负的债务

B. 甲将一枚钻石戒指赠与乙

C. 甲授权乙以甲的名义购买一套住房

D. 甲立下遗嘱，将个人所有财产遗赠给乙

9. 【2011年真题】下列关于除斥期间的说法中，正确的是（　　）。

A. 除斥期间届满，实体权利并不消灭

B. 除斥期间为可变期间

C. 撤销权可适用除斥期间

D. 如果当事人未主张除斥期间届满，人民法院不得主动审查

10. 【2010年真题】下列关于诉讼时效起算的说法中，错误的是（　　）。

A. 定有履行期限的债务的请求权，当事人约定债务分期履行的，诉讼时效应当分期分别起算

B. 未定有履行期限的债务的请求权，债权人第一次要求债务人履行义务时就被债务人明确拒绝的，诉讼时效从债务人明确拒绝之日起算

C. 人身伤害损害赔偿的诉讼时效期间，伤害明显且侵害人明确的，从受伤之日起算

D. 请求他人不作为的债权的请求权，诉讼时效从义务人违反不作为义务时起算

二、多项选择题

1. 【2015年真题】根据民事法律制度的规定，下列关于无效民事行为特征的表述中，正确的有（　　）。

    A．不能通过当事人的行为进行补正   B．其无效需以当事人主张为前提

    C．从行为开始起就没有法律约束力   D．其无效须经人民法院或仲裁机构确认

2．【2013年真题】根据民事法律制度的规定，下列情形中，能导致诉讼时效中断的有（　　　　）。

    A．债权人向人民法院申请对债务人的财产实施诉前财产保全

    B．债务人否认对债权人负有债务

    C．债权人向人民法院申请债务人破产，但被人民法院驳回

    D．债权人向人民调解委员会请求调解

3．【2010年真题】根据代理法律制度的规定，下列情形中，构成无权代理的有（　　　　）。

    A．甲公司法定代表人超越权限以本公司名义为其他公司提供担保

    B．乙冒用同学名义领取了同学的薪水并据为己有

    C．丙以其朋友名义给朋友暗恋的女孩写情书

    D．某推销员谎称丁的邻居订购了一套健身设备，要求丁代收，丁信以为真，代邻居收下了该套设备并付款

历年真题答案及解析

单项选择题答案速查表

题号	答案	题号	答案	题号	答案	题号	答案	题号	答案
1	A	2	D	3	C	4	B	5	C
6	D	7	C	8	B	9	C	10	A

多项选择题答案速查表

题号	答案	题号	答案	题号	答案
1	AC	2	ACD	3	BD

一、单项选择题答案及解析

1．A〖解析〗本题考查的是可变更、可撤销的民事行为相关知识。选项B，可撤销的民事行为与效力待定的民事行为是两种不同的民事行为。选项C，具有撤销权的当事人自知道或应当知道撤销事由之日起1年内没有行使撤销权的，撤销权消灭。选项D，可变更、可撤销的民事行为的撤销，应由撤销权人申请，人民法院不主动干预。

2．D〖解析〗本题考查的是诉讼时效中止。选项A、B、C都是导致诉讼时效中断的。

【易错警示】考生应注意区分诉讼时效中断和诉讼时效中止：前者是债权人主张债权或者债务人承认债务；后者是不可抗力或其他障碍导致当事人无法行使诉讼权。

3．C本题考查的是诉讼时效的规定。身体受到伤害要求赔偿的、出售质量不合格的商品未声明的、延付或拒付租金的、寄存财物被丢失或毁损的诉讼时效为1年；普通诉讼时效为3年，长期诉讼时效为4年，最长不超过20年。

4．B〖解析〗本题考查的是无效民事行为。受胁迫而为的单方民事行为，是无效民事行为。

5．C〖解析〗本题考查的是民事行为的效力。限制民事行为能力人订立的合同，经法定代理人追认后，该合同有效，但纯获利益的合同或者与其年龄、智力、精神健康状况相适应而订立的合同，不必经法定代理人追认。

6．D〖解析〗本题考查的是表见代理。行为人没有代理权、超越代理权或代理权终止后，以被代理人名义订立合同，相对人有理由相信行为人有代理权的，该代理行为有效。本题甲为乙公司的被代理人，其从乙公司离职

后，照常收取订奶款，属于代理权终止后，以被代理人名义订立合同。此时订奶户并不知情，且有理由相信甲为乙公司的被代理人，所以该行为为表见代理，乙公司应向订奶户承担合同履行义务。

【易错警示】考生若对知识点理解不到位，极有可能通过订奶户"不知情"这一关键字进行扩展，认为甲的行为属于其个人的欺诈行为，不具有法律效力，应由甲自己承担，从而错误地选择了选项C。所以考生应对"表见代理"的概念理解记忆。

7. C〖解析〗本题考查的是民事行为的效力。根据规定，选项A属于无效民事行为，限制民事行为能力人不能独立实施的合同以外的行为，如限制民事行为能力人所订立的遗嘱。选项B属于违反法律或者社会公共利益的民事行为，应为无效。选项C并非乘人之危所为的民事行为，因是"按照市场价"购买，并没有严重损害处于危难境地的当事人甲的利益，因此是有效民事法律行为。选项D属于乘人之危所为的单方民事行为，应为无效。

【易错警示】部分考生可能会错选选项A，应注意不要忽略选项A的关键词"限制行为能力"。

8. B〖解析〗本题考查的是法律行为的分类。单方法律行为是根据一方当事人的意思表示而成立的法律行为。多方法律行为是两个或者两个以上的当事人意思表示一致而成立的法律行为，所以选项B是赠与合同，需要双方当事人意思表示一致才能成立。

9. C〖解析〗本题考查的是除斥期间。除斥期间届满，实体权利消灭，选项A错误。

除斥期间为不变期间，选项B错误。除斥期间无论当事人是否主张，法院均应主动审查，选项D错误。

10. A〖解析〗本题考查的是诉讼时效期间的起算。根据规定，当事人约定同一债务分期履行的，诉讼时效期间从后一期履行期限届满之日起计算。

二、多项选择题答案及解析

1. AC〖解析〗无效民事行为有当然无效（不论当事人是否主张，是否知道，也不论是否经过人民法院或者仲裁机构确认，该民事行为当然无效）、自始无效（从行为开始时就没有法律约束力）、绝对无效（绝对不发生法律效力，不能通过当事人的行为进行补正）。因此，正确答案为选项A、C。

2. ACD〖解析〗本题考查的是诉讼时效中断的法定事由。债务人通过一定的方式向债权人做出"愿意履行义务"的意思表示，才导致诉讼时效中断，所以选项B错误。

3. BD〖解析〗本题考查的是无权代理。所谓无权代理，是指没有代理权的代理。具体情形主要有：①没有代理权的代理行为；②超越代理权的代理行为；③代理权终止后的代理行为。选项A属于代表行为，不是代理行为；选项C中，写情书不属于民事法律行为，不涉及代理。

【易错警示】部分考生可能会多选选项A，因其并未区分代表行为和无权代理行为。前者是某自然人代表公司做出法律行为，当然也有其他情况出现代表人；后者是没有得到他人的授权，就以他人的名义做出法律行为。

📝 全真模拟试题

一、单项选择题

1. 根据《民法通则》的规定，被代理人出具的授权委托书授权不明的，应当由（ ）。
   A. 代理人对第三人承担民事责任，被代理人不负责任
   B. 被代理人对第三人承担民事责任，代理人负连带责任
   C. 被代理人对第三人承担民事责任，代理人不负责任
   D. 先由代理人对第三人承担民事责任，代理人无法承担责任的，由被代理人承担责任

2. 2015年6月1日，张丽拒绝向李伟支付到期租金，李伟忙于事务一直未向张丽主张权利。

2015年9月，李伟因出差遇险无法行使请求权的时间为20天。根据《民法通则》的规定，李伟请求人民法院保护其权利的诉讼时效期间是（   ）。

A. 自2015年6月1日～2016年6月25日　　B. 自2015年6月1日～2016年6月1日

C. 自2015年6月5日～2016年6月25日　　D. 自2015年6月5日～2016年6月5日

3. 老李的单位今年新盖一批房屋，老李估计自己可以分到一套两居室。于是老李先按照房屋面积买了一些地毯，拟铺在新居中。但后来老李未能分到该两居室，则老李购买地毯的行为（   ）。

A. 是可撤销行为，因为老李购买地毯的目的存在重大误解

B. 是无效行为，因为该行为虽有误解但意义不是重大的

C. 是无效行为，因为老李购买地毯的动机没有实现，其意思表示不真实

D. 是有效行为，因为该行为的效力与单位分房之间没有内在联系

4. 老白为无民事行为能力人，2015年4月1日，老白因老赵的不当行为身体受到伤害，其法定代理人老郭准备向老赵索赔，但由于工作繁忙一直未依法行使权利。2015年9月1日，老郭因车祸死亡，直至2015年9月30日老王依法成为老白新的法定代理人。向老赵索赔的诉讼时效是（   ）。

A. 2016年3月31日　　　　　　　　　B. 2016年8月31日

C. 2016年9月30日　　　　　　　　　D. 2016年10月31日

5. 老张想以低价购入老李的古画，老李不允。老张威胁老李披露其不雅照，老李被迫与之订立合同，此合同效力为（   ）。

A. 有效　　　　B. 无效　　　　C. 效力待定　　　　D. 可变更、可撤销

6. 东莱贸易市场与胜达利公司签订合同，约定由胜达利公司以支援市场建设为由向东莱贸易市场捐赠5 000万元，东莱贸易市场将一栋大楼作价6 000万元出售给胜达利公司，但该大楼实际价值9 000万元。按照该合同，双方向国家少缴纳土地增值税等税费多达数百万元。东莱贸易市场与胜达利公司之间的合同民事法律行为（   ）。

A. 可撤销　　　　B. 有效　　　　C. 无效　　　　D. 效力待定

7. 下列关于诉讼时效起算的说法中，错误的是（   ）。

A. 人身伤害损害赔偿的诉讼时效期间，伤害明显且侵害人明确的，从受伤之日起算

B. 请求他人不作为的债权的请求权，诉讼时效从义务人违反不作为义务时起算

C. 定有履行期限的债务的请求权，当事人约定债务分期履行的，诉讼时效应当分期分别起算

D. 未定有履行期限的债务的请求权，债权人第一次要求债务人履行义务时就被债务人明确拒绝的，诉讼时效从债务人明确拒绝之日起算

8. 奔雷企业授权代理人小贾购买设备，授权价格为200万元以下，同时，齐骏企业也授权代理人小贾为其销售同样的设备，授权价格为高于80万元，于是代理人小贾分别代表奔雷企业和齐骏企业签订了买卖设备的合同。小贾的行为属于（   ）。

A. 有权代理　　　　B. 代理权滥用　　　　C. 无权代理　　　　D. 越权代理

9. 下列有关诉讼时效的表述中，正确的是（   ）。

A. 诉讼时效中止的法定事由发生之后，已经经过的时效期间统归无效

B. 诉讼时效期间从权利人的权利被侵害之日起计算

C. 权利人提起诉讼是诉讼时效中止的法定事由之一

D. 只有在诉讼时效期间的后6个月内发生诉讼时效中止的法定事由，才能中止时效的进行

10. 根据《民法通则》的规定，下列选项中，属于无效民事行为的是（   ）。

A. 限制民事行为能力人实施的民事行为　　B. 恶意串通损害第三人利益的民事行为

C. 所附条件尚未成就的附条件民事行为　　D. 因重大误解而实施的民事行为

二、多项选择题

1. 小李与老梁签订了一份租房合同，协议规定：如果小李在3个月内与小红结婚，将租用老梁的两居室。这一民事行为是（   ）。
   - A. 附解除条件的民事法律行为
   - B. 附延缓条件的民事法律行为
   - C. 附条件的民事法律行为
   - D. 附期限的民事法律行为

2. 恒普公司委托业务员宋某到某地采购一批等离子电视机，宋某到该地后意外发现当地斯维尔公司的液晶电视机很畅销，就用盖有恒普公司公章的空白介绍信和空白合同书与斯维尔公司签订了购买500台液晶电视机的合同，并约定货到付款。下列表述中，正确的有（   ）。
   - A. 斯维尔公司基于表见代理要求恒普公司履行买卖合同时，恒普公司可以以无权代理为由进行抗辩
   - B. 斯维尔公司基于表见代理要求恒普公司履行买卖合同时，恒普公司不得以无权代理为由进行抗辩
   - C. 斯维尔公司有权基于狭义无权代理行使善意相对人的撤销权，从而使得整个代理行为归于无效
   - D. 斯维尔公司基于狭义无权代理行使善意相对人的撤销权时，恒普公司有权基于表见代理要求斯维尔公司履行买卖合同

3. 关于无权代理，下列说法中正确的有（   ）。
   - A. 代理双方当事人进行同一民事行为，视为无权代理
   - B. 经被代理人追认后，视为有权代理
   - C. 无权代理成立后，被代理人已经开始履行合同义务的，视为对合同的追认
   - D. 善意相对人有理由相信代理人有代理权的，被代理人应当承担代理的法律后果

4. 小那与小周约定，如果将来小那的父亲去世，小那就将自己父亲居住的小屋卖给小周。该行为属于（   ）。
   - A. 附始期的法律行为
   - B. 附生效条件的法律行为
   - C. 附条件的法律行为
   - D. 附延缓期限的法律行为

5. 2015年6月30日，小倪到某商店购买西服。该商店故意隐瞒实情，将一有隐蔽质量问题的西服卖给了小倪，小倪仔细检查后未发现此瑕疵。7月6日，小倪穿上该西服后发现其存在质量问题。小倪找商店退货，被拒绝。于是小倪于8月1日向人民法院起诉了该商店。根据我国《民法通则》的规定，下述观点中正确的有（   ）。
   - A. 诉讼时效自小倪向人民法院提起诉讼时中断
   - B. 诉讼时效自小倪向人民法院提起诉讼时中止
   - C. 诉讼时效期间自2015年7月6日开始计算
   - D. 小倪的诉讼时效期间为1年

6. 对下列债权请求权提出诉讼时效抗辩的，人民法院不予支持的有（   ）。
   - A. 基于投资关系产生的缴付出资请求权
   - B. 身体受到伤害要求赔偿
   - C. 支付存款本金及利息请求权
   - D. 兑付国债、金融债券以及向不特定对象发行的企业债券本息请求权

7. 下列各项中，属于有效民事行为的有（   ）。
   - A. 张某患有间歇性精神病，在其患病期间模仿某电视剧情节写下遗嘱
   - B. 廖某与其外甥小周约定，如果小周考上重点中学，则赠与其5万元
   - C. 某照相机实际价格为4 998元，营业员赵某误看为2 998元并售出
   - D. 老周因故处于十分危急的境地，遂向老徐借款，老徐拒绝借款，但表示愿意按市场价

购买老周的祖传珍宝一件，老周无奈只得同意

8. 关于诉讼时效的表述，下列选项中正确的有（　　　）。

A. 债权人起诉，法院在确认诉讼时效届满的情况下，应驳回其诉讼请求，即债权人丧失起诉权和胜诉权

B. 当事人可以对债权请求权提出诉讼时效抗辩，但法律规定的有些债权请求权不适用诉讼时效的规定

C. 当事人未提出诉讼时效抗辩的，法院不应对诉讼时效问题进行阐明及主动适用诉讼时效的规定进行裁判

D. 当事人不能约定延长或缩短诉讼时效期间，也不能预先放弃诉讼时效利益

9. 法律禁止滥用代理权。代理人滥用代理权的，法律后果有（　　　）。

A. 其行为属于可撤销行为

B. 其行为均视为无效行为

C. 代理人和第三人串通，损害被代理人的利益的，由代理人和第三人负连带责任

D. 给被代理人及他人造成损失的，应当承担相应的赔偿责任

10. 下列法律行为中不属于要式法律行为的有（　　　）。

A. 票据行为
B. 订立建设工程合同
C. 自然人之间的借款
D. 买卖电脑的行为

全真模拟试题答案及解析

单项选择题答案速查表

题号	答案	题号	答案	题号	答案	题号	答案	题号	答案
1	B	2	B	3	D	4	A	5	D
6	C	7	C	8	B	9	D	10	B

多项选择题答案速查表

题号	答案	题号	答案	题号	答案	题号	答案	题号	答案
1	BC	2	BC	3	BCD	4	AD	5	ACD
6	ACD	7	BD	8	BCD	9	CD	10	CD

一、单项选择题答案及解析

1. B〖解析〗本题考查的是代理制度。授权委托书授权不明的，被代理人应当对第三人承担民事责任，代理人负连带责任。

【易错警示】部分考生会错选A选项，因为没有分清代理人、被代理人之间的关系。代理人是指根据委托人的授权、以委托人的名义在授权范围内，代其办理相关事务的人。这里的委托人在法律上也称为被代理人。

2. B〖解析〗本题考查的是诉讼时效的中止。①拒付租金的，适用1年的特别诉讼时效期间（2015年6月1日～2016年6月1日）；②只有在诉讼时效期间的"后6个月内"

（2015年12月1日～2016年6月1日）发生不可抗力和其他障碍，才能中止诉讼时效的进行。如果在诉讼时效期间的后6个月前发生不可抗力，至后6个月时不可抗力已消失，则不能中止诉讼时效的进行。因此，李伟于2015年9月出差遇险耽误的20天不能引起诉讼时效的中止。

3. D〖解析〗本题考查的是可撤销、可变更的民事行为。行为人因对行为的性质，对方当事人，标的物的品种、质量、规格和数量等的错误认识，使行为的后果与自己的意思相悖，并造成较大损失的，可以认定为重大误解。但对于"动机的错误认识"一般不构成重大误解。本题中老李的误解属于"动机

误解"，不属于重大误解，该购买地毯的行为有效。

4. A〖解析〗本题考查的是诉讼时效的中止、中断和延长。身体受到伤害要求赔偿的诉讼时效为1年，即2016年3月31日止。法定代理人老郭因车祸死亡没有造成诉讼时效中止。只有在诉讼时效期间的后6个月内发生不可抗力的情况和其他障碍，才能中止时效的进行。

5. D〖解析〗本题考查的是民事行为的效力。因老张威胁老李披露其不雅照，老李被迫与之订立的合同属于因胁迫而订立合同，且不损害国家利益，则为可变更、可撤销的合同，所以选项D正确。

【易错警示】部分考生会错选选项A。考生需要区分无效合同与可变更、可撤销合同：前者是虽经当事人协商订立，但因其不具备或违反了法定条件，法律规定不承认其效力的合同；后者是一种相对有效的合同，在有撤销权的一方行使撤销权之前，合同对双方当事人都是有效的，它是一种相对无效的合同，但又不同于绝对无效的无效合同。

6. C〖解析〗本题考查的是民事行为的效力。以合法形式掩盖非法目的民事行为无效。

7. C〖解析〗本题考查的是诉讼时效的种类与起算。根据规定，当事人约定同一债务分期履行的，诉讼时效期间从后一期履行期限届满之日起计算。因此选项C表述错误。

8. B〖解析〗本题考查的是代理制度。根据规定，代理人代理双方当事人进行同一民事行为的行为属于滥用代理权的行为，该题所述的情况属于代理人代理双方当事人进行同一民事行为。

9. D〖解析〗本题考查的是诉讼时效的中止、中断和延长。诉讼时效的中止是暂时停止计算诉讼时效期间，所以选项A错误。诉讼时效期间从知道或者应当知道权利被侵害时起计算，所以选项B错误。权利人提起诉讼是诉讼时效中断的法定事由之一，所以选项C错误。

10. B〖解析〗本题考查的是无效民事行为。《民法通则》规定，下列民事行为无效：①无民事行为能力人实施的；②限制民事行为能力人依法不能独立实施的；③一方以欺诈、胁迫的手段或者乘人之危，使对方在违背真实意思的情况下所为的；④恶意串通，损害国家、集体或者第三人利益的；⑤违反法律或者社会公共利益的；⑥经济合同违反国家指令性计划的；⑦以合法形式掩盖非法目的的。选项A是否无效是不确定的；选项C属于附条件的民事行为；选项D属于可撤销的民事行为。

【易错警示】部分考生会在选项A和选项B中犹豫，选项A综合了无民事行为能力和限制民事行为能力的实施，看似正确，但是是否无效是不确定的。

二、多项选择题答案及解析

1. BC〖解析〗本题考查的是附条件的法律行为。小李在3个月内与小红结婚是不确定的事实，所以双方所做约定是条件，并且是延缓条件，在双方约定的条件成就时才发生法律效力。

【易错警示】部分考生会多选选项D，这是因为考生没有理解附期限的民事法律行为是在意思表示中含有期限的民事法律行为。

2. BC〖解析〗本题考查的是表见代理。根据规定，如果相对人主张表见代理，被代理人不得以无权代理为由进行抗辩，故选项A错误，选项B正确。如果相对人主张狭义无权代理，则相对人可以行使善意相对人的撤销权，从而使得整个代理行为归于无效，被代理人不得基于表见代理而对相对人主张代理效果，故选项C正确，选项D错误。本题选择B、C选项。

【易错警示】考生需要区分无权代理、狭义无权代理和表见代理。无权代理是指在没有代理权的情况下以他人名义实施民事行为的现象。无权代理包括狭义无权代理和表见代理。其中，狭义无权代理是指行为人不仅没有代理权，也没有使第三人信其有代理权的表征，而以被代理人的名义所为的代理；表见代理是指代理人虽不具备代理权，但因某种表象足以使善意第三人相信代理人有代理权而进行的法律行为。从法律效果上看，狭义无权代理属效力待定的民事行为，被代理人追认而确定有效，被代理人的拒绝而绝对无效；表见代理的法律后果直接归属于被代理人。

3．BCD〖解析〗本题考查的是代理制度。选项A为代理权的滥用，不是无权代理。在无权代理的情况下，经被代理人追认，视同有权代理，选项B正确。无权代理成立后，被代理人已经开始履行合同义务的，视为对合同的追认，选项C正确。表见代理应由被代理人承担代理的法律后果，选项D正确。

4．AD〖解析〗本题考查的是附条件和附期限的法律行为。附期限的法律行为，是指当事人设定一定的期限，并将期限的到来作为效力发生或消灭前提的法律行为；附条件的法律行为中，所附条件必须是将来不确定的事实。本题中小那父亲的死亡是确定的事实，不属于附条件的法律行为，而属于附期限的法律行为，并且属于附延缓期限的法律行为，即附始期的法律行为。

【易错警示】选项C具有一定的迷惑性，部分考生会误认为以小那父亲去世为条件。但是，附条件的法律行为概念并非如此，是指以当事人意思表示选定的将来可能发生的客观事实的发生与否为条件决定其效力开始或终止的法律行为，小那父亲的死亡是确定的事实。

5．ACD〖解析〗本题考查的是诉讼时效的中止、中断和延长。小倪于8月1日向人民法院提起诉讼，引起诉讼时效中断，而非中止，因此选项B是错误的。

【易错警示】部分考生会在选项A和选项B中犹豫。考生需要区分诉讼时效的中止与中断，否则容易错选选项B。其区别在于：①发生的事由不同。前者因不可抗力或者其他障碍不能行使请求权；后者因提起诉讼、当事人一方提出要求或者同意履行义务。②发生的时间不同。前者在诉讼时效期间的后6个月内；后者在整个诉讼时效过程中。③法律效果不同。前者从中止时效的原因消除之日起，诉讼时效期间继续计算；后者重新计算。

6．ACD〖解析〗本题考查的是诉讼时效的种类与起算。身体受到伤害要求赔偿的适用短期诉讼时效。

7．BD〖解析〗本题主要考查的是民事行为的效力。无民事行为能力人独立实施的民事行为，属于无效民事行为，选项A错误。无民事行为能力人或者限制民事行为能力人"纯获益"的行为，直接有效，选项B正确。重大误解的合同，可撤销，选项C错误。老徐以市场价购入，并未损害老周的利益，不构成乘人之危，该行为有效，选项D正确。

【易错警示】部分考生会多选选项C，混淆了存在重大误解的合同，是可以撤销的。

8．BCD〖解析〗本题考查的是诉讼时效。诉讼时效期间的经过，不能影响债权人提起诉讼，即不丧失起诉权。债权人起诉后，法院在确认诉讼时效届满的情况下，应（判决）驳回其诉讼请求，即债权人丧失胜诉权，故选项A错误。当事人可以对债权请求权提出诉讼时效抗辩，但对支付存款本金及利息请求权提出诉讼时效抗辩的，人民法院不予支持，故选项B正确。当事人未提出诉讼时效抗辩，人民法院不应对诉讼时效问题进行释明及主动适用诉讼时效的规定进行裁判，故选项C正确。当事人违反法律规定，约定延长或者缩短诉讼时效期间、预先放弃诉讼时效利益的，人民法院不予认可，故选项D正确。

9．CD〖解析〗本题考查的是代理制度。自己代理和双方代理原则上发生无权代理的效果，并不是绝对无效，也不是可撤销行为。代理人和第三人串通，损害被代理人的利益的，由代理人和第三人负连带责任。

10．CD〖解析〗本题考查的是民事法律行为理论与民事法律行为的生效。选项A，票据行为属于法定要式法律行为。选项B，建设工程合同应当采用书面形式，属于要式法律行为。选项C，自然人之间的借款，借款合同采用书面形式，另有约定的除外，所以为不要式的法律行为。选项D，一般的买卖行为可以采取书面形式，也可以是口头形式，为不要式的法律行为。

【易错警示】考生要区分不要式的法律行为和要式的法律行为。要式法律行为是指必须具备特定的法定形式和遵循一定的程序才能成立的法律行为；非要式法律行为则指不要求采用特定的形式和一定的程序，而是由当事人自由选择任何形式都能成立的法律行为。否则，部分考生会错选或者漏选选项C和选项D。

第3章 物权法律制度

考情分析

在近8年考试中，本章内容所占的平均分值为8分左右，考查题型为客观题、主观题。案例分析题中通常将物权法律制度与合同法律制度结合在主观题中进行考查，考生一定要重视。

学习建议

了解物权法律制度的基本原则、抵押权、质权和留置权的相关内容，熟悉担保物权（抵押权、质权、留置权）和共有相关要点，重点掌握物权的变动、所有权制度、用益物权制度相关要点。

本章考点概览

	1. 物权法的基本原则	★
	2. 基于法律行为的物权变动	★★
	3. 物权变动的原因	★★★
	4. 不动产登记制度	★★★
	5. 基于法律行为的物权变动	★★
	6. 多重买卖合同的合同	★★
	7. 动产的一物二卖与一房二卖	★★
	8. 善意取得制度	★★★
第3章 物权法律制度	9. 动产所有权的特殊取得方式	★★
	10. 共同共有与按份共有	★★★
	11. 按份共有人转让自己的个人份额	★★
	12. 建设用地使用权	★★★
	13. 抵押权	★★
	14. 抵押物的转让及出租	★★
	15. 抵押权的实现	★★
	16. 质权	★★
	17. 留置权	★

考点精讲

考点1 物权法的基本原则（★）

物权法的基本原则	具体内容
物权法定原则	（1）种类法定，即不得创设民法或其他法律所不承认的物权 （2）内容法定，即不得创设与物权法定内容相异的内容

续表

物权法的基本原则	具体内容
物权客体特定原则（一物一权原则）	（1）一个物上只能存在一个所有权 （2）一物之上可以存在多个所有权人，如共有 （3）一物之上可以成立数个互不冲突的物权
物权公示原则	（1）公示的要求：在一般情况下，不动产看登记，动产看交付 （2）公示的效力 ①物权移转效力：根据公示对于物权移转效力的影响程度不同，物权移转有公示生效主义与公示对抗主义两种立场 ②物权推定效力：为法定公示方式所彰显的权利人，被推定为合法权利人 ③公信效力：法定公示方式为权利变动与享有的法律表征，第三人有理由对其表示信赖，因而公示能够产生公信力

考点2　基于法律行为的物权变动（★★）

不动产物权的设立、变更、转让和消灭，经依法登记，发生效力；未经登记，不发生效力，但法律另有规定的除外。

1. 登记生效

（1）物权法律制度规定，不动产物权的设立、变更、转让和消灭，经依法登记，发生效力；未经登记，不发生效力，法律另有规定的除外（指登记是对抗条件而非生效条件）。

（2）当事人之间订立有关设立、变更、转让和消灭不动产物权的合同，除法律另有规定或者合同另有约定外，自合同成立时生效；未办理物权登记的，不影响合同效力。

2. 登记对抗

土地承包经营权自土地承包经营权合同生效时设立；未经登记，不得对抗善意第三人。地役权自地役权合同生效时设立；未经登记，不得对抗善意第三人。

考点3　物权变动的原因（★★★）

物权变动的原因	内容阐释
基于法律行为的物权变动——根据行为人意志发生法律效果	债权行为——法律效果指向债法领域，设定债法上的权利义务；如买卖合同、租赁合同
	物权行为——法律效果指向物权法领域，直接变动物权；是直接发生物权让与、变更或废止效力之法律行为
非基于法律行为的物权变动（不必以公示为前提）	（1）基于事实行为。《中华人民共和国物权法》（以下简称《物权法》）第30条规定："因合法建造、拆除房屋等事实行为设立或者消灭物权的，自事实行为成就时发生效力。"
	（2）基于法律规定。《物权法》第29条规定："因继承或者受遗赠取得物权的，自继承或者受遗赠开始时发生效力。"
	（3）基于公法行为。《物权法》第28条规定："因人民法院、仲裁委员会的法律文书或者人民政府的征收决定等，导致物权设立、变更、转让或者消灭的，自法律文书或者人民政府的征收决定等生效时发生效力。"

考点4　不动产登记制度（★★★）

项目	具体内容
标的类型	土地登记：指将国有土地使用权、集体土地所有权、集体土地使用权和土地抵押权、地役权以及依照法律法规规定需要登记的其他土地权利记载于土地登记簿公示的行为。登记机构是土地管理部门
	房屋登记：指房屋登记机构依法将房屋权利和其他应当记载的事项在房屋登记簿上予以记载的行为。登记机构是房屋管理部门
登记类型	土地总登记：在一定时间内对辖区内全部土地或者特定区域内土地进行的全面登记。对土地进行总登记后，具体土地权利的取得、变更或消灭才有可能进行登记

续表

项目	具体内容
登记类型	初始登记：指土地总登记之外对设立的土地权利进行的登记，是首次将具体土地权利登入登记簿的行为
	变更登记：指因土地权利人发生改变，或者因土地权利人姓名或名称、地址和土地用途等内容发生变更而进行的登记
	转移登记：指因房屋买卖、交换、赠与等原因致使其权属发生转移后进行的房屋所有权登记
	注销登记：指因土地权利的消灭等而进行的登记
权利类型	所有权登记：包括集体土地所有权与房屋所有权登记，国有土地所有权则无须登记
	使用权登记：包括国有/集体土地使用权登记；前者分国有建设用地使用权与国有农用地使用权登记，后者则分集体建设用地使用权、宅基地使用权与集体农用地使用权登记
	地役权登记：包括土地地役权与房屋地役权登记两类
	抵押权登记：土地抵押权与房屋抵押权登记两类
登记错误	更正登记：权利人、利害关系人认为不动产登记簿记载的事项错误的，可以申请更正登记；不动产登记簿记载的权利人书面同意更正或者有证据证明登记确有错误的，登记机构应当予以更正
	异议登记：若是不动产登记簿记载的权利人不同意更正，利害关系人可以申请异议登记。登记机构予以异议登记的，申请人在异议登记之日起15日内不起诉，异议登记失效。异议登记不当，造成权利人损害的，权利人可以向申请人请求损害赔偿
预告登记	当事人签订买卖房屋或者其他不动产物权的协议，为保障将来实现物权，按照约定可以向登记机构申请预告登记。预告登记后，债权消灭或者自能够进行不动产登记之日起3个月内未申请登记的，预告登记失效。具体有下列情形之一的，当事人可以申请预告登记： （1）预购商品房； （2）以预购商品房设定抵押； （3）房屋所有权转让、抵押； （4）法律、法规规定的其他情形

考点5　基于法律行为的物权变动（★★）

项目	具体内容
动产的买卖	一般动产：交付生效。动产物权的设立和转让，自交付时发生效力，除法律另有规定的情况
	特殊动产：交付生效+登记对抗。船舶、航空器和机动车等物权的设立、变更、转让和消灭，未经登记，不得对抗善意第三人
特殊交付方式	简易交付：动产物权设立和转让前，权利人已经依法占有该动产的，物权自法律行为生效时发生效力
	指示交付：动产物权设立和转让前，第三人依法占有该动产的，负有交付义务的人可以通过转让请求第三人返还原物的权利代替交付
	占有改定：动产物权转让时，双方约定由出让人继续占有该动产的，物权自该约定生效时发生效力
动产的抵押和质押	质权：交付生效。以动产设定质押的，质权自交付时设立
	抵押权：登记对抗。以动产设定质押的，抵押权自抵押合同生效时设立

考点6　多重买卖合同的合同（★★）

出卖人就同一标的物订立多重买卖合同，合同均不具有《中华人民共和国合同法》（以下简称《合同法》）第52条规定的无效情形，买受人因不能按照合同约定取得标的物的所有权，请求追究出卖人违约责任的，人民法院应予支持。

《合同法》第52条规定，有下列情形之一的，合同无效：

（1）一方以欺诈、胁迫的手段订立合同，损害国家利益；

（2）恶意串通，损害国家、集体或者第三人利益；

（3）以合法形式掩盖非法目的；

（4）损害社会公共利益；

（5）违反法律、行政法规的强制性规定。

考点7　动产的一物二卖与一房二卖（★★）

项目	具体内容
动产的一物二卖	普通动产。出卖人就同一普通动产订立多重买卖合同，在买卖合同均有效的情况下，买受人均要求实际履行合同的： （1）先行受领交付的买受人请求确认所有权已经转移的，人民法院应予支持 （2）各买受人均未受领交付，先行支付价款的买受人请求出卖人履行交付标的物等合同义务的，人民法院应予支持 （3）买受人均未受领交付，也未支付价款，依法成立在先合同的买受人请求出卖人履行交付标的物等合同义务的，人民法院应予支持
	特殊动产。出卖人就同一船舶、航空器、机动车等特殊动产订立多重买卖合同，在买卖合同均有效的情况下，买受人均要求实际履行合同的： （1）先行受领交付的买受人请求出卖人履行办理所有权转移登记手续等合同义务的，人民法院应予支持 （2）各买受人均未受领交付，先行办理所有权转移登记手续的买受人请求出卖人履行交付标的物等合同义务的，人民法院应予支持 （3）出卖人将标的物交付给买受人之一，又为其他买受人办理所有权转移登记，已受领交付的买受人请求将标的物所有权登记在自己名下的，人民法院应予支持 （4）各买受人均未受领交付，也未办理所有权转移登记手续，依法成立在先合同的买受人请求出卖人履行交付标的物和办理所有权转移登记手续等合同义务的，人民法院应予支持
一房二卖	商品房买卖合同订立后，出卖人又将该房屋出卖给第三人的，由于出卖人的行为构成了欺诈，因此买受人可以在解除合同并得到损失赔偿的前提下，还可以要求出卖人承担不超过已付房款一倍的惩罚性赔偿金
	预告登记：预告登记后，未经预告登记的权利人同意，处分该不动产的，不发生物权效力

考点8　善意取得制度（★★★）

1．善意取得要件

动产善意取得必须具备以下要件。

（1）依法律行为转让所有权。

（2）无处分权人将不动产或者动产转让给受让人的。

（3）受让人受让该不动产或者动产时是善意的。

（4）以合理的价格转让。

（5）转让的不动产或者动产依照法律规定应当登记的已经登记，不需要登记的已经交付给受让人。

（6）转让人基于真权利人意思合法占有标的物。

（7）转让合同有效。

【名师点拨】善意取得制度对于动产与不动产均可适用。

2．善意取得的后果

（1）原权利人与让与人——原所有权人有权向无处分权人请求侵权的损失赔偿、违约责任、返还不当得利。

（2）原权利人与受让人——受让人取得所有权；原所有权人的所有权消灭。

（3）让与人与受让人——受让人承担向让与人支付价款的义务。

3．善意取得适用范围

类型	具体内容	适用情况
动产	基于合同、共有关系等而占有委托物	适用
	赃物、遗失物、漂流物、隐藏物、埋藏物	不适用
不动产	（1）夫妻共有房屋，产权只登记在一人名下 （2）记名产权人和实际产权人不一致 （3）房屋买卖合同被认定无效或被撤销后尚未办回过户手续期间	适用
	（1）登记簿中存在异议登记 （2）受让人明知存在登记错误	不适用
他物权	例如：建设用地使用权、抵押权、质押权等他物权也可以善意取得	适用

考点9　动产所有权的特殊取得方式（★★）

方式	内容
先占	以所有权人的意思占有无主动产；天然的无主物、抛弃物
拾得遗失物	拾得人拒不返还遗失物，按侵权行为处理。遗失物自发布公告之日起6个月内无人认领的，归国家所有
	遗失人发出悬赏广告时，归还失物的拾得人还享有悬赏广告所允诺的报酬请求权
	拾得漂流物、发现埋藏物或者隐藏物的，同样适用关于遗失物的规则
添附（附合、混合与加工）	附合——不同所有人的物密切结合，构成不可分割的一物 动产附合于不动产与动产附合于动产两种情形
	混合——是指不同所有人的动产因相互混杂或交融，难以识别或识别于经济上不合理，从而发生所有权变动的法律事实，混合而成的新物，由原物价值较大的一方取得所有权。若原物价值相当，则发生共有
	加工——是指对他人之物加以制作或改造，使之成为具有更高价值之物，因而发生所有权变动的法律事实。加工物所有权的归属，依加工所生成的新价值是否大于原物价值而定：大于者，由加工人取得；否则，由原物所有人取得

考点10　共同共有与按份共有（★★★）

类型	具体内容
按份共有还是共同共有	（1）家庭关系中的共有为共同共有，包括婚姻法律制度中规定的夫妻共同财产、继承法律制度中提及的遗产等 （2）共有人对共有的不动产或者动产没有约定为按份共有或共同共有，或者约定不明确的，除共有人具有家庭关系等外，视为"按份共有" （3）按份共有人对共有的不动产或者动产享有的份额，可以约定；没有约定或者约定不明确的，按照出资额确定；不能确定出资额的，视为等额享有
共有物的处分	按份共有	按份共有人对共有的不动产或者动产做重大修缮的，应当经占份额2/3以上的按份共有人同意，但共有人之间另有约定的除外
	共同共有	处分共有的不动产或者动产，或者对共有的不动产或者动产进行重大修缮的，应当经全体共同共有人同意，但共有人之间另有约定的除外

【名师点拨】按份共有：对外承担连带责任、对内承担按份责任；共同共有：对外承担连带责任、对内不分你我。

考点11　按份共有人转让自己的个人份额（★★）

根据《物权法》第101条的规定，按份共有人可以转让其享有的共有的不动产或者动产份额，其他共有人在同等条件下享有优先购买的权利。

项目		具体内容
优先购买权的适用范围	内部转让	按份共有人之间转让共有份额，其他按份共有人主张优先购买的，人民法院不予支持，但按份共有人之间另有约定的除外
	无偿转让	共有份额的权利主体因继承、遗赠等原因发生变化时，其他按份共有人主张优先购买的，人民法院不予支持，但按份共有人之间另有约定的除外
同等条件		应当综合共有份额的转让价格、价款履行方式及期限等因素确定
行使条件		优先购买权的行使期间，按份共有人之间有约定的，按照约定处理。没有约定或者约定不明的，按照下列情形确定： （1）转让人向其他按份共有人发出的包含同等条件内容的通知中载明行使期间的，以该期间为准 （2）通知中未载明行使期间，或者载明的期间短于通知送达之日起15日的，为15日 （3）转让人未通知的，为其他按份共有人知道或者应当知道最终确定的同等条件之日起15日 （4）转让人未通知，且无法确定其他按份共有人知道或者应当知道最终确定的同等条件的，为共有份额权属转移之日起6个月
数人主张优先购买的处理		两个以上按份共有人主张优先购买且协商不成时，请求按照转让时各自份额比例行使优先购买权的，人民法院应予支持
优先购买权的不当行使		按份共有人向共有人之外的人转让其份额，其他按份共有人的请求具有下列情形之一的，人民法院不予支持： （1）不在规定的期间内主张优先购买，或者虽主张优先购买，但提出减少转让价款、增加转让人负担等实质性变更要求 （2）以其优先购买权受到侵害为由，仅请求撤销共有份额转让合同或者认定该合同无效

考点12　建设用地使用权（★★★）

项目名称	细分项目	具体内容
无偿划拨	使用期限	以无偿划拨方式取得的建设用地使用权，除法律、行政法规另有规定外，没有使用期限的限制
	无偿划拨+转让	以划拨方式取得土地使用权的，转让房地产时，应当按照国务院规定，报有批准权的人民政府审批。有批准权的人民政府准予转让的，应当由受让方办理土地使用权出让手续，并依照国家有关规定缴纳土地使用权出让金
	无偿划拨+抵押	当事人以无偿划拨的国有土地使用权设定抵押时，对于拍卖所得，在依法缴纳土地出让金后，抵押权人才享有优先受偿权
	无偿划拨+出资	出资人以无偿划拨的土地使用权出资，公司、其他股东或者公司债权人主张认定该出资人未履行出资义务的，人民法院应当责令当事人在指定的合理期间内办理土地变更手续；逾期未办理的，人民法院应当认定出资人未依法全面履行出资义务
有偿划拨	出让最高年限	（1）居住用地——70年 （2）商业、旅游、娱乐用地——40年 （3）工业用地、教育、科技、文化、卫生、体育用地、综合用地等——50年
	出让+转让	以出让方式取得土地使用权的，转让房地产时，应当符合下列条件： （1）按照出让合同约定已经支付全部土地使用权出让金，并取得土地使用权证书 （2）按照出让合同约定进行投资开发，属于房屋建设工程的，完成开发投资总额的25%以上，属于成片开发土地的，形成工业用地或者其他建设用地条件 （3）转让房地产时房屋已经建成的，还应当持有房屋所有权证书

考点13　抵押权（★★）

1. 抵押财产的范围

一般规定	《物权法》中规定下列财产可以抵押：①建筑物和其他土地附着物；②建设用地使用权；③以招标、拍卖、公开协商等方式取得的荒地等土地承包经营权；④生产设备、原材料、半成品、产品；⑤正在建造的建筑物、船舶、航空器；⑥交通运输工具；⑦法律、行政法规未禁止抵押的其他财产

续表

动产的浮动抵押	经当事人书面协议，企业、个体工商户、农业生产经营者可以将现有的以及将有的生产设备、原材料、半成品、产品抵押，债务人不履行到期债务或者发生当事人约定的实现抵押权的情形，债权人有权就实现抵押权时的动产优先受偿。由于设定此类抵押时抵押财产的范围尚未确定，而处于浮动之中，故称浮动抵押： （1）浮动抵押仅限于特定的主体，即企业、个体工商户、农业生产经营者 （2）浮动抵押仅限于动产 （3）浮动抵押的抵押权自抵押合同生效时设立，未经登记，不得对抗善意第三人，并且浮动抵押权不得对抗正常经营活动中已支付合理价款并取得抵押财产的买受人
	《物权法》规定，浮动抵押的抵押财产自下列情形之一发生时确定：①债务履行期届满，债权未实现；②抵押人被宣告破产或者被撤销；③当事人约定的实现抵押权的情形；④严重影响债权实现的其他情形
房地一体原则	（1）以建筑物抵押的，该建筑物占用范围内的建设用地使用权一并抵押；以建设用地使用权抵押的，该土地上的建筑物一并抵押 （2）乡镇、村企业的建设用地使用权不得单独抵押，以乡镇、村企业的厂房等建筑物抵押的，其占用范围内的建设用地使用权一并抵押
禁止抵押的财产	下列财产不得抵押：①土地所有权；②耕地、宅基地、自留地、自留山等集体所有的土地使用权，但法律规定可以抵押的除外；③学校、幼儿园、医院等以公益为目的的事业单位、社会团体的教育设施、医疗卫生设施和其他社会公益设施；④所有权、使用权不明或者有争议的财产；⑤依法被查封、扣押、监管的财产；⑥法律、行政法规规定不得抵押的其他财产
土地承包经营权	《物权法》缩小了土地承包经营权的可抵押范围，将家庭土地承包经营权排除在外，只允许以招标、拍卖、公开协调等方式取得的荒地等土地承包经营权作为抵押财产

2. 抵押权的设定

抵押权设定行为		应当采取书面形式订立抵押合同
登记	登记生效	以建筑物和其他土地附着物，建设用地使用权，以招标、拍卖、公开协商等方式取得的荒地等土地承包经营权以及正在建造的建筑物抵押的，抵押权自登记时设立
	登记对抗	以生产设备、原材料、半成品、产品、交通运输工具以及正在建造的船舶、航空器抵押的，抵押权自抵押合同生效时设立，未经登记，不得对抗善意第三人。浮动抵押之抵押权亦自抵押合同生效时设立，未经登记，不得对抗善意第三人

3. 抵押担保的范围

所担保的债权范围	包括主债权及其利息、违约金、损害赔偿金、保管担保财产和实现担保物权的费用。当事人另有约定的，按照约定
抵押物范围	原则上来讲，抵押物的范围以双方当事人约定为准。但以下特殊情况需要特别处理 （1）抵押物登记记载的内容与抵押合同约定的内容不一致的，以登记记载的内容为准 （2）抵押物所有人为附合物、混合物或者加工物的所有人的，抵押权的效力及于附合物、混合物或者加工物；第三人与抵押物所有人为附合物、混合物或者加工物的共有人的，抵押权的效力及于抵押人对共有物享有的份额 （3）设定前为抵押物的从物的，效力及于抵押物的从物。但是，抵押物与其从物为两个以上的人分别所有时，抵押权的效力不及于抵押物的从物 （4）城市房地产抵押合同签订后，土地上新增的房屋不属于抵押物。需要拍卖该抵押房地产时，可以依法将该土地上新增的房屋与抵押物一同拍卖，但对拍卖新增房屋所得，抵押权人无权优先受偿 （5）建设用地使用权抵押后，该土地上新增的建筑物不属于抵押财产。该建设用地使用权实现抵押权时，应当将该土地上新增的建筑物与建设用地使用权一并处分，但新增建筑物所得的价款，抵押权人无权优先受偿 （6）债务人不履行到期债务或者发生当事人约定的实现抵押权的情形，致使抵押财产被人民法院依法扣押的，自扣押之日起抵押权人有权收取该抵押财产的天然孳息或者法定孳息，但抵押权人未通知应当清偿法定孳息的义务人的除外。抵押权人所收取的孳息应当首先充抵收取孳息的费用
抵押物的物上代位	（1）担保期间，担保财产毁损、灭失或者被征收等，担保物权人可以就获得的保险金、赔偿金或者补偿金等优先受偿。被担保债权的履行期未届满的，也可以提存该保险金、赔偿金或者补偿金等 （2）抵押物因附合、混合或者加工使抵押物的所有权为第三人所有的，抵押权的效力及于补偿金

4. 物权重合

同一财产向两个以上的债权人设定抵押时的清偿顺序如下所示。

（1）不动产。按照登记先后顺序清偿，顺序相同的，按照债权比例清偿。

（2）动产。

①抵押权已登记的，按登记的先后顺序清偿；顺序相同的，按债权比例清偿。

②抵押权已登记的先于未登记的受偿。

③抵押权均未登记的，按照债权比例清偿。

（3）抵押权顺位的变更：抵押权人与抵押人可以协议变更抵押权顺位以及被担保的债权数额等内容，但抵押权的变更，未经其他抵押权人书面同意，不得对其他抵押权人产生不利影响。

考点14 抵押物的转让及出租（★★）

转让或出租		内容
转让	不动产	（1）抵押期间，抵押人经抵押权人同意转让抵押财产的，应当将转让所得的价款向抵押权人提前清偿债务或者提存。转让的价款超过债权数额的部分归抵押人所有，不足部分由债务人清偿 （2）抵押期间，抵押人未经抵押权人同意，不得转让抵押财产，但受让人代为清偿债务消灭抵押权的除外
	动产	当事人以生产设备、原材料、半成品、产品，正在建造的船舶、航空器，交通运输工具设定抵押，抵押权自抵押合同生效时设立。但未经登记，不得对抗善意第三人
出租		抵押权设定之后，由于抵押物仍归抵押人占有，因此抵押人有权将抵押物出租。当同一物上既存在抵押权又存在租赁关系时，如同"买卖不破租赁"，我国物权法律制度亦确立了"抵押不破租赁"的规则，即"在后抵押不破在先租赁"。应区分以下两种情况： （1）订立抵押合同前抵押财产已出租的，原租赁关系不受该抵押权的影响，抵押权实现后，租赁合同在有效期内对抵押物的受让人继续有效 （2）抵押权设立后抵押财产出租的，该租赁关系不得对抗已登记的抵押权，抵押权实现后，租赁合同对受让人不具有约束力

考点15 抵押权的实现（★★）

（1）实现方式：抵押财产折价或拍卖、变卖后，直接以所得价款清偿债务，价款若超过债权数额，剩余部分归抵押人所有，若不足，债务人负继续清偿义务，只不过剩余债权不再享有优先受偿权。

（2）拍卖价款清偿顺序：先实现抵押权的费用，再主债权的利息，最后主债权。

（3）顺位在后的抵押权所担保的债权先到期的，抵押权人只能就抵押物价值超出顺位在先的抵押担保债权的部分受偿。

（4）顺位在先的抵押权所担保的债权先到期的，抵押权实现后的剩余价款应予提存，留待清偿顺位在后的抵押担保债权。

考点16 质权（★★）

质权的概念		为担保债务的履行，债务人或者第三人将其动产或权利出质给债权人占有，当债务人不履行到期债务或者发生当事人约定的实现质权的情形时，债权人有权就该动产或权利优先受偿。质权以交付质押物的占有为前提
质权的客体		能够成为质权客体的，只能是动产或者权利
	动产质权	除法律、行政法规禁止转让的动产外的其他动产
	权利质权	①汇票、支票、本票；②债券、存款单；③仓单、提单；④可以转让的基金份额、股权；⑤可以转让的注册商标专用权、专利权、著作权等知识产权中的财产权；⑥应收账款；⑦法律、行政法规规定可以出质的其他财产权利

续表

质权的设定	设立质权——应当采取书面形式订立质权合同	
	动产质权	（1）自出质人交付质押财产时设立 （2）若当事人约定出质人代质权人占有质物，则质权不生效（交付生效）
	权利质权	有价证券的质押：质押合同自权利凭证交付之日起生效。没有权利凭证的，质权自有关部门办理出质登记时设立（交付生效）
		可以转让基金份额、股权的质押： （1）以基金份额、证券登记结算机构登记的股权出质的，质权自证券登记结算机构办理出质登记时设立 （2）以其他股权出质的，质权自工商行政管理部门办理出质登记时设立
		知识产权的质押：向有关管理部门办理出质登记
		应收账款的质押：质权自信贷征信机构办理出质登记时设立
对质物处分的限制	（1）基金份额、股权出质后，不得转让，但经出质人与质权人协商同意的除外 （2）知识产权中的财产权出质后，出质人不得转让或者许可他人使用，出质人与质权人协商同意的除外 （3）应收账款出质后，不得转让，出质人与质权人协商同意的除外	
质权人的保管义务	（1）质权人负有妥善保管质押财产的义务，因保管不善"致使"质押财产毁损、灭失的，应当承担赔偿责任 （2）质权人的行为"可能致使"质押财产毁损、灭失的，出质人可以要求质权人将质押财产提存，或者要求提前清偿债务并返还质押财产	

考点17　留置权（★）

留置权的概念	债务人不履行到期债务，债权人可以留置已经合法占有的债务人的动产，并有权就该动产优先受偿	
留置权的性质	法定担保物权，但当事人可以特约排除留置权（抵押和质押是约定担保物权）	
留置权的成立	（1）债权人须合法占有债务人动产，如承揽、运输、保管、仓储、行纪合同中产生 （2）债权已届清偿期：债权人的债权未届清偿期，其交付或返回所占有标的物的义务已届履行期的，不能行使留置权，但债权人能够证明债务人无支付能力的除外 （3）动产之占有与债权属同一法律关系，企业之间留置不受同一法律关系之限制	
留置权的效力	留置担保的范围	所担保债权的范围：主债权及利息、违约金、损害赔偿金、留置物保管费用和实现留置权的费用
		留置物的范围：留置财产为可分物的，留置财产的价值应当相当于债务的金额。留置权人在债权未受全部清偿前，留置物为不可分物的，留置权人可以就其留置物的全部行使留置权
	优先受偿权	债务人逾期未履行债务的，留置权人可以与债务人协议以留置财产折价，也可以就拍卖、变卖留置财产所得的价款优先受偿
	孳息收取权	留置权人有权收取留置财产的孳息。所收取的孳息应当先充抵收取孳息的费用
	保管义务	留置权人负有妥善保管留置财产的义务，因保管不善致使留置财产毁损、灭失的，应当承担赔偿责任
	通知义务	约定不少于两个月的期限内履行债务；未约定给与2个月以上的期限
	抵押权、质权与留置权的效力等级	同一动产上已设立抵押权或者质权，该动产又被留置的，留置权人优先受偿；同一财产法定登记的抵押权与质权并存时，抵押权人优先于质权人受偿；质权与未登记抵押权并存时，质权人优先于抵押权人受偿
留置权的实现	（1）留置标的物——债权人在其债权没有得到清偿时，有权留置债务人的财产，并给债务人确定2个月以上的履行期限； （2）优先受偿——债务人超过规定的期限仍不履行其债务时，留置权人可依法以留置物折价或拍卖、变卖所得价款优先受偿	
留置权的消灭	①债权消灭；②债务人另行提供担保并被债权人接受；③留置权人对留置财产丧失占有	

📟 历年真题

一、单项选择题

1. 【2015年真题】甲、乙、丙三兄弟共同继承一幅古董字画，由甲保管。甲擅自将该画以市场价出卖予丁并已交付，丁对该画的共有权属关系并不知情。根据物权法律制度的规定，下列表述中，正确的是（   ）。
   A. 经乙和丙中一人追认，丁即可取得该画所有权
   B. 无论乙和丙追认与否，丁均可取得该画的所有权
   C. 丁取得该画的所有权，但须以乙和丙均追认为前提
   D. 无论乙和丙追认与否，丁均不能取得该画的所有权

2. 【2015年真题】根据物权法律制度的规定，下列关于更正登记与异议登记的表述中，正确的是（   ）。
   A. 提起更正登记之前，须先提起异议登记
   B. 更正登记的申请人可以是权利人，也可以是利害关系人
   C. 异议登记之日起10日内申请人不起诉的，异议登记失败
   D. 异议登记不当造成权利人损害的，登记机关应承担损害赔偿责任

3. 【2014年真题】下列关于以无偿划拨方式取得的建设用地使用权期限的表述中，符合物权法律制度规定的是（   ）。
   A. 最长期限为30年   B. 最长期限为50年
   C. 最长期限为70年   D. 一般无使用期限的限制

4. 【2014年真题】根据物权法律制度的规定，以下列权利出质时，质权自权利凭证交付时设立的是（   ）。
   A. 仓单   B. 股票
   C. 基金份额   D. 应收账款

5. 【2013年真题】甲向乙借款，为担保债务履行，将一辆汽车出质给乙。乙不慎将汽车损坏。根据物权及合同法律制度的规定，下列表述中，正确的是（   ）。
   A. 甲有权要求乙立即赔偿损失，或在借款到期时在损失赔偿额范围内相应抵销其对乙所负的债务
   B. 甲有权拒绝归还借款并要求乙赔偿损失
   C. 甲有权要求解除质押合同
   D. 甲有权要求延期还款

6. 【2012年真题B卷】甲、乙系多年同窗，二人共同购买了一套住房。甲出资90万元，乙出资60万元，双方未约定共有类型。一年后，甲利用乙出差之机，请丙装修公司对房屋重新装修，并告知丙，该房屋由自己与乙共有，但装修费用由乙一人承担。乙获悉装修事宜后，表示反对，并拒绝向丙付款。后乙欲将（整个）房屋所有权（全部）转让给丁。根据物权法律制度的规定，下列表述中，正确的是（   ）。
   A. 甲、乙对该套房屋形成共同共有关系
   B. 甲对房屋重新装修，不必征得乙的同意
   C. 对于丙公司的付款请求，乙无权拒绝
   D. 乙转让房屋所有权，须征得甲的同意

7. 【2012年真题A卷、B卷】甲在上班途中遗失手机一部，被乙拾得。甲发布悬赏广告称，愿向归还手机者支付现金1 000元作为酬谢。根据物权法律制度的规定，下列表述中，正确的

是（　　）。

A. 返还手机是乙的法定义务，故甲虽承诺向归还手机的拾得人支付1 000元酬金，乙仍无权请求甲支付该酬金，仅有权要求甲支付因返还手机而发生的必要费用

B. 若乙将手机以3 000元的市场价格卖给不知情的丙，则甲除非向丙支付3 000元，否则无权请求丙返还手机

C. 若乙将手机送交公安机关，而甲未于公安机关发出招领公告之日起6个月内认领，则乙取得该手机的所有权

D. 若乙欲将手机据为己有，则甲有权请求乙归还，乙既无权请求甲支付1 000元酬金，亦无权要求甲支付必要的返还费用

8. 【2011年真题】根据担保法律制度的规定，下列情形中，甲享有留置权的是（　　）。

A. 甲为乙修理汽车，乙拒付修理费，待乙前来提车时，甲将该汽车扣留

B. 甲为了迫使丙偿还欠款，强行将丙的一辆汽车拉走

C. 甲为丁有偿保管某物，保管期满，丁取走保管物却未付保管费。于是，甲谎称丁取走的保管物有误，要求丁送回调换。待丁送回该物，甲即予以扣留，要求丁支付保管费

D. 甲为了确保对戊的一项未到期债权能够顺利实现，扣留戊交其保管的某物不还

二、多项选择题

1. 【2016年真题】根据物权法律制度的规定，以出让方式取得土地使用权后，转让房地产时，应当符合的条件有（　　）。

A. 按出让合同约定投资开发，属于房屋建设工程的，完成开发投资总额的20%以上

B. 转让房地产时，房屋建成后，应当持有房屋所有权证书

C. 按出让合同约定投资开发，属于成片开发土地的，形成工业用地或其他建设用地条件

D. 按出让合同约定已支付全部土地使用权出让金，并取得土地使用权证书

2. 【2014年真题】根据物权法律制度的规定，当事人可申请预告登记的情形有（　　）。

A. 预购商品房　　　　　　　　　　B. 租赁商业用房

C. 房屋所有权转让　　　　　　　　D. 房屋抵押

3. 【2013年真题】根据物权法律制度的规定，下列各项中，能够成为所有权客体的有（　　）。

A. 月球表面　　　　　　　　　　　B. 药品

C. 土地　　　　　　　　　　　　　D. 存有计算机程序的光盘

4. 【2012年真题B卷】6月6日，丙向甲借用劳力士手表，约定6月10日归还。6月7日，甲向乙借款5万元，并以该劳力士手表出质担保。双方在书面质押合同中约定，若甲届时不能清偿债务，则手表归乙所有。6月8日，甲通知丙于借用期满后直接将手表交给乙。根据物权法律制度的规定，下列表述中，正确的有（　　）。

A. 乙的质权设立于6月7日

B. 乙的质权设立于6月8日

C. 若甲届时不能清偿对乙债务，乙依约直接取得手表所有权

D. 若甲届时不能清偿对乙债务，乙有权就手表变价，并以变价所得优先受偿

5. 【2010年真题】甲公司向乙银行借款，同意以自己现有以及将有的全部生产设备、原材料、产品、半成品进行抵押。根据担保法律制度的规定，下列关于该抵押的表述中，正确的有（　　）。

A. 甲公司与乙银行协商一致时，抵押权设立

B. 甲公司与乙银行协商一致，并达成书面协议时，抵押权设立

C. 该抵押权非经登记不得对抗善意第三人

D. 如在正常经营中，第三人乙向甲公司支付了合理价款并取得抵押财产的，则抵押权不得对抗该第三人

三、案例分析题

【2010年真题】2009年4月，甲公司因欠乙公司货款100万元不能按时偿还，向乙公司请求延期至2010年4月1日还款，并愿意以本公司所有的3台大型设备进行抵押和1辆轿车进行质押，为其履行还款义务提供担保。乙公司同意了甲公司的请求，并与甲公司订立了书面抵押和质押合同。甲公司将用于质押的轿车的机动车登记证书交乙公司保管，但未就抵押和质押办理任何登记手续，也未向乙公司交付用于抵押的设备和质押的轿车。

2009年5月，甲公司将用于抵押的3台设备出租给丙公司，将用于质押的轿车出租给丁公司，租期均为1年。2009年8月，甲公司隐瞒有关事实，与戊公司订立合同出售其用于抵押的3台设备。随后，甲公司通知丙公司：本公司已将出租的3台设备卖给戊公司，要求解除租赁合同，丙公司可不再支付剩余9个月的租金，并请其将这3台设备交付给戊公司。丙公司表示同意，且立即向戊公司交付了这3台设备。

2009年9月1日。甲公司再次隐瞒了有关事实，与己公司订立合同出售其用于质押的轿车。双方办理了过户登记手续，并约定9月15日之前交付。甲公司在通知丁公司向己公司交付出租的轿车时，丁公司拒绝了甲公司的要求，并向甲公司主张同等条件下的优先购买权。9月30日，丁公司工作人员在驾驶该轿车时外出时，遭遇罕见泥石流，车毁人亡。

2010年4月1日，甲公司仍无力向乙公司偿还货款。乙公司在调查了解甲公司资产状况后得知：甲公司出资200万元设立的全资子公司庚公司经营状况良好，资金充裕；另外，庚公司欠甲公司到期货款150万元，尚未偿还。2010年4月15日，乙公司发函给庚公司，要求其偿还甲公司所欠本公司债务。

要求： 根据上述内容，分别回答下列问题。

（1）甲公司是否有权将用于抵押的3台设备出租给丙公司？并说明理由。

（2）乙公司是否有权就用于抵押的3台设备向戊公司行使抵押权？并说明理由。

（3）在用于质押的轿车灭失前，谁是其所有权人？乙公司是否对该轿车享有质权？并分别说明理由。

（4）丁公司就轿车向甲公司主张同等条件下的优先购买权是否成立？并说明理由。

（5）甲公司是否有权要求丁公司对轿车的灭失承担赔偿责任？并说明理由。

（6）己公司是否有权要求甲公司对不能交付轿车承担赔偿责任？并说明理由。

（7）乙公司是否有权要求庚公司代甲公司履行债务？并说明理由。

历年真题答案及解析

单项选择题答案速查表

题号	答案	题号	答案	题号	答案	题号	答案
1	B	2	B	3	D	4	A
5	A	6	D	7	D	8	A

多项选择题答案速查表

题号	答案	题号	答案	题号	答案	题号	答案	题号	答案
1	BCD	2	ACD	3	BCD	4	BD	5	BCD

一、单项选择题答案及解析

1. B〖解析〗本题考查的是物权法律制度的善意取得。根据题干可知，丁对该画的共有权属关系并不知情，且已合理支付标的物的费用，适用善意取得制度，即丁是善意的，无论其他共有人是否追认，丁都取得所有权。因此正确答案是选项B。

2. B〖解析〗本题主要考查的是不动产登记制度。"权利人、利害关系人"认为不动产登记有误的，可以申请更正登记，如登记的权利人不同意更正的，利害关系人可以申请异议登记，即先申请更正登记，再申请异议登记。因此选项A错误，选项B正确。申请人在异议登记之日起15日内不起诉，登记失败；异议登记不当的，造成权利人损害的，权利人可以向申请人（而不是登记机关）损害赔偿，因此，选项C、选项D错误。

3. D〖解析〗本题考查的是用益物权。以无偿划拨方式取得的建设用地使用权，除法律、行政法规另有规定外，没有使用期限的限制。

4. A〖解析〗本题考查的是权利质权。以汇票、支票、本票、债券、存款单、仓单、提单出质的，当事人应当订立书面合同。质权自权利凭证交付质权人时设立；没有权利凭证的，质权自有关部门办理出质登记时设立。

5. A〖解析〗本题考查的是质权人的保管义务。质权人负有妥善保管质押财产的义务，因保管不善致使质押财产毁损、灭失的，承担赔偿责任。质权人的行为可能使质押财产毁损、灭失的，出质人可要求质权人将抵押财产提存，或要求提前清偿债务并返还质押财产。本题选项A正确。

6. D〖解析〗本题考查的是共有物的处分。共有人对共有的不动产没有约定为按份共有或者共同共有，除共有人具有家庭关系等外，视为"按份共有"，所以选项A错误。对共有的不动产做重大修缮的，应当经占份额2/3以上的按份共有人同意，但共有人之间另有约定的除外。在本题中，甲、乙按份共有该房屋，但未约定各自享有的份额，应按照各自的出资额确定，即甲享有60%（90÷150）的份额。因此，甲重新装修房屋应当取得乙的同意，未取得乙的同意且乙事后亦未追认的，甲、丙之间的装修合同对乙不具有约束力，对于丙公司的付款请求，乙有权予以拒绝，所以选项B错误。处分共有物的，应当经占份额2/3以上的按份共有人同意，但共有人之间另有约定的除外，所以选项C错误。

7. D〖解析〗本题考查的是拾得遗失物。拾得人享有费用返还请求权，在遗失人发出悬赏广告时，归还遗失物的拾得人还享有悬赏广告所允诺的报酬请求权，所以选项A错误。丙直接从乙手中购买手机（而非通过拍卖或者向具有经营资格的经营者购得），无权要求甲支付购买手机的支出的费用，所以选项B错误。遗失物自发布招领公告之日起6个月内无人认领的，归"国家"（而非乙）所有，所以选项C错误。拾得人拒不返还遗失物，按侵权行为处理；拾得人不得要求支付必要费用，也无权请求权利人按照承诺履行义务，所以选项D正确。

8. A〖解析〗本题考查的是留置权。留置权的成立条件：①债权人合法占有债务人的动产。②债权人留置的动产，应当与债权属于同一法律关系，但企业之间留置的除外。③债务已届清偿期且债务人未按规定期限履行义务。在选项B和选项C中，债权人对债务人动产的占有不合法；在选项D中，债务未届清偿期。

【易错警示】上述3点是留置权的成立条件，同时考生还需要把握其基本概念，债权人按照合同的约定占有债务人的动产，债务人不按照合同约定的期限履行债务的，债权人有权依照法律规定留置财产，以该财产折价或者以拍卖、变卖该财产的价款优先受偿，避免错选选项B、C、D。

二、多项选择题答案及解析

1. BCD〖解析〗本题考查物权法的建设用地使用权知识点。以出让方式取得土地使用权的，转让房地产时，应当符合下列条件：①按照出让合同约定已经支付全部土地使用权出让金，并取得土地使用权证书；

②按照出让合同约定进行投资开发，属于房屋建设工程的，完成开发投资总额的25%以上，属于成片开发土地的，形成工业用地或者其他建设用地条件；③转让房地产时房屋已经建成的，还应当持有房屋所有权证书。

2. ACD〖解析〗本题考查的是预告登记的情形。具体有下列情形之一的，当事人可以申请预告登记：①预购商品房；②以预购商品房设定抵押；③房屋所有权转让、抵押；④法律、法规规定的其他情形。

3. BCD〖解析〗本题考查的是所有权客体。所有权是指在法律限制范围内，对物为全面支配的权利。月球表面不具有可支配性，不属于物，不能成为所有权的客体。

4. BD〖解析〗本题考查的是质押。根据规定，质权自质物移交给质权人占有时设立，出质人以间接占有的财产出质的，书面通知送达占有人时视为移交，因此选项B正确；质权人在债务履行期届满前，不得与出质人约定债务人不履行到期债务时质押财产归债权人所有，因此选项C错误；当债务人不履行债务或者发生当事人约定的实现质押权的情形时，债权人有权依法以该财产变价所得优先受偿，因此选项D正确。

5. BCD〖解析〗本题考查的是浮动抵押。浮动抵押必须经过"书面协议"，因此选项A错误，选项B正确；浮动抵押的设立是以合同的生效为条件，不以登记为要件。但是不登记的，抵押权不能对抗善意第三人，因此选项C的说法正确；在动产浮动抵押"结晶"之前，即使浮动抵押办理了登记，该抵押权也不得对抗正常经营活动中已支付合理价款并取得抵押财产的买受人，因此选项D正确。

【易错警示】选项A和选项B放到一起就有迷惑性，不仔细的考生会错选选项A。在选项A中，意思并没有表达完整，必须加上限定语"并达成书面协议时"才可以作为选项。

三、案例分析题答案及解析

（1）有权。根据规定，抵押权设定后，由于抵押物仍然归抵押人占有，因此抵押人有权将抵押物出租。

（2）无权。根据规定，当事人以生产设备设定抵押的，抵押权自抵押合同生效时设立，未经登记，不得对抗善意第三人。在本题中，乙公司以设备设定抵押，但是未办理登记手续，其抵押权不得对抗善意的戊公司。

（3）①甲公司是该轿车的所有权人。根据规定，动产物权的转让，自交付时发生效力，但法律另有规定的除外。本题中，甲公司与乙公司虽然已经办理了过户登记手续，但是轿车尚未交付，所有权未发生转移。②乙公司不享有质权。根据规定，质权自质物移交给质权人占有时设立。本题中，甲公司仅将用于质押的轿车的机动车登记证交给乙公司保管，并未实际交付该轿车，质权尚未设立。

（4）丁公司不享有优先购买权。根据规定，只有在房屋租赁中才有优先购买权的适用，对于其他标的的租赁，并不适用优先购买权。

（5）无权。根据规定，因不可归责于承租人的事由，致使租赁物部分或者全部毁损、灭失的，承租人可以要求减少租金或者不支付租金。在本题中，轿车的毁损是因不可抗力引起的，承租人并无过错，因此不承担赔偿责任。

（6）有权。根据规定，当事人一方不履行合同义务，在履行义务或者采取补救措施后，对方还有其他损失的，应当承担损害赔偿责任。在本题中，合同标的物轿车已经毁损，甲公司无法继续履行合同义务或者采取其他补救措施，应当对己公司的损失进行赔偿。

（7）无权。因为母公司和子公司均具有独立法人资格，各自应对自己的债务独立承担责任。

全真模拟试题

一、单项选择题

1. 小张、小林外出游玩，向小李借相机一部，用毕小张将相机带回家。小周到小张家见此相机，执意要以8 000元买下，小张见此价高于市价，便隐瞒实情表示同意，并将相机交付与小周。不久，小周因手头拮据又向小林以4 000元兜售该相机。小林见此相机眼熟，便向小周询问，小周如实相告，小林遂将之买下。根据物权法律制度的规定，此时，相机应当归（   ）所有。
   A. 小张   B. 小林
   C. 小李   D. 小周

2. 光迅、天隆、深蓝宇和泰豪公司分别出资50万元、20万元、20万元、10万元建造一栋楼房，约定建成后按投资比例使用，但对楼房管理和所有权归属未作约定。对此，下列说法中错误的是（   ）。
   A. 该楼发生的管理费用应按投资比例承担
   B. 该楼所有权为按份共有
   C. 光迅公司投资占50%，有权决定该楼的重大修缮事宜
   D. 泰豪公司对其享有的份额有权转让

3. 小张租用小李的一台笔记本电脑，后小张将该电脑转让给小王，小王知道该笔记本电脑为小李的财产，但仍然以明显低于市场同类产品的价格受让了该电脑，根据《物权法》的规定，下列说法中正确的是（   ）。
   A. 小李有权追回该电脑   B. 小王取得该电脑的所有权
   C. 小李无权追回该电脑   D. 该转让行为有效

4. 小王与小李公司订立房屋买卖合同，并对房屋买卖进行了预告登记。后小李公司未经小王同意，又将该房屋卖给小林。下列说法中正确的是（   ）。
   A. 小王可以主张小林的所有权无效   B. 小王无权主张小林的所有权无效
   C. 小王和小李之间的预告登记失效   D. 小林取得该房屋的所有权

5. 某航空公司以正在建造中的大型客机设定抵押向银行贷款，但未办理抵押登记。下列说法中符合《物权法》规定的是（   ）。
   A. 因未办理抵押登记，主合同无效
   B. 建造中的大型客机不得设定抵押
   C. 因未办理抵押登记，该抵押无效
   D. 因未办理抵押登记，银行不得对抗善意第三人

6. 物可分为原物和孳息物，下列选项中属于孳息物的是（   ）。
   A. 奶牛体内的牛奶   B. 苹果树上掉下的苹果
   C. 鹿头上的鹿茸   D. 电灯发出的灯光

7. 北京某公司开发写字楼一幢，于2015年5月5日将其中一层卖给可佳公司，约定半年后交房，可佳公司于2015年5月6日申请办理了预告登记。2015年6月5日北京某公司因资金周转困难，在可佳公司不知情的情况下，以该层楼向民生银行抵押借款并登记。现因北京某公司不能清偿到期债务，民生银行要求实现抵押权。根据物权法律制度的规定，下列表述中，正确的是（   ）。
   A. 抵押合同有效，但抵押权未设立
   B. 抵押合同有效，抵押权设立

C. 抵押合同无效，但抵押权设立

D. 抵押合同无效，抵押权未设立

8. 老王与小徐签订房屋买卖合同，将一幢房屋卖给小徐，双方同时约定，一方违约应支付购房款35%的违约金。但在交房前老王又与老贾签订合同，将该房卖与老贾，并与老贾办理了过户登记手续。下列说法中正确的是（   ）。

A. 小徐可以自己与老王签订的合同在先，主张老王与老贾签订的合同无效

B. 小徐有权要求老王收回房屋，实际履行合同

C. 小徐不能要求老王实际交付该房屋，但可要求老王承担违约责任

D. 老王与小徐的房屋买卖合同无效，老王与老贾的房屋买卖合同有效

9. 小王为向小张借款将其拥有的空置房屋设定抵押，并办理抵押登记，后又将该房屋出租给小李居住。借款期限届满，小王未归还借款和利息，经拍卖小张取得该房屋的所有权。下列说法中符合规定的是（   ）。

A. 小王不得将已设定抵押并办理登记的房屋出租

B. 小王将已设定抵押并办理登记的房屋出租，应经小李同意

C. 小张取得房屋所有权后，原租赁合同仍然有效

D. 小张取得房屋所有权后，有权解除租赁合同

10. 根据规定，如果不动产登记簿记载的权利人不同意更正，利害关系人可以申请异议登记。法律要求异议登记申请人在异议登记之日起一定时间内起诉，不起诉的，异议登记失效。该一定时间是（   ）。

A. 30日　　　　　　　　　　　B. 15日

C. 10日　　　　　　　　　　　D. 7日

11. 根据物权法律制度的规定，土地使用权出让合同约定的使用年限届满，土地使用者需要继续使用土地的，应当至迟于届满前（   ）申请续期，除根据社会公共利益需要收回该土地的，应当予以批准。

A. 1年　　　　　　　　　　　B. 2年

C. 3年　　　　　　　　　　　D. 5年

12. 按份共有人有权自由处分自己的共有份额，无须取得其他共有人的同意，但是共有人将份额出让给共有人以外的第三人时，（   ）。

A. 其他共有人在任何条件均有优先购买权

B. 其他共有人与第三人在同等条件下有平等的购买权

C. 第三人在同等条件下，有优先购买权

D. 其他共有人在同等条件下，有优先购买的权利

13. 章华与姚蜜签订借款合同，并约定由姚蜜将自己的钻戒出质给章华，但其后姚蜜并未将钻戒如约交付给章华，而是把该钻戒卖给了文志。文志取得钻戒后，与章华因该钻戒权利归属发生纠纷。根据物权法律制度与合同法律制度的规定，下列关于该钻戒权利归属的表述中，正确的是（   ）。

A. 文志不能取得该钻戒的所有权，因为该钻戒已质押给章华

B. 文志能取得该钻戒的所有权，但章华可依其质权向文志追偿

C. 文志能取得该钻戒的所有权，章华不能向姚蜜要求返还该钻戒

D. 文志能否取得该钻戒的所有权，取决于章华同意与否

二、多项选择题

1. 关于同一抵押物上多个抵押权并存的情形，下列说法中正确的有（   ）。

A. 抵押权已登记的，按照登记的比例权重先后清偿

B. 抵押权未登记的，按照债权比例清偿

C. 抵押权已登记的，先于未登记的受偿

D. 顺位在后的抵押权所担保的债权先到期的，抵押权人只能就抵押物价值超出顺位在先的抵押担保债权的部分受偿

2. 属于主物与从物关系的有（　　　）。

A. 两根筷子

B. 小王的杯子和杯盖

C. 小李的电视机和遥控器

D. 小东的拖拉机和小赵的拖犁

3. 小明发现去年丢失的电动自行车被路人老张推行，便上前询问，老张称从朋友老王处购买，并出示了老王出具的付款收条。根据物权法律制度的规定，如小明想追回该自行车，可以提出下列（　　　）理由支持其请求。

A. 小明丢失该自行车被老王拾得

B. 老王从小明处偷了该自行车

C. 老张明知道该自行车是老王从小明处偷来的仍然购买

D. 老张向老王支付的价格远远低于市场价

4. 下列有关拾得遗失物的说法中，正确的有（　　　）。

A. 遗失物自发布招领公告之日起6个月内无人认领的，归国家所有

B. 拾得人拾得遗失物后，不能享有拾得物的所有权，但可享有费用偿还请求权

C. 拾得人拾得遗失物后，如果无人来认领，所有权归拾得人

D. 如果遗失人发出悬赏广告，归还失物的拾得人还享有悬赏广告所允诺的报酬请求权

5. 转让以出让方式取得的土地使用权的，应当符合的条件包括（　　　）。

A. 按照出让合同约定，已支付全部土地使用权出让金，并取得土地使用权证书

B. 转让房地产时，房屋已经建成的，还应当持有房屋所有权证书

C. 按照出让合同的约定进行投资开发，属于成片开发土地的，已形成工业用地或者其他建设用地条件

D. 按照出让合同的约定进行投资开发，属于房屋建设工程的，完成开发投资总额的30%以上

6. 下列关于用益物权和担保物权的说法中，正确的有（　　　）。

A. 以担保债权实现为目的的物权，为担保物权

B. 用益物权和担保物权均属限制物权

C. 以使用他人所有之物为目的的物权，为用益物权

D. 国有土地使用权、宅基地使用权属于担保物权；抵押权、留置权和质权属于用益物权

7. 根据物权法律制度的规定，下列情形中，小李的返还原物请求权能够得到法院支持的有（　　　）。

A. 小李借给邹笔记本电脑一台，邹谎称丢失，小李要求邹返还

B. 小周将从小李处借来的手表卖给小王，小王以为是小周的手表而买之，小李要求小王返还

C. 小林偷了小李的金项链送给女友红，红在不知情的情况下收下金项链，小李要求红返还

D. 那某向小李购牛一头，并在得到牛后将其转卖，但没有向小李付款，小李要求那某返还

8. 某房屋登记的所有人为万远，小张认为自己是共有人，于是向登记机构申请更正登记。万远不同意，小张又于5月15日进行了异议登记。5月20日，小甘打算买万远的房屋，但是到登记机构查询发现万远的房屋存有异议登记，遂放弃购买。小张申请异议登记后，发现自己的证据不足，遂对此事置之不理。下列选项中正确的有（　　　）。

  A. 万远有权向小张请求赔偿损失

  B. 万远有权向登记机构请求赔偿损失

  C. 异议登记于5月31日失效

  D. 异议登记后，未经小张同意，处分该房屋的，不发生物权效力

9. 下列关于抵押权的相关规定，表述正确的有（ ）。

  A. 转让的价款超过债权数额的部分归抵押人所有，不足部分由债权人清偿

  B. 转让的价款超债权数额的部分归抵押人所有，不足部分由债务人清偿

  C. 抵押期间，抵押人经抵押权人同意转让抵押财产的，应当将转让所得的价款向抵押权人提前清偿债务或者提存

  D. 抵押期间，抵押人未经抵押权人同意，不得转让抵押财产，但受让人代为清偿债务消灭抵押权的除外

10. 下列选项中，属于当事人可以申请预告登记的情形有（ ）。

  A. 预购商品房   B. 以销售商品房设定质押

  C. 以预购商品房设定抵押   D. 房屋所有权转让、抵押

11. 下列关于共有的说法中正确的有（ ）。

  A. 对共有物的管理费用以及其他负担，有约定的，按照约定

  B. 对共有物的管理费用以及其他负担，有约定的，按照约定；没有约定或者约定不明确的，按份共有人按照其份额负担，共同共有人共同负担

  C. 按份共有人对共有的不动产或者动产做重大修缮的，应当经占份额2/3以上的按份共有人，但共有人之间另有约定的除外

  D. 对共同共有的不动产或者动产做重大修缮的，应当经全体共同共有人同意，但共有人之间另有约定的除外

12. 下列关于质权设立的表述中，符合《物权法》规定的有（ ）。

  A. 以仓单出质的，质权自仓单交付之日起设立

  B. 以机器设备出质的，质权自双方签字盖章之日起设立

  C. 以依法可转让的专利权出质的，质权自向其管理部门办理出质登记之日起设立

  D. 以非上市公司的股份出质的，质权自工商行政管理部门办理出质登记时设立

13. 根据物权法律制度的有关理论，下列选项中，不属于民法意义上孳息的有（ ）。

  A. 母牛腹中的小牛   B. 苹果树上长着的苹果

  C. 母鸡生的鸡蛋   D. 每月出租房屋获得的租金

14. 下列财产中，可以作为抵押物的有（ ）。

  A. 机动车   B. 建筑物

  C. 正在制作的生产设备   D. 家庭联产承包的土地承包经营权

15. 创惠公司从兴业银行获得贷款1 000万元，并以其商品房屋（价值500万元）提供抵押担保，同时，广义科技公司以其别墅（价值800万元）为创惠公司贷款提供抵押担保。贷款到期时，创惠公司尚欠银行400万元的本息未还。在银行催讨欠款期间，商品房屋因火灾发生严重损坏，价值仅余350万元。火灾责任人周某向创惠公司赔偿了50万元，丽泰保险公司向创惠公司赔付保险金80万元。下列财产中，银行享有优先受偿权的有（ ）。

  A. 商品房屋

  B. 别墅

  C. 周某赔偿给创惠公司的50万元

  D. 丽泰公司赔付创惠公司的80万元保险金

三、案例分析题

腾飞公司于2014年10月9日通过拍卖方式拍得位于成都郊区的一块工业建设用地；同年10月15日，腾飞公司与成都市土地管理部门签订《建设用地使用权出让合同》；同年10月21日，腾飞公司缴纳全部土地出让金；同年11月5日，腾飞公司办理完毕建设用地使用权登记，并获得建设用地使用权证。

2015年1月28日，腾飞公司以取得的上述建设用地使用权作抵押，向建设银行借款9 000万元，借款期限3年。该抵押权办理了登记手续。此后，腾飞公司依法办理了各项立项、规划、建筑许可、施工许可等手续之后开工建设厂房。

2015年5月，因城市修改道路规划，政府提前收回腾飞公司取得的尚未建设厂房的部分土地，用于市政公路建设。腾飞公司因该原因办理建设用地使用权变更登记手续时，发现登记机构登记簿上记载的建设用地使用权面积与土地使用权证上的记载不尽一致。

要求：根据上述内容，分别回答下列问题。

（1）腾飞公司于何时取得建设用地使用权？并说明理由。

（2）腾飞公司在建造的厂房已经完工，未办理房屋所有权证的情况下，是否取得该房屋所有权？并说明理由。

（3）腾飞公司建造的厂房是否属于建设银行抵押权涉及的抵押物范围？并说明理由。建设银行如何实现自己的抵押权？

（4）在政府提前收回腾飞公司部分建设用地使用权的情况下，建设银行能否就腾飞公司获得的补偿金主张权利？并说明理由。

（5）在登记簿上的记载与土地使用权证上的记载不一致的情况下，以哪个为准？

全真模拟试题答案及解析

单项选择题答案速查表

题号	答案	题号	答案	题号	答案	题号	答案	题号	答案	题号	答案
1	B	2	C	3	A	4	A	5	D		
6	B	7	A	8	C	9	D	10	B		
11	A	12	D	13	C								

多项选择题答案速查表

题号	答案	题号	答案	题号	答案	题号	答案	题号	答案
1	BCD	2	BC	3	ABCD	4	ABD	5	ABC
6	ABC	7	AC	8	AC	9	BCD	10	ACD
11	ABCD	12	ACD	13	AB	14	ABC	15	ABCD

一、单项选择题答案及解析

1．B〖解析〗本题考查的是善意取得制度。①小周基于善意取得制度依法取得了该相机的所有权。②小周作为所有权人将该相机卖给小林时，属于有权处分，与善意取得制度无关（无须考虑小林是否善意的问题），小林自"交付"之日起取得该相机的所有权。

【易错警示】部分考生可能认为选项C为正确答案，即该相机属于小李，因为相机开始是小李的，且在其并不知情的情况下被小周买走。但小周基于善意取得制度依法取得了该相机的所有权，同时小周作为所有权人将该相机卖给小林时，最终小林得到相机的所有权。

2．C〖解析〗本题考查的是共有制度。

根据规定，对共有物的管理费用以及其他负担，有约定的，按照约定；没有约定或者约定不明确的，按份共有人按照其份额负担，共同共有人共同负担，选项A正确。根据规定，共有人对共有的不动产或者动产没有约定为按份共有或者共同共有，或者约定不明确的，除共有人具有家庭关系等外，视为按份共有，选项B正确。根据规定，处分共有的不动产或者动产以及对共有的不动产或者动产作重大修缮的，应当经占份额2/3以上的按份共有人或者全体共同共有人同意，但共有人之间另有约定的除外，选项C错误。根据规定，按份共有人可以转让其享有的共有的不动产或者动产份额，其他共有人在同等条件下享有优先购买的权利，选项D正确。

3. A〖解析〗本题考查的是善意取得制度与动产所有权的特殊取得方式。根据规定，无处分权人将不动产或者动产转让给受让人的，所有权人有权追回，法律另有规定的除外。也就是说，受让人受让该不动产或者动产时是善意的；以合理的价格转让，符合法定条件的，受让人取得该不动产或者动产的所有权。本题中，小王为恶意的受让人，且价格并非合理，因此小李有权追回该电脑。

4. A〖解析〗本题考查的是物权变动。预告登记后，未经预告登记的权利人同意，处分该不动产的，不发生物权效力。

【易错警示】部分考生会错选选项D，以为将该房屋卖给小林，小林取得该房屋的所有权。考生应该谨记，该情形下，未经预告登记的权利人同意，处分该不动产的，不发生物权效力。

5. D〖解析〗本题考查的是抵押权的范围及设定。正在建造中的航空器可以设定抵押，但抵押物未经登记的，抵押权不得对抗善意第三人。

6. B〖解析〗本题考查的是物权法律制度概述。选项B属于天然孳息；选项A和选项C中的牛奶和鹿茸未与原物脱离；选项D的灯光并非电灯产生的收益。

【易错警示】此题考生一定要明确孳息物概念，不然很容易错选选项D。选项D与选项B大的区别在于，选项B属于天然孳息，然而

选项D并没有产生收益。

7. A〖解析〗本题考查的是物权法律制度。预告登记后，未经预告登记的权利人同意，处分该不动产的，不发生物权效力。在本题中，可佳公司办理预告登记后，北京某公司未经可佳公司同意，以该层楼向民生银行设定抵押，不发生物权变动的效力，故抵押权未设立，但不影响抵押合同的效力。

8. C〖解析〗本题考查的是一房二卖的问题。①对于一房二卖，依照合同法规定，两个合同均为有效合同，但已经取得房屋所有权的买受人，原合同债权人不得请求返还，选项A、B、D错误。②原合同债权人只能请求债务人承担违约责任。对于本题中所约定的违约金，依照合同法规定，如果过高可以请求法院或者仲裁机构予以适当减少，选项C正确。

9. D〖解析〗本题考查的是抵押权优先受偿权、转让限制、顺位、租赁。根据规定，抵押权设立后抵押财产出租的，该租赁关系不得对抗已登记的抵押权。本题抵押权设定在先，出租在后，抵押权实现后，租赁合同对受让人不具有约束力。

【易错警示】部分考生会在选项C和选项D中犹豫，这是混淆了取得房屋所有权后，原租赁合同是否仍然有效的知识点。

10. B〖解析〗本题考查的是不动产物权变动的公示。根据规定，如果不动产登记簿记载的权利人不同意更正，利害关系人可以申请异议登记。登记机构予以异议登记的，申请人在异议登记之日起15日内不起诉，异议登记失效。

11. A〖解析〗本题考查的是用益物权。根据规定，土地使用权出让合同约定的使用年限届满，土地使用者需要继续使用土地的，应当至迟于届满前一年申请续期，除根据社会公共利益需要收回该土地的，应当予以批准。

12. D〖解析〗本题考查的是所有权概念和类型。按份共有人有权自由处分自己的共有份额，故可自由转让其享有的共有的不动产或者动产份额。但是共有人将份额出让给共有人以外的第三人时，其他共有人在同等条件下，有优先购买的权利。

13. C〖解析〗本题考查的是动产质权的

设定。根据规定，质权自出质人交付质押财产时设立。本题中，姚蜜并未向章华交付钻戒，因此质权并未设立，而姚蜜将钻戒给文志，文志取得了钻戒所有权，章华不能要求返还该钻戒。

【易错警示】部分考生会错选选项B，因为并没有完全掌握质权的基本概念。质权是担保的一种方式，指债权人与债务人或债务人提供的第三人以协商订立书面合同的方式，移转债务人或者债务人提供的第三人的动产或权利的占有，在债务人不履行债务时，债权人有权以该财产价款优先受偿。

二、多项选择题答案及解析

1．BCD〖解析〗本题考查的是抵押担保的范围及抵押权的实现。抵押权已登记的，按照登记的先后顺序清偿，选项A错误。

【易错警示】选项A具有很大的迷惑性，"抵押权已登记的，按照登记的比例权重先后清偿"看上去也是符合逻辑，导致部分考生多选选项A。考生应谨记：抵押权已登记的，按照登记的先后顺序清偿。

2．BC〖解析〗本题考查的是主物与从物。主物是：独立存在，在与同属一人所有的其他独立物结合使用中起主要作用的物。从物是：独立存在，在与同属一人所有的其他独立物结合使用中处于附属地位，起辅助和配合作用的物。

3．ABCD〖解析〗本题考查的是善意取得制度。选项A、B、C，拾得遗失物、赃物不能适用善意取得制度。选项D，以合理的价格有偿受偿，是善意取得的构成要件之一。

4．ABD〖解析〗本题考查的是善意取得制度与动产所有权的特殊取得方式。所谓拾得遗失物，是指发现他人遗失之物而实施占有。拾得行为不足以令拾得人取得遗失物的所有权，而负有归还权利人的义务，所以选项C错误。

5．ABC〖解析〗本题考查的是用益物权。以出让方式取得土地使用权的，转让房地产时，应当符合下列条件：①按照出让合同约定已经支付全部土地使用权出让金，并取得土地使用权证书。②按照出让合同约定进行投资开发，属于房屋建设工程的，完成开发投资总额的25%以上，属于成片开发土地的，形成工业用地或者其他建设用地条件。③转让房地产时房屋已经建成的，还应当持有房屋所有权证书。

6．ABC〖解析〗本题考查的是物权法律制度概述。国有土地使用权、宅基地使用权属于用益物权；抵押权、留置权和质权属于担保物权，选项D的表述错误。

【易错警示】选项D前后说法正好相反，这类题在考试中经常出现，审读不仔细的考生总会在这类题上丢分。

7．AC〖解析〗本题考查的是善意取得制度。选项A，小李基于其所有权有权要求无权占有人邹返还原物。选项B，小王基于善意取得制度取得了该手表的所有权，小李丧失了所有权，小李无权要求小王返回原物。选项C，赃物不适用善意取得制度，无论小林是有偿取得还是无偿取得，小林均未取得所有权，小李有权基于其所有权要求无权占有人红返还原物。选项D，尽管那某尚未付款，但牛的所有权自交付之日起已经转移，小李已经丧失了所有权。

8．AC〖解析〗本题考查的是更正登记与异议登记。权利人、利害关系人认为不动产登记簿记载的事项错误的，可以申请更正登记。不动产登记簿记载的权利人书面同意更正或者有证据证明登记确有错误的，登记机构应当予以更正。不动产登记簿记载的权利人不同意更正的，利害关系人可以申请异议登记。登记机构予以异议登记的，申请人在异议登记之日起十五日内不起诉，异议登记失效。异议登记不当，造成权利人损害的，权利人可以向申请人请求损害赔偿，所以选项A和选项C正确，选项B错误。异议登记并不能阻碍权利人行使其对于不动产的处分权，选项D错误。

9．BCD〖解析〗本题考查的是抵押权优先受偿权。抵押物的所有权人仍是抵押人，故抵押人有权转让抵押物所有权，但转让可能影响抵押权人利益，故须受一定限制。具体规则是：第一，抵押期间，抵押人经抵押权人同意转让抵押财产的，应当将转让所得的价款向抵押权人提前清偿债务或者提存。转让的价款超过债权数额的部分归抵押人所有，不足部分由债务人清偿。第二，抵押期间，抵押人未经抵押权人同意，不得转让抵押财产，但受让人代为清偿债务消灭抵押权的除外。

【易错警示】选项A和选项B迷惑性非常大，审读不仔细的考生可能以为是题目出现错误，出现两个一样的选项，从而多选选项A。考生需注意：转让的价款超债权数额的部分归抵押人所有，不足部分由债务人清偿。

10．ACD〖解析〗本题考查的是物权变动。根据规定，有下列情形之一的，当事人可以申请预告登记：①预购商品房；②以预购商品房设定抵押；③房屋所有权转让、抵押；④法律、法规规定的其他情形。

11．ABCD〖解析〗本题考查的是所有权的概念和类型。根据规定，处分共有的不动产或者动产以及对共有的不动产或者动产做重大修缮的，应当经占份额2/3以上的按份共有人或者全体共同共有人同意，但共有人之间另有约定的除外。对共有物的管理费用以及其他负担，有约定的，按照约定；没有约定或者约定不明确的，按份共有人按照其份额负担，共同共有人共同负担。

12．ACD〖解析〗本题考查的是质权的相关规定。以动产出质的，质权自动产移交质权人占有时设立。

13．AB〖解析〗本题考查的是原物与孳息。孳息是物或权益而产生的收益，包括天然孳息和法定孳息。天然孳息是原物根据自然规律产生的物，法定孳息是原物根据法律规定由一定法律关系产生的物。本题选项C属于天然孳息，选项D属于法定孳息。

【易错警示】部分考生会漏选选项A或选项B，是因为考生没有真正理解孳息的概念。孳息是指物或权益而产生的收益，关键在"收益"，选项A和选项B陈述的是一般事实，并没有体现收益。

14．ABC〖解析〗本题考查的是抵押财产。建筑物和机动车都是可以抵押的，所以选项应选A、B。经当事人书面协议，企业、个体工商户、农业生产经营者可以将现有的以及将有的生产设备、原材料、半成品、产品抵押，所以应选选项C。以招标、拍卖、公开协商等方式取得的荒地等土地承包经营权可以用于抵押，但对于依照农村土地承包经营法的规定取得的耕地、宅基地、自留地、自留山等集体所有的土地使用权（家庭承包）是不能用于抵押的，所以不选选项D。

【易错警示】部分考生会犹豫选项D，混淆"通过招标方式取得的荒地的土地承包经营权"与"家庭联产承包的土地承包经营权"到底哪一个可以作为抵押物，哪一个不能作为抵押物。

15．ABCD〖解析〗本题考查的是抵押权的实现。根据《物权法》的规定，在抵押物灭失、毁损的情况下，抵押权人可以就该抵押物的保险金、赔偿金或者补偿金优先受偿。本题中，商品房屋毁损，银行就商品房屋本身的拍卖价款和保险公司的保险金、赔偿金及别墅有优先受让权。

三、案例分析题答案及解析

（1）2014年11月5日取得建设用地使用权。根据规定，建设用地使用权的取得必须向登记机构办理登记，登记是建设用地使用权生效的条件。

（2）取得房屋所有权。根据规定，因合法建造等事实行为设立物权的，自事实行为成就时发生效力。

（3）不属于。根据规定，以建设用地使用权设定抵押的，土地上新增的房屋不属于抵押财产。抵押权实现时，可以依法将该土地上新增的房屋与抵押物一同变价，但对新增房屋的变价所得，抵押权人无权优先受偿。

（4）可以。根据规定，担保期间，担保财产毁损、灭失或者被征收等，担保物权人可以就获得的保险金、赔偿金或者补偿金等优先受偿。

（5）在登记簿上的记载与土地使用权证上的记载不一致的情况下，除有证据证明不动产登记簿确有错误外，以登记簿为准。

第4章 合同法律制度

考情分析

本章为重点中的重点章，涉及的考点很多。在近8年考试中，本章内容所占的平均分值为15分左右，考查题型既有单选题和多选题，也有案例分析题。在案例分析题中，通常结合物权法律制度的相关知识进行综合考查。

学习建议

本章知识点较多，且为常考内容。在熟悉本章的所有知识点的基础之上，考生应重点掌握合同的履行中的原则、抗辩权、代位权和撤销权，合同的担保中的保证、担保的并存，合同转让与解除，以及买卖合同、租赁合同、融资租赁合同、建设工程合同、借款合同、运输合同等相关知识。可结合物权法律制度相关知识进行综合学习。

本章考点概览

第4章 合同法律制度	1. 合同成立的时间与地点	★
	2. 合同的履行原则	★★★
	3. 抗辩权	★★★
	4. 代位权	★★★
	5. 保证	★★
	6. 定金	★★
	7. 担保的并存	★★★
	8. 合同的转让	★★★
	9. 合同清偿	★★
	10. 合同解除	★★★
	11. 抵销和提存	★★★
	12. 违约责任的相对性	★★
	13. 买卖合同	★★★
	14. 租赁合同	★★★
	15. 融资租赁合同	★★★
	16. 借款合同	★★★
	17. 赠与合同	★★
	18. 建设工程合同	★★★
	19. 运输合同	★★
	20. 行纪合同	★★

📖 **考点精讲**

考点1　合同成立的时间与地点（★）

1. 合同成立的时间

一般		承诺生效时
书面	合同书形式	双方签字或盖章时；未同时的，最后一方签字或盖章时
	信件、数据电文	双方约定成立之前签确认书：签订确认书时
实际履行原则		（1）应采用书面形式，当事人未采用书面形式但一方已经履行主要义务，对方接受的，该合同成立 （2）应采用合同书形式，在签字或者盖章之前，当事人一方已经履行主要义务，对方接受的，该合同成立。

2. 合同成立的地点

一般	承诺生效的地点
数据电文	除约定外，为收件人（要约人）的主营业地，无主营业地为收件人经常居住地
书面形式	（1）双方签字或者盖章的地点；未同时的，最后一方签字或盖章的地点 （2）约定的签订地与实际的签订地不符：约定的签订地

3. 免责条款

免责条款是指合同当事人在合同中规定的排除或限制一方当事人未来责任的条款。原则上法律不干涉合同双方在合同中订立的免责条款，但如果免责内容违反了诚实信用原则，损害了社会公共利益，则免责条款无效。

合同中的下列免责条款无效：①造成对方人身伤害的；②因故意或重大过失造成对方财产损失的。

考点2　合同的履行原则（★★★）

1. 合同履行中约定不明的处理原则

协议补充	
不能达成补充协议的，按照合同有关条款或者交易习惯确定	
仍不能确定的	质量要求	按国家标准、行业标准，没有的按通常标准或符合合同目的的特定标准

仍不能确定的	质量要求	按国家标准、行业标准，没有的按通常标准或符合合同目的的特定标准
	履行期限	（1）债务人可以随时 （2）债权人也可以随时要求履行，但应当给对方必要的准备时间
	履行方式	有利于实现合同目的的方式
	价款或者报酬	按照订立合同时履行地的市场价格履行；执行政府定价或指导价，按规定履行
	履行地点	给付货币的，在接受货币一方所在地履行；其他标的，在履行义务一方所在地履行；交付不动产的（不动产所在地）
	履行费用的负担	由履行义务一方负担

2. 涉及第三人的合同

（1）当事人约定由债务人向第三人履行债务的，债务人未向第三人履行债务或者履行债务不符合约定，应当由债务人向债权人承担违约责任。

（2）当事人约定由第三人向债权人履行债务的，第三人不履行债务或者履行债务有瑕疵的，应当由债务人向债权人承担违约责任。

3. 中止履行、提前履行与部分履行

中止履行	债权人分立、合并或者变更住所没有通知债务人，致使履行债务发生困难的，债务人可以中止履行或者将标的物提存
提前履行	债权人可以拒绝债务人提前履行债务，但提前履行不损害债权人利益的除外。债务人提前履行债务给债权人增加的费用，由债务人负担
部分履行	债权人可以拒绝债务人部分履行债务，但部分履行不损害债权人利益的除外。债务人部分履行债务给债权人增加的费用，由债务人负担

考点3　抗辩权（★★★）

同时履行抗辩权		当事人互负债务，没有先后履行顺序，应当同时履行。一方在对方履行之前有权拒绝其履行要求
先履行抗辩权		当事人互负债务，有先后履行顺序，先履行一方未履行或履行债务不符合约定的，后履行一方有权拒绝其履行要求
不安抗辩权		应当先履行债务的当事人，有确切证据证明对方有下列情况之一的可以行使不安抗辩权，中止合同履行：（1）经营状况严重恶化；（2）转移财产、抽逃资金，以逃避债务；（3）丧失商业信誉；（4）有丧失或者可能丧失履行债务能力的其他情形
	权利	第一步：中止履行，应当及时通知对方 第二步：对方（1）恢复履行能力或提供担保：恢复履行 （2）未恢复并不提供担保：先履行义务方可以解除合同

考点4　代位权（★★★）

代位权行使的条件	（1）债权人对债务人的债权合法 （2）债务人怠于行使其到期债权，对债权人造成损害 （3）债务人的债权已到期，债权人的债权已到期 （4）债务人的债权不是专属于债务人自身的债权
代位权诉讼中的主体及管辖	（1）在代位权诉讼中，债权人是原告，次债务人是被告，债务人为诉讼上的第三人 （2）在代位权诉讼中，如果债权人胜诉的，由次债务人承担诉讼费用，其他必要费用则由债务人承担 （3）代位权诉讼由被告住所地人民法院管辖
代位权行使的法律效果	（1）经人民法院审理后认定代位权成立的，由次债务人向债权人履行清偿义务，债权人与债务人、债务人与次债务人之间的债权债务关系即予消灭 （2）债权人的债权就代位权行使的结果有优先受偿权利 （3）在代位权诉讼中，次债务人对债务人的抗辩，可以向债权人主张

考点5　保证（★★）

保证	第三人和债权人约定，当债务人不履行债务时，该第三人按照约定履行债务或者承担责任的行为。保证是保证人（第三人）与债权人之间的合同关系
保证合同的成立	必须采用书面形式；保证合同是要式、单务、无偿、诺成的合同 （1）第三人单方以书面形式向债权人出具担保书，债权人接受且未提出异议的，保证合同成立 （2）主合同中虽然没有保证条款，但是，保证人在主合同上以保证人的身份签字或者盖章的，保证合同成立
保证人	（1）主债务人不得同时为保证人 （2）企业法人的职能部门不得担任保证人 （3）企业法人的分支机构原则上不得担任保证人，但企业法人的分支机构有法人书面授权的，可以在授权范围内提供保证 （4）保证人必须有代为清偿债务的能力

保证方式	一般保证：履行保证责任，先债务人后保证人；享有先诉抗辩权，即在主合同纠纷未经审判或仲裁，并就债务人财产依法强制执行用于清偿债务前，对债权人可拒绝承担保证责任	
	连带责任保证：履行保证责任，无先后顺序；如果当事人对保证方式没有约定或者约定不明确的，按照连带责任保证承担保证责任	
	共同保证	按份共同保证——约定按份额对主债务承担保证义务
		连带共同保证——各保证人约定均对全部主债务承担保证义务或"保证人与债权人"之间没有约定所承担的保证份额
保证责任	责任范围	主债权及利息、违约金、损害赔偿金和实现债权的费用 对保证担保的范围没有约定或者约定不明确的，保证人应当对全部债务承担责任
	主合同变更与保证责任承担	债权人转让债权：保证债权同时转让，保证人在原保证担保的范围内对受让人承担保证责任 事先约定仅对特定的债权人承担保证责任或者禁止债权转让的，保证人不再承担保证责任
		债务人转让债务：债权人许可债务人转让部分债务未经保证人书面同意的，保证人对未经其同意转让部分的债务，不再承担保证责任。但是，保证人仍应当对未转让部分承担保证责任
		未经保证人同意的主合同变更，保证人的保证责任并不能解除： ①如果减轻债务人的债务的，保证人仍应当对变更后的合同承担保证责任 ②如果加重债务人的债务的，保证人对加重的部分不承担保证责任 ③变更主合同履行期限的，保证期间为原合同约定的或者法律规定的期间
	保证期间	①当事人可以在合同中约定保证期间 ②未约定：保证期间为主债务履行期届满之日起6个月 ③约定不明：保证期间为主债务履行期届满之日起2年
	保证的诉讼时效	一般保证保证期间届满前对债务人提起诉讼或者申请仲裁的，从"判决或者仲裁裁决生效之日"起，开始计算保证合同的诉讼时效
		诉讼时效的中止、中断： 一般保证随主债务诉讼时效中断而中断；随主债务诉讼时效中止而中止 连带保证主债务诉讼时效中断而保证诉讼时效不中断，但随主债务诉讼时效中止而中止
	物的担保和保证并存	（1）有约定的：根据当事人的约定确定承担责任的顺序 （2）没有约定或约定不明的： ①物保是"主债务人"提供的：有严格的先后顺序 应首先执行主债务人提供的物保，在物保不足清偿时保证人承担补充清偿责任 ②物保是"第三人"提供的：无先后顺序 债权人可以执行第三人的物保，也可以首先要求保证人承担保证责任。若有多个第三人提供担保，其中一人承担了担保责任，只能向主债务人追偿，不能向另外一个担保人追偿
保证人的追偿权	（1）在保证期间，人民法院受理债务人破产案件的，债权人既可以向人民法院申报债权，也可以向保证人主张权利 （2）债权人申报债权后在破产程序中未受清偿的部分，保证人仍应当承担保证责任。债权人要求保证人承担保证责任的，应当在破产程序终结后6个月内提出 （3）债权人知道或者应当知道债务人破产，既未申报债权也未通知保证人，致使保证人不能预先行使追偿权的，保证人在该债权在破产程序中可能受偿的范围内免除保证责任	

【名师点拨】一般保证的保证人有下列情形之一的，保证人不得行使先诉抗辩权：①债务人住所变更，致使债权人要求其履行债务发生重大困难的；②人民法院受理债务人破产案件，中止执行程序的；③保证人以书面形式放弃先诉抗辩权的。

考点6 定金（★★）

1. 当事人约定的定金数额不得超过主合同标的额的20%。如果超过20%的，超过部分无效。

（1）定金应当以书面形式约定。当事人在定金合同中应当约定交付定金的期限。定金合同从实际交付定金之日起生效。

（2）实际交付的定金数额多于或者少于约定数额，视为变更定金合同；收受定金一方提出异议并拒绝接受定金的，定金合同不生效。

（3）当事人一方不完全履行合同的，应当按照未履行部分所占合同约定内容的比例，适用定金罚则。

2. 因不可抗力、意外事件致使主合同不能履行的，不适用定金罚则。

3. 当事人既约定违约金，又约定定金的，一方违约时，对方可以选择适用违约金或者定金条款，两者不能并用。

考点7 担保的并存（★★★）

保证+保证	按份共同保证	保证人与债权人约定按份额对主债务承担保证义务
	连带共同保证	（1）连带共同保证是各保证人约定均对全部主债务承担担保义务或者保证人与债权人之间没有约定所承担保证份额的共同保证 （2）连带共同保证的主债务人在主合同规定的债务履行期限届满没有履行债务的，债权人可以要求主债务人履行债务，也可以要求任何一个保证人承担全部保证责任。已经承担保证责任的保证人，有权向主债务人追偿，或者要求承担连带责任的其他保证人清偿其应当承担的份额
物保+物保		主债务人以自己的财产设定抵押，抵押权人放弃该抵押权的，其他担保人在抵押权人丧失优先受偿权益的范围内免除担保责任，但其他担保人承诺仍然提供担保的除外
		主债务人以自己的财产出质，质权人放弃该质权的，其他担保人在质权人丧失优先受偿权益的范围内免除担保责任，但其他担保人承诺仍然提供担保的除外
人保+物保		物保由主债务人提供：先主后次。当事人对承担担保责任的顺序没有约定或者约定不明确的，债权人应当首先执行主债务人提供的物保，保证人在物保不足清偿时承担补充清偿责任
		物保由第三人提供：没有先后顺序 （1）当事人对承担担保责任的顺序没有约定或者约定不明确的，债权人可以执行第三人的物保，也可以首先要求保证人承担保证责任 （2）在保证与第三人提供的物保并存的情况下，如果其中一人承担了担保责任，则只能向主债务人追偿，"不能"向另外一个担保人追偿

考点8 合同的转让（★★★）

债权的转让		债权人转让权利，不需要经债务人同意，但应当通知债务人。未经通知，该转让对债务人不发生效力
	禁止债权转让的情形	（1）依合同性质不得转让。基于特定身份而订立的合同，如出版合同、赠与合同等 （2）按照当事人约定不得转让 （3）依照法律规定不得转让
	转让的效力	（1）受让人同时取得与主债权有关的从权利（如抵押权、质权），但该从权利专属于债权人自身的除外 （2）债务人接到转让通知后，债务人对让与人的抗辩可以向受让人主张 （3）债务人对让与人享有债权，并且其债权先于转让的债权到期或者同时到期的，债务人可以向受让人主张抵销
债务的承担		债务人将合同的义务全部或者部分转移给第三人，应当经债权人同意
债权债务的概括移转		（1）当事人订立合同后合并的，由合并后的法人行使合同权利，履行合同义务 （2）当事人订立合同后分立的，由分立的法人对合同的权利和义务享有连带债权，承担连带债务

考点9　合同清偿（★★）

合同终止是指因发生法律规定或当事人约定的情况，使当事人之间的权利义务关系消灭，而使合同终止法律效力。引起合同终止的法律事实包括：①债务已经按照约定履行；②合同解除；③债务相互抵销；④债务人依法将标的物提存；⑤债权人免除债务；⑥债权债务同归于一人，即混同。

清偿，又叫履行，是指为了实现合同目的，满足债权，合同债务人依照合同的约定圆满完成约定义务的行为和终局状态。它是合同消灭的最主要和最常见的原因。

同一债权人数项债务并存时的抵充顺序	①有约定按约定；②没约定，优先抵充已到期的债务；③几项债务均到期，优先抵充对债权人缺乏担保或者担保数额最少的债务；④担保数额相同的，优先抵充债务负担较重的债务（如利息高者或有违约金者）；⑤负担相同的，按照债务到期的先后顺序抵充；⑥到期时间相同的，按比例抵充
主债务、利息、费用的抵充顺序	债务人除主债务之外还应当支付利息和费用，当其给付不足以清偿全部债务时，并且当事人没有约定的，法院应当按照下列顺序抵充：实现债权的费用、利息、主债务

考点10　合同解除（★★★）

合同解除是指已成立生效的合同因发生法律规定或当事人约定的情况，或经当事人协商一致，而使合同关系终止。

解除	合意解除	订立合同时约定解除权；或合同订立后，协商解除合同
	法定解除的具体情形	（1）当事人可以单方面解除合同的情形 ①因不可抗力致使不能实现合同目的 ②在履行期限届满之前，当事人一方明确表示或者以自己的行为表明不履行主要债务 ③当事人一方延迟履行主要债务，经催告后在合理期限内仍未履行 ④当事人一方延迟履行债务或者有其他违约行为致使不能实现合同目的 （2）法律规定其他解除情形 ①在承揽合同中，定做人可以随时解除承揽合同 ②在货运合同中，托运人有单方解除权 ③委托合同中委托人或者受托人均可以随时解除委托合同 ④租赁合同：对于不定期租赁，双方当事人均可随时解除合同 ⑤情势变更：合同成立后，如果客观情况发生了当事人在订立合同时无法预见的、非不可抗力造成的不属于商业风险的重大变化，继续履行合同对于一方当事人明显不公平或不能实现合同目的的，当事人请求法院变更或解除的，法院应结合案件的实际情况确定是否变更或解除
解除权的程序		（1）合同自通知到达对方时解除 （2）对方有异议的，可以请求人民法院或者仲裁机构确认解除合同的效力 （3）时间要求：在约定异议期间内——解除合同通知到达之日起3个月内
解除权的效力		（1）尚未履行的，终止履行 （2）已经履行的，当事人可以要求恢复原状、采取其他补救措施，有权要求赔偿损失 （3）合同的解除不影响合同中结算条款、清理条款以及解决争议方法条款的效力

考点11　抵销和提存（★★★）

1. 抵销

抵销是双方当事人互负债务时，一方通知对方以其债权充当债务的清偿或者双方协商以债权充当债务的清偿，使得双方的债务在对等额度内消灭的行为。

法定抵销	《合同法》规定的法定抵销须具备以下条件： （1）须双方互负有债务，互享有债权。效力不完全的债权不能作为主动债权而主张抵销，如已过诉讼时效的债权，债权人不得主张抵销，但作为被动债权，对方以其债权主张抵销的，应当允许 （2）须双方债务的给付为同一种类——只要求同种类，不要求数量或价值相等 （3）须双方的债务均届清偿期

续表

法定抵销	（4）须双方的债务均为可抵销的债务。下列债务均不可抵销： ①法律规定不得抵销的债务。如因故意侵权行为而产生的债务 ②合同性质不能抵销的债务。如提供劳务的债务、不作为的债务等 ③当事人约定不得抵销的债务
	当事人主张抵销的，应当通知对方。通知自到达对方时生效
	抵销不得附条件或者附期限
约定抵销	当事人互负债务，标的物种类、品质不相同的，经双方协商一致，也可以抵销

2. 提存

提存是指非因可归责于债务人的原因，导致债务人无法履行债务或者难以履行债务的情况下，债务人将标的物交由提存机关保存，以终止合同权利义务关系的行为。

提存的原因	（1）债权人无正当理由拒绝受领 （2）债权人下落不明 （3）债权人死亡未确定继承人或者丧失民事行为能力未确定监护人 （2）法律规定的其他情形
提存的法律效果	（1）标的物提存后，毁损、灭失的风险由债权人承担 ①提存期间，标的物的孳息归债权人所有 ②提存费用由债权人负担 ③标的物不适于提存或者提存费用过高的（如水果、海鲜），债务人依法可以拍卖或者变卖标的物，提存所得的价款 （2）债权人可以随时领取提存物，但债权人对债务人负有到期债务的，在债权人未履行债务或者提供担保之前，提存部门根据债务人的要求应当拒绝其领取提存物 （3）标的物提存后，除债权人下落不明的以外，债务人应当及时通知债权人或者债权人的继承人、监护人
时效	债权人领取提存物的权利，自提存之日起5年内不行使则消灭，提存物扣除提存费用后归国家所有。5年时效为不变期间，不适用诉讼时效中止、中断或者延长的规定

考点12　违约责任的相对性（★★）

由于合同关系具有相对性，因此，违约责任也具有相对性，即违约责任只能在特定的具有合同关系的当事人之间发生。

涉及第三人的合同	（1）当事人约定由债务人向第三人履行债务的，债务人未向第三人履行债务或者履行债务不符合约定，应当由债务人向债权人承担违约责任 （2）当事人约定由第三人向债权人履行债务的，第三人不履行债务或者履行债务有瑕疵的，应当由债务人向债权人承担违约责任 （3）当事人一方因第三人的原因造成违约的应当向对方承担违约责任；当事人一方和第三人之间的纠纷，按照约定解决
转租	承租人经出租人同意，可以将租赁物转租给第三人，承租人与出租人的租赁合同继续有效，第三人对租赁物造成损失的，承租人应当（向出租人）赔偿损失
承揽合同	承揽人经定做人同意，将其承揽的主要工作交由第三人完成的，应当就该第三人完成的工作成果向定做人负责
合同相对性的例外	（1）债的保全措施。在保全措施（代位权和撤销权）中，突破了合同的相对性，使得债权人可以向合同关系以外的第三人提起诉讼，主张权利 （2）买卖不破租赁。租赁物在租赁期间发生所有权变动的，不影响租赁合同的效力。租赁合同的承租人可以租赁合同对抗新的所有权人，突破了合同关系的相对性 （3）建设工程合同。经发包人同意，总承包人可以将自己承包的部分工作交由第三人完成。第三人就其完成的工作成果与总承包人向发包人承担连带责任

考点13 买卖合同（★★★）

1. 双方当事人的权利义务

交付的法律效力	（1）所有权。买卖合同标的物的所有权自标的物交付时转移，但法律另有规定的除外 （2）孳息。标的物在交付之前产生的孳息归出卖人所有，交付之后产生的孳息归买受人所有 （3）风险。标的物毁损、灭失的风险，在标的物交付之前由出卖人承担，交付之后由买受人承担，但法律另有规定或者当事人另有约定的除外 （4）先占有后订立买卖合同。标的物在订立合同之前已为买受人占有的，合同生效的时间为交付时间
标的物所有权转移时间点	（1）一般标的物交付时转移，但法律另有规定除外。不动产——登记 （2）出卖具有知识产权的计算机软件等标的物的，除法律另有规定或者当事人另有约定的以外，该标的物的知识产权不属于买受人 （3）电子信息产品交付——当事人对交付方式约定不明确，且依照合同法第61条的规定仍不能确定的，买受人收到约定的电子信息产品或权利凭证即为交付 （4）多重买卖合同（一物多卖），各个买卖合同均属有效 普通动产的所有权归属按以下顺序处理：①先行受领交付的买受人；②均未受领交付，先行支付价款的买受人；③均未受领交付，也未支付价款，依法成立在先合同的买受人 在船舶、航空器、机动车等特殊动产情形，所有权归属按以下顺序处理：①先行受领交付的买受人；②均未受领交付，先行办理所有权转移登记手续的买受人；③均未受领交付，也未办理所有权转移登记手续，依法成立在先合同的买受人；④出卖人将标的物交付给买受人之一，又为其他买受人办理所有权转移登记，已受领交付的买受人
标的物的风险承担	1. 一般规定 （1）标的物毁损、灭失的风险，在标的物交付之前由出卖人承担，交付之后由买受人承担，但法律另有规定或者当事人另有约定的除外 （2）因买受人的原因致使标的物不能按照约定的期限交付的，买受人应当自违反约定之日起承担标的物毁损、灭失的风险 （3）出卖人出卖交由承运人运输的在途标的物，除当事人另有约定的以外，毁损、灭失的风险自合同成立时起由买受人承担。但如果出卖人出卖交由承运人运输的在途标的物，在合同成立时知道或者应当知道标的物已经毁损、灭失却未告知买受人，买受人主张出卖人负担标的物毁损、灭失的风险的，人民法院应予支持 （4）当事人没有约定交付地点或者约定不明确，标的物需要运输的，出卖人将标的物交付给第一承运人后，标的物毁损、灭失的风险由买受人承担 （5）出卖人按照约定或者依照《合同法》有关规定将标的物置于交付地点，买受人违反约定没有收取的，标的物毁损、灭失的风险自违反约定之日起由买受人承担 （6）出卖人未按照约定交付有关标的物的单证和资料的，不影响标的物毁损、灭失风险的转移 （7）因标的物不符合质量要求，致使不能实现合同目的的，买受人可以拒绝接受标的物或者解除合同。买受人拒绝接受标的物或者解除合同的，标的物毁损、灭失的风险由出卖人承担 （8）标的物毁损、灭失的风险由买受人承担的，不影响因出卖人履行债务不符合约定，买受人要求其承担违约责任的权利 2. 特殊规定 （1）未约定交付地点，出卖人不得不托运。当事人没有约定交付地点或者约定不明确，标的物需要运输的，出卖人将标的物交付给第一承运人后，标的物毁损、灭失的风险由买受人承担 （2）出卖人依照约定代办托运。出卖人根据合同约定将标的物运送至买受人指定地点并交付给承运人后（出卖人依约代办托运），标的物毁损、灭失的风险由买受人承担，但当事人另有约定的除外
检验期间	（1）约定检验期间：买受人应当在检验期间内将标的物的数量或者质量不符合约定的情形通知出卖人。买受人怠于通知的，视为标的物的数量或者质量符合约定 （2）没有约定检验期间： ①买受人应当在发现或者应当发现标的物的数量或者质量不符合约定的合理期间内通知出卖人 ②在合理期间内未通知或者自标的物收到之日起2年内未通知出卖人的，视为标的物的数量或者质量符合约定；但对标的物有质量保证期的，适用质量保证期，不适用该两年的规定 ③两年期间为不变期间，不适用诉讼时效中止、中断或者延长的规定
买卖合同的特别解除规则	（1）因标的物的主物不符合约定而解除合同的，解除合同的效力及于从物 （2）标的物为数物，其中一物不符合约定的，买受人可以就该物解除，但该物与他物分离使标的物的价值明显受损害的，当事人可以就数物解除合同 （3）出卖人分批交付标的物的： ①出卖人对其中一批标的物不交付或者交付不符合约定，致使该批标的物不能实现合同目的的，买受人可以就该批标的物解除 ②出卖人不交付其中一批标的物或者交付不符合约定，致使今后其他各批标的物的交付不能实现合同目的的，买受人可以就该批以及今后其他各批标的物解除 ③买受人如果就其中一批标的物解除，该批标的物与其他各批标的物相互依存的，可以就已经交付和未交付的各批标的物解除
互易合同	（1）互易合同双方当事人的主要义务是各自向对方交付标的物（不包含金钱），并转移标的物的所有权 （2）双方各自就标的物的权利状态向对方负担权利瑕疵担保责任

2. 商品房买卖合同

销售广告性质认定	（1）销售广告和宣传资料为要约邀请，对出卖人无合同上的约束力 （2）就商品房开发规划范围内的房屋及相关设施所做的说明和允诺具体确定，并对合同的订立以及房屋价格的确定有重大影响的，视为要约。这些内容即使未订入合同，仍属于合同的组成部分，当事人违反这些内容的，承担违约责任
商品房预售合同的效力	（1）商品房预售属特许经营范围，出卖人必须取得预售许可证，未取得预售许可而与买受人订立预售合同的，合同无效，但在起诉前取得预售许可的，合同有效 （2）商品房预售合同应当办理登记备案手续，但该登记备案手续并非合同生效条件，当事人另有约定的除外
被拆迁人的优先权	拆迁人将该补偿安置房屋另行出卖给第三人，被拆迁人请求优先取得补偿安置房屋的，应予支持
可行使法定解除权的情形	（1）因房屋主体结构质量不合格不能交付使用，或房屋交付使用后，房屋主体结构质量经核验确属不合格的 （2）因房屋质量问题严重影响正常居住使用的 （3）房屋套内建筑面积或建筑面积与合同约定的面积误差比绝对值超过3%的 （4）出卖人迟延交付房屋或者买受人迟延支付购房款，经催告后在3个月的合理期限内仍未履行的 （5）约定或法定的办理房屋所有权登记的期限届满后超过1年，因出卖人的原因导致买受人无法办理房屋所有权登记的
可适用惩罚性赔偿金的情形	（1）商品房买卖合同订立后，出卖人未告知买受人又将该房屋抵押给第三人 （2）商品房买卖合同订立后，出卖人又将该房屋出卖给第三人 （3）故意隐瞒没有取得商品房预售许可证明的事实或提供虚假商品房预售许可证明 （4）故意隐瞒所售房屋已经抵押的事实 （5）故意隐瞒所售房屋已经出卖给第三人或为拆迁补偿安置房屋的事实
商品房买卖合同与贷款合同的效力关系	（1）贷款合同未能订立，导致商品房买卖合同不能履行的，当事人可以要求解除合同，并分析贷款合同未能订立的原因，在可归责于一方当事人的情况下，由该当事人赔偿损失 （2）商品房买卖合同无效、被撤销或被解除，则贷款合同也应相应解除，出卖人应当将收受的购房贷款和购房款的本金及利息分别返还给担保权人和买受人
违约金	（1）约定的违约金低于造成的损失的，当事人可以请求人民法院或者仲裁机构予以增加；约定的违约金过分高于造成的损失的，当事人可以请求人民法院或者仲裁机构予以适当减少 （2）当事人以约定的违约金低于造成的损失为由请求增加的，应当以违约造成的损失确定违约金数额

考点14　租赁合同（★★★）

1. 租赁合同的期限

租期不超过20年，超过部分无效。续租的租期仍不得超过20年。

2. 不定期租赁

（1）租赁期限6个月以上的，合同应当采用书面形式。当事人未采用书面形式的，视为不定期租赁。

（2）当事人对租赁期限没有约定或者约定不明确，依照合同法律制度有关规定仍不能确定的，视为不定期租赁。

（3）租赁期届满，承租人继续使用租赁物，出租人没有提出异议的，原租赁合同继续有效，但租赁期限为不定期。

【名师点拨】对于不定期租赁，双方当事人均可以随时解除合同，但出租人解除合同应当在合理期限之前通知承租人。

3. 维修义务

出租人应当履行租赁物的维修义务。

4. 转租

经出租人同意，可以将租赁物转租给第三人，承租人与出租人的租赁合同继续有效，第三人对租赁物造成损失的，承租人应当赔偿损失。承租人未经出租人同意转租的，出租人可以解除合同。

5. 租金的支付期限

（1）依约，无约补充约定，仍无法确定适用以下规则：

①租赁期限不满1年的，应当在租赁期限届满时支付；

②租赁期限1年以上的，应当在每届满1年时支付，剩余期间不满1年的，应当在租赁期限届满时支付。

（2）承租人无正当理由未支付或者迟延支付租金的，出租人可以要求承租人在合理期限内支付。承租人逾期不支付的，出租人可以解除合同。

6. 买卖不破租赁

租赁物在租赁期间发生所有权变动的，不影响租赁合同的效力（重点）；应当在出卖之前的合理期限内通知承租人，承租人享有在同等条件下优先购买的权利。

7. 租赁合同的解除与延期

因不可归责于承租人的事由，致使租赁物部分或者全部毁损、灭失的，承租人可以要求减少租金或者不支付租金；因租赁物部分或者全部毁损、灭失，致使不能实现合同目的的，承租人可以解除合同。

8. 租赁物损耗或损失的责任承担

承租人按约定方法或租赁物性质使用租赁物，租赁物如因此受到损耗，不承担损害赔偿责任。承租人未按照约定方法或租赁物的性质使用租赁物，致使租赁物受到损失的，出租人可解除合同并要求赔偿损失。

9. 风险的承担

因不可归责于承租人的事由，导致租赁物部分或者全部毁损、灭失的，承租人可以要求减少租金或者不支付租金；因租赁物部分或者全部毁损、灭失，致使不能实现合同目的的，承租人可以解除合同。

10. 房屋租赁合同

登记备案	当事人以房屋租赁合同未按照法律、行政法规办理登记备案手续为由，请求确认合同无效的，人民法院不予支持
承租人的优先权	（1）出租人委托拍卖人拍卖租赁房屋，应在拍卖5日前通知承租人。承租人未参加拍卖的，人民法院应当认定承租人放弃优先购买权 （2）出租人出卖租赁房屋未在合理期限内通知承租人或存在其他侵害承租人优先购买权的情形，承租人可以请求出租人承担赔偿责任，但不得主张出租人与第三人签订的房屋买卖合同无效
承租人不得主张优先购买权的情形	（1）房屋共有人行使优先购买权的 （2）出租人将房屋出卖给近亲属，包括配偶、父母、子女、兄弟姐妹、祖父母、外祖父母、孙子女、外孙子女的 （3）出租人履行通知义务后，承租人在15日内未明确表示购买的；第三人善意购买租赁房屋并已经办理登记手续的

考点15 融资租赁合同（★★★）

1. 融资租赁合同的定义

融资租赁合同是出租人根据承租人对出卖人、租赁物的选择，向出卖人购买租赁物，提供给承租人使用，承租人支付租金的合同。

2. 合同的认定

售后租回	承租人将其自有物出卖给出租人，再通过融资租赁合同将租赁物从出租人处租回的，法院不应仅以承租人和出卖人系同一人为由认定不构成融资租赁法律关系
效力	承租人对于租赁物的经营使用应当取得行政许可的，人民法院不应仅以出租人未取得行政许可为由认定融资租赁合同无效
变更和解除	不得随意变更：出租人根据承租人对出卖人、租赁物的选择订立的买卖合同，未经承租人同意，出租人不得变更与承租人有关的合同内容
	不得随意解除：融资租赁的租赁物是出租人为承租人特别购入的，承租人解除合同的权利应当受到一定的限制。在合同有效期内，承租人无正当、充分的理由不得解除合同
	出租人转让其在融资租赁合同项下的部分或者全部权利，受让方以此为由请求解除或者变更融资租赁合同的，人民法院不予支持

3. 承租人权利、义务

索赔权	（1）出租人、出卖人、承租人可以约定，出卖人不履行买卖合同义务的，由承租人行使索赔的权利。承租人行使索赔权利的，出租人应当协助。 （2）承租人对出卖人行使索赔权，不影响其履行融资租赁合同项下支付租金的义务，但承租人以依赖出租人的技能确定租赁物或者出租人干预选择租赁物为由，主张减轻或者免除相应租金支付义务的除外
受领权	出租人根据承租人对出卖人、租赁物的选择订立的买卖合同，出卖人应当按照约定向承租人交付标的物，承租人享有与受领标的物有关的买受人的权利
	拒领情形：①租赁物严重不符合约定的 ②出卖人未在约定的交付期间或者合理期间内交付租赁物，经承租人或者出租人催告，在催告期满后仍未交付的
	拒领后果：承租人拒绝受领租赁物，未及时通知出租人，或者无正当理由拒绝受领租赁物，造成出租人损失，出租人向承租人主张损害赔偿的，人民法院应予支持
维修义务	承租人应当履行占有租赁物期间的维修义务
风险 （新增）	承租人占有租赁物期间，租赁物毁损、灭失的风险由承租人承担，出租人可要求承租人继续支付租金。但当事人另有约定或法律另有规定的除外

4. 出租人的权利、义务

收取租金	租金的确定：无约定时根据购买租赁物的成本以及出租人的合理利润确定
	承租人应当按照约定支付租金。承租人经催告后在合理期限内仍不支付租金的，出租人可以要求支付全部租金；也可以解除合同，收回租赁物
租赁物不合目的	租赁物不符合约定或者不符合使用目的的，出租人不承担责任，但承租人依赖出租人的技能确定租赁物或者出租人干预选择租赁物的除外
损害赔偿	承租人占有租赁物期间，租赁物造成第三人的人身伤害或者财产损害的，出租人不承担责任

5. 所有权归属

租赁期间	出租人享有租赁物的所有权。承租人破产的，租赁物不属于破产财产
期间届满	（1）出租人和承租人可以约定租赁期间届满租赁物的归属 （2）没有约定或者约定不明确，依照合同法律制度有关规定仍不能确定的，租赁物的所有权归出租人
善意取得 （新增）	承租人或者租赁物的实际使用人，未经出租人同意转让租赁物或者在租赁物上设立其他物权，第三人依据《物权法》第106条（善意取得制度）的规定取得租赁物的物权，出租人主张第三人物权权利不成立的，人民法院不予支持。但有下列情形之一的除外： （1）出租人已在租赁物的显著位置做出标识，第三人在与承租人交易时知道或者应当知道该物为租赁物的 （2）出租人授权承租人将租赁物抵押给出租人并在登记机关依法办理抵押权登记的 （3）第三人与承租人交易时，未按照法律、行政法规、行业或者地区主管部门的规定在相应机构进行融资租赁交易查询的 （4）出租人有证据证明第三人知道或者应当知道交易标的物为租赁物的其他情形

6. 合同解除

出租人可以解除融资租赁合同情形	（1）承租人未经出租人同意，将租赁物转让、转租、抵押、质押、投资入股或者以其他方式处分租赁物的 （2）承租人未按照合同约定的期限和数额支付租金，符合合同约定的解除条件，经出租人催告后在合理期限内仍不支付的 （3）合同对于欠付租金解除合同的情形没有明确约定，但承租人欠付租金达到2期以上，或者数额达到全部租金15%以上，经出租人催告后在合理期限内仍不支付的 （4）承租人违反合同约定，致使合同目的不能实现的其他情形
承租人可以解除融资租赁合同的	因出租人的原因致使承租人无法占有、使用租赁物

考点16 借款合同（★★★）

1. 金融机构的贷款合同

（1）金融机构的贷款合同为诺成合同，自双方意思表示一致时成立。

（2）借款人未按照约定的借款用途使用借款的，贷款人可以：停止发放借款、提前收回借款、解除合同。

（3）在借款合同中，借款的利息不得预先在本金中扣除。利息预先在本金中扣除的，应当按照实际借款数额返还借款并计算利息。

（4）利息的支付期限。对支付利息的期限没有约定或者约定不明确，依照合同法律制度的有关规定仍不能确定的：

借款期限不满1年的，应当在返还借款时一并支付；借款期限1年以上的，应当在每届满1年时支付，剩余期间不满1年的，应当在返还借款时一并支付。

（5）提前偿还：借款人提前偿还借款的，除当事人另有约定的以外，应当按照实际借款的期间计算利息。

2. 民间借贷合同

范围	民间借贷是指自然人、法人、其他组织之间及其相互之间进行资金融通的行为。经金融监管部门批准设立的从事贷款业务的金融机构及其分支机构，因发放贷款等相关金融业务引发的纠纷，不属于民间借贷
效力	法人之间、其他组织之间以及它们相互之间为生产、经营需要订立的民间借贷合同，原则上有效，除非存在如下情形之一： （1）存在《合同法》第52条规定的无效情形 （2）套取金融机构信贷资金又高利转贷给借款人，且借款人事先知道或者应当知道的 （3）以向其他企业借贷或者向本单位职工集资取得的资金又转贷给借款人牟利，且借款人事先知道或者应当知道的 （4）出借人事先知道或者应当知道借款人借款用于违法犯罪活动仍然提供借款的 （5）违背社会公序良俗的 （6）其他违反法律、行政法规效力性强制性规定的
与买卖合同混合时的处理规则	（1）当事人以签订买卖合同作为民间借贷合同的担保，借款到期后借款人不能还款，出借人请求履行买卖合同的，人民法院应当按照民间借贷法律关系审理，并向当事人释明变更诉讼请求。当事人拒绝变更的，人民法院裁定驳回起诉 （2）按照民间借贷法律关系审理做出的判决生效后，借款人不履行生效判决确定的金钱债务，出借人可以申请拍卖买卖合同标的物，以偿还债务。就拍卖所得的价款与应偿还借款本息之间的差额，借款人或者出借人有权主张返还或者补偿
利息	（1）未约定：借贷双方没有约定利息，出借人不得主张支付借期内的利息 （2）约定不明：除自然人之间借贷外，借贷双方对借贷利息约定不明，出借人主张利息的，应当结合民间借贷合同的内容，并根据当地或者当事人的交易方式、交易习惯、市场利率等因素确定利息
利率	（1）借贷双方约定的利率未超过年利率24%，出借人请求借款人按照约定的利率支付利息的，人民法院应予支持 （2）借贷双方约定的利率超过年利率36%，超过部分的利息约定无效。借款人请求出借人返还已支付的超过年利率36%部分的利息的，人民法院应予支持

续表

利率	（3）利滚利：借贷双方对前期借款本息结算后将利息计入后期借款本金并重新出具债权凭证，如果前期利率没有超过年利率24%，重新出具的债权凭证载明的金额可认定为后期借款本金；超过部分的利息不能计入后期借款本金；约定的利率超过年利率24%，当事人主张超过部分的利息不能计入后期借款本金的，人民法院应予支持。借款人在借款期间届满后应当支付的本息之和，不能超过最初借款本金与以最初借款本金为基数，以年利率24%计算的整个借款期间的利息之和。出借人请求借款人支付超过部分的，人民法院不予支持
逾期利率	（1）借贷双方对逾期利率有约定的，从其约定，但以不超过年利率24%为限 （2）借贷双方未约定逾期利率或者约定不明的，区分不同情况处理 ①既未约定借期内的利率，也未约定逾期利率，出借人主张借款人自逾期还款之日起按照年利率6%支付资金占用期间利息的，人民法院应予支持 ②约定了借期内的利率但未约定逾期利率，出借人主张借款人自逾期还款之日起按照借期内的利率支付资金占用期间利息的，人民法院应予支持 （3）逾期利率与其他违约责任：出借人与借款人既约定了逾期利息，又约定了违约金或者其他费用，出借人可以选择主张逾期利息、违约金或者其他费用，也可以一并主张，但总计超过年利率24%的部分，人民法院不予支持
法定代表人在民间借贷合同中的责任	（1）企业法定代表人（或者负责人）以企业名义与出借人签订民间借贷合同，出借人、企业或者其股东能够证明所借款项用于企业法定代表人（或者负责人）个人使用，出借人可以要求将企业法定代表人（或者负责人）列为共同被告或者第三人 （2）企业法定代表人（或者负责人）以个人名义与出借人签订民间借贷合同，所借款项用于企业生产经营，出借人可以请求企业与个人共同承担责任
互联网借贷平台的法律责任	（1）借贷双方通过网络贷款平台形成借贷关系，网络贷款平台的提供者仅提供媒介服务，不承担担保责任 （2）网络贷款平台的提供者通过网页、广告或者其他媒介明示或者有其他证据证明其为借贷提供担保的，网络贷款平台的提供者应当承担担保责任
民间借贷案件的管辖	民间借贷属于合同纠纷，由被告住所地或者合同履行地人民法院管辖。如果借贷双方就合同履行地未约定或者约定不明确，事后未达成补充协议，按照合同有关条款或者交易习惯仍不能确定的，以接受货币一方所在地为合同履行地

3．自然人之间的借款合同

（1）具有以下情形之一，自然人之间的借款合同生效：

①以现金支付的，自借款人收到借款时；

②以银行转账、网上电子汇款或者通过网络贷款平台等形式支付的，自资金到达借款人账户时；

③以票据交付的，自借款人依法取得票据权利时；

④出借人将特定资金账户支配权授权给借款人的，自借款人取得对该账户实际支配权时；

⑤出借人以与借款人约定的其他方式提供借款并实际履行完成时。

（2）对支付利息未约定或约定不明的，视为不支付利息；约定偿还期限但未按期偿还，或未约定偿还期限但出借人催告后仍不偿还的，出借人可要求偿付逾期利息。

考点17　赠与合同（★★）

1．赠与合同是诺成合同，当事人意思表示一致，合同即成立。赠与的财产依法需要办理登记等手续的，应当办理有关手续。

2．赠与可以附义务。赠与附义务的，受赠人应当按照约定履行义务。附义务的赠与，赠与的财产有瑕疵的，赠与人在附义务的限度内承担与出卖人相同的责任。

赠与人的义务		（1）因赠与人故意或者重大过失，致使赠与的财产毁损、灭失的，赠与人应承担损害赔偿责任 （2）赠与人故意不告知赠与的财产有瑕疵或者保证赠与的财产无瑕疵，造成受赠人损失的，赠与人应承担损害赔偿责任
赠与合同的撤销	任意撤销	赠与人在赠与财产的权利转移之前可以撤销赠与，但具有救灾、扶贫等社会公益、道德义务性质的赠与合同或者经过公证的赠与合同，不得撤销
	法定撤销	受赠人有下列法定情形之一的：①严重侵害赠与人或其近亲属；②对赠与人有扶养义务而不履行；③不履行赠与合同约定的义务
	撤销权的时效	（1）赠与人的撤销权，自知道或者应当知道撤销原因之日起1年内行使； （2）赠与人的继承人或者法定代理人的撤销权，应当自知道或者应当知道撤销原因之日起6个月内行使

考点18　建设工程合同（★★★）

1. 阴阳合同

当事人就同一建设工程合同另行订立的建设工程施工合同与经过备案的中标合同实质性内容不一致的，应当以备案的中标合同作为结算工程价款的依据。

2. 建设工程合同的无效

（1）无效合同的界定

①承包人未取得建筑施工企业资质或者超越资质等级的；

②没有资质的实际施工人借用有资质的建筑施工企业名义的；

③建设工程必须进行招标而未招标或者中标无效的。

（2）无效合同的处理

①合同无效，但建设工程经竣工验收合格的，承包人可以请求参照合同约定支付工程价款。

②合同无效，且建设工程经竣工验收不合格的：修复后的建设工程经竣工验收合格，发包人可以请求承包人承担修复费用；修复后的建设工程经竣工验收不合格，承包人无权请求支付工程价款。

3. 建设工程合同的分包

可以分包的	经发包人同意，总承包人可以将自己承包的部分工作交由第三人完成 第三人就其完成的工作成果与总承包人向发包人承担连带责任
禁止转包	建设工程主体结构的施工必须由总承包人自行完成。 总承包人不得将其承包的建设工程全部转包给第三人或者将其承包的全部建设工程肢解后以分包的名义分别转包给第三人
禁止再分包	禁止承包人将工程分包给不具备相应资质条件的单位；禁止分包人将其承包的工程再分包

4. 垫资与工程欠款

对垫资和垫资利息有约定	承包人可以请求按照约定返还垫资及利息；但是约定的利息计算标准高于银行同期同类贷款利率的部分无效
对垫资没有约定	按照工程欠款处理；当事人对垫资利息没有约定，承包人无权请求支付利息
欠付工程价款利息计付	有约定按约定，无约定的按照中国人民银行发布的同期同类贷款利率计息。

5. 承包人的优先受偿权——优于抵押权和其他债权

（1）享有优先权的工程价款的范围

建筑工程的价款包括承包人为建筑工程应当支付的工作人员报酬、材料款等实际支出的费用，不包括承包人因发包人违约造成的损失。

（2）消费者交付购买商品房的全部或者大部分款项后，承包人就该商品房享有的工程价款优先受偿权不得对抗买受人。

（3）优先受偿权的行使期限为6个月，自建设工程竣工之日或者建设工程合同约定的竣工之日起计算。

6. 合同双方权利义务

发包人的解除权	承包人具有下列情形之一，发包人可以请求解除建设工程施工合同： （1）明确表示或者以行为表明不履行合同主要义务的 （2）合同约定的期限内没有完工，且在发包人催告的合理期限内仍未完工的 （3）已经完成的建设工程质量不合格，并拒绝修复的 （4）将承包的建设工程非法转包、违法分包的

续表

承包人的解除权	发包人具有下列情形之一，致使承包人无法施工，且在催告的合理期限内仍未履行相应义务，承包人可以请求解除建设工程施工合同： （1）未按约定支付工程价款的 （2）提供的主要建筑材料、建筑构配件和设备不符合强制性标准的 （3）不履行合同约定的协助义务的
建设工程合同的竣工	当事人对建设工程实际竣工日期有争议的，按照以下情形分别处理： （1）建设工程经竣工验收合格的，以竣工验收合格之日为竣工日期 （2）承包人已经提交竣工验收报告，发包人拖延验收的，以承包人提交验收报告之日为竣工日期 （3）建设工程未经竣工验收，发包人擅自使用的，以转移占有建设工程之日为竣工日期
付款时间	当事人对付款时间没有约定或者约定不明的，下列时间视为应付款时间： （1）建设工程已实际交付的，为交付之日 （2）建设工程没有交付的，为提交竣工结算文件之日 （3）建设工程未交付，工程价款也未结算的，为当事人起诉之日

考点19 运输合同（★★）

客运合同	（1）承运人擅自变更运输工具而降低服务标准的，应当根据旅客的要求退票或者减收票款；提高服务标准的，不应当加收票款 （2）承运人应当对运输过程中旅客的伤亡承担损害赔偿责任，但伤亡是旅客自身健康原因造成的或者承运人证明伤亡是旅客故意、重大过失造成的除外
货运合同	（1）收货人在约定的期限或者合理期限内对货物的数量、毁损等未提出异议的，视为承运人已经按照运输单证的记载交付货物的初步证据。但以后如收货人有证据证明货物的毁损、灭失发生在运输过程中，仍可向承运人索赔 （2）承运人对运输过程中货物的毁损、灭失承担损害赔偿责任。但是，承运人证明货物的毁损、灭失是因不可抗力、货物本身的自然性质或者合理损耗以及托运人、收货人的过错造成的，不承担损害赔偿责任 （3）货物在运输过程中因不可抗力灭失，未收取运费的，承运人不得要求支付运费；已经收取运费的，托运人可以要求返还 （4）货物毁损、灭失的赔偿额，当事人没有约定或者约定不明确，根据合同法律制度的有关规定仍不能确定的，按照交付或者应当交付时货物到达地的市场价格计算。法律、行政法规对赔偿额的计算方法和赔偿限额另有规定的，依照其规定

考点20 行纪合同（★★）

1. 行纪合同的性质

行纪合同是行纪人以自己的名义为委托人从事贸易活动，委托人支付报酬的合同。它属于委托合同中的一种，该合同与委托合同的主要区别在于：

（1）行纪合同以自己的名义与第三人订立合同；而委托合同的受托人是以委托人的名义订立合同。

（2）行纪合同为有偿合同；而委托合同既可以是有偿的，也可以是无偿的。

（3）行纪人处理委托事务支出的费用，除当事人另有约定外，应当自行承担；而委托合同的受托人的费用由委托人承担。

2. 行纪合同当事人的权利义务

当事人	权利义务
行纪人	（1）妥善保管的义务。行纪人占有委托物的，应当妥善保管委托物 （2）负担行纪费用的义务。行纪人处理委托事务支出的费用，由行纪人负担，但当事人另有约定的除外 （3）依委托人指示处理事务的义务。委托人指定了卖出价格或买入价格的情况下，行纪人应当按委托人的指定价格处理事务。行纪人低于委托人指定的价格卖出或者高于委托人指定的价格买入的，应当经委托人同意。未经委托人同意，行纪人补偿其差额的，该买卖对委托人发生效力。行纪人高于委托人指定的价格卖出或者低于委托人指定的价格买入的，可以按照约定增加报酬。委托人对价格有特别指示的，行纪人不得违背该指示卖出或者买入

续表

当事人	权利义务
行纪人	（1）请求报酬权。行纪人完成或者部分完成委托事务的，委托人应当向其支付相应的报酬。委托人逾期不支付报酬的，行纪人对委托物享有留置权，但当事人另有约定的除外 （2）介入权。行纪人接受委托实施行纪行为时，可以自己的名义介入买卖活动。行纪人买入或卖出市场定价的商品时，只要委托人没有相反的意思，可以以自己作为买受人或出卖人。行纪人行使介入权后，仍可要求委托人支付报酬
委托人	损害赔偿请求权。在行纪人与第三人订立合同的情况下，如果第三人不履行义务致使委托人受到损害的，委托人有权要求行纪人赔偿损失

历年真题

一、单项选择题

1. 【2015年真题】根据合同法律制度的规定，下列关于委托合同的表述中，正确的是（　　）。
   A. 无偿的委托合同，因受托人一般过失给委托人造成损失的，委托人可以要求赔偿损失
   B. 原则上受托人有权转委托，不必征得委托人同意
   C. 有偿的委托合同，因不可归责于受托人的事由，委托事务不能完成的，委托人有权拒绝支付报酬
   D. 两个以上的受托人共同处理委托事务的，对委托人承担连带责任

2. 【2015年真题】买卖合同中约定：甲先付款，乙再发货。后甲未付款却要求乙发货，乙予以拒绝。根据合同法律制度的规定，乙可以行使（　　）。
   A. 同时履行抗辩权　　　　B. 先履行抗辩权
   C. 先诉抗辩权　　　　　　D. 不安抗辩权

3. 【2015年真题】根据合同法律制度的规定，下列关于定金的表述中，正确的是（　　）。
   A. 收受定金一方不履行合同义务时，应当3倍返还定金
   B. 收受定金一方履行合同义务时，定金所有权发生移转
   C. 定金数额不得超过主合同标的额的20%
   D. 既约定定金又约定违约金的，一方违约时，当事人有权要求同时适用

4. 【2014年真题】根据合同法律制度的规定，下列关于提存的法律效果的表述中，正确的是（　　）。
   A. 标的物提存后，毁损、灭失的风险由债务人承担
   B. 提存期间，标的物的孳息归债务人所有
   C. 提存费用由债权人负担
   D. 债权人提取提存物的权利，自提存之日起2年内不行使消灭

5. 【2014年真题】甲、乙两公司的住所地分别位于北京和海口。甲向乙购买一批海南产香蕉，3个月后交货。但合同对于履行地点和价款均无明确约定，双方也未能就有关内容达成补充协议，依照合同其他条款及交易习惯也无法确定。根据合同法律制度的规定，下列关于合同履行价格的表述中，正确的是（　　）。
   A. 按合同订立时海口的市场价格履行
   B. 按合同订立时北京的市场价格履行
   C. 按合同履行时海口的市场价格履行
   D. 按合同履行时北京的市场价格履行

6. 【2012年真题】2011年10月8日，甲提出将其正在使用的轿车赠送给乙，乙欣然接受。10月21日，甲将车交付给乙，但未办理过户登记。交车时，乙向甲询问车况，甲称"一切

正常，放心使用"。事实上，该车三天前曾出现刹车失灵，故障原因尚未查明。乙驾车回家途中，刹车再度失灵，车毁人伤。根据合同法律制度的规定，下列表述中，正确的是（　　）。

A. 甲、乙赠与合同的成立时间是2011年10月8日

B. 双方没有办理过户登记，因此轿车所有权尚未转移

C. 甲未如实向乙告知车况，构成欺诈，因此赠与合同无效

D. 赠与合同是无偿合同，因此乙无权就车毁人伤的损失要求甲赔偿

7. 【2012年真题】甲公司向乙公司发出要约，要约明确指出乙公司如欲接受应在2012年8月1日前回复；乙公司于2012年7月20日通过丙快递公司发出承诺，但由于丙公司快递员投递失误，承诺于2012年8月10日方送达甲公司；此时，甲公司已将要约所述货物全部出售给丁公司，无货可供应乙公司，但甲公司未采取任何措施；乙公司久等无货，于2012年9月15日派人催货，甲公司以乙公司的承诺迟到为由予以拒绝，乙公司不服。根据合同法律制度的规定，下列表述中，正确的是（　　）。

A. 合同已经生效，甲公司应向乙公司承担违约责任

B. 合同已经生效，但甲公司无须向乙公司承担违约责任

C. 合同尚未生效，甲公司无须向乙公司承担任何责任

D. 合同尚未生效，但甲公司应赔偿乙公司所受损失

8. 【2011年真题】甲公司与乙公司订立货物买卖合同，约定出卖人甲公司将货物送至丙公司，经丙公司验收合格后，乙公司应付清货款。甲公司在送货前发现丙公司已濒于破产，遂未按时送货。根据合同法律制度的规定，下列各项中，正确的是（　　）。

A. 甲公司应向乙公司承担违约责任

B. 甲公司应向丙公司承担违约责任

C. 甲公司应向乙公司、丙公司分别承担违约责任

D. 甲公司不承担违约责任

9. 【2010年真题】2010年3月8日，甲向乙借用电脑一台。3月15日，乙向甲借用名牌手表一块。5月10日，甲要求乙返还手表，乙以甲尚未归还电脑为由，拒绝返还手表。根据合同法律制度和物权法律制度的规定，下列表述中，正确的是（　　）。

A. 乙是在行使同时履行抗辩权，可以暂不返还手表

B. 乙是在行使不安抗辩权，可以暂不返还手表

C. 乙是在行使留置权，可以暂不返还手表

D. 乙应当返还手表

二、多项选择题

1. 【2014年真题】根据合同法律制度的规定，合同中的下列免责条款中，无效的有（　　）。

A. 排除因故意造成对方人身伤害的责任

B. 排除因故意造成对方财产损失的责任

C. 排除因重大过失造成对方财产损失的责任

D. 排除因重大过失造成对方人身伤害的责任

2. 【2013年真题】根据合同法律制度的规定，下列情形中，买受人应当承担标的物灭失风险的有（　　）。

A. 出卖人依约为买受人代办托运，货交第一承运人后意外灭失

B. 买卖双方未约定交付地点，出卖人将标的物交由承运人运输，货物在运输途中意外灭失

C. 约定在出卖人营业地交货，买受人未按约定时间前往提货，后货物在地震中灭失

D. 买受人下落不明，出卖人将标的物提存后意外灭失

3. 【2009年真题】关于保证债务的诉讼时效，下列表述正确的有（　　）。
   A. 一般保证中，主债务诉讼时效中断的，保证债务诉讼时效中断
   B. 一般保证中，主债务诉讼时效中止的，保证债务诉讼时效中止
   C. 连带保证中，主债务诉讼时效中断的，保证债务诉讼时效不中断
   D. 连带保证中，主债务诉讼时效中止的，保证债务诉讼时效不中止

三、案例分析题

1. 【2014年真题】案情：2013年3月18日，甲机械公司与乙融资租赁公司接洽融资租赁某型号数控机床事宜。同年4月1日，乙按照甲的要求与丙精密设备公司签订了购买1台某型号数控机床的买卖合同，丁以乙的保证人身份在该买卖合同上签字，但合同中并无保证条款，丙和丁亦未另行签订保证合同。

乙和丙之间签订的买卖合同约定：机床价格为1 200万元；乙在缔约当日向丙支付首期价款400万元；丙在收到首期价款后1个月内将机床交付给甲；乙在之后的8个月内，每月向丙支付价款100万元。

乙与丙签订合同当日，与甲签订了融资租赁合同，但该合同未就租赁期届满后租赁物所有权归属做出约定。2013年5月1日，丙依约向甲交付了机床。

2013年8月8日，甲在未告知乙的情况下，以所有权人身份将机床以市场价格出售给戊公司。戊不知甲只是机床承租人，收到机床后即付清约定价款。乙知悉上述情况后，以甲不是机床所有权人为由，主张甲与戊之间的买卖合同无效，并主张自己仍为机床所有权人，要求戊返还机床。

2013年11月2日，由于乙连续3个月未付机床价款300万元，丙要求乙一次性支付到期和未到期的全部价款共500万元。乙认为丙无权要求支付尚未到期的200万元价款，并拒绝支付任何款项；丙遂要求丁承担保证责任。丁予以拒绝，理由有二：第一，自己仅在买卖合同上以保证人身份签字，既无具体的保证条款，亦无单独的保证合同，因此保证关系不成立；第二，即使保证成立，因未约定连带责任保证，所成立的也只是一般保证，丙不应在人民法院执行乙的财产之前要求自己承担保证责任。

要求：根据上述内容，分别回答下列问题。
（1）乙关于甲与戊之间的机床买卖合同无效的理由是否成立？并说明理由。
（2）乙关于自己仍为机床所有权人并要求戊返还机床的主张是否成立？并说明理由。
（3）乙关于丙无权要求支付尚未到期的200万元价款的主张是否成立？并说明理由。
（4）丁与丙之间的保证关系是否成立？并说明理由。
（5）丁关于保证形式为一般保证的主张是否成立？并说明理由。
（6）若机床未被甲出售给戊，甲和乙之间的融资租赁合同到期后，机床的所有权归属于谁？并说明理由。

2. 【2013年真题】案情：2011年9月8日，甲公司与乙公司订立合同，以每辆30万元的价格购买20辆货车。双方约定，甲公司应在乙公司交货后半年内付清全部货款，并以甲公司通过划拨方式取得的某国有建设用地使用权提供抵押担保。甲乙双方办理了抵押登记。10月12日，乙公司交付了20辆货车；次日，甲乙双方办理了货车所有权登记。

2011年11月，甲公司在已设定抵押的土地上开始建造办公楼，2012年6月建成。2012年8月，甲公司以该办公楼作抵押，从丙银行贷款300万元，期限为6个月。甲、丙双方办理了抵押登记。

2012年1月26日，甲公司将20辆货车出租给丁公司，每辆月租金1万元，租期3年，但甲、丁双方未签订书面租赁合同。由于资金周转困难，甲公司于2012年10月10日以每辆20万元的价格

将20辆货车卖给戊公司。

戊公司受让货车后，通知丁公司向自己缴纳租金。丁公司主张：戊公司并非出租人，无权向其收取租金；甲公司侵害了其优先购买权，应承担相应责任。戊公司催收租金无果，遂通知丁公司解除租赁合同，要求其立刻交回货车。

甲公司未按期向乙公司支付购车款，乙公司遂提起诉讼，并主张实现抵押权。在强制执行过程中，甲公司已设定抵押的建设用地使用权连同地上的办公楼共拍卖得款1 200万元，其中办公楼的对应价款为350万元。土地管理部门提出，应从拍卖款中优先补缴650万元的土地出让金。丙银行则主张对拍卖款中办公楼的对应价款享有优先受偿权。

要求：根据上述内容，分别回答下列问题。

（1）甲公司何时从乙公司处取得货车所有权？并说明理由。

（2）甲公司与丁公司的货车租赁合同是否因未采用书面形式而无效？并说明理由。

（3）戊公司是否有权要求丁公司支付租金？并说明理由。

（4）戊公司是否有权要求丁公司交回货车？并说明理由。

（5）丁公司是否对货车享有优先购买权？并说明理由。

（6）土地管理部门是否有权要求从拍卖价款中优先补缴650万元土地出让金？并说明理由。

（7）乙公司在实现抵押权时享有优先受偿权的金额是多少？并说明理由。

历年真题答案及解析

单项选择题答案速查表

题号	答案	题号	答案	题号	答案	题号	答案	题号	答案
1	D	2	B	3	C	4	C	5	A
6	A	7	A	8	A	9	D		

多项选择题答案速查表

题号	答案	题号	答案	题号	答案
1	ABCD	2	ABCD	3	ABC

一、单项选择题答案及解析

1. D〖解析〗本题考查的是委托合同相关内容。选项A，无偿的委托合同，因受托人的"故意或重大过失"给委托人造成损失的，委托人可以要求赔偿损失。选项B，原则上受托人转委托应征得委托人同意。选项C，有偿的委托合同，因受托人的过错给委托人造成损失的，委托人可以要求赔偿损失。选项D，两个以上的受托人共同处理委托事务的，对委托人承担连带责任。由此可见，正确答案为选项D。

2. B〖解析〗先履行抗辩权是指双务合同的当事人互负债务，有先后履行顺序，先履行一方未履行的，后履行一方有权拒绝其履行要求。先履行一方履行债务不符合约定的，后履行一方有权拒绝其相应的履行要求。

3. C〖解析〗选项A，收受定金一方不履行合同义务时，应当2倍返还定金。选项B，定金一旦交付，定金所有权发生转移。选项C，定金数额不得超过主合同标的额的20%。如果超过20%的，则超过部分无效。选项D，如果在同一合同中，当事人既约定违约金，又约定定金的，在一方违约时，当事人只能选择适用违约金条款或者定金条款，不能同时要求适用两个条款。

4. C〖解析〗本题考查的是提存的法律效果。标的物提存后，毁损、灭失的风险由债权人承担。提存期间，标的物的孳息归债权人所有。提存费用由债权人负担。债权人领取提存物的权利，自提存之日起五年内不行使而消灭，提存物扣除提存费用后归国家所有。

5. A〖解析〗本题考查的是合同履行价格。合同生效后，当事人就质量、价款或者报酬、履行地点等内容没有约定或者约定不明确的，可以协议补充；不能达成补充协议的，按照合同有关条款或者交易习惯确定。仍不能确定的：价款或者报酬不明确的，按照订立合同时履行地的市场价格履行；履行地点不明确，给付货币的，在接受货币一方所在地履行；交付不动产的，在不动产所在地履行；其他标的，在履行义务一方所在地履行。针对交付香蕉，履行义务一方是出卖人乙，所以履行地是海口。那么价格就是按照订立合同时海口的市场价格履行。

6. A〖解析〗本题考查的是赠与合同。赠与合同是诺成合同，所以选项A正确。轿车是动产，所有权是自交付时转移，所以选项B错误。赠与人故意不告知瑕疵或者保证无瑕疵，造成受赠人损失的，应当承担损害赔偿责任；所以选项C和选项D错误。

7. A〖解析〗本题考查的是合同效力。受要约人乙公司在承诺期限内发出承诺，按照通常情形能够及时到达要约人甲公司，但因其他原因致使承诺到达要约人时超过承诺期限的，为迟到承诺，除甲公司及时通知乙公司因承诺超过期限不接受该承诺的以外，该承诺为有效承诺。题干中，由于甲公司未采取任何措施，乙公司的迟到承诺为有效承诺，合同已经生效，甲公司应向乙公司承担违约责任。

【易错警示】部分考生可能会在选项B中犹豫，通过"因其他原因致使承诺到达要约人时超过承诺期限的"，认为甲公司无须向乙公司承担违约责任，导致错选。考生应注意理解并区分。

8. A〖解析〗本题考查的是合同履行。首先，题目中并不是"债务人"履行能力有问题，不能行使不安抗辩权，所以甲公司滥用不安抗辩权，构成违约。其次，题目是"向第三人履行"的合同，当事人约定由债务人向第三人履行债务的，债务人未向第三人履行债务或者履行债务不符合约定，应当向债权人承担违约责任。所以是甲公司向乙公司承担违约责任，而不能向丙承担违约责任。

9. D〖解析〗本题考查的是抗辩权。同时履行抗辩权与不安抗辩权都是在"同一双务合同"中，而题目中是"两个合同"，选项A和选项B错误。债权人留置的动产，应当与债权属于同一法律关系，但企业之间留置的除外。题目中当事人是两个自然人，所以受"同一法律关系"的限制，但题目中是"两个合同"，所以不能行使留置权。

二、多项选择题答案及解析

1. ABCD〖解析〗合同中的下列免责条款无效：①造成对方人身伤害的；②因故意或者重大过失造成对方财产损失的。所以选项A、B、C、D均正确。

2. ABCD〖解析〗本题考查的是买卖合同中标的物风险的承担。当事人没有约定交付地点或者约定不明确，标的物需要运输的，出卖人将标的物交付给第一承运人后，标的物毁损、灭失的风险由买受人承担，所以选项A和选项B正确。出卖人按照约定将标的物置于交付地点，买受人违反约定没有收取的，标的物毁损、灭失的风险自违反约定之日起由买受人承担，所以选项C正确。标的物提存后，风险由债权人承担，所以选项D正确。

3. ABC〖解析〗本题考查的是保证债务的诉讼时效。一般保证中，主债务诉讼时效中断，保证债务诉讼时效中断；连带责任保证中，主债务诉讼时效中断，保证债务诉讼时效不中断。一般保证和连带责任保证中，主债务诉讼时效中止的，保证债务的诉讼时效同时中止；所以选项A、B、C正确。

三、案例分析题答案及解析

1.（1）不成立。根据规定，出卖人对标的物没有所有权或者处分权，并不影响买卖合同的效力。

（2）不成立。根据规定，转让人虽然没有处分权，但如果受让人为善意，转让价格合理，标的物已交付，转让人基于权利人意思合法占有标的物，受让人即可善意取得标的物所有权。戊取得机床的所有权时，符合上述要件。

（3）不成立。根据规定，分期付款的买

受人未支付到期价款的金额达到全部价款的1/5的，出卖人可以要求买受人一并支付到期与未到期的全部价款。乙未支付的到期价款为300万元，已经超过总价款1 200万元的1/5。

（4）成立。根据规定，主合同中虽无保证条款，亦未另行订立保证合同，但保证人在主合同上以保证人身份签字或者盖章的，保证合同即成立。

（5）不成立。根据规定，当事人未就保证方式做出约定或约定不明确的，依连带责任保证承担保证责任。

（6）若机床未被甲出售给戊，甲与乙之间的融资租赁合同到期后，机床的所有权归属于乙。根据规定，融资租赁合同的出租人和承租人对租赁物的归属没有约定或者约定不明确的，合同到期后，租赁物的所有权归出租人。

2．（1）甲公司于2011年10月12日从乙公司处取得货车所有权。根据规定，动产物权的转让，一般自交付时发生效力，货车的转让登记只是产生对抗善意第三人的效力。

（2）并不因未采用书面形式而无效。根据规定，租期在6个月以上的租赁合同应该采取书面形式，但未采取书面形式并不导致合同无效，而应视为不定期租赁。

（3）有权。根据规定，租赁物在租赁期间发生所有权变动的，不影响租赁合同的效力。所以，甲公司将货车转让给戊公司后，原租赁合同对戊公司继续有效。

（4）有权。根据规定，不定期租赁合同的任何一方当事人都有权随时解除合同。戊公司解除合同后，即有权要求丁公司交回货车。

（5）不享有。根据规定，只有在房屋租赁的情况下，承租人才享有优先购买权。

（6）有权。根据规定，拍卖划拨的国有土地使用权所得的价款，应先依法缴纳相当于应缴纳的土地使用权出让金的款额，抵押权人只能就剩余价款主张优先受偿。

（7）是200万元。根据规定，建设用地使用权抵押后，该土地上新增的建筑物不属于抵押财产。该建设用地使用权实现抵押权时，应当将该土地上新增的建筑物与建设用地使用权一并处分，但新增建筑物所得的价款，抵押权人无权优先受偿。因此拍卖得款1 200万元，要减去办公楼对应的350万元，然后支付650万元土地出让金，乙公司仅对剩余的200万元优先受偿。

全真模拟试题

一、单项选择题

1. 小张是嘉琪公司采购员，已离职。特康公司是嘉琪公司的客户，已被告知小张离职的事实，但当小张持嘉琪公司盖章的空白合同书，以嘉琪公司名义与特康公司洽购500吨白糖时，特康公司仍与其签订了买卖合同。根据合同法律制度的规定，下列表述中，正确的是（　　）。
   A. 小张的行为构成无权代理，合同无效
   B. 小张的行为构成无权代理，合同效力待定
   C. 特康公司有权在嘉琪公司追认合同之前，行使撤销权
   D. 特康公司可以催告嘉琪公司追认合同，如嘉琪公司在1个月内未作表示，合同有效

2. 下列关于定金的描述正确的是（　　）。
   A. 定金合同在签订的时候生效
   B. 定金合同是实践性合同
   C. 定金数额不得超过主合同标的额的10%
   D. 因第三人过错导致合同不能够履行的不适用定金罚则

3. 下列有关商品房买卖合同的说法中，不符合法律规定的是（　　）。
   A. 出卖人故意隐瞒所售房屋已经抵押的事实，买受人可以在解除合同并赔偿损失的前提

下，还可以要求出卖人承担不超过已付房款一倍的惩罚性赔偿金

  B. 房屋套内建筑面积或者建筑面积与合同约定的面积误差比绝对值超过3%的，买受人可以解除合同

  C. 商品房的销售广告和宣传资料为要约邀请，但是出卖人就商品房开发规划范围内的房屋及相关设施所做的说明和允诺具体确定，并对商品房买卖合同的订立以及房屋价格的确定有重大影响的，应当视为要约

  D. 出卖人未取得预售许可而与买受人订立预售合同的，该合同效力待定

4. 小廖与小徐两人之间存在房屋租赁合同关系。租赁合同期满后，承租人小徐仍然使用该房并按照原合同如数交纳租金，小廖也收取该租金，那么在原租赁合同期满后（ ）。

  A. 小廖与小徐双方都有违约行为

  B. 承租人小徐侵犯了小廖的所有权

  C. 小廖与小徐之间存在债权债务关系但不存在租赁合同关系

  D. 小廖与小徐双方都以积极的行为建立不定期租赁关系

5. 老周为债务人小舒向债权人乙提供担保时，要求债务人小舒提供反担保。反担保的方式可以是（ ）。

  A. 债务人小舒提供的保证　　　　　　　　B. 债务人小舒提供的定金

  C. 小舒的朋友小张提供的留置　　　　　　D. 小舒的朋友小张提供的质押

6. 老费于2015年3月5日向老黄借款10万元，由老杨作为一般保证人。三方约定：老费应于2016年3月5日之前偿还该借款。若本案中的当事人约定，保证期间至2016年2月1日，则老杨承担保证责任期间应至（ ）。

  A. 2016年2月1日　　　　　　　　　　　　B. 2016年3月5日

  C. 2016年6月5日　　　　　　　　　　　　D. 2016年9月5日

7. 2015年5月8日，小黎作为承租人与老骆订立房屋买卖合同，约定将小尹的房屋于同年7月1日出售给老骆作为办事处。同年6月10日，小黎向小尹购买该出租房屋，并办理了产权转让手续。关于该情形，下列说法中正确的是（ ）。

  A. 该买卖合同在5月8日即为有效合同

  B. 小黎与老骆于5月8日所签买卖合同因小黎对该房屋尚无处分权而无效

  C. 该买卖合同可以撤销

  D. 该买卖合同必须经过小尹的追认后才有效，否则均无效

二、多项选择题

1. 下列协议中，适用《中华人民共和国合同法》的有（ ）。

  A. 股权转让协议　　　　　　　　　　　　B. 监护协议

  C. 专利转让协议　　　　　　　　　　　　D. 政府采购协议

2. 鑫鑫建筑工程公司为承包甲房产公司发包的商品房建设项目垫付8 000万元工程价款，鑫鑫公司多次催讨仍未受偿，经申请人民法院将该工程依法拍卖后，鑫鑫公司的优先受偿权优于（ ）。

  A. 有抵押的债权

  B. 无抵押的一般债权

  C. 已支付全部购买该商品房价款的消费者

  D. 已支付大部分购买该商品房价款的消费者

3. 下列情形中，承租人主张优先购买房屋的，人民法院不予支持的有（ ）。

  A. 出租人将房屋出卖给外孙女

B. 房屋共有人行使优先购买权

C. 第三人善意购买租赁房屋并已经办理了登记手续

D. 出租人履行通知义务后，承租人在7日内未明确表示购买

4. 老田借款给老郭3万元，老廖为老郭的保证人。此后老郭与老田协商变更借款数额为5万元，对此老廖不知情。合同到期时，老郭无力偿还该借款。对此，下列说法中正确的有（   ）。

A. 老廖应承担5万元的保证债务

B. 老廖应承担3万元的保证债务

C. 老廖不承担该保证债务

D. 老廖承担保证债务后有权向老郭追偿

5. 在法律没有特别规定及合同没有特别约定时，出现的下述情况中，一方当事人有权解除合同的有（   ）。

A. 发生不可抗力事件，使合同目的无法实现

B. 对方当事人有违约行为致使不能实现合同目的

C. 一方当事人迟延履行债务，经催告后在合理期限内仍没有履行合同

D. 在履行期限届满之前，当事人一方明确表示不履行主要债务

6. 达胜公司向安捷伦公司要约购买一批汽车配件，安捷伦公司在承诺通知中对达胜公司的要约内容进行了变更，安捷伦公司对要约所做的下列变更中，属于实质性变更要约内容的有（   ）。

A. 将总价款增加6万元

B. 将交货时间推迟20日

C. 将本次交易的业务员由小那变为小舒

D. 将交货地点由达胜公司所在地变更为安捷伦公司所在地

7. 根据法律规定，下列不得担任保证人的有（   ）。

A. 中学   B. 公司经理

C. 公司财务部   D. 有法人书面授权的分公司

8. 鑫鑫公司欲购建塔公司生产的塔吊，因缺乏资金，遂由龙辉公司提供融资租赁。由于塔吊存在质量问题，吊装的物品坠落并砸伤行人丁，鑫鑫公司被迫停产修理。根据合同法律制度的规定，下列各项中，正确的有（   ）。

A. 龙辉公司可以请求建塔公司赔偿损失

B. 鑫鑫公司无权请求龙辉公司赔偿修理塔吊的费用

C. 建塔公司应当对鑫鑫公司承担违约责任

D. 鑫鑫公司不得以塔吊存在质量问题并发生事故为由，延付或拒付租金

9. 老张将房屋出租给小李居住，在租赁期内老张又将该房屋出售给老周。下列说法不符合合同法律制度的有关规定的有（   ）。

A. 产权一经转移，原租赁合同即失去效力

B. 原租赁合同对新的房主老周继续有效

C. 房屋买卖合同应事先征得承租人小李的同意

D. 在租赁期限未满前订立的买卖合同无效

10. 根据《中华人民共和国合同法》的规定，下列要约中，不得撤销的有（   ）。

A. 要约人确定了承诺期限的要约

B. 已经到达受要约人但受要约人尚未承诺的要约

C. 要约人明示不可撤销的要约

D. 受要约人有理由认为不可撤销，且已为履约做了准备的要约

11. 郭华和李洋双方签订了买卖合同，在合同履行过程中，发现该合同某些条款约定不明确。郭华和李洋双方不能达成补充协议，且按照合同有关条款或者交易习惯仍不能确定。下列说法中符合规定的有（   ）。

A. 履行期限不明确的，债务人可以随时履行

B. 质量要求不明确的，按照国家标准、行业标准履行

C. 价款不明确的，按照卖方所在地的市场价格履行

D. 履行地点不明确，给付货币的，在接受货币一方所在地履行

全真模拟试题答案及解析

单项选择题答案速查表

题号	答案	题号	答案	题号	答案	题号	答案
1	B	2	B	3	D	4	D
5	D	6	D	7	A		

多项选择题答案速查表

题号	答案	题号	答案	题号	答案	题号	答案	题号	答案	题号	答案
1	ACD	2	AB	3	ABC	4	BD	5	ABCD	6	ABD
7	AC	8	BD	9	ACD	10	ACD	11	ABD		

一、单项选择题答案及解析

1. B【解析】本题考查的是合同效力。行为人没有代理权、超越代理权或者代理权终止后以被代理人名义订立合同，相对人有理由相信行为人有代理权的，该代理行为有效。本题中第三人甲公司已经被告知小张离职的事宜，但是甲公司仍然与小张签订合同，则甲不是善意第三人，不构成表见代理，而是一般的无权代理，合同效力待定，所以选项A错误。无权代理中，相对人可以催告被代理人在1个月内予以追认。被代理人未作表示的，视为拒绝追认。合同被追认之前，善意相对人有撤销的权利，所以选项C和选项D错误。

【易错警示】部分考生可能会在选项B中犹豫，考生需要区分合同效力待定的合同无效：前者合同虽然已经成立，但因其不完全符合有关生效要件的规定，因此其效力能否发生，尚未确定，一般须经有权人表示承认才能生效；后者是凡不符合法律规定的要件的合同，不能产生合同的法律效力。

2. B【解析】本题考查的是定金的生效与法律效力。定金合同在实际交付定金之日起生效；当事人约定的定金数额不得超过主合同标的额的20%；因合同关系以外第三人的过错，致使主合同不能够履行的，适用定金罚则。

【易错警示】部分考生可能会错选选项A，考生应注意区分"定金合同在实际交付定金之日起生效"，并不等同于"定金合同在签订的时候生效"，避免丢分。

3. D【解析】本题考查的是买卖合同的相关规定。出卖人未取得预售许可而与买受人订立预售合同的，合同无效，但是在起诉前取得预售许可的，合同有效。

【易错警示】选项D中，出卖人未取得预售许可而与买受人订立预售合同的，合同无效，而不是合同效力待定，但是在起诉前取得预售许可的，合同有效。考生需要牢记这一知识点。

4. D【解析】本题考查的是租赁合同的相关规定。根据规定，租赁期间届满，承租人继续使用租赁物，出租人没有提出异议的，原租赁合同继续有效，但租赁期限为不定期。

5. D【解析】本题考查的是担保方式及

担保合同的无效。反担保方式可以是债务人提供的抵押或者质押，也可以是其他人提供的保证、抵押或者质押，但留置和定金不能作为反担保的方式。

6. D〖解析〗本题考查的是合同的保证期间与诉讼时效。根据规定，保证合同约定的保证期间早于或者等于主债务履行期限的，视为没有约定，保证期间为主债务履行期届满之日起6个月。

【易错警示】考生需要记住主债务履行期届满之日起6个月，不论在单选还是多选中，很快就能判断出正确的选项。

7. A〖解析〗本题考查的是效力待定合同。出卖人没有所有权或处分权的，买卖合同原则上仍属于有效合同。所以，5月8日所签租赁合同有效。

二、多项选择题答案及解析

1. ACD〖解析〗本题考查的是合同法。合同是平等主体的自然人、法人、其他组织之间设立、变更、终止民事权利义务关系的协议。婚姻、收养、监护等有关身份关系的协议，适用其他法律的规定。

2. AB〖解析〗本题考查的是建设工程合同的相关规定。建设工程的承包人的工程价款优先受偿权优于抵押权和其他债权。消费者交付购买商品房的全部或者大部分款项后，承包人就该商品房享有的工程价款优先受偿权不得对抗买受人。

3. ABC〖解析〗本题考查的是租赁合同的相关规定。根据规定，出租人履行通知义务后，承租人在15日内未明确表示购买的，承租人主张优先购买房屋的，人民法院不予支持。

【易错警示】7日内这些日期数字很敏感，很多期限都是7日、10日、15日、30日、半年、1年等。需要考生细心地掌握好这些日期，否则再简单的题都容易丢分。

4. BD〖解析〗本题考查的是合同的保证责任及保证人的追偿权。保证期间债权人与债务人对主合同的变动，未经保证人同意，如果是减轻债务人的债务的，保证人仍应当对变更后的合同承担保证责任。如果是加重债务

人的债务的，保证人对加重的部分不承担保证责任。

【易错警示】部分考生可能会在选项C中犹豫，认为是"老郭与老田协商变更借款数额为5万元，对此老廖不知情"就不应该承担该保证债务。考生应该谨记：保证期间债权人与债务人对主合同的变动，未经保证人同意，保证人仅仅是对加重的部分不承担保证责任，并没有表示不承担该保证债务。

5. ABCD〖解析〗本题考查的是合同的终止。有下列情形之一的，当事人可以解除合同：①因不可抗力致使不能实现合同目的；②在履行期限届满之前，当事人一方明确表示或者以自己的行为表明不履行主要债务；③当事人一方迟延履行主要债务，经催告后在合理期限内仍未履行；④当事人一方迟延履行债务或者有其他违约行为致使不能实现合同目的；⑤法律规定的其他情形。

6. ABD〖解析〗本题考查的是实质性变更要约内容。有关合同标的、数量、质量、价款或者报酬、履行期限、履行地点和方式、违约责任和解决争议方法等内容的变更，是对要约内容的实质性变更，所以选项A、B、D正确。

7. AC〖解析〗本题考查的是合同保证人和保证方式。选项C是公司的职能部门，不能担任保证人；选项D分支机构经书面授权的，可以担任保证人；选项A是以公益为目的的事业单位，不能担任保证人；选项B是自然人，可以担任保证人。

8. BD〖解析〗本题考查的是融资租赁合同。融资租赁合同中，承租人占有租赁物期间，租赁物造成第三人的人身伤害或者财产损害的，出租人不承担责任，因此选项A的说法错误；融资租赁合同虽具有租赁的性质，但其目的是融资，因此应当根据融资租赁的这个特点把握。如合同解除、标的物维修、标的物质量瑕疵及风险承担等问题原则上均与出租人无关。此时承租人还是要依照租赁合同的要求支付租金，因此选项B、D的说法正确，选项C的说法错误。

【易错警示】部分考生可能会漏选选项B，题干中甲公司的塔吊出现质量问题，考生

认为应该由甲公司赔偿修理塔吊的费用，所以导致部分考生漏选选项B。考生应该谨记：在融资租赁合同中，标的物质量瑕疵及风险承担等问题原则上与出租人无关。

9. ACD〖解析〗本题主要考查的是租赁合同的相关规定。租赁物在租赁期间发生所有权变动的，不影响租赁合同的效力，即"买卖不破租赁"。

10. ACD〖解析〗本题考查的是合同的订立程序。一般而言，要约是可以撤销的。但下列情形除外：①要约人确定了承诺期限；②以其他形式明示要约不得撤销；③受要约人有理由认为要约是不可撤销的，并已经为履行

合同做了准备工作的，要约不得撤销。根据规定，要约到达受要约人后，在受要约人做出承诺之前，要约可以撤销，所以选项B错误。

11. ABD〖解析〗本题考查的是合同履行规则。合同履行中，价款或者报酬不明确的，按照订立合同时履行地的市场价格履行。

【易错警示】选项C中的表述不完全正确，假如订立合同时履行地在卖方，那么此选项正确，但是假如订立合同时履行地在买方，那么此选项错误，所以考生需要根据实际情况判定选项是否正确。类似这种地点并没有确定的情况下，说法不全面。

第5章 合伙企业法律制度

考情分析

在近8年中，本章内容所占的平均分值为6分左右，题型为客观题和主观题。

学习建议

本章内容简单易学，重在理解的基础上加以适当的记忆。可采用对比的学习方法掌握普通合伙企业和有限合伙企业的设立规定、合伙企业的财产、合伙人的权利、合伙企业的退伙与财产清算等重要考点。

本章考点概览

第5章　合伙企业法律制度	1. 普通合伙企业的设立	★★
	2. 合伙企业财产	★★
	3. 合伙企业的事务执行	★★
	4. 合伙企业与第三人的关系	★★
	5. 入伙、退伙和财产继承	★★★
	6. 特殊的普通合伙企业	★★★
	7. 有限合伙企业设立的特殊规定	★★
	8. 有限合伙企业事务执行的特殊规定	★★
	9. 退伙和身份转变责任承担	★★★
	10. 法定事项与约定事项	★★
	11. 合伙企业的解散和清算	★★

考点精讲

考点1　普通合伙企业的设立（★★）

条件	要点内容
有两个以上合伙人	（1）合伙人：自然人（具有完全民事行为能力）、法人、其他组织 （2）国有独资公司、国有企业、上市公司以及公益性的事业单位、社会团体不得成为普通合伙人，但可以成为有限合伙人
有书面合伙协议	（1）全体合伙人签名、盖章后生效 （2）除有约定外，修改或者补充合伙协议，应当经全体合伙人一致同意
有各合伙人认缴或者实缴的出资	（1）普通合伙人可以用货币、实物、知识产权、土地使用权或者其他财产权利出资，也可以用劳务出资；有限合伙人不得以劳务出资 （2）合伙企业没有注册资本的要求，合伙人可以分期缴付出资
有合伙企业的名称和生产经营场所	合伙企业名称中应标明"普通合伙"字样，特殊的普通合伙企业名称中应当标明"特殊普通合伙"字样 经企业登记机关登记的合伙企业主要经营场所只能有一个，且应在登记机关登记管辖区域内
法律、行政法规规定的其他条件	—

考点2 合伙企业财产（★★）

（1）合伙企业财产的构成

合伙企业财产由3部分构成：合伙人的出资、以合伙企业名义取得的收益、依法取得的其他财产。

合伙人出资可以是货币、实物、知识产权、土地使用权和其他财产权利等。依法取得的其他财产包括合法接受的赠与财产等。

（2）合伙企业财产的性质

独立性	合伙企业财产独立于出资人财产，合伙人将其出资投入合伙企业后，该财产的财产权主体为合伙企业，合伙人享有的是财产收益份额
完整性	合伙人在合伙企业清算前，不得请求分割合伙企业的财产；法律另有规定的除外 合伙人在合伙企业清算前私自转移或处分合伙企业财产的，合伙企业不得以此对抗善意第三人

（3）合伙企业中的全部或者部分财产份额的转让

普通合伙人之间转让	应当通知其他合伙人
有限合伙人可以按照合伙协议的约定向合伙人以外的人转让其在有限合伙企业中的财产份额	但应当提前30日通知（而非经同意）其他合伙人
除合伙协议另有约定外，普通合伙人向合伙人以外的人	（1）须经其他合伙人一致同意 （2）在同等条件下，其他合伙人有优先购买权，合伙协议另有约定的除外

（4）出质

①合伙人以其在合伙企业中的财产份额出质的，须经其他合伙人一致同意。

②未经其他合伙人一致同意，其行为无效，由此给善意第三人造成损失的，由行为人依法承担赔偿责任。

考点3 合伙企业的事务执行（★★）

合伙事务执行的形式	①对外代表权；②监督权；③查阅账簿权；④撤销委托权；⑤异议权
合伙事务执行的形式	（1）全体合伙人共同执行，或委托一个或者数个合伙人执行 （2）除合伙协议约定外，下列事项应当经全体合伙人一致同意： ①改变合伙企业的名称；②改变合伙企业的经营范围、主要经营场所的地点；③处分合伙企业的不动产；④转让或者处分合伙企业的知识产权和其他财产权利；⑤以合伙企业名义为他人提供担保；⑥聘任合伙人以外的人担任合伙企业的经营管理人员
合伙人的权利	（1）平等享有执行合伙企业事务的权利 （2）不执行合伙事务的合伙人有权监督执行事务合伙人执行合伙事务的情况 （3）有权查阅合伙企业会计账簿等财务资料 （4）受委托执行合伙事务的合伙人不按照合伙协议或者全体合伙人的决定执行事务的，其他合伙人可以决定撤销该委托
合伙人的义务	（1）合伙事务执行人应当定期向不参加执行事务的合伙人报告企业经营状况和财务状况 （2）合伙人不得自营或者同他人合作经营与本合伙企业相竞争的业务 （3）除合伙协议另有约定或者经全体合伙人一致同意外，合伙人不得同本合伙企业进行交易
事务执行的决议	依合伙协议约定，未约定的，实行合伙人一人一票并经全体合伙人过半数通过的表决办法
损益分配	（1）有约定，按约定的比例分配和分担；未约定，先由合伙人协商决定，协商不成的，由合伙人按照实缴出资比例分配、分担，无法确定出资比例的，由合伙人平均分配、分担 （2）合伙协议不得约定将全部利润分配给部分合伙人或者由部分合伙人承担全部亏损 （3）有限合伙企业不得将全部利润分配给部分合伙人；除合伙协议另有约定外
非合伙人参与经营管理	（1）除约定外，经全体合伙人一致同意，可以聘任合伙人以外的人担任合伙企业的经营管理人员（非合伙人无须对企业债务承担无限连带责任） （2）被聘任的合伙企业的经营管理人员，超越合伙企业授权范围履行职务，或者在履行职务过程中因故意或者重大过失给合伙企业造成损失的，依法承担赔偿责任

考点4 合伙企业与第三人的关系（★★）

合伙企业对合伙人执行合伙事务以及对外代表合伙企业权利的限制，不得对抗善意第三人。

类别	具体内容
合伙企业的债务清偿	（1）应先以其全部财产进行清偿 （2）合伙企业不能清偿到期债务的，合伙人承担无限连带责任 （3）合伙人由于承担无限连带责任，清偿数额超过分担比例的，有权向其他合伙人追偿
合伙人的债务清偿	（1）合伙人个人债务（与合伙企业无关的债务），相关债权人不得以其债权抵销其对合伙企业的债务；也不得代位行使合伙人在合伙企业中的权利 （2）合伙人的自有财产不足清偿其个人债务，可以以其从合伙企业中分取的收益用于清偿；债权人也可以依法请求人民法院强制执行该合伙人在合伙企业中的财产份额用于清偿。强制执行时应当通知全体合伙人，其他合伙人有优先购买权

考点5 入伙、退伙和财产继承（★★★）

类别		具体内容
入伙		①除合伙协议约定外，应当经全体合伙人一致同意，并依法订立书面入伙协议 ②新合伙人对入伙前合伙企业的债务承担无限连带责任
退伙		退伙人对退伙前合伙企业债务承担无限连带责任
	协议退伙	①合伙协议约定的退伙事由出现；②经全体合伙人一致同意；③发生合伙人难以继续参加合伙的事由；④其他合伙人严重违反合伙协议约定的义务
	通知退伙	合伙协议未约定合伙期限的，合伙人在不给合伙企业事务执行造成不利影响的情况下，可以退伙，但应当提前30日通知其他合伙人
	当然退伙	①作为合伙人的自然人死亡或者被依法宣告死亡 ②个人丧失偿债能力 ③作为合伙人的法人或者其他组织依法被吊销营业执照、责令关闭、撤销或者被宣告破产 ④法律规定或者合伙协议约定合伙人必须具有相关资格而丧失该资格 ⑤合伙人在合伙企业中的全部财产份额被人民法院强制执行
	除名	①未履行出资义务；②因故意或者重大过失给合伙企业造成损失；③执行合伙事务时有不正当行为；④发生合伙协议约定的事由
财产继承		（1）有民事行为能力继承人，按照合伙协议的约定或者经全体合伙人一致同意，从继承开始之日起，取得普通合伙人资格（或退伙） （2）无、限制民事行为能力继承人，经全体合伙人一致同意，可以依法成为有限合伙人，普通合伙企业依法转为有限合伙企业。未能一致同意的，合伙企业应当将被继承合伙人的财产份额退还该继承人

考点6 特殊的普通合伙企业（★★★）

1. 责任承担

情形	责任形式	具体要求
合伙人因"故意或重大过失"造成合伙企业债务的	有限责任与无限责任相结合	该合伙人应当承担无限责任或者无限连带责任，其他合伙人以其在合伙企业中的财产份额为限承担责任
"非因故意或者重大过失"造成的合伙企业债务以及合伙企业的其他债务	无限连带责任	由全体合伙人承担无限连带责任

2. 责任追偿

合伙人执业活动中因故意或者重大过失造成的合伙企业债务，以合伙企业财产对外承担责任后，该合伙人应当按合伙协议的约定对给合伙企业造成的损失承担赔偿责任。

3. 执业风险防范

特殊的普通合伙企业应当建立执业风险基金、办理职业保险。执业风险基金用于偿付合伙人执业活动造成的债务。应当单独立户管理。

考点7 有限合伙企业设立的特殊规定（★★）

（1）由2个以上50个以下合伙人设立；但法律另有规定的除外。

（2）至少应当有一个普通合伙人。

①仅剩有限合伙人的，应当解散；仅剩普通合伙人的，应当转为普通合伙企业。

②国有独资公司、国有企业、上市公司以及公益性的事业单位、社会团体不得成为普通合伙人，可以成为有限合伙人。

（3）企业名称中应当标明"有限合伙"字样。

（4）有限合伙人不得以劳务出资。

（5）有限合伙人应当按照合伙协议的约定按期足额缴纳出资；未按期足额缴纳的，应当承担补缴义务，并对其他合伙人承担违约责任。

考点8 有限合伙企业事务执行的特殊规定（★★）

（1）有限合伙企业由普通合伙人执行合伙事务。

执行事务合伙人可以要求在合伙协议中确定执行事务的报酬及报酬提取方式。

（2）禁止有限合伙人执行合伙事务。有限合伙人不执行合伙事务，不得对外代表有限合伙企业。

（3）有限合伙人的下列行为，不视为执行合伙事务：

①参与决定普通合伙人入伙、退伙；②对企业的经营管理提出建议；③参与选择承办有限合伙企业审计业务的会计师事务所；④获取经审计的有限合伙企业财务会计报告；⑤对涉及自身利益的情况，查阅有限合伙企业财务会计账簿等财务资料；⑥在有限合伙企业中的利益受到侵害时，向有责任的合伙人主张权利或者提起诉讼；⑦执行事务合伙人怠于行使权利时，督促其行使权利或者为了本企业的利益以自己的名义提起诉讼；⑧依法为本企业提供担保。

（4）有限合伙人的表见代理和无权代理责任的承担如下表所示。

有限合伙人的表见代理	第三人有理由相信有限合伙人为普通合伙人并与其交易的，该有限合伙人对该笔交易承担与普通合伙人同样的责任
有限合伙人的无权代理	有限合伙人未经授权以有限合伙企业名义与他人进行交易，给有限合伙企业或者其他合伙人造成损失的，该有限合伙人应当承担赔偿责任

（5）普通合伙人与有限合伙人的权利区分

有限合伙人	可以同本有限合伙企业进行交易，可以自营或者同他人合作经营与本有限合伙企业相竞争的业务；但是，合伙协议另有约定的除外
普通合伙人	除合伙协议另有约定或者经全体合伙人一致同意外，普通合伙人不得同本合伙企业进行交易。普通合伙人不得自营或者同他人合作经营与本合伙企业相竞争的业务

（6）出质

有限合伙人可以将其在有限合伙企业中的财产份额出质，除非合伙协议另有约定。这种行为是指有限合伙人以其在合伙企业中的财产份额对外进行权利质押。在有限合伙企业存续期间，有限合伙人可以对自己在有限合伙企业中的财产份额即财产权利进行一定的处分。

考点9　退伙和身份转变责任承担（★★★）

1. 普通合伙企业与有限合伙企业退伙区分

普通合伙企业退伙	有限合伙企业退伙
退伙人对基于其退伙前的原因发生的合伙企业债务，承担无限连带责任	有限合伙人退伙后，对基于其退伙前原因发生的有限合伙企业债务，以其退伙时从有限合伙企业中取回的财产承担责任
普通合伙人的继承人或权利承受人不一定能取得合伙企业合伙人的资格	作为有限合伙人的自然人在有限合伙企业存续期间丧失民事行为能力的，其他合伙人不得因此要求其退伙

2. 身份转变

除协议另有约定外，普通合伙人转变为有限合伙人，或有限合伙人转变为普通合伙人，须经全体合伙人一致同意。

（1）有限合伙人转变为普通合伙人的，对其作为有限合伙人期间有限合伙企业发生的债务承担无限连带责任。

（2）普通合伙人转变为有限合伙人的，对其作为普通合伙人期间合伙企业发生的债务承担无限连带责任。

3. 财产的继承

作为有限合伙人的自然人死亡、被依法宣告死亡或者作为有限合伙人的法人及其他组织终止时，其继承人或者权利承受人可以依法取得该有限合伙人在有限合伙企业中的资格。

4. 合伙企业不能清偿到期债务的处理

（1）债权人依法向人民法院提出破产清算申请。

（2）债权人要求普通合伙人清偿。

（3）合伙企业依法被宣告破产的，普通合伙人对合伙企业的债务仍应承担无限连带责任。

考点10　法定事项与约定事项（★★）

法定事项	某些事项法律有明确规定的，合伙协议的约定不得与法律相抵触，其中包括但不限于： （1）普通合伙人以其财产份额出质的，必须经其他合伙人一致同意 （2）普通合伙人绝对不得从事同本企业相竞争的业务 （3）普通合伙企业的合伙协议绝对不得约定将全部利润分配给部分合伙人或者由部分合伙人承担全部亏损 （4）国有独资公司、国有企业、上市公司以及公益性的事业单位、社会团体不得成为普通合伙人 （5）有限合伙人不得以劳务出资 （6）有限合伙企业由普通合伙人执行合伙事务，有限合伙人不执行合伙事务，不得对外代表有限合伙企业
先约定后法定	（1）合伙企业委托一个或者数个合伙人执行企业事务的，除合伙协议另有约定外，合伙企业的下列事项应当经全体合伙人一致同意： ①改变合伙企业的名称 ②改变合伙企业的经营范围、主要经营场所的地点 ③处分合伙企业的不动产 ④转让或者处分合伙企业的知识产权和其他财产权利 ⑤以合伙企业名义为他人提供担保 ⑥聘任合伙人以外的人担任合伙企业的经营管理人员 （2）合伙协议未约定的，法律规定必须经全体合伙人一致同意的事项还包括（但不限于）： ①除合伙协议另有约定外，修改或者补充合伙协议，应当经全体合伙人一致同意 ②新合伙人入伙，除合伙协议另有约定外，应当经全体合伙人一致同意 ③除合伙协议另有约定外，普通合伙人转变为有限合伙人，或者有限合伙人转变为普通合伙人，应当经全体合伙人一致同意 ④除合伙协议另有约定外，普通合伙人向合伙人以外的人转让其在合伙企业中的全部或者部分财产份额时，须经"其他合伙人"一致同意 （3）有限合伙人可以同本有限合伙企业进行交易，但是，合伙协议另有约定的除外 （4）有限合伙人可以自营或者同他人合作经营与本有限合伙企业相竞争的业务，合伙协议另有约定的除外 （5）有限合伙人可以将其在有限合伙企业中的财产份额出质，合伙协议另有约定的除外 （6）有限合伙企业不得将全部利润分配给部分合伙人，合伙协议另有约定的除外
兜底条款	分别执行合伙事务的，执行事务合伙人可以对其他合伙人执行的事务提出异议。提出异议时，应当暂停该项事务的执行。如果发生争议，按照合伙协议约定的表决办法办理，合伙协议未约定或者约定不明确的，实行合伙人一人一票并经全体合伙人过半数通过的表决办法

考点11　合伙企业的解散和清算（★★）

解散事由	（1）合伙期限届满，合伙人决定不再经营 （2）合伙协议约定的解散事由出现 （3）全体合伙人决定解散 （4）合伙人已不具备法定人数满30天 （5）合伙协议约定的合伙目的已经实现或者无法实现 （6）依法被吊销营业执照、责令关闭或者被撤销 （7）法律、行政法规规定的其他原因
清算人	（1）由全体合伙人担任 （2）经全体合伙人过半数同意，可以自合伙企业解散事由出现后15日内指定一个或者数个合伙人，或者委托第三人担任清算人 （3）自合伙企业解散事由出现之日起15日内未确定清算人的，合伙人或者其他利害关系人可以申请人民法院指定清算人
债权申报期限	（1）清算人自被确定之日起10日内将合伙企业解散事项通知债权人，并于60日内在报纸上公告 （2）债权人应当自接到通知书之日起30日内，未接到通知书的自公告之日起45日内，向清算人申报债权
清算期间执行事务	①清理合伙企业财产，分别编制资产负债表和财产清单；②处理与清算有关的合伙企业未了结事务；③清缴所欠税款；④清理债权、债务；⑤处理合伙企业清偿债务后的剩余财产；⑥代表合伙企业参加诉讼或者仲裁活动
财产清偿顺序	按下列顺序：支付清算费用和职工工资、社会保险费用、法定补偿金以及缴纳所欠税款、清偿债务后的剩余财产，依照损益分配规则进行分配
民事赔偿优先执行	违反合伙企业法律制度规定，应当承担民事赔偿责任和缴纳罚款、罚金，其财产不足以同时支付的，先承担民事赔偿责任
注销	原普通合伙人对合伙企业存续期间的债务仍应承担无限连带责任

📑 **历年真题**

一、单项选择题

1. 【2015年真题】根据合伙企业法律制度的规定，下列行为中，禁止由有限合伙人实施的是（　　）。
   A. 为本合伙企业提供担保
   B. 参与决定普通合伙人入伙
   C. 以合伙企业的名义对外签订买卖合同
   D. 对涉及自身利益的情况，查阅合伙企业的财务会计账簿合伙企业举行合伙人会议表决对外投资事项，但合伙协议对该事项的表决办法未作约定。

2. 【2015年真题】下列关于合伙企业表决办法的表述中，正确的是（　　）。
   A. 须持有过半数财产份额的合伙人同意
   B. 须全体合伙人一致同意
   C. 须过半数合伙人同意
   D. 须2/3以上合伙人同意

3. 【2015年真题】根据合伙企业法律制度的规定，合伙企业利润分配的首要依据是（　　）。
   A. 合伙协议约定的比例　　　　　　B. 合伙人均等的比例
   C. 合伙人实缴出资的比例　　　　　D. 合伙人认缴出资的比例

4. 【2014年真题】根据合伙企业法律制度的规定，下列各项中，有限合伙人可用作合伙企业出资的是（　　）。
   A. 为合伙企业提供财务管理　　　　B. 为合伙企业提供战略咨询
   C. 债权　　　　　　　　　　　　　D. 社会关系

5. 【2014年真题】某普通合伙企业的合伙人包括有限责任公司甲、乙，自然人丙、丁。根据合伙企业法律制度的规定，下列情形中，属于当然退伙事由的是（　　）。
A. 甲被债权人申请破产　　　　　　B. 乙被吊销营业执照
C. 丙被依法宣告失踪　　　　　　　D. 丁因斗殴被公安机关拘留

6. 【2014年真题】甲上市公司、乙普通合伙企业、丙全民所有制企业和丁公立大学拟共同设立一有限合伙企业。根据合伙企业法律制度的规定，甲、乙、丙、丁中可以成为普通合伙人的是（　　）。
A. 甲　　　　　　　　　　　　　　B. 乙
C. 丙　　　　　　　　　　　　　　D. 丁

7. 【2014年真题】某普通合伙企业合伙人甲，在未告知其他合伙人的情况下，以其在合伙企业中的财产份额出质。其他合伙人知悉后表示反对。根据合伙企业法律制度的规定，下列关于该出质行为效力的表述中，正确的是（　　）。
A. 有效　　　　　　　　　　　　　B. 无效
C. 可撤销　　　　　　　　　　　　D. 效力未定

8. 【2013年真题】注册会计师甲、乙、丙共同出资设立一特色的普通合伙制会计师事务所。因甲、乙在某次审计业务中故意出具不实审计报告，人民法院判决会计师事务所赔偿当事人50万元。根据合伙企业法律制度的规定，下列关于该赔偿责任承担的表述中，正确的是（　　）。
A. 甲、乙、丙均承担无限连带责任
B. 甲、乙、丙均以其在会计师事务所中的财产份额为限承担责任
C. 以该会计师事务所的全部财产为限承担责任
D. 甲、乙承担无限连带责任，丙以其在会计师事务所中的财产份额为限承担责任

9. 【2011年真题】某有限合伙企业合伙协议的下列约定中，符合合伙企业法律制度规定的是（　　）。
A. 普通合伙人以现金出资，有限合伙人以劳务出资
B. 合伙企业成立后前三年的利润全部分配给普通合伙人
C. 有限合伙人甲对外代表本合伙企业，执行合伙事务
D. 合伙企业由普通合伙人1人、有限合伙人99人组成

二、多项选择题

1. 【2015年真题】根据合伙企业法律制度的规定，合伙企业的下列事项中，应当在工商行政管理机构登记的有（　　）。
A. 执行事务合伙人　　　　　　　　B. 主要经营场所
C. 合伙人的住所　　　　　　　　　D. 合伙人的家庭状况

2. 【2015年真题】根据合伙企业法律制度的规定，下列各项中，属于普通合伙企业的合伙人当然退伙情形的有（　　）。
A. 个人丧失偿债能力
B. 经全体合伙人一致同意
C. 合伙人在合伙企业中的全部财产份额被人民法院强制执行
D. 发生合伙人难以继续参加合伙的事由

3. 【2014年真题】甲、乙分别为某有限合伙企业的普通合伙人和有限合伙人。后甲变更为有限合伙人，乙变更为普通合伙人。下列关于甲、乙对其合伙人性质互换前的企业债务承担的表述中，符合合伙企业法律制度规定的有（　　）。

A. 甲对其作为普通合伙人期间的企业债务承担有限责任

B. 甲对其作为普通合伙人期间的企业债务承担无限连带责任

C. 乙对其作为有限合伙人期间的企业债务承担无限连带责任

D. 乙对其作为有限合伙人期间的企业债务承担有限责任

4. 【2014年真题】某产业投资基金的组织形式为有限合伙企业。其有限合伙人的下列行为中，符合合伙企业法律制度规定的有（　　　　）。

A. 担任该基金总经理

B. 对该基金的经营管理提出建议

C. 参与选择承办该基金审计业务的会计师事务所

D. 依法为该基金提供担保

5. 【2014年真题】根据合伙企业法律制度的规定，下列各项中，属于合伙企业财产的有（　　　　）。

A. 合伙人缴纳的实物出资

B. 合伙企业借用的某合伙人的计算机

C. 合伙企业对某公司的债权

D. 合伙企业合法接受的赠与财产

6. 【2012年真题B卷】甲、乙、丙共同出资设立一特殊的普通合伙制的律师事务所。2010年5月，乙从事务所退出，丁加入事务所成为新合伙人。2010年8月，法院认定甲在2009年的某项律师业务中存在重大过失，判决事务所向客户赔偿损失。根据合伙企业法律制度的规定，下列关于赔偿责任承担的表述中，正确的有（　　　　）。

A. 甲应以其全部个人财产承担无限责任

B. 乙应以其退出时在事务所中的实际财产份额为限承担赔偿责任

C. 丙应以其在事务所中的财产份额为限承担赔偿责任

D. 丁无须承担赔偿责任

三、案例分析题

1. 【2012年真题】2011年1月，甲、乙、丙、丁、戊共同出资设立A有限合伙企业（简称A企业），从事产业投资活动。其中，甲、乙、丙为普通合伙人，丁、戊为有限合伙人。丙负责执行合伙事务。

2011年2月，丙请丁物色一家会计师事务所，以承办本企业的审计业务。丁在合伙人会议上提议聘请自己曾任合伙人的B会计师事务所。对此，丙、戊表示同意，甲、乙则以丁是有限合伙人、不应参与执行合伙事务为由表示反对。A企业的合伙协议未对聘请会计师事务所的表决办法做出约定。

2011年4月，戊又与他人共同设立从事产业投资的C有限合伙企业（简称C企业），并任执行合伙人。后因C企业开始涉足A企业的主要投资领域，甲、乙、丙认为戊违反竞业禁止义务，要求戊从A企业退出。戊以合伙协议并未对此做出约定为由予以拒绝。

2011年5月，戊以其在A企业中的财产份额出质向庚借款200万元，但未告知A企业的其他合伙人。2011年12月，因戊投资连续失败，其个人财产损失殆尽，无力偿还所欠庚的到期借款。经评估，戊在A企业中的财产份额价值150万元。庚因欠A企业50万元到期债务，遂自行以该笔债务抵销戊所欠其借款50万元，并同时向A企业提出就戊在A企业中的财产份额行使质权。对于庚的抵销行为与行使质权之主张，A企业均表示反对。

要求：根据上述内容，分别回答下列问题。

（1）甲、乙反对丁提议B会计师事务所承办A企业审计业务的理由是否成立？并说明理由。

（2）在甲、乙反对，其他合伙人同意的情况下，丁关于聘请B会计师事务所承办A企业审计业务的提议能否通过？并说明理由。

（3）甲、乙、丙关于戊违反竞业禁止义务的主张是否成立？并说明理由。

（4）庚能否以其对戊的债权抵销所欠A企业的债务？并说明理由。

（5）戊以其在A企业中的财产份额向庚出质的行为是否有效？并说明理由。

（6）庚是否有权请求人民法院强制执行戊在A企业中的财产份额？并说明理由。

2.【2011年真题】2010年1月，注册会计师甲、乙、丙三人在北京成立了一家会计师事务所，性质为特殊的普通合伙。甲、乙、丙在合伙协议中约定：①甲、丙分别以现金300万元和50万元出资，乙以一套房屋出资，作价200万元，作为会计师事务所的办公场所；②会计师事务所的盈亏按照各自的出资比例享有和承担；③甲负责执行合伙事务。

2011年2月，乙拟将其在会计师事务所中的财产份额转让给A。丙表示同意，甲则对乙拟转让的财产份额主张优先购买权，乙以合伙协议中未约定优先购买权为由予以拒绝。2011年3月，丙在为B公司提供审计服务时，因重大过失给B公司造成300万元损失。该会计师事务所现有全部财产价值250万元，其中，乙用于出资的房屋变现价值为230万元。该会计师事务所在将全部财产用于赔偿B公司后，要求丙向B公司支付剩余的50万元赔偿金。

丙则认为，合伙协议约定合伙人对于会计师事务所的亏损按照各自出资比例承担，自己不应对合伙企业财产不足清偿的债务承担全部责任。乙认为其对此债务只应以出资额为限承担责任，而其出资的房屋已经升值，目前变现价值为230万元，故丙应退还其30万元。

2011年5月，因会计师事务所在北京的业务量下降，甲提出将会计师事务所的主要经营地点迁至上海。在合伙人会议上，乙对此表示赞同，丙则反对。甲、乙认为，其两人人数及所持出资额均超过半数，且合伙协议对此无特别约定，于是做出迁址决议。

要求：根据上述内容，分别回答下列问题。

（1）甲对乙拟转让给A的合伙企业财产份额是否享有优先购买权？并说明理由。

（2）乙是否有权要求丙退还30万元？并说明理由。

（3）丙是否应当单独承担对B公司剩余50万元的赔偿责任？并说明理由。

（4）将会计师事务所迁至上海的决议是否有效？并说明理由。

历年真题答案及解析

单项选择题答案速查表

题号	答案	题号	答案	题号	答案	题号	答案	题号	答案
1	C	2	C	3	A	4	C	5	B
6	B	7	B	8	D	9	B		

多项选择题答案速查表

题号	答案	题号	答案	题号	答案	题号	答案	题号	答案	题号	答案
1	ABC	2	AC	3	BC	4	BCD	5	ACD	6	ABC

一、单项选择题答案及解析

1.C〖解析〗有限合伙人不执行合伙事务，不得对外代表有限合伙企业。有限合伙人的下列行为，不视为执行合伙事务：①参与决定普通合伙人入伙、退伙（选项B）；②对企业的经营管理提出建议；③参与选择承办有限合伙企业审计业务的会计师事务所；④获取经审计的有限合伙企业财务会计报告；⑤对涉及自身利益的情况，查阅有限合伙企业财务会计账簿等财务资料（选项D）；⑥在有限合伙企业中的利益受到侵害时，向有责任的合伙人主张权利或者提起诉讼；⑦执行事务合伙人怠于行使权利时，督促其行使权利或者为了本企业的利益以自己的名义提起诉讼；⑧依法为本企业提供担保（选项A）。

2. C〖解析〗合伙协议未约定或者约定不明确、法律也没有特别规定时，实行合伙人一人一票并经全体合伙人过半数通过的表决办法。

3. A〖解析〗合伙企业损益分配原则：按照合伙协议的约定办理，未约定的则由合伙人协商决定；协商不成的，由合伙人按照实缴出资比例分配；无法确定出资比例的，由合伙人平均分配、分担。

4. C〖解析〗本题考查的是有限合伙人的出资。有限合伙人不得以劳务出资。

5. B〖解析〗本题考查的是当然退伙。合伙人有下列情形之一的，当然退伙：①作为合伙人的自然人死亡或者被依法宣告死亡；②个人丧失偿债能力；③作为合伙人的法人或者其他组织依法被吊销营业执照、责令关闭、撤销，或者被宣告破产；④法律规定或者合伙协议约定合伙人必须具有相关资格而丧失该资格；⑤合伙人在合伙企业中的全部财产份额被人民法院强制执行。

6. B〖解析〗本题考查的是有限合伙企业的设立。国有独资公司、国有企业、上市公司以及公益性的事业单位、社会团体不得成为普通合伙人，但可以成为有限合伙人。

7. B〖解析〗本题考查的是普通合伙人的财产份额出质。根据规定，合伙人以其在合伙企业中的财产份额出质的，须经其他合伙人一致同意；未经其他合伙人一致同意，其行为无效，由此给善意第三人造成损失的，由行为人依法承担赔偿责任。

8. D〖解析〗本题考查的是特殊的普通合伙企业的债务承担。一个或数个合伙人在执业活动中因故意或重大过失造成合伙企业债务的，应承担无限责任或无限连带责任，其他合伙人以其在合伙企业中的财产份额为限承担责任。

【易错警示】本题容易错选选项A，考生

应注意，合伙人在执业活动中非因故意或重大过失造成的合伙企业债务以及合伙企业的其他债务，由全体合伙人承担无限连带责任。而本题中甲、乙的行为为故意行为。

9. B〖解析〗本题考查的是有限合伙企业的规定。有限合伙人不能以劳务出资，选项A错误。有限合伙企业不得将全部利润分配给部分合伙人，合伙协议另有约定的除外，选项B正确。有限合伙人不执行合伙事务，不得对外代表有限合伙企业，选项C错误。有限合伙企业一般由2个以上50个以下合伙人设立，选项D错误。

二、多项选择题答案及解析

1. ABC〖解析〗合伙企业的登记事项应当包括：名称；主要经营场所；执行事务合伙人；经营范围；合伙企业类型；合伙人姓名或者名称及住所、承担责任方式、认缴或者实际缴付的出资数额、缴付期限、出资方式和评估方式。合伙协议约定合伙期限的，登记事项还应当包括合伙期限。执行事务合伙人是法人或者其他组织的，登记事项还应当包括法人或者其他组织委派的代表。所以，选项A、B、C正确。

2. AC〖解析〗根据规定，当然退伙的情形有：①作为合伙人的自然人死亡或者被依法宣告死亡；②个人丧失偿债能力（选项A）；③作为合伙人的法人或者其他组织依法被吊销营业执照、责令关闭、撤销，或者被宣告破产；④法律规定或者合伙协议约定合伙人必须具有相关资格而丧失该资格；⑤合伙人在合伙企业中的全部财产份额被人民法院强制执行（选项C）；而选项B、D属于协议退伙。

3. BC〖解析〗本题考查的是合伙人身份转变。有限合伙人转变为普通合伙人的，对其作为有限合伙人期间有限合伙企业发生的债务承担无限连带责任。普通合伙人转变为有限合伙人的，对其作为普通合伙人期间合伙企业发生的债务承担无限连带责任。

4. BCD〖解析〗本题考查的是有限合伙企业的规定。有限合伙人不执行合伙事务，不得对外代表有限合伙企业。有限合伙人的下列行为，不视为执行合伙事务：①参与决定普通合伙人入伙、退伙；②对企业的经营管理提出建议；③参与选择承办有限合伙企业审计业务的会计师事务所；④获取经审计的有限合伙企业财务会计报告；⑤对涉及自身利益的情况，查阅有限合伙企业财务会计账簿等财务资料；⑥在有限合伙企业中的利益受到侵害时，向有责任的合伙人主张权利或者提起诉讼；⑦执行事务合伙人怠于行使权利时，督促其行使权利或者为了本企业的利益以自己的名义提起诉讼；⑧依法为本企业提供担保。

5. ACD〖解析〗本题主要考查的是合伙企业财产的范围。合伙企业财产主要由合伙人的出资、以合伙企业名义取得的收益、依法取得的其他财产三部分构成，所以选项A属于合伙人的出资，选项B属于借用的财产。合伙企业并没有所有权，因此不属于合伙企业财产，所以选项C属于以合伙企业名义取得的收益，选项D属于依法取得的其他财产。

6. ABC〖解析〗本题考查的是特殊的普通合伙企业的债务承担。一个或数个合伙人在执业活动中因故意或重大过失造成合伙企业债务的，应承担无限责任或无限连带责任，其他合伙人以其在合伙企业中的财产份额为限承担责任。本题中，甲应以其全部个人财产承担无限责任，乙应以其退出时在事务所中的实际财产份额为限承担赔偿责任，丙和丁应以其在事务所中的财产为限承担赔偿责任。

【易错警示】本题中丁为新的合伙人，其对入伙前合伙企业的债务承担无限连带责任，对入伙后的债务以其在合伙企业中的财产为限承担赔偿责任。虽然事故时间为2009年，但债务发生在入伙后。

三、案例分析题答案及解析

1. （1）不成立。根据规定，有限合伙人参与选择承办本企业审计业务的会计师事务所，不视为执行合伙事务。

（2）能够通过。根据规定，合伙协议未约定表决办法的，实行合伙人一人一票并经全体合伙人过半数通过的表决办法。A企业的合伙协议没有约定表决办法，丙、丁、戊合计超过全体合伙人的半数，故丁的提议可以通过。

（3）不成立。根据规定，有限合伙人可以自营或者同他人合作经营与本有限合伙企业相竞争的业务；但是，合伙协议另有约定的除外。

（4）不能。根据规定，合伙人发生与合伙企业无关的债务，相关债权人不得以其债权抵销其对合伙企业的债务。

（5）有效。根据规定，有限合伙人可以将其在有限合伙企业中的财产份额出质；但是，合伙协议另有约定的除外。

（6）有权。根据规定，合伙人的自有财产不足清偿其与合伙企业无关的债务的，债权人可以依法请求人民法院强制执行该合伙人在合伙企业中的财产份额用于清偿。因戊的自有财产不足以偿还所欠庚的到期借款，故庚有权请求人民法院强制执行戊在A企业中的财产份额。

2. （1）享有。根据规定，合伙人向合伙人以外的人转让其在合伙企业中的财产份额的，在同等条件下，其他合伙人有优先购买权。

（2）无权。根据规定，合伙人出资后，一般说来，便丧失了对其作为出资部分的财产的所有权，合伙企业的财产权主体是合伙企业，而非单独的每一个合伙人。

（3）丙应当单独承担。根据规定，作为特殊普通合伙企业的合伙人丙在执业活动中因故意或者重大过失造成合伙企业债务的，应当承担无限责任。

（4）无效。根据规定，改变合伙企业的经营范围、主要经营场所的地点，除合伙协议另有约定外，应当经全体合伙人一致同意。

全真模拟试题

一、单项选择题

1. 下列关于普通合伙企业的说法中，正确的是（   ）。

   A. 设立普通合伙企业，合伙人应当签订书面合伙协议
   B. 普通合伙企业的合伙人不得以劳务作为出资
   C. 普通合伙企业的设立只能由两个以上的自然人组成
   D. 普通合伙企业的合伙人只能是法人或者其他组织，但国有企业、上市公司均不得成为普通合伙人

2. 普通合伙企业合伙人杨某因车祸遇难，生前遗嘱指定15岁的儿子杨明为其全部财产继承人。对此，下列表述中错误的是（   ）。
   A. 杨明有权继承其父在合伙企业中的财产份额
   B. 如其他合伙人均同意，杨明可以取得有限合伙人资格
   C. 如合伙协议约定合伙人必须是完全行为能力人，则杨明不能成为合伙人
   D. 应当待杨明成年后由其本人做出其是否愿意成为合伙人的意思表示

3. 关于合伙企业的利润分配，如合伙协议未作约定且合伙人协商不成的，下列说法中正确的是（   ）。
   A. 应当按合伙人的贡献决定如何分配
   B. 应当由全体合伙人平均分配
   C. 应当由全体合伙人按实缴出资比例分配
   D. 应当由全体合伙人按合伙协议约定的出资比例分配

4. 注册会计师涂林、贾珍、白俊共同出资设立一特殊的普通合伙制的会计师事务所。涂林、贾珍在某次审计业务中，因故意出具不实审计报告被人民法院判决由会计师事务所赔偿当事人100万元。根据合伙企业法律制度的规定，下列有关该赔偿责任承担的表述中，正确的是（   ）。
   A. 以该会计师事务所的全部财产为限承担责任
   B. 涂林、贾珍、白俊均承担无限连带责任
   C. 涂林、贾珍、白俊均以其在会计师事务所中的财产份额为限承担责任
   D. 涂林、贾珍应当承担无限连带责任，白俊以其在会计师事务所中的财产份额为限承担责任

5. 张力、何青、郭宇共同投资设立一普通合伙企业，合伙协议对合伙人的资格取得或丧失未作约定。合伙企业存续期间，张力因车祸去世，张力妻刘丽是唯一继承人。下列表述中，符合合伙企业法律制度规定的是（   ）。
   A. 刘丽自动取得该企业合伙人资格
   B. 经何青、郭宇一致同意，刘丽取得该企业合伙人资格
   C. 刘丽不能取得该企业合伙人资格，只能由该企业向刘丽退还张力在企业中的财产份额
   D. 刘丽自动成为有限合伙人，该企业转为有限合伙企业

6. 下列关于外国企业或者个人在中国境内设立合伙企业的说法中，正确的是（   ）。
   A. 如果合伙企业的外国合伙人全部退伙，则该合伙企业应当解散
   B. 外国企业或者个人在中国境内设立合伙企业时的货币出资必须是外币
   C. 外国企业或者个人在中国境内设立合伙企业的管理办法由商务部规定
   D. 外国企业或者个人在中国境内设立合伙企业，应当由全体合伙人指定的代表或者共同委托的代理人向国务院工商行政管理部门授权的地方工商行政管理部门申请设立登记

7. 新纶合伙企业欠智敏到期借款3万元，该合伙企业合伙人赵某亦欠智敏到期借款2万元；智敏向该合伙企业购买了一批产品，应付货款5万元。下列表述中，符合合伙企业法律制度规定的是（   ）。
   A. 智敏可将其所欠合伙企业5万元货款与该合伙企业所欠其3万元到期借款以及合伙人赵

某所欠其2万元到期借款相抵销，智敏无需再向合伙企业偿付货款

    B. 智敏只能将其所欠合伙企业5万元货款与该合伙企业所欠其3万元到期借款进行抵销，因此，智敏仍应向该合伙企业偿付2万元

    C. 智敏只能将其所欠合伙企业5万元货款与赵某所欠其2万元到期借款进行抵销，因此，智敏仍应向该合伙企业偿付3万元

    D. 智敏所欠合伙企业之债务与该合伙企业及乙所欠其债务之间均不能抵销

二、多项选择题

1. 下列关于特殊的普通合伙企业的说法中，正确的有（　　　）。
   A. 特殊的普通合伙企业建立的执业风险基金应当单独立户管理
   B. 特殊的普通合伙企业是指既有普通合伙人又有有限合伙人的合伙企业
   C. 特殊的普通合伙企业对外承担有限责任
   D. 特殊的普通合伙企业是以专业知识和专门技能为客户提供有偿服务的专业机构

2. 下列有关合伙企业清算的说法中，正确的有（　　　）。
   A. 合伙企业进入清算后，应由清算人代表合伙企业参加诉讼活动
   B. 清算人应自被确定之日起15日内将合伙企业解散事项通知债权人
   C. 清算开始，则合伙企业消灭
   D. 合伙企业解散后不能在规定时间内确定清算人的，其他利害关系人可以申请人民法院指定清算人

3. 根据合伙企业法律制度的原文规定，下列标准中，属于合伙企业应当解散的情形有（　　　）。
   A. 全体合伙人决定解散
   B. 合伙期限届满，合伙人决定不再经营
   C. 合伙协议约定的合伙目的已经实现
   D. 合伙人已不具备法定人数满三个月

4. 小张、小那、小李三人共同投资设立一普通合伙企业，合伙企业在存续期间，小张擅自以合伙企业的名义与齐凯公司签订了代销合同。小那和小李获知后，认为该合同不符合合伙企业利益，即向齐凯公司表示对该合同不予承认，因为该合伙企业内部规定，任何合伙人不得单独与第三人签订代销合同。对此，下列说法中正确的有（　　　）。
   A. 如果齐凯公司不知道该合伙企业的内部规定，该合同有效
   B. 如果齐凯公司不知道该合伙企业的内部规定，该合同无效
   C. 如果齐凯公司知道该合伙企业的内部规定，该合伙企业不应承担因不执行合同给齐凯公司造成的损失
   D. 如果齐凯公司知道该合伙企业的内部规定，该合伙企业应承担因不执行合同给齐凯公司造成的损失

5. 根据合伙企业法律制度的规定，下列关于普通合伙企业合伙人权利和义务的表述中，符合法律规定的有（　　　）。
   A. 合伙人可以查阅企业会计账簿
   B. 合伙人可以自营与本企业相竞争的业务
   C. 合伙人对执行合伙事务享有同等的权利
   D. 执行企业事务的合伙人可以自行决定是否向其他合伙人报告企业经营状况

6. 2015年3月，小张、小那、小李开办一普通合伙企业，同年6月小张与小周结婚。2016年8月，小张因车祸去世，小张的财产由小周继承，合伙协议对合伙人资格取得或丧失未作约定。下列说法中正确的有（　　　）。

A. 若小周不愿意成为合伙人，合伙企业应该向小周退还小张的实缴出资额

B. 若小张在合伙企业中的全部财产份额被人民法院强制执行，则属于除名

C. 如果合伙协议约定合伙企业经营期限10年，如果小那严重违约，则小李可以退伙

D. 如果合伙协议没有约定经营期限，在不对合伙企业造成不利影响的情况下，小李可以退伙，但应当提前30天通知其他合伙人

7. 根据合伙企业法律制度的规定，除合伙协议另有约定外，下列合伙企业事务中，必须经全体合伙人一致同意方可执行的有（　　）。

A. 改变合伙企业名称　　　　B. 处分合伙企业知识产权

C. 处分合伙企业不动产　　　D. 以合伙企业名义为他人担保

8. 根据合伙企业法律制度的规定，下列各项中，属于普通合伙企业的合伙人当然退伙情形的有（　　）。

A. 作为合伙人的自然人被依法宣告死亡

B. 作为合伙人的自然人被依法认定为无民事行为能力人

C. 作为合伙的法人被依法宣告破产

D. 合伙人在合伙企业中的全部财产份额被人民法院强制执行

全真模拟试题答案及解析

单项选择题答案速查表

题号	答案	题号	答案	题号	答案	题号	答案
1	A	2	D	3	C	4	D
5	B	6	D	7	B		

多项选择题答案速查表

题号	答案	题号	答案	题号	答案	题号	答案
1	AD	2	AD	3	ABC	4	AC
5	AC	6	CD	7	ABCD	8	ACD

一、单项选择题答案及解析

1. A〖解析〗本题考查的是普通合伙企业。普通合伙企业可以由自然人组成，也可以由法人或其他组织组成，但需要有2个以上合伙人，且国有独资公司、国有企业、上市公司以及公益性的事业单位、社会团体不得成为普通合伙人，所以选项C和选项D错误。普通合伙企业的合伙人可以用劳务出资，有限合伙人不得以劳务出资，所以选项B错误。

【易错警示】选项B中把普通合伙人与有限合伙人相互混淆，导致部分考生容易错选。考生应该谨记：普通合伙企业的合伙人可以用劳务出资，但是有限合伙人不能。

2. D〖解析〗本题考查的是普通合伙企业的入伙和退伙。杨某是否愿意取得合伙人的资格由其法定代理人代替做出意思表示即可，不需要等到杨明成年后由其本人做出。另外，即便是本人愿意也需要其他全体合伙人一致同意才可以实现，所以选项D错误。

3. C〖解析〗本题考查的是普通合伙企业合伙事务执行。合伙企业法律制度规定，合伙企业的利润分配、亏损分担，按照合伙协议的约定办理；合伙协议未约定或者约定不明确的，由合伙人协商决定；协商不成的，由合伙人按照实缴出资比例分配、分担；无法确定出资比例的，由合伙人平均分配、分担。

【易错警示】选项A和选项D都具有一定的迷惑性。考生应该谨记：在题干所述的情形下，由全体合伙人按实缴出资比例分配。

4. D〖解析〗本题考查的是普通合伙企业的责任承担。根据规定，一个合伙人或者数个合伙人在执业活动中因故意或者重大过失造成合伙企业债务的，应当承担无限责任或者无限连带责任，其他合伙人以其在合伙企业中的财产份额为限承担责任，所以选项D正确。

【易错警示】部分考生会在选项C和选项D中犹豫，依据题干中的情形，部分考生认为三人应以其在会计师事务所中的财产份额为限承担责任，所以会错选选项C。

5. B〖解析〗本题考查的是普通合伙企业的入伙和退伙。合伙人死亡或者被依法宣告死亡的，对该合伙人在合伙企业中的财产份额享有合法继承权的继承人，按照合伙协议的约定或者经全体合伙人一致同意，从继承开始之日起，取得该合伙企业的合伙人资格。

【易错警示】部分考生会错选选项A，考生仅仅是注意到题干中"张力妻刘丽是唯一继承人"，依据主观思维，确定选项A正确。考生应该谨记：在题干所述的情形下，应按照合伙协议的约定或者经全体合伙人一致同意，刘丽才能取得该企业合伙人资格。

6. D〖解析〗本题考查的是外商投资合伙企业。外国企业或者个人在中国境内设立合伙企业的管理办法由国务院规定；合伙企业的外国合伙人全部退伙，该合伙企业可以继续存续，但应当依法向企业登记机关申请变更登记；外国企业或者个人的货币出资可以是自由兑换外币，也可以是依法获得的人民币。

7. B〖解析〗本题考查的是合伙人的债务清偿。当事人互负到期债务，该债务的标的物种类、品质相同的，任何一方可以将自己的债务与对方的债务抵销，但依照法律规定或者按照合同性质不得抵销的除外。合伙人发生与合伙企业无关的债务，相关债权人不得以其债权抵销其对合伙企业的债务。所以智敏可以其对合伙企业的3万元债权抵销其欠合伙企业的3万元债务，但不能以其对合伙人赵某的2万元债权抵销欠合伙企业的剩余2万元债务，所以选项B正确。

二、多项选择题答案及解析

1. AD〖解析〗本题考查的是特殊的普通合伙企业。特殊的普通合伙企业，其实也属于普通合伙，由普通合伙人组成，所以选项B错误。特殊的普通合伙企业对外承担无限连带责任，所以选项C错误。

2. AD〖解析〗本题考查的是合伙企业的清算。清算人应自被确定之日起10日内将合伙企业解散事项通知债权人，并于60日内在报纸上公告，所以选项B错误。清算结束，清算人应当编制清算报告，经全体合伙人签名、盖章后，在15日内向企业登记机关报送清算报告，申请办理合伙企业注销登记，办理注销登记后，合伙企业消灭，所以选项C错误。

【易错警示】选项C中"15日内"，类似这样数字、日期类型的选项经常出现，需要考生加强记忆，如若记忆不牢靠，则容易出现不必要的丢分。

3. ABC〖解析〗本题考查的是合伙企业的解散和清算。根据规定，合伙企业有下列情形之一的，应当解散：①合伙期限届满，合伙人决定不再经营；②合伙协议约定的解散事由出现；③全体合伙人决定解散；④合伙人已不具备法定人数满三十天；⑤合伙协议约定的合伙目的已经实现或者无法实现；⑥依法被吊销营业执照、责令关闭或者被撤销；⑦法律、行政法规规定的其他原因。

4. AC〖解析〗本题考查的是普通合伙企业与第三人的关系。①合伙人执行合伙事务的内部限制必须以第三人知道这一情况为条件，否则，该内部限制不对该第三人发生抗辩力。②当执行合伙事务的合伙人给善意第三人造成损失时，合伙企业不能因为有对合伙人执行合伙事务以及对外代表合伙企业权利的限制而拒绝向善意第三人承担责任。

【易错警示】选项A和选项B、选项C和选项D都是对立的选项，即非此即彼。这需要考生平时区分记忆，牢固地把握，否则再简单的考题，考生也容易丢分。

5. AC〖解析〗本题考查的是合伙人的权利义务。合伙人有权查阅合伙企业会计账簿等财务资料，所以选项A正确。普通合伙人不得自营或者同他人合作经营与本合伙企业相竞争的业务，所以选项B错误。合伙人无论出资多少，都有权平等享有执行合伙企业事务的权利，所以选项C正确。合伙事务执行人"有义务"（而非自行决定）向不参加执行事务的合伙人报告企业经营状况和财务状况，所以选项D错误。

6. CD〖解析〗本题考查的是普通合伙企业的入伙和退伙。合伙人在合伙企业中的全部财产份额被人民法院强制执行，属于当然退伙的情形，所以选项B错误。继承人不愿意成为合伙人的，合伙企业应当向合伙人的继承人退还被继承合伙人的财产份额，所以选项A错误。

【易错警示】部分考生会误选选项A，粗心的考生不仔细看选项"若小周不愿意成为合伙人，合伙企业应该向小周退还小张的实缴出资额"觉得是没有错误的，立即选A选项。考生应该谨记：结合题干和选项中的情形，应退还被继承合伙人的财产份额。所以考生一定要认真审题，理解题干，抓住关键词句，顺理成章地找到正确答案。

7. ABCD〖解析〗本题考查的是普通合伙企业合伙事务执行。除合伙协议另有约定外，合伙企业的下列事项应当经全体合伙人一致同意：①改变合伙企业的名称；②改变合伙企业的经营范围、主要经营场所的地点；③处分合伙企业的不动产；④转让或者处分合伙企业的知识产权和其他财产权利；⑤以合伙企业名义为他人提供担保；⑥聘任合伙人以外的人担任合伙企业的经营管理人员。根据规定，除合伙协议另有约定外，上述各项事务均必须经全体合伙人一致同意，方可进行。

8. ACD〖解析〗本题考查的是当然退伙的情形。根据规定，合伙人被依法认定为无民事行为能力人或者限制民事行为能力人的，经其他合伙人一致同意，可以依法转为有限合伙人，普通合伙企业依法转为有限合伙企业，所以选项B的情况下，不会导致合伙人当然退伙。

第6章 公司法律制度

考情分析

近8年考试中，本章内容所占的平均分值为14分左右，考查题型为客观题和主观题。考试中，常常将公司法律制度与证券法律制度内容相结合于主观题中。

学习建议

全面复习本章内容，在理解的基础上重点掌握以下内容：股东资格的取得、权利、诉讼；股份有限公司的设立、组织机构；上市公司及股票转让；有限责任公司的设立、组织机构、股权转让和回购；公司董事、监事、高级管理人员的义务及财务会计制度；公司减资、解散和清算等相关知识。

本章考点概览

第6章 公司法律制度	1. 出资形式	★★
	2. 相关责任	★★
	3. 股东权利	★★
	4. 公司董事、监事、高级管理人员的任职资格限制及义务	★★
	5. 有限责任公司的组织机构	★★
	6. 一人有限责任公司的特别规定	★★
	7. 国有独资公司的特别规定	★★
	8. 股东大会	★★
	9. 上市公司经理和监事会	★★
	10. 股东大会的决议方式	★★★
	11. 上市公司的对外担保	★★★
	12. 股东（大）会、董事会决议制度	★★
	13. 上市公司独立董事制度	★★
	14. 股份有限公司的股份转让和回购	★★★
	15. 对外投资和对外担保	★★
	16. 利润分配和公积金	★★★
	17. 公司分立	★★
	18. 公司增资	★★
	19. 公司减资	★★★
	20. 公司解散	★★
	21. 公司清算	★★★

📖 **考点精讲**

考点1　出资形式（★★）

　　股东可以用货币出资，也可以用实物、知识产权、土地使用权等可以用货币估价并可以依法转让的非货币财产作价出资。股东不得以劳务、信用、自然人姓名、商誉、特许经营权或者设定担保的财产等作价出资。

未依法评估的	出资人以非货币财产出资，未依法评估作价，公司、其他股东或者公司债权人请求认定出资人未履行出资义务的，人民法院应当委托具有合法资格的评估机构对该财产评估作价。评估确定的价额显著低于公司章程所定价额的，人民法院应当认定出资人未依法全面履行出资义务
事后贬值的	出资人以符合法定条件的非货币财产出资后，因市场变化或者其他客观因素导致出资财产贬值，公司、其他股东或者公司债权人请求该出资人承担补足出资责任的，人民法院不予支持；当事人另有约定的除外
土地使用权	出资人以划拨的土地使用权或者设定权利负担（如设定了抵押担保）的土地使用权出资，公司、其他股东或者公司债权人主张认定该出资人未履行出资义务的，人民法院应当责令当事人在指定的合理期间内办理土地变更手续或者解除权利负担；逾期未办理或者未解除的，人民法院应当认定出资人未依法全面履行出资义务
登记	（1）已经交付公司使用但未办理权属变更手续。出资人以房屋、土地使用权或者需要办理权属登记的知识产权等财产出资，已经交付公司使用但未办理权属变更手续的，公司、其他股东或者公司债权人主张认定出资人未履行出资义务的，人民法院应当责令当事人在指定的合理期间内办理权属变更手续；在指定的期间内办理了权属变更手续的，人民法院应当认定其已经履行了出资义务；出资人主张自其实际交付财产给公司使用时享有相应股东权利的，人民法院应予支持 （2）已经办理权属变更手续但未交付给公司使用。出资人以房屋、土地使用权或者需要办理权属登记的知识产权等财产出资，已经办理权属变更手续但未交付给公司使用的，公司或者其他股东主张其向公司交付，并在实际交付之前不享有相应股东权利的，人民法院应予支持
无权处分	出资人以其不享有处分权的财产出资，当事人之间对于出资行为的效力产生争议的，人民法院可以参照善意取得制度的规定予以认定
以贪污、受贿、侵占、挪用等违法犯罪所得的货币出资	以贪污、受贿、侵占、挪用等违法犯罪所得的货币出资后取得股权的，司法机关对违法犯罪行为予以追究、处罚时，应当采取拍卖或者变卖的方式处置其股权
以债权出资	债权人可以将其依法享有的对在中国境内设立的公司的债权，转为公司股权。转为公司股权的债权应当符合下列情形之一： （1）债权人已经履行债权所对应的合同义务，且不违反法律、行政法规、国务院决定或者公司章程的禁止性规定 （2）经人民法院生效判决或者仲裁机构裁决确认 （3）公司破产重整或者和解期间，列入经人民法院批准的重整计划或者裁定认可的和解协议
以股权出资	股东或者发起人可以以其持有的在中国境内设立的公司（以下称"股权所在公司"）股权出资。以股权出资的，该股权应当权属清楚、权能完整、依法可以转让。具有下列情形的股权不得用作出资： （1）已被设立质权 （2）股权所在公司章程约定不得转让 （3）法律、行政法规或者国务院决定规定，股权所在公司股东转让股权应当报经批准而未经批准 （4）法律、行政法规或者国务院决定规定不得转让的其他情形

考点2 相关责任（★★）

1. 违反出资义务的责任

抽逃出资	公司成立后，股东存在下列情形且损害公司权益的，可以被认定为抽逃出资： （1）通过虚构债权债务关系将其出资转出 （2）制作虚假财务会计报表虚增利润进行分配 （3）利用关联交易将出资转出 （4）其他未经法定程序将出资抽回的行为
全面履行	股东未履行或者未全面履行出资义务或者抽逃出资，公司或者其他股东请求其向公司依法全面履行出资义务或者返还出资本息的，人民法院应予支持
股东权利	股东未履行或者未全面履行出资义务或者抽逃出资，公司根据公司章程或者股东会决议对其利润分配请求权、新股优先认购权、剩余财产分配请求权等股东权利做出相应的合理限制，该股东请求认定该限制无效的，人民法院不予支持
股东资格	有限责任公司的股东未履行出资义务或者抽逃全部出资，经公司催告，在合理期间内仍未缴纳或者返还，公司以"股东会"决议解除该股东的股东资格，该股东请求确认该解除行为无效的，人民法院不予支持
公司债权人	（1）未尽出资义务 ①公司债权人请求未履行或者未全面履行出资义务的股东在未出资本息范围内对公司债务不能清偿的部分承担补充赔偿责任的，人民法院应予支持。未履行或者未全面履行出资义务的股东已经承担上述责任，其他债权人提出相同请求的，人民法院不予支持 ②股东在公司设立时未履行或者未全面履行出资，发起人与被告股东承担连带责任。但是，公司的发起人承担责任后，可以向被告股东追偿 （2）抽逃出资 公司债权人请求抽逃出资的股东在抽逃出资本息范围内对公司债务不能清偿的部分承担补充赔偿责任，协助抽逃出资的其他股东、董事、高级管理人员或者实际控制人对此承担连带责任的，人民法院应予支持；抽逃出资的股东已经承担上述责任，其他债权人提出相同请求的，人民法院不予支持
能否提出诉讼时效抗辩	（1）股东未履行或者未全面履行出资义务或者抽逃出资，公司或者其他股东请求其向公司全面履行出资义务，被告股东以诉讼时效为由进行抗辩的，人民法院不予支持 （2）公司债权人的债权未过诉讼时效期间，其请求未履行或者未全面履行出资义务或者抽逃出资的股东承担赔偿责任，被告股东以出资义务超过诉讼时效期间为由进行抗辩的，人民法院不予支持
股东未尽出资义务时的股权转让	公司请求该股东履行出资义务、受让人对此承担连带责任的，人民法院应予支持。公司债权人依法对该股东提起承担补充赔偿责任的诉讼，同时请求受让人对此承担连带责任的，人民法院应予支持。受让人对外承担连带责任后，向该未履行或者未全面履行出资义务的股东追偿的，人民法院应予支持。但是，当事人另有约定的除外

2. 公司设立阶段的合同责任

（1）以股东名义签订的合同

发起人为设立公司以自己名义对外签订合同，对相对人而言，合同中载明的主体是发起人，所以原则上应当由发起人承担合同责任。但是，公司成立后，对以发起人名义订立的合同予以确认，或者已经实际享有合同权利或者履行合同义务，合同相对人请求公司承担合同责任的，人民法院应予支持。

（2）以公司名义签订的合同

发起人以设立中的公司名义对外签订合同，公司成立后合同相对人请求公司承担合同责任的，人民法院应予支持。但是，公司成立后有证据证明发起人是为自己利益而签订该合同，且合同相对人对此是明知的，该合同责任不应当由成立后的公司承担，而应由发起人承担。如果合同相对人不知道发起人是为自己利益而订立合同，即为善意，则仍由公司承担合同责任。

考点3 股东权利（★★）

1. 股东权利的内容

表决权	一股一票或者按照出资比例行使表决权 ①公司持有的本公司股份没有表决权 ②公司为股东或者实际控制人提供担保的，必须经股东会或者股东大会决议。接受担保的股东或者受实际控制人支配的股东不得参加表决，该项表决由出席会议的其他股东所持表决权的过半数通过

查阅权	有限责任公司：股东有权查阅、复制公司章程、股东会会议记录、董事会会议决议、监事会会议决议和财务会计报告。查阅公司会计账簿（应提出书面请求）
	股份有限公司：股东有权查阅公司章程、股东名册、公司债券存根、股东大会会议记录、董事会会议决议、监事会会议决议、财务会计报告
其他权利	（1）选举权和被选举权；依法转让出资额或者股份的权利；建议和质询权；新股优先认购权（有约定除外）；股利分配请求权；提议召开临时股东（大）会的权利；临时提案权 （2）异议股东股份收买请求权；申请法院解散公司的权利；公司剩余财产的分配请求权

2. 股东诉讼

股东代表诉讼	①股东通过监事会或者监事提起诉讼：公司董事、高级管理人员执行公司职务时违反规定，给公司造成损失的，有限责任公司的股东、股份有限公司连续180日以上单独或者合计持有公司1%以上股份的股东，可以书面请求监事会或者不设监事会的有限责任公司的监事向人民法院提起诉讼 ②股东通过董事会或者董事提起诉讼：监事执行公司职务时规定，给公司造成损失的，有限责任公司的股东、股份有限公司连续180日以上单独或者合计持有公司1%以上股份的股东，可以书面请求董事会或者不设董事会的有限责任公司的执行董事向人民法院提起诉讼 ③股东以自己名义提起诉讼：监事会、不设监事会的有限责任公司的监事，或者董事会、执行董事收到上述股东的书面请求后拒绝提起诉讼，或者自收到请求之日起30日内未提起诉讼，或者情况紧急、不立即提起诉讼将会使公司利益受到难以弥补的损害的，有限责任公司的股东、股份有限公司连续180日以上单独或者合计持有公司1%以上股份的股东，有权为了公司的利益以自己的名义直接向人民法院提起诉讼
股东直接诉讼	公司董事、高级管理人员违反法律、行政法规或者公司章程的规定，损害股东利益的，股东可以依法向人民法院提起诉讼

【名师点拨】股东对他人给公司造成损失行为提起诉讼的程序：公司董事、监事、高级管理人员以外的他人侵犯公司合法权益，给公司造成损失的，有限责任公司的股东、股份有限公司连续180日以上单独或者合计持有公司1%以上股份的股东，可以书面请求董事会或者监事会向人民法院提起诉讼，或者直接向人民法院提起诉讼。

考点4　公司董事、监事、高级管理人员的任职资格限制及义务（★★）

1. 法定代表人

（1）公司法定代表人依照公司章程的规定，由董事长、执行董事或者经理担任。

（2）高级管理人员是指公司的经理、副经理、财务负责人，上市公司董事会秘书和公司章程规定的其他人员。

（3）公司章程对公司、股东、董事、监事和高级管理人员均有约束力。

2. 董事、监事、高级管理人员的任职资格限制

董事、监事、高级管理人员的任职资格限制	有下列情形之一的，不得担任公司的董事、监事、高级管理人员： （1）无民事行为能力和限制行为能力 （2）因贪污、贿赂、侵占财产、挪用财产或者破坏社会主义市场经济秩序，被判处刑罚，执行期满未逾5年；或者因犯罪被剥夺政治权利，执行期满未逾5年 （3）担任破产清算的企业厂长（或公司董事、经理），对该公司、企业的破产负有个人责任的，自该企业破产清算完结之日起未逾3年 （4）担任因违法被吊销营业执照、责令关闭的公司的法定代表人，并负有个人责任的，自该公司被吊销营业执照之日起未逾3年 （5）个人所负数额较大的债务到期未清偿

3. 董事、监事、高级管理人员的义务

忠实义务	董事、监事、高级管理人员不得有下列行为： （1）挪用公司资金 （2）将公司资金以其个人名义或者以其他个人名义开立账户存储 （3）违反公司章程的规定，未经股东会、股东大会或者董事会同意，将公司资金借贷给他人或者以公司财产为他人提供担保 （4）违反公司章程的规定或者未经股东会、股东大会同意，与本公司订立合同或者进行交易

续表

忠实义务	（5）未经股东会或者股东大会同意，利用职务便利为自己或者他人谋取属于公司的商业机会，自营或者为他人经营与所任职公司同类的业务 （6）接受他人与公司交易的佣金归为己有 （7）擅自披露公司秘密 （8）违反对公司忠实义务的其他行为 公司董事、高级管理人员违反上述规定所得的收入应当归公司所有
勤勉义务	（1）公司董事、监事、高级管理人员执行公司职务时违反法律、行政法规或者公司章程的规定，给公司造成损失的，应当承担赔偿责任 （2）公司管理层应当接受质询和监督。公司股东会或者股东大会要求董事、监事、高级管理人员列席会议的，董事、监事、高级管理人员应当列席并接受股东的质询。董事、高级管理人员应当如实向公司监事会或者不设监事会的有限责任公司的监事提供有关情况和资料，不得妨碍监事会或者监事行使职权

考点5　有限责任公司的组织机构（★★）

1. 股东会

股东会的职权	同股份有限公司的股东大会 特殊：有限责任公司中，对股东会职权事项，股东以书面形式一致表示同意的，可以不召开股东会会议，直接做出决定，并由全体股东在决定文件上签名、盖章
会议	（1）定期会议：由公司章程规定。 （2）临时会议：①代表1/10以上表决权的股东提议；②1/3以上董事提议；③监事会或不设监事会的公司监事提议
股东会的召集	（1）首次股东会会议由出资最多的股东召集和主持 （2）以后： ①召集会议顺序：董事会—监事会或者不设监事会的监事 —代表1/10以上表决权的股东 ②主持会议顺序：董事长—副董事长—半数以上董事推举一名董事—监事会或者不设监事会的监事—代表1/10以上表决权的股东 （3）应当于会议召开15日以前通知全体股东，但公司章程另有规定或者全体股东另有约定的除外
股东会决议	（1）股东会会议由股东按照出资比例行使表决权，但公司章程另有规定的除外 （2）下列决议必须经"代表"2/3以上表决权的股东通过：①修改公司章程；②增加或者减少注册资本的决议；③公司合并、分立、解散；④变更公司形式

【名师点拨】（1）有限责任公司股东会的特别决议必须经代表2/3以上表决权的股东通过；（2）股份有限公司股东大会的特别决议由出席会议的股东所持表决权的2/3以上通过。

2. 董事会

人数	3～13人；股东人数较少或规模较小的有限责任公司，可以设1名执行董事，不设立董事会，执行董事可以兼任公司经理
职工代表	（1）两个以上的国有企业或其他两个以上的国有投资主体投资设立的有限公司，应当有 （2）其他公司可以有
董事长	董事会设董事长一人，可以设副董事长 董事长、副董事长的产生办法由公司章程规定
任期	不得超3年，连选可连任
召开条件	无
表决	按章程
召集	董事长—副董事长—半数以上董事推举一名董事

3. 监事会

人数	少于3人；股东人数较少或者规模较小的有限责任公司，可以设1～2名监事，不设立监事会。监事会设主席1人，由全体监事过半数选举产生
股东代表	职工代表的比例不得低于1/3
职工代表	由职工通过职工代表大会、职工大会或者其他形式民主选举产生
任期	3年

考点6 一人有限责任公司的特别规定（★★）

计划生育政策	一个自然人只能投资设立一个一人有限责任公司，该一人有限责任公司不能再投资设立新的一人有限责任公司
公示	一人有限责任公司应当在公司登记时注明自然人独资或者法人独资，并在营业执照中载明
公司章程	一人有限责任公司的公司章程由股东制定
组织机构	（1）一人有限责任公司不设股东会，股东做出决议时，应当采用书面形式 （2）一人有限责任公司可以设1名执行董事，不设立董事会，执行董事可以兼任公司经理 （3）一人有限责任公司可以设1～2名监事，不设立监事会
财务监督	一人有限责任公司应当在每一个会计年度结束时编制财务会计报告，并经会计师事务所审计
法人的人格否定原则	一人有限责任公司的股东不能证明公司财产独立于股东自己财产的，应当对公司债务承担连带责任

考点7 国有独资公司的特别规定（★★）

股东会	（1）国有独资公司不设股东会 （2）公司的合并、分立、解散、增加或者减少注册资本和发行公司债券，必须由国有资产监督管理机构决定 （3）重要的国有独资公司合并、分立、解散、申请破产的，由国有资产监督管理机构审核，报本级人民政府批准
董事会	（1）董事会中必须包括职工代表，职工代表由职工代表大会选举产生；其他董事由国有资产监督管理机构委派 （2）设置董事长1人，可以设副董事长（也可以不设副董事长） （3）董事长、副董事长由国有资产监督管理机构从董事会成员中指定 （4）国有独资公司的董事长、副董事长、董事、高级管理人员，未经国有资产监督管理机构同意，不得在其他公司或者经济组织兼职 （5）国有独资公司设经理，由董事会聘任或者解聘 （6）未经国有资产监督管理机构同意，国有独资公司的董事长不得兼任经理
监事会	（1）监事会成员不得少于5人，其中职工代表的比例不得低于1/3 （2）监事会成员由国有资产监督管理机构委派，但监事会中的职工代表由职工代表大会选举产生 （3）监事会主席由国有资产监督管理机构从监事会成员中指定
公司章程	国有独资公司的公司章程由国有资产监督管理机构制定，或者由董事会制定报国有资产监督管理机构批准

考点8 股东大会（★★）

1. 股东大会的会议形式、召集，股东的临时提案权，股东大会的决议，累积投票制

会议形式	（1）年会，每年一次 （2）有下列情形之一的，应当在两个月内召开临时股东大会 ①董事人数不足《公司法》规定人数（小于5人）或者公司章程所定人数的2/3时；②公司未弥补的亏损达实收股本总额的1/3时（≥1/3）时；③单独或者合计持有公司10%以上股份的股东请求时；④董事会认为必要时；⑤监事会提议召开时

续表

	（1）股东大会会议由董事会召集，董事长主持；董事长不能履行职务或者不履行职务的，由副董事长主持
股东大会的召集	（2）副董事长不能履行职务或者不履行职务的，由半数以上董事共同推举一名董事主持 （3）董事会不能履行或者不履行召集股东大会会议职责的，监事会应当及时召集和主持 （4）监事会不召集和主持的，连续90日以上单独或者合计持有公司10%以上股份的股东可以自行召集和主持
股东的临时提案权	（1）单独或者合计持有公司3%以上股份的股东，可以在股东大会召开10日前提出临时提案并书面提交董事会 （2）董事会应当在收到提案后2日内通知其他股东，并将该临时提案提交股东大会审议

	普通事项	必须经出席会议的股东所持表决权过半数通过
股东大会的决议	特别事项	（1）必须经出席会议的股东所持表决权的2/3以上通过 （2）特别事项：①修改公司章程；②增加或者减少注册资本；③公司合并、分立、解散；④变更公司形式
	上市公司在1年内购买、出售重大资产或者担保金额超过公司资产总额30%的，应当由股东大会做出决议，并经出席会议的股东所持表决权的2/3以上通过	
累积投票制	（1）股东大会选举董事、监事，可以根据公司章程的规定或者股东大会的决议实行累积投票制 （2）控股股东控股比例在30%以上的上市公司，应当采用累积投票制	

2. 董事会

组成		有限责任公司	国有独资公司	股份有限公司
	人数	3～13人	3～13人	5～19人
	职工代表	国有投资应当有；其他有限责任公司可以有	应当有公司职工代表	可以有职工代表
	董事长、副董事长的产生	由公司章程规定	由国有资产监督管理机构从董事会成员中指定	董事会以全体董事的过半数选举产生
	任期	每届任期不得超过3年，连选可以连任		
董事会会议的召开		每年度至少召开2次会议，每次会议应当于会议召开10日前通知全体董事和监事		
临时董事会的召开		条件：①代表10%以上表决权的股东提议；②1/3以上董事提议；③监事会提议		
表决		（1）董事会会议应有过半数的董事出席方可举行 （2）董事会做出决议必须经全体（而非出席）董事的过半数（>1/2）通过； （3）董事因故不能出席会议的，可以书面委托其他董事代为出席，委托书中应载明授权范围		
董事免责		董事会的决议违反法律、行政法规或者公司章程、股东大会决议，致使公司遭受严重损失的，参与决议的董事对公司负赔偿责任；但经证明在表决时曾表明异议并记载于会议记录的，该董事可以免除责任		

考点9 上市公司经理和监事会（★★）

1. 上市公司经理

（1）上市公司的总经理必须专职，总经理在集团等控股股东单位不得担任除董事以外的其他职务。

（2）上市公司总经理及高层管理人员（副总经理、财务主管和董事会秘书）必须在上市公司领薪，不得由控股股东代发薪水。

2. 监事会

类别	有限责任公司	国有独资公司	股份有限公司
人数	不得少于3人	不得少于5人	不得少于3人
主席	全体监事过半数选举产生	监事会主席由国有资产监督管理机构指定	全体监事过半数选举产生
次数	1年1次		6个月1次
代表	监事会应当包括职工代表，职工代表的比例不得低于1/3		
任期	任期3年，连选可以连任（法定）		

考点10　股东大会的决议方式（★★★）

（1）股东大会的一般决议（对解聘会计师事务所做出决议、选举和更换独立董事、审议批准变更募集资金用途事项、发行公司债券等），由出席股东大会的股东所持表决权的过半数通过。

（2）股东大会在审议为股东、实际控制人及其关联方提供的担保议案时，该股东或者受该实际控制人支配的股东，不得参与该项表决，该项表决由出席股东大会的其他股东所持表决权的过半数通过。

（3）上市公司的下列事项，应当经出席股东大会的股东所持表决权的2/3以上通过：

①修改公司章程；

②增加或者减少注册资本；

③公司合并、分立、解散；

④变更公司形式；

⑤重大资产重组；

⑥上市公司在1年内购买、出售重大资产或者担保金额超过公司资产总额30%的。

（4）≥2/3的情况：

①上市公司重大资产重组事宜与本公司股东或者其关联人存在关联关系的，股东大会就重大资产重组事项进行表决时，关联股东应当回避表决，该事项由出席股东大会的其他股东所持表决权的2/3以上通过。

②上市公司非公开发行股票，本次发行涉及关联股东的，应当回避表决，该事项由出席股东大会的其他股东所持表决权的2/3以上通过。

③上市公司发行可转换公司债券的募集说明书约定转股价格向下修正条款的，转股价格修正方案须提交公司股东大会表决，且须经出席会议的股东所持表决权的2/3以上同意；股东大会进行表决时，持有公司可转换债券的股东应当回避。

（5）优先股

以下情形，除须经出席会议的普通股股东（含表决权恢复的优先股股东）所持表决权的2/3以上通过之外，还须经出席会议的优先股股东（不含表决权恢复的优先股股东）所持表决权的2/3以上通过：

①修改公司章程中与优先股相关的内容；

②一次或者累计减少公司注册资本超过10%；

③公司合并、分立、解散或者变更公司形式；

④发行优先股。

（6）上市公司主动申请退市或者转市

上市公司拟决定其股票不再在证券交易所交易，或者转而申请在其他交易场所交易或者转让的，应当召开股东大会做出决议，须经出席会议的股东所持表决权的2/3以上通过，且经出席会议的除以下股东以外的其他股东所持表决权的2/3以上通过：

①上市公司的董事、监事、高级管理人员；

②单独或者合计持有上市公司5%以上股份的股东。

考点11　上市公司的对外担保（★★★）

类别	具体内容
股东大会	（1）上市公司对股东、实际控制人及其关联方提供的担保，必须由股东大会做出决议；股东大会在审议为股东、实际控制人及其关联方提供的担保议案时，该股东或受该实际控制人支配的股东，不得参与该项表决，该项表决由出席股东大会的其他股东所持表决权的过半数通过 （2）上市公司在1年内购买、出售重大资产或者担保金额超过公司资产总额30%的，应当由股东大会做出决议，并经出席会议的股东所持表决权的2/3以上通过

类别	具体内容
股东大会	（3）股东大会负责审议批准下列对外担保行为：①本公司及本公司控股子公司的对外担保总额，达到或超过最近一期经审计净资产的50%以后提供的任何担保；②公司的对外担保总额，达到或超过最近一期经审计总资产的30%以后提供的任何担保；③为资产负债率超过70%的担保对象提供的担保；④单笔担保额超过最近一期经审计净资产10%的担保；⑤对股东、实际控制人及其关联方提供的担保
董事会	应由董事会审批的对外担保，必须经出席董事会的2/3以上董事审议同意并做出决议

考点12 股东（大）会、董事会决议制度（★★）

成立与生效	决议是一种法律行为，因此，只有已经成立的决议才有生效与否的问题。对于当事人虚构或者伪造的决议，应认定为决议不成立或者不存在
无效	股东（大）会、董事会的决议内容违反法律、行政法规的无效
撤销	股东（大）会、董事会的会议召集程序、表决方式违反法律、行政法规或者公司章程，或者决议内容违反公司章程的，股东可以自决议做出之日60日内，请求人民法院撤销

考点13 上市公司独立董事制度（★★）

独立董事的任职条件	担任独立董事应当符合的基本任职条件（包括但不限于）：具有5年以上法律、经济或者其他履行独立董事职责所必需的工作经验
	不得担任独立董事： （1）在上市公司或者其附属企业任职的人员及其直系亲属、主要社会关系（直系亲属是指配偶、父母、子女等；主要社会关系是指兄弟姐妹、岳父母、儿媳女婿、兄弟姐妹的配偶、配偶的兄弟姐妹等） （2）直接或间接持有上市公司已发行股份1%以上或者是上市公司前10名股东中的自然人股东及其直系亲属 （3）在直接或间接持有上市公司已发行股份5%以上的股东单位或者在上市公司前5名股东单位任职的人员及其直系亲属 （4）最近1年内曾经具有前3项所列举情形的人员 （5）为上市公司或者其附属企业提供财务、法律、咨询等服务的人员 （6）公司章程规定的其他人员 （7）中国证监会认定的其他人员
提名	独立董事的提名：上市公司董事会、监事会、单独或者合并持有上市公司已发行股份1%以上的股东可以提出独立董事候选人，并经股东大会选举决定
任期	（1）独立董事每届任期与该上市公司其他董事任期相同，任期届满，连选可以连任，但是连任时间不得超过6年 （2）独立董事如果连续3次未亲自出席董事会会议，应由董事会提请股东大会予以撤换 （3）独立董事在任期届满前不得无故被免职。提前免职的，上市公司应将其作为特别披露事项予以披露，被免职的独立董事认为公司的免职理由不当的，可以做出公开的声明
人数要求	（1）上市公司董事会成员中应当至少1/3为独立董事 （2）如果上市公司董事会下设薪酬、审计、提名等委员会的，独立董事应当在委员会成员中占有1/2以上的比例
独立董事的职责	独立董事的特别职权有： （1）重大关联交易（指上市公司拟与关联人达成的总额高于300万元或高于上市公司最近经审计净资产值的5%的关联交易）应由独立董事认可后，提交董事会讨论；独立董事做出判断前，可以聘请中介机构出具独立财务顾问报告，作为其判断的依据 （2）向董事会提议聘用或解聘会计师事务所 （3）向董事会提请召开临时股东大会 （4）提议召开董事会 （5）独立聘请外部审计机构和咨询机构 （6）可以在股东大会召开前公开向股东征集投票权
	独立董事应当对上市公司的以下重大事项向董事会或股东大会发表独立意见： （1）提名、任免董事 （2）聘任或解聘高级管理人员 （3）公司董事、高级管理人员的薪酬 （4）上市公司的股东、实际控制人及其关联企业对上市公司现有或新发生的总额高于300万元或高于上市公司最近经审计净资产值的5%的借款或其他资金往来，以及公司是否采取有效措施回收欠款 （5）独立董事认为可能损害中小股东权益的事项 （6）公司章程规定的其他事项

考点14 股份有限公司的股份转让和回购（★★★）

转让	（1）发起人股份的转让：发起人持有的本公司股份，自公司成立之日起1年内不得转让 （2）非公开发行股票转让限制：公司公开发行股份前已发行的股份，自公司股票在证券交易所上市交易之日起1年内不得转让 （3）董事、监事、高级管理人员股份的转让： ①公司董事、监事、高级管理人员应当向公司申报所持有的本公司的股份及其变动情况，在任职期间每年转让的股份不得超过其所持有本公司股份总数的25% ②所持本公司股份自公司股票上市交易之日起1年内不得转让 ③离职后半年内，不得转让其所持有的本公司股份；但是因司法强制执行、继承、遗赠、依法分割财产等导致股份变动的除外 ④上市公司董事、监事和高级管理人员所持股份不超过1 000股的，可一次全部转让，不受转让比例的限制 ⑤上市公司董事、监事和高级管理人员在下列期间不得买卖本公司股票：a．上市公司定期报告公告前30日内；b．上市公司业绩预告、业绩快报公告前10日内；c．自可能对本公司股票交易价格产生重大影响的重大事项发生之日或在决策过程中，至依法披露后2个交易日内
回购	公司不得收购本公司股份，但有下列情形之一的除外： （1）减少公司注册资本 （2）与持有本公司股份的其他公司合并 （3）将股份奖励给本公司职工 （4）股东因对股东大会做出的公司合并、分立决议持异议，要求公司收购其股份的 【名师点拨】股份有限公司不得接受以本公司的股票作为质押权的标的

考点15 对外投资和对外担保（★★）

项目	对外投资	对外担保
规模	公司章程对投资总额及单项投资的数额有限额规定的，不得超过规定的限额	公司章程对担保总额及单项担保的数额有限额规定的，不得超过规定的限额
决议	公司向其他企业投资，按照公司章程的规定由董事会或者股东（大）会决议	（1）2选1：公司为他人（非股东、非实际控制人）提供担保的，按照公司章程的规定由董事会或者股东（大）会决议。 （2）1选1：公司为股东或者实际控制人提供担保的，必须经股东（大）会决议。接受担保的股东或者受实际控制人支配的股东不得参加表决，该项表决由出席会议的其他股东所持表决权的过半数（大于1/2）通过

考点16 利润分配和公积金（★★★）

1．利润分配

根据公司法律制度以及有关规定，公司应当按照如下顺序进行利润分配。

（1）弥补以前年度的亏损，但不得超过税法规定的弥补期限。

（2）缴纳所得税。

（3）弥补在税前利润弥补亏损之后仍存在的亏损。

（4）提取法定公积金。

（5）提取任意公积金。

（6）向股东分配利润——公司弥补亏损和提取公积金后的税后利润。

①有限责任公司。按照股东实缴的出资比例分配，但全体股东约定不按照出资比例分配的除外。

②股份有限公司。按照股东持有的股份比例分配，但股份有限公司章程规定不按持股比例分配的除外。

2. 公积金——分为盈余公积金和资本公积金

公积金	盈余公积金	①法定公积金按照公司税后利润的10%提取 ②累计额达到公司注册资本的50%以上时可以不再提取
		任意公积金按照股东会、股东大会决议，从公司税后利润中提取
	资本公积金	直接由资本原因形成的公积金，股份有限公司以超过股票票面金额的发行价格发行股份所得的溢价款以及国务院财政部门规定列入资本公积金的其他收入
公积金的用途		弥补公司亏损，但资本公积金不得用于弥补公司的亏损
		扩大公司生产经营
		转增公司资本。用任意公积金转增资本的，法律没有限制；但用法定公积金转增资本时，转增后所留存的该项公积金不得少于转增前公司注册资本的25%

考点17 公司分立（★★）

1. 公司分立的形式有两种：①派生分立；②新设分立。
2. 公司应当自做出分立决议之日起10日内通知债权人，并于30日内在报纸上公告。
3. 公司分立前的债务由分立后的公司承担连带责任。但是，公司在分立前与债权人就债务清偿达成的书面协议另有约定的除外。

情形	处理方法
分立时对原企业的债务承担有约定，并经债权人认可的	按照当事人的约定处理
企业分立时对原企业债务承担没有约定或者约定不明，或者虽然有约定但债权人不予认可的	分立后的企业应当承担连带责任。分立的企业在承担连带责任后，各分立的企业间对原企业债务承担有约定的，按照约定处理；没有约定或者约定不明的，根据企业分立时的资产比例分担

考点18 公司增资（★★）

公司增加注册资本，简称增资。公司增资通常要经过以下步骤。
（1）公司董事会制订和提出增资方案。
（2）公司就增资形成股东会或股东大会决议，有限公司股东会的该项决议必须经代表2/3以上表决权的股东通过，股份公司股东大会的该项决议须经出席会以的股东所持表决权的2/3以上通过；决议应依照章程规定，对原股东是否享有及如何行使增资优先认缴权或者新股优先认购权做出相应安排。
（3）公司通常与增资入股者订立增资协议、新股认购协议或类似协议。
（4）履行可能的批准程序，例如设计国有股权时，须经国有资产管理部门批准。
（5）修订公司章程，包括修订注册资本、股东名单、股东出资额等条款，该项修改章程的股东会或股东大会决议，通常与第二步中的增资决议合并或同时做出。
（6）增资入股者依约缴纳其认缴的出资或认购的股份。
（7）办理相应的公司登记变更手续，包括变更注册资本、变更股东登记事项、提交修订后的公司章程或公司章程修正案。

考点19 公司减资（★★★）

注册资本减少也称减资，是指公司根据需要，依照法定条件和程序，减少公司的注册资本额。
1. 注册资本减少的程序
（1）股东（大）会做出减资的决议，并相应地对章程进行修改。减资决议应当采用特别多

101

数决的方式通过。

（2）公司必须编制资产负债表及财产清单。

（3）通知债权人和对外公告。公司减少注册资本时，应当自做出减少注册资本决议之日起10日内通知债权人，并于30日内在报纸上公告。债权人自接到通知书之日起30日内，未接到通知书的自公告之日起45日内，有权要求公司清偿债务或者提供相应的担保。

（4）办理减资登记变更手续。

2. 减资的具体方法

（1）返还出资：将股东已缴付的出资部分或者全部返还给股东。

（2）减免出资义务：将部分或者全部免除股东已认缴但未实缴的出资数额。

（3）缩减股权：当公司因亏损而减资时，不向股东返还出资，而是注销股东的一部分股权。

考点20 公司解散（★★）

1. 公司解散的原因

一般解散	①公司章程规定的营业期限届满或者公司章程规定的其他解散事由出现；②股东会或者股东大会决议解散；③因公司合并、分立需要解散
强制解散	依法被吊销营业执照、责令关闭或者被撤销
司法解散	人民法院依法予以解散

2. 人民法院依法予以解散

受理的情形	单独或者合计持有公司全部股东表决权10%以上的股东，以下列事由之一提起解散公司诉讼，并符合公司法规定的，人民法院应予受理： （1）公司持续2年以上无法召开股东会或者股东大会，公司经营管理发生严重困难的 （2）股东表决时无法达到法定或者公司章程规定的比例，持续两年以上不能做出有效的股东会或者股东大会决议，公司经营管理发生严重困难的 （3）公司董事长期冲突，且无法通过股东会或者股东大会解决，公司经营管理发生严重困难的 （4）经营管理发生其他严重困难，公司继续存续会使股东利益受到重大损失的情形
不予受理的情形	（1）股东以知情权、利润分配请求权等权益受到损害，或者公司亏损、财产不足以偿还全部债务，以及公司被吊销企业法人营业执照未进行清算等为由，提起解散公司诉讼的，法院不予受理 （2）股东提起解散公司诉讼，同时又申请人民法院对公司进行清算的，人民法院对其提出的清算申请不予受理。人民法院可以告知原告，在人民法院判决解散公司后，依据规定自行组织清算或者另行申请人民法院对公司进行清算 （3）人民法院判决驳回解散公司诉讼请求后，提起该诉讼的股东或者其他股东又以同一事实和理由提起解散公司诉讼的，法院不予受理

3. 诉讼其他当事人

（1）股东提起解散公司诉讼应当以公司为被告。

（2）原告以其他股东为被告一并提起诉讼的，人民法院应当告知原告将其他股东变更为第三人；原告坚持不予变更的，人民法院应当驳回原告对其他股东的起诉。

（3）原告提起解散公司诉讼应当告知其他股东，或者由人民法院通知其参加诉讼。其他股东或者有关利害关系人申请以共同原告或者第三人身份参加诉讼的，人民法院应予准许。

4. 审理

经人民法院调解公司收购原告股份的，公司应当自调解书生效之日起6个月内将股份转让或者注销。股份转让或者注销之前，原告不得以公司收购其股份为由对抗公司债权人。

考点21　公司清算（★★★）

1.　清算组的组成

成立清算组	应当在解散事由出现之日起15日内	
清算组的组成	有限责任公司	股东组成
	股份有限公司	董事或者股东大会确定的人员组成
	逾期不成立清算组进行清算	债权人可以申请人民法院指定清算组进行清算
人民法院受理公司清算案件	清算组成员可以从下列人员或者机构中产生： ① 公司股东、董事、监事、高级管理人员 ② 依法设立的会计师事务所、律师事务所、破产清算事务所等社会中介机构 ③ 依法设立的会计师事务所、律师事务所、破产清算事务所等社会中介机构中具备相关专业知识并取得执业资格的人员	
清算组在清算期间的职权	①清理公司财产，分别编制资产负债表和财产清单；②通知、公告债权人；③处理与清算有关的公司未了结的业务；④清缴所欠税款以及清算过程中产生的税款；⑤清理债权、债务；⑥处理公司清偿债务后的剩余财产；⑦代表公司参与民事诉讼活动	
债权公告、申报	清算组应当自成立之日起10日内通知债权人，并于60日内在报纸上公告。债权人自接到通知书之日起30日内，未接到通知书的自公告之日起45日内，向清算组申报债权	
清算期间事物执行	在公司依法清算结束并办理注销登记前，有关公司的民事诉讼，仍应当以公司的名义进行。在清算组未成立前，由原公司法定代表人代表公司进行诉讼。成立清算组后，由清算组负责人代表公司参加诉讼	
清算财产	（1）清算期间，公司财产在未按照法定程序清偿前，不得分配给股东 （2）公司解散时，股东尚未缴纳的出资均应作为清算财产	

【名师点拨】有下列情形之一的，债权人申请人民法院指定清算组进行清算时，人民法院应予受理：① 公司解散逾期不成立清算组进行清算的；② 虽然成立清算组但故意拖延清算的；③ 违法清算可能严重损害债权人或者股东利益的。

具有上述情形②，债权人未提起清算申请，公司股东申请人民法院指定清算组对公司进行清算的，人民法院应予受理。

2.　股东、董事、控股股东在清算中的责任

清算事故	清算责任
未在法定期限内成立清算组开始清算，导致公司财产贬值、流失、毁损或者灭失	债权人主张其在造成损失范围内对公司债务承担赔偿责任
因怠于履行义务，导致公司主要财产、账册、重要文件等灭失，无法进行清算	债权人可以主张其对公司债务承担连带清偿责任
在公司解散后，恶意处置公司财产给债权人造成损失，或者未经依法清算，以虚假的清算报告骗取公司登记机关办理法人注销登记	债权人主张其对公司债务承担相应赔偿责任
公司未经清算即办理注销登记，导致公司无法进行清算	债权人有权主张有限责任公司的股东、股份有限公司的董事和控股股东，及实际控制人对公司债务承担清偿责任

💻 历年真题

一、单项选择题

1.　【2015年真题】根据公司法律制度的规定，下列各项中，属于董事会职权的是（　　　）。

　　A.　决定有关董事的报酬事项

　　B.　修改公司章程

　　C.　决定公司内部管理机构的设置

D． 决定发行公司债券

2． 【2015年真题】股份有限公司开股东大会年会时应当提前将财务会计报告置备于本公司。根据公司法律制度的规定，该提前的日期是（　　）。

A． 20日
B． 10日
C． 30日
D． 50日

3． 【2015年真题】李某为甲股份公司的董事长，赵某为乙股份公司的董事长，甲公司持有乙公司60%的股份。甲、乙公司的下列行为中，公司法不予禁止的是（　　）。

A． 乙公司向李某提供200万元购房借款
B． 甲公司向赵某提供200万元购房借款
C． 甲公司向李某提供200万元购房借款
D． 乙公司向赵某提供200万元购房借款

4． 【2015年真题】某有限公司共有股东3人，根据公司法律制度的规定，下列各项中，该公司必须设置的是（　　）。

A． 董事会
B． 股东会
C． 监事会
D． 经理

5． 【2014年真题】中国公民甲、乙、丙共同设立一家有限责任公司。根据公司法律制度的规定，该公司必须设立的组织机构是（　　）。

A． 股东会
B． 董事会
C． 监事会
D． 职工代表大会

6． 【2014年真题】某有限责任公司共有甲、乙、丙三名股东。因甲无法偿还个人到期债务，人民法院拟依法启动强制执行程序变卖其股权偿债。根据公司法律制度的规定，下列表述中，正确的是（　　）。

A． 人民法院应当征得乙、丙同意，乙、丙在同等条件下有优先购买权
B． 人民法院应当通知乙、丙，乙、丙在同等条件下有优先购买权
C． 人民法院应当征得公司及乙、丙同意，乙、丙在同等条件下有优先购买权
D． 人民法院应当通知公司及全体股东，乙、丙在同等条件下有优先购买权

7． 【2014年真题】在乙有限责任公司设立过程中，出资人甲以乙公司名义与他人签订一份房屋租赁合同，所租房屋供筹建乙公司之用。乙公司成立后，将该房屋作为公司办公用房，但始终未确认该房屋租赁合同。下列关于房屋租赁合同责任承担的表述中，符合公司法律制度规定的是（　　）。

A． 甲承担
B． 乙承担
C． 甲、乙连带承担
D． 先由甲承担，乙承担补充责任

8． 【2014年真题】某上市公司拟聘任独立董事一名。甲为该公司人力资源总监的大学同学；乙为在该公司中持股7%的某国有企业的负责人；丙曾任该公司财务部经理，半年前离职；丁为某大学法学院教授，兼职担任该公司子公司的法律顾问。根据公司法律制度的规定，可以担任该公司独立董事的是（　　）。

A． 甲
B． 乙
C． 丙
D． 丁

9． 【2012年真题】甲向乙借用一台机床。借用期间，未经乙同意，甲以所有权人名义，以该机床作价出资，与他人共同设立有限责任公司丙。公司其他股东对甲并非机床所有人的事实并不知情。乙发现上述情况后，要求返还机床。根据公司法律制度和物权法律制度的规定，下列表述中，正确的是（　　）。

A． 甲出资无效，不能取得股东资格，乙有权要求返还机床

B.　甲出资无效，应以其他方式补足出资，乙有权要求返还机床

C.　甲出资有效，乙无权要求返还机床，但甲应向乙承担赔偿责任

D.　甲出资有效，乙无权要求返还机床，但丙公司应向乙承担赔偿责任

10.　【2011年真题】下列关于国有独资公司的表述中，符合公司法律制度规定的是（　　　）。

A.　国有独资公司不设股东会，由国有资产监督管理机构行使股东会职权

B.　国有独资公司的董事会获得国有资产监督管理机构授权，可以决定公司合并事项

C.　国有独资公司监事会的职工代表由国有资产监督管理机构委派

D.　国有独资公司的董事会成员全部由国有资产监督管理机构委派

二、多项选择题

1.　【2015年真题】根据企业国有资产法律制度的规定，国有独资公司的下列人员中，应当由履行出资人职责的机构任免的有（　　　）。

A.　副董事长　　　　　　　　　　　　　B.　董事长

C.　董事　　　　　　　　　　　　　　　D.　监事

2.　【2015年真题】根据公司法律制度的规定，下列各项中，应当在提取法定公积金之前实施的有（　　　）。

A.　向股东分配利润　　　　　　　　　　B.　缴纳企业所得税

C.　提取任意公积金　　　　　　　　　　D.　弥补以前年度亏损

3.　【2014年真题】根据公司法律制度的规定，认股人缴纳出资后，有权要求返还出资的情形有（　　　）。

A.　公司未按期募足股份　　　　　　　　B.　发起人未按期召开创立大会

C.　创立大会决议不设立公司　　　　　　D.　公司发起人抽逃出资，情节严重

4.　【2013年真题】甲为某有限责任公司股东，其在公司成立后抽逃出资，公司或者其他股东可以（　　　）。

A.　请求其向公司返还出资本金和利息

B.　要求协助抽逃出资的其他股东、董事、高级管理人员或者实施控制人对此承担责任

C.　召开股东会将其除名

D.　要求其承担违约责任

5.　【2012年真题】下列关于股份有限公司董事会的表述中，符合公司法律制度规定的有（　　　）。

A.　董事会成员为5～19人，且人数须为单数

B.　董事会成员中应有一定比例的独立董事

C.　董事会会议应有过半数的董事出席方可举行

D.　董事会做出决议须经全体董事的过半数通过，董事会决议的表决实行一人一票

6.　【2010年真题】2009年，甲公司决定分立出乙公司单独经营。甲公司原有负债5 000万元，债权人主要包括丙银行、供货商丁公司和其他一些小债权人。在分立协议中，甲、乙公司约定：原甲公司债务中，对丁公司的债务由分立出的乙公司承担，其余债务由甲公司承担，该债务分担安排经过丁公司的认可，但未通知丙银行和其他小债权人。下列说法中，正确的有（　　　）。

A.　丁公司有权要求甲、乙连带清偿其债务

B.　丙银行有权要求甲、乙连带清偿其债务

C.　小债权人有权要求甲、乙连带清偿其债务

D.　甲、乙公司不得对债务分担做出约定

三、案例分析题

【2013年真题】赵某担任甲上市公司总经理，并持有该公司股票10万股。钱某为甲公司董事长兼法定代表人。

2011年7月1日，钱某召集甲公司董事会，9名董事中有4人出席，另有1名董事孙某因故未能出席，书面委托钱某代为出席投票；赵某列席会议。会上，经钱某提议，出席董事会的全体董事通过决议，从即日起免除赵某总经理职务。

赵某向董事会抗议称：公司无正当理由不应当解除其职务，且董事会实际出席人数未过半数，董事会决议无效。公司于次日公布了董事会关于免除赵某职务的决定。12月20日，赵某卖出所持的2万股甲公司股票。

2011年12月23日，赵某向中国证监会书面举报称：①甲公司的子公司乙公司曾向甲公司全体董事提供低息借款，用于个人购房；②2011年4月1日，公司召开的董事会通过决议为母公司丙公司向银行借款提供担保，但甲公司并未公开披露该担保事项。

2012年1月16日，中国证监会宣布对甲公司涉嫌虚假陈述行为立案调查。3月1日，中国证监会宣布：经调查，甲公司存在对外提供担保未披露情形，构成虚假陈述行为；决定对甲公司给予警告，并处罚款50万元；认定钱某为直接责任人员，并处罚款10万元；认定董事李某等人为其他直接责任人员，并处罚款3万元。

钱某辩称，公司未披露担保事项是公司实际控制人的要求，自己只是遵照指令行事，不应受处罚；李某则辩称，自己是独立董事，并不直接参与公司经营管理活动，因此不应对公司的虚假陈述行为承担任何责任。

中国证监会未采纳钱某和李某的抗辩理由。中国证监会对甲公司的行政处罚生效后，有投资者拟对甲公司提起民事赔偿诉讼。其中，周某在甲公司公开发行时即购入股票1万股，一直持有至今，损失10万元；吴某于2011年6月20日买入甲公司股票1万股，于2012年1月5日卖出，损失1万元；郑某于2011年4月5日买入甲公司股票1万股，2012年2月5日卖出，损失1万元。

要求：根据上述内容，分别回答下列问题。

（1）2011年7月1日甲公司董事会的出席人数是否符合规定？并说明理由。

（2）甲公司董事会能否在无正当理由的情况下解除赵某的总经理职务？并说明理由。

（3）2011年12月20日赵某卖出所持甲公司2万股股票的行为是否合法？并说明理由。

（4）乙公司向甲公司的所有董事提供低息借款购房的行为是否合法？并说明理由。

（5）2011年4月1日甲公司董事会通过的为丙公司提供担保的决议是否合法？并说明理由。

（6）钱某和李某各自对中国证监会行政处罚的抗辩能否成立？并分别说明理由。

（7）投资者周某、吴某和郑某能否获得证券民事损害赔偿？并分别说明理由。

📖 历年真题答案及解析

单项选择题答案速查表

题号	答案	题号	答案	题号	答案	题号	答案	题号	答案
1	C	2	A	3	B	4	B	5	A
6	D	7	B	8	A	9	C	10	A

多项选择题答案速查表

题号	答案	题号	答案	题号	答案	题号	答案	题号	答案	题号	答案
1	ABCD	2	BD	3	ABC	4	ABC	5	CD	6	BC

一、单项选择题答案及解析

1. C〖解析〗董事会对股东大会负责，行使职权有：召集股东大会会议，并报告工作；行使股东大会决议；决定公司的经营计划和投资方案；制订公司年度财务预算方案、决算方案；决定公司内部管理机构的设置；决定聘任公司经理、财务负责人及其报酬事项；制订公司的基本管理制度；制订公司合并、分立、解散或变更公司形式等方案。选项A、B、D均属于股东（大）会职权。

2. A〖解析〗股份有限公司的财务会计报告应当在召开股东大会年会的20日前置备于本公司，供股东查阅。

3. B〖解析〗本题考查的是对外借款的限制的相关内容。《公司法》规定：股份有限公司不得直接或者通过子公司向董事、监事、高级管理人员提供借款。

4. B〖解析〗根据有关规定：股东人数较少或者规模较小的有限责任公司，可以设一名执行董事，不设董事会；本题非一人有限责任公司，所以必须设置股东会；股东人数较少或者规模较小的有限责任公司，可以设一至二名监事，不设监事会。有限责任公司可以设经理，由董事会决定聘任或者解聘。因此，答案为选项B。

5. A〖解析〗本题考查的是有限责任公司的组织机构。股东人数较少或者规模较小的有限责任公司，可以设1名执行董事，不设立董事会，执行董事可以兼任公司经理，所以选项B错误。股东人数较少或者规模较小的有限责任公司，可以设1～2名监事，不设立监事会。小公司不设立监事会的，可以不考虑职工代表的问题，所以选项C和选项D错误。

【易错警示】考生应注意，如果是股东人数较少或者规模较小的有限责任公司，则董事会、监事会、职工代表大会都可以不予考虑。

6. D〖解析〗本题考查的是有限责任的股权转让。人民法院依照法律规定的强制执行程序转让股东的股权时，应当通知公司及全体股东，其他股东在同等条件下有优先购买权。其他股东自人民法院通知之日起满20日不行使优先购买权的，视为放弃优先购买权。

7. B〖解析〗本题考查的是公司的设立。发起人以设立中公司名义对外签订合同，公司成立后合同相对人请求公司承担合同责任的，人民法院应予支持。

8. A〖解析〗本题考查的是独立董事的任职资格。下列人员不得担任独立董事：①在直接或间接持有上市公司已发行股份5%以上的股东单位或者在上市公司前5名股东单位任职的人员及其直系亲属（选项B）；②近一年内曾经具有前3项所列举情形的人员（选项C）；③为上市公司或者其附属企业提供财务、法律、咨询等服务的人员（选项D）等。

【易错警示】虽然此题只是考查独立董事的任职资格，但是记忆的时候需要与不得担任独立董事条件对比记忆，区分它们之间的异同。

9. C〖解析〗本题考查的是无权处分的相关规定。题干中由于丙公司和股东并不知情，属于善意第三人，而且已经交付了机床，支付了合理对价（股权），适用善意取得，甲的出资有效，乙不能要求丙公司返还机床。

10. A〖解析〗本题考查的是国有独资公司。①国有资产监督管理机构可以授权公司董事会行使股东会的部分职权，决定公司的重大事项，但公司的合并、分立、解散、增加或者减少注册资本和发行公司债券，必须由国有资产监督管理机构决定，选项B错误。②监事会成员中的职工代表由公司职工代表大会选举产生，选项C错误。③董事会成员由国有资产监督管理机构委派，但董事会成员中的职工代表由公司职工代表大会选举产生，选项D错误。

二、多项选择题答案及解析

1. ABCD〖解析〗根据有关规定，履行出资人职责的机构可以任免国有独资公司的董事长、副董事长、董事、监事会主席和监事。

2. BD〖解析〗根据公司法律制度以及有关规定，公司应当按照以下顺序进行利润分配：①弥补以前年度的亏损，但不得超过税法规定的弥补期限；②缴纳所得税；③弥补在税前利润弥补亏损之后仍存在的亏损；④提取法定公积金；⑤提取任意公积金；⑥向股东分配利润。因此，正确答案是选项B、D。

3. ABC〖解析〗本题考查的是股份有限公司的设立。根据公司法律制度规定，公司成立后，股东不得抽逃出资。发行人、认股人缴纳股款或者交付抵作股款的出资后，除未按期募足股份、发起人未按期召开创立大会或者创立大会决议不设公司的情形外，不得抽回其股本。

4. ABC〖解析〗股东抽逃出资，公司或者其他股东请求其向公司返还出资本息，协助抽逃出资的其他股东、董事、高级管理人员或者实际控制人对此承担连带责任的，人民法院应予支持。有限责任公司的股东未履行出资义务（不包括未全面履行出资）或者抽逃全部出资，经公司催告缴纳或者返还，其在合理期间内仍未缴纳或者返还出资，公司以股东会决议解除该股东的股东资格，该股东请求确认该解除行为无效的，人民法院不予支持。

5. CD〖解析〗本题考查的是股份公司董事会的规定。根据公司法律制度规定，股份有限公司董事会的成员为5～19人，目前法律没有董事人数应为单数的规定，选项A的表述错误。上市公司董事会成员中应有一定比例的独立董事，选项B的说法错误。

【易错警示】部分考生可能会多选选项B，不仔细的考生看见选项中"董事会成员中应有一定比例的独立董事"表述，便认为没有什么不妥的地方。考生应该谨记：只有在上市公司中，董事会成员中才应有一定比例的独立董事。

6. BC〖解析〗本题考查的是公司分立后的债务承担。根据规定，债权人向分立后的企业主张债权，企业分立时对原企业的债务承担有约定，并经债权人认可的，按照当事人的约定处理，题干中由于债权人丁公司认可了清偿协议，因此不能再要求甲、乙公司连带清偿其债务，选项A和选项D错误。企业分立时对原企业债务承担没有约定或约定不明，或者虽然有约定但债权人不予认可的，分立后的企业应当承担连带责任，题干中小债权人和丙银行由于没有认可该协议，因此可以要求分立后的甲、乙公司承担连带责任，所以选项B和选项C正确。

三、案例分析题答案及解析

（1）符合规定。根据规定，董事会会议应有过半数董事出席方可举行，但董事因故不能出席的，可以书面委托其他董事代为出席。甲公司有9名董事，4名实际出席，1名委托他人出席，符合过半数要求。

（2）董事会可在无正当理由的情况下解除赵某的总经理职务。根据公司法律制度的规定，董事会有权解聘公司总经理，并不需要理由。

（3）不合法。根据规定，公司高级管理人员在离职后半年内，不得转让其所持有的本公司股份。

（4）不合法。根据规定，公司不得直接或者通过子公司向董事、监事、高级管理人员提供借款。

（5）不合法。根据规定，公司为公司股东提供担保的，必须经股东会或者股东大会决议。

（6）钱某的抗辩理由不能成立。根据证券法律制度的规定，上市公司董事负有保证信息披露真实、准确、完整、及时和公平的义务。公司董事受到实际控制人控制这一情形不得单独作为不予处罚的理由。李某的抗辩理由不能成立。根据证券法律制度的规定，上市公司董事负有保证信息披露真实、准确、完整、及时和公平的义务。不直接从事经营管理不得单独作为不予处罚的情形认定。

（7）周某不能获得证券民事赔偿。根据证券法律制度的规定，周某是在虚假陈述实施日之前买入股票，因此不能推定其损失与虚假陈述行为之间存在因果关系。吴某不能获得证券民事赔偿。根据证券法律制度的规定，吴某在虚假陈述揭露日之前已经卖出了股票，因此不能推定其损失与虚假陈述之间存在因果关系。郑某能够获得证券民事赔偿。根据证券法律制度的规定，郑某是在虚假陈述实施日之后买入甲公司股票，并在虚假陈述揭露日之后卖出该股票而发生亏损，可以推定其损失与虚假陈述之间存在因果关系。

全真模拟试题

一、单项选择题

1. 子阳公司出资60万元、东莱公司出资30万元共同设立卓普有限责任公司。锐步公司系子阳公司的子公司。在卓普公司经营过程中，子阳公司多次利用其股东地位通过公司决议让卓普公司以高于市场同等水平的价格从锐步公司进货，致使卓普公司产品因成本过高而严重滞销，造成公司亏损。下列选项中正确的是（　　　）。
   A. 子阳公司应当对东莱公司承担赔偿责任
   B. 子阳公司应当对卓普公司承担赔偿责任
   C. 锐步公司应当对卓普公司承担赔偿责任
   D. 锐步公司、子阳公司共同对卓普公司承担赔偿责任

2. 公司分立是指一个公司按照一定方式，分成两个或者两个以上公司的法律行为。下列关于公司分立的说法中，正确的是（　　　）。
   A. 分立后的公司对公司分立前的债务不承担责任
   B. 公司分立应自公告之日起45日后申请登记
   C. 公司分立应由董事会做出批准与否的决议
   D. 公司分立应自做出分立决议之日起20日内通知债权人，并在报纸上公告

3. 加藤公司拟吸收合并中兴旺公司。下列关于中兴旺公司解散的表述中，符合公司法律制度规定的是（　　　）。
   A. 中兴旺公司不必进行清算，但必须办理注销登记
   B. 中兴旺公司必须进行清算，但不必办理注销登记
   C. 中兴旺公司必须进行清算，也必须办理注销登记
   D. 中兴旺公司不必进行清算，也不必办理注销登记

4. 老赵向银行申请贷款，需要他人提供担保，老李系甲有限责任公司的控股股东和董事长，是老赵多年好友。老赵求助于老李，希望得到崇胜公司的担保。崇胜公司章程规定，公司对外担保须经股东会决议。下列选项中正确的是（　　　）。
   A. 崇胜公司可以为老赵提供担保，但须经股东会决议通过
   B. 崇胜公司可以为老赵提供担保，但老李不得参加股东会表决
   C. 崇胜公司不能为老赵提供担保，因为老李不能向甲公司提供反担保
   D. 崇胜公司不得为老赵提供担保，因为公司法禁止公司为个人担保

5. 根据公司法律制度的规定，下列有关股份有限公司成立条件的表述中，符合公司法律制度规定的是（　　　）。
   A. 非法人组织不能作为发起人
   B. 采取发起方式设立的，注册资本为在公司登记机关登记的实收股本总额
   C. 发起人共5人，其中3人在中国境内有住所，可以发起设立股份有限公司
   D. 采取募集方式设立的，全体发起人首次出资额不得低于注册资本的20%

6. 起名科技有限责任公司董事会由11名董事组成。2015年8月，董事长周某召集并主持召开董事会会议。关于董事会和董事会决议，下列说法中正确的是（　　　）。
   A. 在确定公司经营方针时，经表决，有6名董事同意，决定可以获得通过
   B. 公司章程可以规定董事会应有6人以上出席方能召开
   C. 董事会可以根据公司经营情况，决定从9月起每位董事提高25%的报酬
   D. 鉴于监事会成员中的职工代表李某因生病致短时间内不能正常履行职责，会议决定让

舒某替换本公司职工李某的监事职务

7. 上海朗鑫智能科技上市公司经理在执行公司职务时违反公司章程，给公司造成了损失，具有法定资格的股东经向监事会提出向人民法院提起诉讼的书面请求后遭拒绝的，有权为了公司的利益以自己的名义直接向人民法院提起诉讼。根据公司法律制度的规定，该具有法定资格的股东是（   ）。

A. 连续90日以上单独或者合计持有公司5%以上股份的股东

B. 连续180日以上单独或者合计持有公司5%以上股份的股东

C. 连续90日以上单独或者合计持有公司1%以上股份的股东

D. 连续180日以上单独或者合计持有公司1%以上股份的股东

二、多项选择题

1. 根据公司法律制度的规定，有限责任公司股东会做出的下列决议中，必须经代表2/3以上表决权的股东通过的有（   ）。

A. 对变更公司形式做出决议

B. 对发行公司债券做出决议

C. 对公司合并做出决议

D. 对修改公司章程做出决议

2. 根据公司法律制度的规定，有限责任公司发生的下列事项中，属于公司股东可以依法请求人民法院予以撤销的有（   ）。

A. 董事会的会议召集程序违反法律的

B. 股东会的决议内容违反法律的

C. 董事会的决议内容违反公司章程的

D. 股东会的会议表决方式违反公司章程的

3. 小李、小张、小顾三人共同出资100万元设立了有限责任公司，其中小李出资50万元，小张出资30万元，小顾出资20万元。2015年4月公司成立后，召开了第一次股东会会议。有关这次会议的下列情况中，符合公司法律制度规定的有（   ）。

A. 会议由小李召集和主持

B. 会议决定设1名监事，由小张担任，任期2年

C. 会议决定了公司的经营方针和投资计划

D. 会议决定不设董事会，由小李担任执行董事，小李为公司的法定代表人

4. 公司解散时，应当依法成立清算组。根据公司法律制度的规定，下列有关公司解散、清算组成立及其职权的表述中，正确的有（   ）。

A. 在债权申报期间，清算组不得对债权人进行清偿

B. 有限责任公司股东会议决议解散的，应当在15日内成立由董事组成的清算组

C. 公司解散时，公司财产不足清偿债务的，债权人有权主张未足额缴纳出资的股东在未缴出资范围内对公司债务承担连带清偿责任

D. 公司依法清算结束前，涉及公司的民事诉讼，应当由原公司法定代表人代表公司参加诉讼

5. 下列关于公司公积金的说法中，错误的有（   ）。

A. 法定公积金和任意公积金均可用于转增公司资本

B. 法定公积金和任意公积金分别按照公司税后利润的10%提取

C. 盈余公积金是从公司税后利润中提取的公积金，分为法定公积金和任意公积金

D. 用法定公积金转增资本时，转增后所留存的该项公积金不得少于转增后公司注册资本

6. 中程科技股份有限公司股本总额为20 000万元，董事会成员有5人。下列情形中应当在2个月内召开临时股东大会的有（　　　　）。

A. 监事会提议召开时

B. 甲董事辞去董事职务

C. 公司累计未弥补的亏损为4 000万元

D. 持有公司股份8%的股东请求时

7. 公司法律制度中，关于公司提供担保的说法，正确的有（　　　　）。

A. 公司章程可以对公司提供担保的数额做出限制性规定

B. 公司可以对外提供担保，但不可以为本公司股东或者实际控制人提供担保

C. 董事会、股东会或者股东大会均有权决定公司对外提供担保事宜

D. 公司为公司股东提供担保，必须经股东会或者股东大会决议通过，但接受担保的股东不得参加担保事项的表决

8. 根据公司法律制度的规定，下列选项中，应当由上市公司股东大会做出决议的有（　　　　）。

A. 对减少注册资本做出决议

B. 决定公司的经营计划和投资方案

C. 决定修改公司章程

D. 为控股股东提供担保做出决议

9. 根据公司法律制度，有（　　　　）情形的，对股东会该项决议投反对票的股东，可以请求公司按照合理的价格收购其股权。

A. 股东会会议决议为公司股东或者实际控制人提供担保

B. 股东会会议决议减少注册资本

C. 在公司连续5年不向股东分配利润、5年连续盈利，且符合公司法律制度规定的分配利润条件的情况下，股东会会议决议不向股东分配利润

D. 股东会会议决议与其他公司合并，或者公司分立、转让主要财产

10. 佳彩股份有限公司分立为文达通股份有限公司和冠准股份有限公司，佳彩公司和其债权人书面约定，由文达通公司承担佳彩公司全部债务的清偿责任，冠准公司继受佳彩公司全部债权。下列选项中正确的有（　　　　）。

A. 对分立持异议的股东享有股份回购请求权

B. 佳彩公司的分立应当由董事会一致同意

C. 该约定无效，应当由文达通和冠准两公司对佳彩公司的债务承担连带清偿责任

D. 该约定有效，佳彩公司的债权人依照其约定请求文达通公司对佳彩公司的债务承担责任

11. 根据公司法律制度的规定，股份有限公司可以收购本公司股份奖励给本公司职工。下列有关该收购本公司股份事项的表述中，正确的有（　　　　）。

A. 因该事项所收购的股份，应当在2年内转让给职工

B. 用于该事项收购的资金，应当从公司的税后利润中支出

C. 该收购本公司股份事项，应当经股东大会决议

D. 因该事项收购的本公司股份，不得超过本公司已发行股份总额的10%

12. 刘容为一有限责任公司的小股东，不参与公司经营管理。根据公司法律制度的规定，下列文件中，刘容有权查阅和复制的有（　　　　）。

A. 股东会会议记录 　　　　　　　　　B. 财务会计报告

C. 公司会计账簿 　　　　　　　　　　D. 公司章程

全真模拟试题答案及解析

单项选择题答案速查表

题号	答案	题号	答案	题号	答案	题号	答案
1	B	2	B	3	A	4	A
5	C	6	B	7	D		

多项选择题答案速查表

题号	答案	题号	答案	题号	答案	题号	答案	题号	答案	题号	答案
1	ACD	2	ACD	3	ACD	4	AC	5	BD	6	AB
7	ACD	8	ACD	9	CD	10	AD	11	BC	12	ABD

一、单项选择题答案及解析

1. B〖解析〗本题考查的是股东有限责任的滥用。《公司法》第20条第2款规定，公司股东滥用股东权利给公司或者其他股东造成损失的，应当依法承担赔偿责任。本题中，子阳公司作为甲公司的股东，滥用股东权利给甲公司造成损失，其应当对甲公司承担赔偿责任，所以选项B正确。

2. B〖解析〗本题考查的是公司分立后的债务承担。公司分立应由股东（大）会做出决议，故选项C错误。公司分立前的债务由分立后的公司承担连带责任，与债权人另有约定的除外，故选项A错误。公司应当自做出分立决议之日起10日内通知债权人，并于30日内在报纸上公告，故选项D错误。

3. A〖解析〗本题考查的是公司解散和清算。除公司因合并或分立而解散，不必进行清算外，公司解散必须经过法定清算程序。公司清算结束后，清算组应当制作清算报告，报股东会、股东大会或者人民法院确认，并报送公司登记机关，申请注销公司登记，公告公司终止。因此正确答案为选项A。

4. A〖解析〗本题考查的是公司的法律人格与股东有限责任。公司向其他企业投资或者为他人提供担保，依照公司章程的规定，由董事会或者股东会、股东大会决议，据此可知，崇胜公司可以为王某提供担保，但是须经股东会决议通过，选项A正确，选项C和选项D错误。公司为公司股东或者实际控制人提供担保的，必须经股东会或者股东大会决议。该项表决由出席会议的其他股东所持表决权的过半数通过，老赵并不是崇胜公司的股东，崇胜公司也不是为其股东老李提供担保，故老李不需要回避表决，所以选项B错误。

5. C〖解析〗本题考查的是公司的设立。设立股份有限公司，应当有2人以上200人以下为发起人，其中须有半数以上的发起人在中国境内有住所。自然人、法人、非法人组织以及中国人和外国人都可以成为发起人，选项A错误，选项C正确。以发起方式设立股份有限公司的，注册资本为在公司登记机关登记的全体发起人认购的股本总额，选项B错误。以募集设立的方式设立股份有限公司的，注册资本为在公司登记机关登记的实收股本总额，发起人认购的股份不得少于公司股份总数的35%，选项D错误。

6. B〖解析〗本题考查的是有限责任公司的组织机构。股东会决定公司的经营方针，董事会决定公司的经营计划，所以选项A不符合规定。有限责任公司董事会的议事方式和表决程序，除公司法有规定外，由公司章程规定，所以选项B符合规定。决定有关董事的报酬事项，属于股东会职权，所以选项C不符合规定。监事会中的职工代表由公司职工通过职工代表大会、职工大会或者其他形式民主选举产生，所以选项D不符合规定。

【易错警示】考生一定要认真看选项，抓住关键词句，如若考生忽略掉关键词"经营方针"，那么很容易错选选项A。所以出现这样的选择题时，不能只读问题而忽视选项。

7. D〖解析〗本题考查的是股东诉讼的相关规定。根据规定，公司董事、高级管理人员执行公司职务时违反法律、行政法规或者公司章程的规定，给公司造成损失的，股份有限公司连续180日以上单独或者合计持有公司1%以上股份的股东，可以书面请求监事会向人民法院提起诉讼。如果监事会对此拒绝提起诉讼的，股份有限公司连续180日以上单独或者合计持有公司1%以上股份的股东，有权为了公司的利益以自己的名义直接向人民法院提起诉讼。

二、多项选择题答案及解析

1. ACD〖解析〗本题考查的是股东会的决议。对发行公司债券做出决议不属于公司股东会的特别决议。

2. ACD〖解析〗本题考查的是公司决议制度。决议内容违反法律、行政法规的，肯定无效；决议内容违反公司章程的，是可以撤销的；股东大会、董事会的会议召集程序、表决方式违反法律、行政法规或者公司章程的，是可以撤销的。

3. ACD〖解析〗本题考查的是公司的组织机构。有限责任公司首次股东会由出资最多的股东召集和主持，选项A正确。股东人数较少或者规模较小的有限责任公司，可以不设监事会，只设1~2名监事，监事的任期法定为3年，选项B错误。决定公司的经营方针和投资计划属于股东会的职权，选项C正确。股东人数较少或者规模较小的有限责任公司，可以不设董事会，只设1名执行董事，选项D正确。

4. AC〖解析〗本题考查的是公司的清算。在申报债权期间，清算组不得对债权人进行清偿，故选项A正确。公司应当在解散事由出现之日起15日内成立清算组，开始自行清算。有限责任公司的清算组由股东组成，股份有限公司的清算组由董事或者股东大会确定的人员组成，故选项B错误。公司财产不足以清偿债务时，债权人可以主张未缴出资股东，以及公司设立时的其他股东或者发起人在未缴出资范围内对公司债务承担连带清偿责任，故选项C正确。公司依法清算结束并办理注销登记

前，有关公司的民事诉讼，应当以公司的名义进行；公司成立清算组的，由清算组负责人代表公司参加诉讼；尚未成立清算组的，由原法定代表人代表公司参加诉讼，故选项D错误。

【易错警示】本题是对公司解散、清算组成立及其职权知识点全面的考查，知识点涉及面广，所以考生不论是平时学习还是审题，都需要仔细耐心，只要对教材中的基本知识牢固掌握，此题便可迎刃而解。

5. BD〖解析〗本题考查的是公积金。根据规定，法定公积金按照公司税后利润的10%提取，任意公积金按照公司股东会或者股东大会决议，从公司税后利润中提取，没有比例限制，选项B错误。用法定公积金转增资本时，转增后所留存的该项公积金不得少于转增前公司注册资本的25%，选项D错误。

6. AB〖解析〗本题考查的是股份有限公司的组织机构。根据规定，股份有限公司有下列情形之一的，应当在2个月内召开临时股东大会：①董事人数不足公司法律制度规定的人数或者公司章程所定人数的2/3时（本题该公司由于甲董事辞去董事职务而少于5人）；②公司未弥补的亏损达到股本总额的1/3时（本题该公司累计未弥补的亏损未达到股本总额的1/3）；③单独或者合计持有公司股份10%以上的股东请求时（本题仅为持有公司股份8%的股东请求）；④董事会认为必要时；⑤监事会提议召开时。

7. ACD〖解析〗本题考查的是担保的限制。公司可以为股东或实际控制人提供担保，接受担保的股东或受实际控制人支配的股东，不得参加表决。该表决由出席会议的其他股东所持表决权的过半数（＞1/2）通过，所以选项B错误。

8. ACD〖解析〗本题考查的是股东大会的职权。选项A和选项C属于股东大会的特别事项；选项B属于董事会的职权；公司为股东或者实际控制人提供担保的，必须经股东大会决议，所以选项D正确。

9. CD〖解析〗本题考查的是异议股东股份回购请求权。有下列情形之一的，对股东会该项决议投反对票的股东可以请求公司按照合理的价格收购其股权：①公司连续5年不向股

东分配利润，而公司该5年连续盈利，并且符合法律规定的分配利润条件的；②公司合并、分立、转让主要财产的；③公司章程规定的营业期限届满或者章程规定的其他解散事由出现，股东会会议通过决议修改章程使公司存续的。注意与股份有限公司收购本公司股份的情形相区分。根据公司法律制度规定，公司不得收购本公司股份。但是，有下列情形之一的除外：①减少公司注册资本；②与持有本公司股份的其他公司合并；③将股份奖励给本公司职工；④股东因对股东大会做出的公司合并、分立决议持异议，要求公司收购其股份的。

【易错警示】虽然此题只是考查对股东会该项决议投反对票的股东可以请求公司按照合理的价格收购其股权的情形，但是记忆的时候需要与其相反的情形对比记忆，区分它们之间的异同。

10. AD〖解析〗本题考查的是公司合并、分立与减资。对分立持异议的股东享有股份回购请求权，选项A正确。分立由股东大会决议，选项B错误。公司分立前的债务由分立后的公司承担连带责任，但是，公司在分立前与债权人就债务清偿达成的书面协议另有约定的除外，选项C错误，选项D正确。

【易错警示】选项C和选项D具有一定的相似性，不认真审题的考生往往会错选选项C。考生需要谨记：在题干情形下，该约定有效，甲公司的债权人依照其约定请求乙公司对甲公司的债务承担责任。

11. BC〖解析〗本题考查的是股份有限公司的股份发行和转让。根据规定，所收购的股份应当在1年内转让给职工，选项A错误。公司将股份奖励给本公司职工而收购股份的，不得超过本公司已发行股份总额的5%，选项D的说法错误。

12. ABD〖解析〗本题考查的是股东权利。有限责任公司的股东有权查阅、复制公司章程、股东会会议记录、董事会会议决议、监事会会议决议和财务会计报告，所以选项A、B、D正确。股东可以要求查阅公司会计账簿，但无权复制，选项C错误。

第7章 证券法律制度

考情分析

在近8年考试中，本章内容所占的平均分值为14分左右，题型为主观题和客观题，通常会将公司法律制度与证券法律制度相结合在主观题中进行考查，考生必须重视。

学习建议

本章考点分布广，记忆性的内容较多，建议考生在理解的基础上进行记忆。重点掌握股票的发行的条件、公司债券、上市公司收购、重大资产重组、强制信息披露制度、虚假陈述、内幕交易等相关内容。另外，本章涉及很多重要的指标数字，考生可列表规纳记忆。

本章考点概览

第7章　证券法律制度	1. 首次公开发行股票	★★
	2. 上市公司增发股票	★★
	3. 股票上市	★★
	4. 上市公司非公开发行股票的条件	★★
	5. 公司债券的发行	★★
	6. 公司债券的非公开发行和上市	★★★
	7. 上市公司收购概述	★
	8. 持股权益披露	★★★
	9. 豁免事项	★★
	10. 要约收购程序	★★
	11. 特殊类型收购	★★
	12. 上市公司重大资产重组	★★
	13. 强制信息披露制度	★★★
	14. 虚假陈述行为	★★★
	15. 内幕交易行为	★★★
	16. 操纵市场行为	★★

考点精讲

考点1　首次公开发行股票（★★）

1. 在主板和中小板上市的公司首次公开发行股票的条件

发行人成立时间满3年	股份有限公司应自成立后，持续经营时间在3年以上
	有限责任公司按原账面净资产值折股整体变更为股份有限公司的，持续经营时间可以从有限责任公司成立之日起计算，并达3年以上（经国务院批准，有限责任公司在依法变更为股份有限公司时，可以采取募集设立方式公开发行股票）。经国务院批准，可以不受上述时间的限制

最近3年稳定	发行人最近3年内主营业务和董事、高级管理人员没有发生重大变化，实际控制人没有发生变更
发行人的资产完整，人员、财务、机构和业务独立	（1）发行人的高级管理人员不得在控股股东、实际控制人及其控制的其他企业中担任除董事、监事以外的其他职务，不得领薪；发行人财务人员不得在其兼职 （2）不得与控股股东、实际控制人及其控制的其他企业共用银行账户 （3）不得有同业竞争或者显失公平的关联交易
应当具有持续盈利能力	不得有下列影响持续盈利能力情形： （1）发行人的经营模式、产品或服务的品种结构，行业地位或发行人所处行业的经营环境已经或者将发生重大变化 （2）发行人最近1个会计年度的营业收入或净利润对关联方或者存在重大不确定性的客户存在重大依赖 （3）发行人最近1个会计年度的净利润主要来自合并财务报表范围以外的投资收益 （4）发行人在用的商标、专利、专有技术以及特许经营权等重要资产或技术的取得或者使用存在重大不利变化的风险
财务状况良好	财务指标应当达到以下要求： （1）最近3个会计年度净利润均为正数且累计超过人民币3 000万元，净利润以扣除非经常性损益前后较低者为计算依据 （2）最近3个会计年度经营活动产生的现金流量净额累计超过人民币5 000万元；或者最近3个会计年度营业收入累计超过人民币3亿元 （3）发行前股本总额不少于人民币3 000万元 （4）最近一期期末无形资产（扣除土地使用权、水面养殖权和采矿权等后）占净资产的比例不高于20% （5）最近一期期末不存在未弥补亏损
发行人募集资金用途符合规定	募集资金原则上应当用于主营业务。除金融类企业外，募集资金使用项目不得为持有交易性金融资产和可供出售的金融资产、借予他人、委托理财等财务性投资，不得直接或者间接投资于以买卖有价证券为主要业务的公司
首次发行股票并上市的法定障碍	（1）最近36个月内未经法定机关核准，擅自公开或者变相公开发行过证券；或者有关违法行为虽然发生在36个月前，但目前仍处于持续状态 （2）最近36个月内违反工商、税收、土地、环保、海关以及其他法律、行政法规，受到行政处罚，且情节严重 （3）最近36个月内曾向中国证监会提出发行申请，但报送的发行申请文件有虚假记载、误导性陈述或重大遗漏；或者不符合发行条件以欺骗手段骗取发行核准；或者以不正当手段干扰中国证监会及其发行审核委员会审核工作；或者伪造、变造发行人或其董事、监事、高级管理人员的签字、盖章 （4）本次报送的发行申请文件有虚假记载、误导性陈述或者重大遗漏 （5）涉嫌犯罪被司法机关立案侦查，尚未有明确结论意见 （6）严重损害投资者合法权益和社会公共利益的其他情形

2. 在创业板上市的公司首次公开发行股票的条件

发行人	依法设立且持续经营3年以上的股份有限公司
盈利	最近2年连续盈利，最近2年净利润累计不少于1 000万元，且持续增长；或者最近1年盈利，且净利润不少于500万元，最近1年营业收入不少于5 000万元，最近2年营业收入增长率均不低于30%
期末净资产	最近一期末净资产不少于2 000万元，且不存在未弥补亏损
发行后股本	发行后股本总额不少于3 000万元
最近2年稳定	发行人最近2年内主营业务和董事、高级管理人员均没有发生重大变化，实际控制人没有发生变更

发行人依法纳税，享受的各项税收优惠；其经营成果对税收优惠不存在严重依赖。发行人不存在重大偿债风险，不存在影响持续经营的担保、诉讼以及仲裁等重大或有事项。

发行人会计基础工作规范、财务报表的编制符合企业会计准则和相关会计制度的规定，在所有重大方面公允地反映了发行人的财务状况、经营成果和现金流量，并由注册会计师出具无保留意见的审计报告。发行人内部控制制度健全且被有效执行，能够合理保证公司财务报告的可靠性、生产经营的合法性、营运的效率与效果，并由注册会计师出具无保留结论的内部控制鉴证报告。

发行人具有严格的资金管理制度，不存在资金被控股股东、实际控制人及其控制的其他企业以借款、代偿债务、代垫款项或者其他方式占用的情形。

发行人的公司章程已明确对外担保的审批权限和审议程序，不存在为控股股东、实际控制人及其控制的其他企业进行违规担保的情形。

发行人及其控股股东、实际控制人最近3年内不存在损害投资者合法权益和社会公共利益的重大违法行为；发行人及其控股股东、实际控制人最近3年内不存在未经法定机关核准，擅自公开或者变相公开发行证券，或者有关违法行为虽然发生在3年前，但目前仍处于持续状态的情形。

3. 中国证监会的核准

自证监会核准发行之日起，上市公司应在6个月内发行股票；超过6个月未发行的，核准文件失效，须经证监会重新核准后方可发行。上市公司发行股票前发生重大事项的，应暂缓发行，并及时报告证监会。该事项对本次发行条件构成重大影响的，发行股票的申请应重新经过证监会核准。

4. 证券的承销

方式	代销	承销期结束，将未售出的股票全部退还给发行人
	包销	全部购入然后再向投资者销售；或在承销结束时将剩余证券全部自行购入
价格		发行价格由发行人与承销的证券公司协商确定
承销团		向不特定对象公开发行的证券票面总值超过人民币5 000万元，应当由承销团承销
期限		最长不得超过90日
禁止		对所代销、包销的股票应当保证先行出售给认购人，证券公司不得为本公司预留所代销的股票和预先购入并留存所包销的股票
发行失败		股票发行采用代销方式，代销期限届满，向投资者出售的股票数量未达到拟公开发行股票数量70%的，为发行失败。发行人应当按照发行价并加算银行同期存款利息返还股票认购人

考点2 上市公司增发股票（★★）

1. 上市公司增发股票的一般条件

上市公司增发股票的一般条件

组织机构健全，运行良好	①现任董事、监事和高级管理人员具备任职资格，不存在违反《公司法》第147条、第148条规定的行为，且最近36个月内未受到过中国证监会的行政处罚、最近12个月内未受到过证券交易所的公开谴责 ②最近12个月内不存在违规对外提供担保的行为 ③上市公司与控股股东或实际控制人的人员、财产分开，机构、业务独立，能够自主经营管理
盈利能力应具有可持续性	①上市公司最近3个会计年度连续盈利，扣除非经常性损益后的净利润与扣除前的净利润相比，以低者作为计算依据 ②高级管理人员和核心技术人员稳定，最近12个月内未发生重大不利变化 ③不存在可能严重影响公司持续经营的担保、诉讼、仲裁或其他重大事项 ④最近24个月内曾公开发行证券的，不存在发行当年营业利润比上年下降50%以上的情形
财务状况良好	①最近3年及最近一期财务报表未被注册会计师出具：保留意见、否定意见或无法表示意见的审计报告 ②最近3年资产减值准备计提充分合理，不存在操纵经营业绩的情形 ③最近3年以现金方式累计分配的利润不少于最近3年实现的年均可分配利润的30%
财务会计文件无虚假记载	①上市公司不存在因违反证券法律、行政法规、规章，受到证监会行政处罚，或受到刑事处罚的行为 ②不存在因违反其他法律、行政法规、规章，受到行政处罚且情节严重，或受到刑事处罚的行为
募集资金的使用符合规定	①本次募集资金使用项目不得为持有交易性金融资产和可供出售的金融资产、借予他人、委托理财等财务性投资，不得直接或间接投资于以买卖有价证券为主要业务的公司，金融类企业除外 ②建立募集资金专项存储制度，募集资金必须存放于公司董事会决定的专项账户 ③募集资金数额不得超过项目需要量
上市公司不存在下列行为	①本次发行申请文件有虚假记载、误导性陈述或重大遗漏 ②擅自改变前次公开发行证券募集资金的用途而未作纠正 ③上市公司最近12个月内受到过证券交易所的公开谴责 ④上市公司及其控股股东或实际控制人最近12个月内存在未履行向投资者作出的公开承诺的行为 ⑤上市公司或其现任董事、高级管理人员因涉嫌犯罪被司法机关立案侦查或涉嫌违法违规被中国证监会立案调查 ⑥严重损害投资者合法权益和社会公共利益的其他情形

2. 上市公司向原股东配售股份（配股）的条件（6个一般条件+3个特殊条件）

上市公司向原股东配售股份（配股）的除了要符合上市公司增发股票的一般条件（6个）

外，还需要满足以下3个特殊条件。

（1）拟配售股份数量不超过本次配售股份前股本总额的30%。

（2）控股股东应当在股东大会召开前公开承诺认配股份的数量。

（3）采用代销方式发行。控股股东不履行认配股份的承诺，或者代销期限届满，原股东认购股票的数量未达到拟配售数量70%的，发行人应当按照发行价并加算银行同期存款利息返还已经认购的股东。

3. 上市公司向不特定对象公开募集股份（增发）的条件（6个一般条件+3个特殊条件）

上市公司向不特定对象公开募集股份的，除了要符合上市公司增发股票的一般条件（6个）外，还需要满足以下3个特殊条件。

（1）最近3个会计年度加权平均净资产收益率平均不低于6%，扣除非经常性损益后的净利润与扣除前的净利润相比，以低者作为加权平均净资产收益率的计算依据。

（2）除金融类企业外，最近一期期末不存在持有金额较大的交易性金融资产和可供出售的金融资产、借予他人款项、委托理财的情形。

（3）发行价格应不低于公告招股意向书前20个交易日公司股票均价或前一个交易日的均价。

考点3 股票上市（★★）

股票上市条件	（1）经核准已公开发行 （2）股本总额不少于人民币3 000万元 （3）公开发行的股份达到股份总数的25%以上；股本总额超过人民币4亿元的，该比例为10%以上 （4）最近3年无重大违法行为，财务会计报告无虚假记载
暂停上市	暂停上市公司股票上市的情形是股票被实施退市风险警示后： （1）公司披露的最近1个会计年度经审计的净利润继续为负值 （2）公司披露的最近1个会计年度经审计的期末净资产继续为负值 （3）公司披露的最近1个会计年度经审计的营业收入继续低于1 000万元 （4）公司披露的最近1个会计年度的财务会计报告被会计师事务所出具无法表示意见或者否定意见的审计报告 （5）公司在2个月内仍未按要求改正财务会计报告 （6）公司在2个月内仍未披露应披露的年度报告或者中期报告 （7）公司股本总额发生变化不具备上市条件 （8）公司在6个月内其股权分布仍不具备上市条件
终止上市	（1）因净利润、净资产、营业收入或者审计意见类型触及相关标准，其股票被暂停上市后，公司披露的最近1个会计年度经审计的财务会计报告存在扣除非经常性损益前后的净利润孰低者为负值、期末净资产为负值、营业收入低于1 000万元或者被会计师事务所出具保留意见、无法表示意见、否定意见的审计报告4种情形之一 （2）在本所仅发行A股股票的上市公司，通过本所交易系统连续120个交易日（不包含公司股票停牌日）实现的累计股票成交量低于500万股，或者连续20个交易日（不包含公司股票停牌日）的每日股票收盘价均低于股票面值 （3）因股权分布发生变化不具备上市条件触及标准，其股票被暂停上市后，公司在暂停上市6个月内股权分布仍不具备上市条件 （4）上市公司或者收购人以终止股票上市为目的回购股份或者要约收购，在方案实施后，公司股本总额、股权分布等发生变化不再具备上市条件 （5）上市公司被吸收合并 （6）股东大会在公司股票暂停上市期间做出终止上市的决议 （7）公司解散 （8）公司被法院宣告破产等

考点4 上市公司非公开发行股票的条件（★★）

发行对象 不超过10名		（1）证券投资基金管理公司以其管理的两只以上基金认购的，视为一个发行对象 （2）信托公司作为发行对象，只能以自有资金认购
禁止转让期间	36个月内不得转让 （大股东锁定期）	控股股东、实际控制人及其控制的关联人，通过认购本次发行的股份取得上市公司实际控制权的投资者，董事会拟引入的境内外战略投资者认购的股份
	12个月内不得转让 （小股东锁定期）	本次发行的股份自发行结束之日起，除上述之外的发行对象

续表

发行价格	不低于定价基准日前20个交易日公司股票均价的90%
法定障碍	（1）本次发行申请文件有虚假记载、误导性陈述或重大遗漏 （2）上市公司的权益被控股股东或实际控制人严重损害且尚未消除 （3）上市公司及其附属公司违规对外提供担保且尚未解除 （4）现任董事、高级管理人员最近36个月内受到过中国证监会的行政处罚，或者最近12个月内受到过证券交易所公开谴责 （5）上市公司或其现任董事、高级管理人员因涉嫌犯罪正被司法机关立案侦查或涉嫌违法违规正被中国证监会立案调查 （6）最近1年及最近一期财务报表被注册会计师出具保留意见、否定意见或无法表示意见的审计报告。保留意见、否定意见或无法表示意见所涉及事项的重大影响已经消除或者本次发行涉及重大重组的除外
非公开发行股票的程序	（1）董事会做出非公开发行股票决议，应当选择确定本次发行的定价基准日，并提请股东大会批准 （2）股东大会就发行事项做出决议，必须经出席会议的股东所持表决权的2/3以上通过（特别决议）。本次发行涉及关联股东的，应当回避表决 （3）非公开发行股票的发行对象均属于原前10名股东的，可以由上市公司自行销售（无须证券公司承销）

考点5　公司债券的发行（★★）

1. 发行对象

公司债券的公开发行是指既可以向公众投资者公开发行，也可以仅面向合格投资者公开发行。合格投资者，应当具备相应的风险识别和承担能力，知悉并自行承担公司债券的投资风险，并符合下列资质条件。

（1）经有关金融监管部门批准设立的金融机构，包括证券公司、基金管理公司及其子公司、期货公司、商业银行、保险公司和信托公司等，以及经中国证券投资基金业协会（以下简称基金业协会）登记的私募基金管理人。

（2）上述金融机构面向投资者发行的理财产品，包括但不限于证券公司资产管理产品、基金及基金子公司产品、期货公司资产管理产品、银行理财产品、保险产品、信托产品以及经基金业协会备案的私募基金。

（3）净资产不低于人民币1 000万元的企事业单位法人、合伙企业。

（4）名下金融资产不低于人民币300万元的个人投资者。

（5）合格境外机构投资者（QFII）、人民币合格境外机构投资者（RQFII）。

（6）社会保障基金、企业年金等养老基金，慈善基金等社会公益基金。

（7）经中国证监会认可的其他合格投资者。

2. 发行公司债券的条件

净资产	股份有限公司的净资产不得低于人民币3 000万元
	有限责任公司的净资产不低于人民币6 000万元
累计公司债券余额	本次发行后累计公司债券余额不超过最近一期末净资产额的40%；金融类公司的累计公司债券余额按金融企业的有关规定计算
利润	最近3个会计年度实现的年均可分配利润不少于公司债券1年的利息
用途	公开发行公司债券筹集的资金，必须用于核准的用途，不得用于弥补亏损和非生产性支出。募集的资金投向符合国家产业政策
不得发行公司债券（法定障碍）	（1）前一次公开发行的公司债券尚未募足 （2）对已发行的公司债券或者其他债务有违约或者迟延支付本息的事实，仍处于继续状态 （3）最近36个月内公司财务会计文件存在虚假记载，或公司存在其他重大违法行为 （4）本次发行申请文件存在虚假记载、误导性陈述或者重大遗漏 （5）违反规定，改变公开发行公司债券所募资金的用途。严重损害投资者合法权益和社会公共利益的其他情形

3. 公司债券的期限为1年以上，公司债券每张面值100元。

4. 发行向公众投资者公开发行公司债券的特殊条件

资信状况符合以下标准的公司债券可以向公众投资者公开发行，也可以自主选择仅面向合格投资者公开发行。

（1）发行人最近3年无债务违约或者迟延支付本息的事实。

（2）发行人最近3个会计年度实现的年均可分配利润不少于债券1年利息的1.5倍。

（3）债券信用评级达到AAA级。

（4）中国证监会根据投资者保护的需要规定的其他条件。

5．不得公开发行公司债券的情形

（1）前一次公开发行的公司债券尚未募足。

（2）对已发行的公司债券或者其他债务有违约或者延迟支付本息的事实，且仍处于继续状态。

（3）违反规定，改变公开发行公司债券所募集资金的用途。

（4）最近36个月内公司财务会计文件存在虚假记载，或者公司存在其他重大违法行为。

（5）本次发行申请文件存在虚假记载、误导性陈述或者重大遗漏。

（6）严重损害投资者合法权益和社会公共利益的其他情形。

6．募集资金的用途

公开发行公司债券募集的资金，必须用于核准的用途，不得用于弥补亏损和非生产性支出。

7．股份有限公司发行公司债券，属于股东大会的一般决议，应当经出席股东大会的股东所持表决权的过半数通过。

8．中国证监会的核准

（1）公开发行公司债券应当经过中国证监会核准。

（2）公开发行公司债券，可以申请一次核准，分期发行。自中国证监会核准发行之日起，发行人应当在12个月内完成首期发行，剩余数量应当在24个月内发行完毕。

9．重大事项的披露

发行人应当及时披露债券存续期内发生可能影响其偿债能力或者债券价格的下列重大事项：

（1）发行人经营方针、经营范围或者生产经营外部条件等发生重大变化；

（2）债券信用评级发生变化；

（3）发行人主要资产被查封、扣押、冻结；

（4）发行人发生未能清偿到期债务的违约情况；

（5）发行人当年累计新增借款或者对外提供担保超过上年末净资产的20%；

（6）发行人放弃债权或者财产，超过上年末净资产的10%；

（7）发行人发生超过上年末净资产10%的重大损失；

（8）发行人做出减资、合并、分立、解散及申请破产的决定；

（9）发行人涉及重大诉讼、仲裁事项或者受到重大行政处罚；

（10）保证人、担保物或者其他偿债保障措施发生重大变化；

（11）发行人情况发生重大变化导致可能不符合公司债券上市条件；

（12）发行人涉嫌犯罪被司法机关立案调查，发行人董事、监事、高级管理人员涉嫌犯罪被司法机关采取强制措施；

（13）其他对投资者做出投资决策有重大影响的事项。

考点6　公司债券的非公开发行和上市（★★★）

非公开发行	发行对象	发行后发行人股东人数不超过200人，也没有采用公开发行方式的发行股票。不需报经证监会的核准，但要遵守公司法律制度的规定，不承担证券法律制度规定的强制信息披露义务
	非公开发行公司证券无须经中国证监会核准	
	非公开发行公司证券是否进行信用评级由发行人确定，并在债券募集说明书中披露	

续表

上市	公司债券上市交易的条件	（1）公司债券的期限为1年以上 （2）公司债券实际发行额不少于人民币5 000万元 （3）公司申请债券上市时应符合法定的公司债券发行条件
	暂停上市	（1）公司有重大违法行为 （2）公司情况发生重大变化不符合上市条件 【名师点拨】股份有限公司的净资产不低于3 000万元，有限责任公司的净资产不低于6 000万元 （3）公司债券所募集资金不按照核准的用途使用 （4）未按照公司债券募集办法履行义务 （5）公司最近2年连续亏损

考点7　上市公司收购概述（★）

1. 上市公司收购的概念

收购投资者的目的	获得对上市公司的实际控制权
实际控制的情形	（1）投资者为上市公司持股50%以上的控股股东 （2）投资者可以实际支配上市公司股份表决权超过30% （3）投资者通过实际支配上市公司股份表决权能够决定公司董事会半数以上成员选任 （4）投资者依其可实际支配的上市公司股份表决权足以对公司股东大会的决议产生重大影响

2. 一致行动人

如无相反证据，投资者有下列情形之一的为一致行动人：

（1）投资者之间有股权控制关系；

（2）投资者受同一主体控制；

（3）投资者的董事、监事或者高级管理人员中的主要成员，同时在另一个投资者担任董事、监事或者高级管理人员；

（4）投资者参股另一投资者，可以对参股公司的重大决策产生重大影响；

（5）银行以外的其他法人、其他组织和自然人为投资者取得相关股份提供融资安排；

（6）投资者之间存在合伙、合作、联营等其他经济利益关系；

（7）持有投资者30%以上股份的自然人，与投资者持有同一上市公司股份；

（8）在投资者任职的董事、监事及高级管理人员，与投资者持有同一上市公司股份；

（9）持有投资者30%以上股份的自然人和在投资者任职的董事、监事及高级管理人员，其父母、配偶、子女及其配偶、配偶的父母、兄弟姐妹及其配偶、配偶的兄弟姐妹及其配偶等亲属，与投资者持有同一上市公司股份；

（10）在上市公司任职的董事、监事、高级管理人员及其前项所述亲属同时持有本公司股份的，或者与其自己或者其前项所述亲属直接或者间接控制的企业同时持有本公司股份；

（11）上市公司董事、监事、高级管理人员和员工与其所控制或者委托的法人或者其他组织持有本公司股份；

（12）投资者之间具有其他关联关系。

3. 禁止收购的情形

有下列情形之一的，不得收购上市公司：

（1）收购人负有数额较大债务，到期未清偿，且处于持续状态；

（2）收购人最近3年有重大违法行为或者涉嫌有重大违法行为；

（3）收购人最近3年有严重的证券市场失信行为；

（4）收购人为自然人的，存在《公司法》第146条规定情形（即不得担任公司的董事、监事、高级管理人员的规定）。

4. 收购人的义务

报告义务	（1）实施要约收购的收购人必须事先向中国证监会报送上市公司收购报告书 （2）要约收购完成后，收购人应当在15日内将收购情况报告中国证监会和证券交易所
禁售义务	收购人在要约收购期内，不得卖出被收购公司的股票
锁定义务	（1）收购人持有的被收购上市公司的股票，在收购行为完成后12个月内不得转让。在同一实际控制人控制的不同主体之间进行转让不受前述12个月的限制 （2）在一个上市公司中拥有权益的股份达到或者超过该公司已发行股份的30%的，自上述事实发生之日起1年后，每12个月内增持不超过该公司已发行的2%的股份，该增持不超过2%的股份锁定期为增持行为完成之日起6个月（小额增持6个月锁定）

考点8 持股权益披露（★★★）

1. 5%时的披露

达到5%	投资者及其一致行动人通过证券交易所的证券交易，拥有权益的股份达到一个上市公司已发行股份的5%时，应当在该事实发生之日起3日内编制权益变动报告书，向中国证监会、证券交易所提交书面报告，抄报该上市公司所在地的中国证监会派出机构，通知该上市公司，并予公告。在上述期限内，不得再行买卖该上市公司的股票
增减5%	投资者及其一致行动人拥有权益的股份达到一个上市公司已发行股份的5%后，通过证券交易所的证券交易，其拥有权益的股份占该上市公司已发行股份的比例每增加或者减少5%，应当依照前述规定进行报告和公告。在报告期限内和做出报告、公告后2日内，不得再行买卖该上市公司的股票

【名师点拨】如果投资者通过行政划转或者变更、执行法院裁定、继承、赠与等方式拥有权益的股份变动达到上述规定比例的，也应当履行权益披露义务。

2. 5%～30%的披露

5%（含）～ 20%（不含）	不是上市公司的第一大股东或实际控制人	简式权益变动报告书
	上市公司第一大股东或实际控制人	详式权益变动报告书
20%（含）～ 30%（不含）·	不是上市公司的第一大股东或实际控制人	详式权益变动报告书
	上市公司第一大股东或实际控制人	详式权益变动报告书

【名师点拨】已披露权益变动报告书的投资者及其一致行动人在披露之日起6个月内，因拥有权益的股份变动需要再次报告、公告权益变动报告书的，可以仅就与前次报告书不同的部分作出报告、公告。

考点9 豁免事项（★★）

免于以要约收购方式增持股份的事项	中国证监会在受理豁免申请后20个工作日内，就收购人所申请的具体事项做出是否予以豁免的决定；取得豁免的，收购人可以完成本次增持行为： （1）收购人与出让人能够证明本次股份转让是在同一实际控制人控制的不同主体之间进行，未导致上市公司的实际控制人发生变化 （2）上市公司面临严重财务困难，收购人提出的挽救公司的重组方案取得该公司股东大会批准，且收购人承诺3年内不转让其在该公司中所拥有的权益 （3）中国证监会为适应证券市场发展变化和保护投资者合法权益的需要而认定的其他情形
适用简易程序免于发出要约方式增持股份的事项	有下列情形之一的，当事人可以向中国证监会提出免于发出要约的申请，中国证监会自收到符合规定的申请文件之日起10个工作日（非简易程序为20个工作日）内未提出异议的，相关投资者可以向证券交易所和证券登记结算机构申请办理股份转让和过户登记手续： （1）经政府或者国有资产管理部门批准进行国有资产无偿划转、变更、合并，导致投资者在一个上市公司中拥有权益的股份占该上市公司已发行股份的比例超过30% （2）因上市公司按照股东大会批准的确定价格向特定股东回购股份而减少股本，导致当事人在该公司中拥有权益的股份超过该公司已发行股份的30% （3）中国证监会为适应证券市场发展变化和保护投资者合法权益的需要而认定的其他情形

续表

免于提出豁免申请直接办理股份转让和过户的事项	有下列情形之一的，相关投资者可以免于按照有关规定提出豁免申请，直接向证券交易所和证券登记结算机构申请办理股份转让和过户登记手续： （1）经上市公司股东大会非关联股东批准，投资者取得上市公司向其发行的新股，导致其在该公司拥有权益的股份超过该公司已发行股份的30%，投资者承诺3年内不转让本次向其发行的新股，且公司股东大会同意投资者免于发出要约 （2）在一个上市公司中拥有权益的股份达到或者超过该公司已发行股份的30%的，自上述事实发生之日起1年后，每12个月内增持不超过该公司已发行的2%的股份 （3）在一个上市公司中拥有权益的股份达到或者超过该公司已发行股份的50%的，继续增加其在该公司拥有的权益不影响该公司的上市地位 （4）证券公司、银行等金融机构在其经营范围内依法从事承销、贷款等业务导致其持有一个上市公司已发行股份超过30%，没有实际控制该公司的行为或者意图，并且提出在合理期限内向非关联方转让相关股份的解决方案 （5）因继承导致在一个上市公司中拥有权益的股份超过该公司已发行股份的30% （6）因履行"约定购回式证券交易协议"购回上市公司股份，导致投资者在一个上市公司中拥有权益的股份超过该公司已发行股份的30%，并且能够证明标的股份的表决权在协议期间未发生转移 （7）因所持优先股表决权依法恢复导致投资者在一个上市公司中拥有权益的股份超过该公司已发行股份的30%

考点10　要约收购程序（★★）

方式	全面要约：向被收购公司的所有股东发出收购其所持有的全部股份要约
	部分要约：向被收购公司所有股东发出收购其所持有的部分股份要约
收购数量	预定收购的股份比例不得低于该上市公司已发行股份的5%
要约有效期	（1）不得少于30日，并不得超过60日；但出现竞争要约的除外 （2）公告之日起12个月内，收购人不得再次对同一上市公司进行收购 （3）在收购要约确定的承诺期限内，收购人"不得撤销"其收购要约 （4）在收购要约确定的承诺期内，收购人需要变更收购要约的，必须事先向中国证监会提出书面报告，经中国证监会批准后，予以公告
价格	要约收购的，对同一种类股票的要约价格，不得低于要约收购提示性公告日前6个月内收购人取得该种股票所支付的最高价格
预受要约	在要约收购期限届满3个交易日前，预受股东可以委托证券公司办理撤回预受要约的手续；在要约收购期限届满前3个交易日内，预受股东不得撤回其对要约的接受
要约期满	（1）预受要约股份的数量超过预定收购数量时，收购人应当按照同等比例收购预受要约的股份 （2）收购期限届满后15日内，收购人应当向中国证监会报送关于收购情况的书面报告

【名师点拨】收购人持有的被收购的上市公司的股票，在收购行为完成后的12个月内不得转让。但如果收购人在被收购公司中拥有权益的股份在同一实际控制人控制的不同主体之间进行转让不受前述12个月的限制。

考点11　特殊类型收购（★★）

1. 协议收购

过渡期	过渡期指自签订收购协议起至相关股份完成过户的期间 在过渡期内： （1）收购人不得通过控股股东提议改选上市公司董事会，确有充分理由改选董事会的，来自收购人的董事不得超过董事会成员的1/3 （2）被收购公司不得为收购人及其关联方提供担保 （3）被收购公司不得公开发行股份募集资金，不得进行重大购买、出售资产及重大投资行为或者与收购人及其关联方进行其他关联交易，但收购人为挽救陷入危机或者面临严重财务困难的上市公司的情形除外
出让股份之控股股东的义务	（1）应当对收购人的主体资格、诚信情况及收购意图进行调查，并在其权益变动报告书中披露有关调查情况 （2）控股股东及其关联方未清偿其对公司的负债，未解除公司为其负债提供的担保，或者存在损害公司利益的其他情形的，被收购公司董事会应当对前述情形及时予以披露，并采取有效措施维护公司利益

续表

股权过户	（1）收购人在收购报告书公告后30日内仍未完成股份过户手续，应立即做出公告，说明理由 （2）未完成相关股份过户期间，应每隔30日公告相关股份过户办理进展情况
管理层收购	（1）管理层收购是指上市公司董事、监事、高级管理人员、员工或者其所控制或者委托的法人或者其他组织，拟对本公司进行收购或者通过间接收购方式取得本公司的控制权 （2）上市公司董事、监事、高级管理人员存在《公司法》第147条规定情形（董事高管违反忠实勤勉义务），或者最近3年有证券市场不良诚信记录的，不得收购本公司

2. 间接收购

（1）收购人虽不是上市公司的股东，但通过投资关系、协议、其他安排导致其拥有权益的股份达到或者超过一个上市公司已发行股份的5%，未超过30%的，应当按照规定做权益披露。《上市公司收购管理办法》统一将这些其他安排称为间接收购。

（2）收购人拥有权益的股份超过该公司已发行股份的30%的，应当向该公司所有股东发出全面要约；收购人预计无法在事实发生之日起30日内发出全面要约的，应当在前述30日内促使其控制的股东将所持有的上市公司股份减持至30%或30%以下。

（3）投资者虽不是上市公司的股东，但通过投资关系取得对上市公司股东的控制权，而受其支配的上市公司股东所持股份达到规定比例，且对该股东的资产和利润构成重大影响的，应当按照规定履行报告、公告义务。

（4）上市公司实际控制人及受其支配的股东，负有配合上市公司真实、准确、完整地披露有关实际控制人发生变化的信息的义务。

考点12　上市公司重大资产重组（★★）

1. 重大资产重组行为的界定

购买、出售资产达到下列标准之一的构成重大资产重组	购买、出售的资产总额占上市公司最近一个会计年度经审计的合并财务会计报告期末资产总额的比例达到50%以上
	购买、出售的资产在最近一个会计年度所产生的营业收入占上市公司同期经审计的合并财务会计报告营业收入的比例达到50%以上
	购买、出售的资产净额占上市公司最近一个会计年度经审计的合并财务会计报告期末净资产额的比例达到50%以上，且超过5 000万元人民币

2. 重大资产重组行为的要求

上市公司实施重大资产重组要求	（1）符合国家产业政策和有关环境保护、土地管理、反垄断等法律和行政法规的规定 （2）不会导致上市公司不符合股票上市条件 （3）重大资产重组所涉及的资产定价公允，不存在损害上市公司和股东合法权益的情形 （4）重大资产重组所涉及的资产权属清晰，资产过户或者转移不存在法律障碍，相关债权债务处理合法 （5）有利于上市公司增强持续经营能力，不存在可能导致上市公司重组后主要资产为现金或者无具体经营业务的情形 （6）有利于上市公司在业务、资产、财务、人员、机构等方面与实际控制人及其关联人保持独立，符合中国证监会关于上市公司独立性的相关规定 （7）有利于上市公司形成或者保持健全有效的法人治理结构
借壳上市	（1）借壳上市的定义：自控制权发生变更之日起，上市公司向收购人购买的资产总额，占上市公司控制权发生变更的前一个会计年度经审计的合并财务会计报告期末资产总额的比例达到100%以上的交易行为 （2）借壳上市的要求：拟借壳对应的经营实体持续经营时间应当在3年以上，最近2个会计年度净利润均为正数且累计超过2 000万元 （3）中国证监会发布通知规定：上市公司重大资产重组方案构成借壳上市的，上市公司购买的资产对应的经营实体应当是股份有限公司或者有限责任公司，且符合《首次公开发行股票并上市管理办法》规定的发行条件。通知还规定，不得在创业板借壳上市

3. 发行股份购买资产的规定

（1）上市公司发行股份购买资产，应当符合下列规定。

①有利于提高上市公司资产质量、改善公司财务状况和增强持续盈利能力；有利于上市公司减少关联交易和避免同业竞争，增强独立性。

②上市公司最近1年及最近一期财务会计报告被注册会计师出具无保留意见审计报告；被出具保留意见、否定意见或者无法表示意见的审计报告的，须经注册会计师专项核查确认，该保留意见、否定意见或者无法表示意见所涉及事项的重大影响已经消除或者将通过本次交易予以消除。

③上市公司发行股份所购买的资产，应当为权属清晰的经营性资产，并能在约定期限内办理完毕权属转移手续。

（2）特定对象以资产认购而取得的上市公司股份，自股份发行结束之日起12个月内不得转让。

（3）属于下列情形之一的，36个月内不得转让。

①特定对象为上市公司控股股东、实际控制人或者其控制的关联人。

②特定对象通过认购本次发行的股份取得上市公司的实际控制权。

③特定对象取得本次发行的股份时，对其用于认购股份的资产持续拥有权益的时间不足12个月。

4．信息披露和公司决议

信息披露	（1）重大资产重组涉及上市公司重大变化，属于重大信息，应当及时披露（临时报告）。比较特殊的是盈利预测的信息披露要求 （2）应当提供上市公司的盈利预测报告的情形 ①上市公司出售资产的总额和购买资产的总额占其最近1个会计年度经审计的合并财务会计报告期末资产总额的比例均达到70%以上 ②上市公司出售全部的经营性资产，同时购买其他资产的
公司决议	（1）上市公司股东大会就重大资产重组事项做出决议，必须经出席会议的股东所持表决权的2/3以上通过（特别决议） （2）上市公司重大资产重组事宜与本公司股东或者其关联人存在关联关系的，关联股东应当回避表决

考点13　强制信息披露制度（★★★）

1．信息披露的内容

（1）首次信息披露

首次信息披露	主要有招股说明书、债券募集说明书和上市公告书
	招股说明书：①预先披露的招股说明书不是发行人发行股票的正式文件，不能含有价格信息，发行人不得据此发行股票。②招股说明书中引用的财务报表在其最近一期截止日后6个月内有效。在特别情况下发行人可适当申请延长，但至多不超过1个月（最长7个月）。③招股说明书的有效期为6个月，自中国证监会核准发行申请前招股说明书最后一次签署之日起计算。④招股说明书上的意见。确认意见——发行人及其全体董事、监事和高级管理人员签署，对于在创业板上市的公司来说，应由发行人的控股股东、实际控制人签署；核查意见——由保荐人及其代表人签署

（2）持续信息披露

持续信息披露	定期报告	①年度报告：应当在每个会计年度结束之日起4个月内编制完成并披露 ②中期报告：应当在每个会计年度的上半年结束之日起2个月内编制完成并披露 ③季度报告：应当在每个会计年度第3个月、第9个月结束后的1个月内编制完成并披露			
		要求	编制者	经理、财务负责人、董事会秘书等高级管理人员	董事、高级管理人员对公司定期报告签署书面确认意见	上市公司董事、监事、高级管理人员应保证上市公司所披露的信息真实、准确、完整
			审议者	董事会		
			审核者	监事会	监事会对公司定期报告提出书面审核意见	

续表

持续信息披露	临时报告	重大事件认定： （1）公司的经营方针和经营范围的重大变化 （2）公司的重大投资行为和重大的购置财产的决定 （3）公司订立重要合同，可能对公司的资产、负债、权益和经营成果产生重要影响 （4）公司发生重大债务和未能清偿到期重大债务的违约情况，或者发生大额赔偿责任 （5）公司发生重大亏损或者重大损失 （6）公司生产经营的外部条件发生的重大变化 （7）公司的董事、1/3以上监事或者经理发生变动；董事长或者经理无法履行职责 （8）持有公司5%以上股份的股东或者实际控制人，其持有股份或者控制公司的情况发生较大变化 （9）公司减资、合并、分立、解散及申请破产的决定，或者依法进入破产程序、被责令关闭 （10）涉及公司的重大诉讼、仲裁，股东大会、董事会决议被依法撤销或者宣告无效 （11）公司涉嫌违法违规被有权机关调查或者受到刑事处罚、重大行政处罚，公司董事、监事、高级管理人员涉嫌违法违纪被有权机关调查或者采取强制措施 （12）新公布的法律、法规、规章、行业政策可能对公司产生重大影响 （13）董事会就发行新股或者其他再融资方案、股权激励方案形成相关决议 （14）法院裁决禁止控股股东转让其所持股份，任一股东所持公司5%以上股份被质押、冻结、司法拍卖、托管、设定信托或者被依法限制表决权 （15）主要资产被查封、扣押、冻结或者被抵押、质押 （16）主要或者全部业务陷入停顿 （17）对外提供重大担保 （18）获得大额政府补贴等可能对公司资产、负债、权益或者经营成果产生重大影响的额外收益 （19）变更会计政策、会计估计 （20）因前期已披露的信息存在差错、未按规定披露或者虚假记载，被有关机关责令改正或者经董事会决定进行更正
	披露时间	在最先发生的以下任一时点及时披露（2个交易日内）： ①董事会或监事会就该重大事件形成决议时 ②有关各方就该重大事件签署意向书或协议时 ③董事、监事或高级管理人员知悉该重大事件发生并报告时
		提前披露的情形： ①该重大事件难以保密 ②重大事件已经泄露或者市场出现传闻 ③公司证券及其衍生品种出现异常交易情况

2．上市公司的股东、实际控制人在信息披露工作中的职责

在发生以下事件时，上市公司的股东，实际控制人应当主动告知上市公司董事会，并配合上市公司履行信息披露义务：

①持有公司5%以上股份的股东或者实际控制人，其持有股份或者控制公司的情况发生较大变化的。

②法院裁决禁止控股股东转让其所持股份，任何一个股东所持公司5%以上股份被质押、冻结、司法拍卖、托管、设定信托或者被依法限制表决权的。

③拟对上市公司进行重大资产或者业务重组的。

考点14　虚假陈述行为（★★★）

1．虚假陈述行为界定

虚假陈述行为的具体情形	（1）发行人、上市公司和其他信息披露义务人在招股说明书、公司债券募集办法、上市公告书、公司定期报告、临时报告及其他文件中做出虚假陈述 （2）律师事务所、会计师事务所、资产评估机构等专业性证券服务机构在其出具的法律意见书、审计报告、资产评估报告及参与制作的其他文件中做出虚假陈述 （3）上述人等在向证券监管部门提交的各种文件、报告和说明中做出虚假陈述 （4）发行人、上市公司和其他信息披露义务人未按照规定披露信息，包括未按照规定的方式进行披露、未及时披露等 （5）在证券发行、交易及其相关活动中的其他虚假陈述

续表

	发行人、上市公司	无过错责任：只要虚假陈述，应当赔偿
虚假陈述的民事责任	发行人、上市公司的董事、监事、高级管理人员和其他直接责任人员，保荐人、承销的证券公司，证券服务机构	过错推定责任：与发行人、上市公司承担连带责任，但能够证明自己没有过错的除外
	发行人、上市公司的控股股东、实际控制人	过错责任：有过错的，与发行人、上市公司承担连带赔偿责任，但能够证明自己没有过错的除外

2. 构成法律上的虚假陈述行为，应当对重大事件做出虚假陈述。同时，虚假陈述行为与投资人的损害结果之间存在因果关系。这种因果关系主要有以下情形：

（1）投资人所投资的是与虚假陈述直接关联的证券；

（2）投资人在虚假陈述实施日及以后，至揭露日或者更正日之前买入该证券；

（3）投资人在虚假陈述揭露日或者更正日及以后，因卖出该证券发生亏损，或者因持续持有该证券而产生亏损。

3. 如果被告举证证明原告具有以下情形的，人民法院应当认定虚假陈述与损害结果之间不存在因果关系：

（1）在虚假陈述揭露日或者更正日之前已经卖出证券；

（2）在虚假陈述揭露日或者更正日及以后进行的投资；

（3）明知虚假陈述存在而进行的投资；

（4）损失或者部分损失是由证券市场系统风险等其他因素所导致；

（5）属于恶意投资、操纵证券价格的。

考点15 内幕交易行为（★★★）

1. 内幕交易是指证券交易内幕信息的知情人员利用内幕信息进行证券交易的行为。

内幕信息知情人员禁止的3种情形：①自行买卖；②泄露信息；③建议他人买卖。

2. 内幕人员的界定

（1）发行人的董事、监事、高级管理人员。

（2）持有公司5%以上股份的股东及其董事、监事、高级管理人员。上市公司的实际控制人及其董事、监事、高级管理人员。

（3）发行人控股的公司及其董事、监事、高级管理人员。

（4）由于所任公司职务可以获取公司有关内幕信息的人员。

（5）中国证监会工作人员以及由于法定职责对证券的发行、交易进行管理的其他人员。

（6）保荐人、承销的证券公司、证券交易所、证券登记结算机构、证券服务机构的有关人员。

3. 下列信息均属于内幕信息

（1）应当发布临时报告的重大事件。

（2）公司分配股利或者增资的计划。

（3）公司股权结构的重大变化。

（4）公司债务担保的重大变更。

（5）公司营业用主要资产的抵押、出售或者报废一次超过该资产的30%。

（6）公司的董事、监事、高级管理人员的行为可能依法承担重大损害赔偿责任。

（7）上市公司收购的有关方案。

（8）国务院证券监督管理机构认定的对证券交易价格有显著影响的其他重要信息。

【名师点拨】在证券交易活动中，凡涉及公司的经营、财务或者对该公司证券的市场价格有重大影响的尚未公开的信息，为内幕信息。重大事件一定属于内幕信息；内幕信息不一定属于重大事件。

4. 具有下列情形之一的，不属于刑法上的内幕交易行为：

（1）持有或者通过协议、其他安排与他人共同持有上市公司5%以上股份的自然人、法人或者其他组织收购该上市公司股份的；

（2）按照事先订立的书面合同、指令、计划从事相关证券、期货交易的；

（3）依据已被他人披露的信息而交易的；

（4）交易具有其他正当理由或者正当信息来源的。

5. 短线交易

（1）上市公司董事、监事、高级管理人员、持有上市公司股份5%以上的股东，将其持有的该公司的股票在买入后6个月内卖出，或者在卖出后6个月内又买入，由此所得收益归该公司所有，公司董事会应当收回其所得收益。

【名师点拨】证券公司因包销购入售后剩余股票而持有5%以上股份的，卖出该股票不受6个月时间限制。

（2）公司董事会不按照前款规定执行的，其他股东有权要求董事会在30日内执行。公司董事会未在上述期限内执行的，股东有权为了公司的利益以自己的名义直接向人民法院提起诉讼。负有责任的董事依法承担连带责任。

考点16 操纵市场行为（★★）

1. 操纵市场行为认定

（1）单独或者通过合谋，集中资金优势、持股优势或者利用信息优势联合或者连续买卖，操纵证券交易价格或者证券交易量。

（2）与他人串通，以事先约定的时间、价格和方式相互进行证券交易，影响证券交易价格或者证券交易量。

（3）在自己实际控制的账户之间进行证券交易，影响证券交易价格或者证券交易量。

（4）以其他手段操纵证券市场

①利用修改计算机信息系统存储数据的方法，人为操纵股票价格。

②某些投资者通过在短时间内对某只股票频繁以高价申报买入，在成交前又撤单的行为操纵股票价格获利。

③某些投资者故意在开盘竞价阶段以大量涨停价买入，但在最后时刻又撤单。

④某些证券投资咨询机构和个人，利用其从事证券投资咨询业务的地位和优势，在咨询报告发布前，买入报告推荐的证券，并在报告向社会公众发布后卖出该种证券的行为。

2. 利用信息的操纵市场

（1）禁止国家工作人员、传播媒介从业人员和有关人员编造、传播虚假信息，扰乱证券市场。

（2）禁止证券交易所、证券公司、证券登记结算机构、证券服务机构及其从业人员，证券业协会、证券监督管理机构及其工作人员，在证券交易活动中做出虚假陈述或者信息误导。

历年真题

一、单项选择题

1. 【2015年真题】根据证券法律制度的规定，下列关于证券交易所大宗交易时间的表述中，正确的是（   ）。

A. 交易日9:25—9:30　　　　　　　　B. 交易日9:15—9:25

C.　交易日14:30—15:00　　　　　D.　交易日15:00—15:30

2.　【2014年真题】根据证券法律制度的规定，下列主体中，对招股说明书中的虚假记载承担无过错责任的是（　　　）。

A.　发行人　　　　　　　　　　B.　保荐人

C.　承销人　　　　　　　　　　D.　实际控制人

3.　【2013年真题】某上市公司拟发行公司债券。根据证券法律制度的有关规定，下列各项中，表述不正确的是（　　　）。

A.　发行公司债券，可以申请一次核准，分期发行

B.　自中国证监会核准发行之日起，公司应在6个月内完成首期发行，剩余数量应当24个月内发行完毕

C.　首期发行数量应当不少于总发行数量的40%，剩余各期发行的数量由公司自行确定

D.　超过核准文件限定的时效未发行的，须重新经中国证监会核准后方可发行

4.　【2012年真题】下列关于招股说明书中引用的财务报表的有效期的表述中，符合证券法律制度规定的是（　　　）。

A.　招股说明书中引用的财务报表在其近一期截止日后3个月内有效。特别情况下发行人可申请适当延长，但至多不超过1个月

B.　招股说明书中引用的财务报表在其近一期截止日后3个月内有效。特别情况下发行人可申请适当延长，但至多不超过6个月

C.　招股说明书中引用的财务报表在其近一期截止日后6个月内有效。特别情况下发行人可申请适当延长，但至多不超过1个月

D.　招股说明书中引用的财务报表在其近一期截止日后6个月内有效。特别情况下发行人可申请适当延长，但至多不超过3个月

5.　【2011年真题】甲上市公司拟非公开发行股票，其发行方案的下列内容中，符合证券法律制度规定的是（　　　）。

A.　本次非公开发行股票的对象为20名机构投资者

B.　本次非公开发行股票的对象中包括乙信托公司管理的一个集合资金信托计划

C.　本次非公开发行股票的发行价格，不得低于定价基准日前20个交易日公司股票均价的90%

D.　投资者在本次非公开发行中认购的股份，自发行结束之日起3个月内不得转让

6.　【2010年真题】根据证券法律制度的规定，下列关于上市公司公开发行可转换公司债券的表述中正确的是（　　　）。

A.　所有上市公司公开发行可转换公司债券均应由第三方提供担保

B.　上市商业银行可以作为上市公司公开发行可转换公司债券的担保人

C.　证券公司可以作为上市公司公开发行可转换公司债券的担保人

D.　证券投资基金的基金财产可以为上市公司公开发行可转换公司债券提供担保

7.　【2010年真题】上市公司董事、监事和高级管理人员在信息披露工作中应当履行相应的职责，下列表述中，符合证券法律制度规定的是（　　　）。

A.　上市公司董事应对公司年度报告签署书面审核意见

B.　上市公司监事应对公司年度报告签署书面确认意见

C.　上市公司高级管理人员应对公司年度报告签署书面审核意见

D.　上市公司监事会应对公司年度报告签署书面审核意见

二、多项选择题

1.　【2015年真题】根据证券法律制度的规定，股份有限公司的下列股份发行或转让活动中，

可以豁免向证监会申请核准的有（　　　）。
A. 在全国中小企业股份转让系统挂牌的公司拟向特定对象定向发行股份，发行后股份预计达到195人
B. 因向公司核心员工转让股份导致股东累计达到220人，但在1个月内降至195人
C. 股东累计已达195人的公司拟公开转让股份
D. 公司获得定向核准后第13个月，拟使用未完成的核准额度继续发行

2.【2014年真题】根据证券法律制度的规定，下列情形中，须经中国证监会核准的有（　　　）。
A. 甲上市公司向某战略投资者定向增发股票
B. 乙上市公司向所有现有股东配股
C. 有30名股东的丙非上市股份有限公司拟将其股票公开转让
D. 有199名股东的丁非上市股份有限公司拟通过增资引入3名风险投资人

3.【2012年真题B卷】下列关于公司债券发行的表述中，符合证券法律制度规定的有（　　　）。
A. 公司债券每张面值1元
B. 债券的利率不得超过国务院限定的利率水平
C. 为公开发行可转换公司债券提供担保的，应为全额担保
D. 公开发行公司债券募集的资金不得用于弥补亏损和非生产性支出

4.【2011年真题】上市公司发生下列情形时，属于证券法律制度禁止其增发股票的有（　　　）。
A. 公司在3年前曾经公开发行过可转换公司债券
B. 公司现任监事在近36个月内曾经受到过中国证监会的行政处罚
C. 公司在前年曾经严重亏损
D. 公司现任董事因涉嫌违法已被中国证监会立案调查

5.【2010年真题】甲公司是一家上市公司。下列股票交易行为中，为证券法律制度所禁止的有（　　　）。
A. 持有甲公司3%股权的股东李某已将其所持全部股权转让于他人，甲公司董事张某在获悉该消息后，告知其朋友王某，王某在该消息为公众所知悉前将其持有的甲公司股票全部卖出
B. 乙公司经研究认为甲公司去年盈利状况超出市场预期，在甲公司公布年报前购入甲公司4%的股权
C. 甲公司董事张某在董事会审议年度报告时，知悉了甲公司去年盈利超出市场预期的消息，在年报公布前买入了本公司股票10万股
D. 甲公司的收发室工作人员刘某看到了中国证监会寄来的公司因涉嫌证券被立案调查的通知，在该消息公告前卖出了其持有的本公司股票

6.【2010年真题】甲上市公司正在与乙公司商谈合并事项。下列关于甲公司信息披露的表述中，正确的有（　　　）。
A. 一旦甲公司与乙公司开始谈判，甲公司就应当公告披露合并事项
B. 当市场出现甲公司与乙公司合并的传闻，并导致甲公司股价出现异常波动时，甲公司应当公告披露合并事项
C. 当甲公司与乙公司签订合并协议时，甲公司应当公告披露合并事项
D. 当甲公司派人对乙公司进行尽职调查以确定合并价格时，甲公司应当公告披露合并事项

三、案例分析题

1.【2015年真题】恒利发展是在上海证券交易所挂牌的上市公司，股本总额10亿元，主营业务为医疗器械研发与生产。维义高科是从事互联网医疗业务的有限责任公司，甲公司和乙公

司分别持有维义高科90%和10%的股权。为谋求业务转型，2015年6月3日，恒利发展与维义高科、甲公司、乙公司签署了四方重组协议书，协议的主要内容包括：①恒利发展以主业资产及负债（资产净额经评估为9亿元），置换甲公司持有的维义高科的全部股权；②恒利发展以1亿元现金购买乙公司持有的维义高科的全部股权。恒利发展最近一个会计年度经审计的合并财务会计报告显示期末净资产额为17亿元。

恒利发展拟通过非公开发行公司债券的方式筹集1亿元收购资金，并初拟了发行方案，内容如下：①拟发行的公司债券规模为1亿元，期限5年，面值10元；②发行对象为不超过300名的合格投资者，其中：企事业单位、合伙企业的净资产不得低于500万元，个人投资者名下金融资产不得低于100万元。董事会讨论后，对上述方案中不符合证券法律制度规定的内容进行了修改。

恒利发展召开的临时股东大会对资产重组和公司债券发行事项分别进行了表决，出席该次股东大会的股东共持有4.5亿股有表决权的股票，关于资产重组的议案获得3.1亿股赞成票，关于发行公司债券的议案获得2.3亿股赞成票，该次股东大会宣布两项议案均获得通过。在上述两项方案的表决中，持股比例为0.1%的股东孙某均投了反对票。根据前述表决结果，孙某认为，两议案的赞成票数均未达到法定比例，不能形成有效的股东大会决议。孙某还对恒利发展通过置换方式出让主业资产持反对意见，遂要求公司回购其持有的恒利发展的全部股份，被公司拒绝。随后，孙某书面请求监事会对公司全体董事提起诉讼，称公司全体董事在资产重组交易中低估了公司主业资产的价值，未尽到勤勉义务，给公司造成巨大损失，应承担赔偿责任，亦被拒绝，孙某遂直接向人民法院提起股东代表诉讼，人民法院裁定不予受理。

要求：

根据上述内容，分别回答下列问题。

（1）该资产重组交易是否应向中国证监会申请核准？并说明理由。

（2）公司初拟的非公开发行公司债券方案中，有哪些内容不符合证券法律制度的规定？并分别说明理由。

（3）临时股东大会做出的重大资产重组决议，是否符合法定表决权比例？并说明理由。

（4）临时股东大会做出的公司债券发行决议，是否符合法定表决权比例？并说明理由。

（5）恒利发展是否有义务回购股东孙某所持公司的股份？并说明理由。

（6）人民法院对孙某的起诉裁定不予受理，是否符合法律规定？并说明理由。

2. 【2012年真题】A股份有限公司（简称A公司）注册资本为8 000万元。甲系A公司控股股东，持股比例为35%。乙持有A公司股份192万股。2007年8月20日，乙听到A公司欲进行产业转型的传闻，遂通过电话向A公司提出查阅董事会近一年来历次会议决议的要求。次日，A公司以乙未提出书面请求为由予以拒绝。

同年9月30日，A公司召开临时股东大会，通过如下决议：①公司变更主营业务，出售下属工厂；②授权董事会适时增持B上市公司（简称B公司）的股份，使A公司持有的B公司股份从3%增至30%。此时，C有限责任公司（简称C公司）持有B公司5%的股份，而甲则持有C公司51%的股权。在股东大会上，乙对两项决议均投反对票。10月11日，乙要求A公司回购其股份，遭拒绝。

丙持有B公司51%的股份。2007年10月12日，A公司与丙商谈收购丙所持B公司股份事宜。自10月15日起，B公司股价连续两日涨停。B公司遂披露公司控股股东正在商谈股份转让事宜，但未有实质性进展。10月25日，A公司宣布将依据与丙签订的协议从丙处收购B公司22%的股份，另再通过要约收购方式增持B公司5%的股份。

10月26日，A公司发布《要约收购报告书摘要》，宣布拟向B公司所有股东要约收购5%的股份，支付方式为A公司持有的另一家上市公司的股份。乙就此向中国证监会举报，认为A公司应向B公司所有股东发出收购其所持有的全部股份的要约，同时认为要约收购的价款支付应当采用现金方式。中国证监会接到举报后未采取行动。11月20日，A公司正式发布要约。要约期满，预受要约的股份达到B公司股份总额的8%。收购顺利完成。

2008年6月10日，因流动资金紧张，A公司向C公司卖出所持的B公司部分股份，获利800万元。此举引发B公司股价下挫。6月13日，乙向中国证监会举报，认为收购人收购的股份在收购完成后12个月内不得转让。中国证监会亦未采取行动。7月2日，乙向B公司董事会书面提出，A公司转让B公司股份所得800万元利润，应归B公司所有。

要求： 根据上述内容，分别回答下列问题。

（1）A公司拒绝乙查询董事会会议决议之请求的理由是否成立？并说明理由。

（2）A公司是否有权拒绝回购乙所持有的本公司股份？并说明理由。

（3）B公司在本公司股价连续两日涨停的情况下，是否有义务披露尚在进行中的收购谈判事项？并说明理由。

（4）A公司能否通过协议收购方式，一次性向丙收购其所持有的B公司27%的股份？并说明理由。

（5）乙关于A公司应向B公司全体股东发出收购其所持全部股份的要约的主张是否成立？并说明理由。

（6）乙关于A公司的要约收购价款应当用现金支付的观点是否成立？并说明理由。

（7）A公司拟要约收购B公司股份总额的5%，而实际预受要约的股份达到总额的8%，A公司应如何处理？

（8）乙认为A公司向C公司卖出所持B公司部分股份违反相关规定的理由是否成立？并说明理由。

（9）乙关于A公司向C公司卖出B公司部分股份所得利润应归B公司所有的观点是否成立？并说明理由。

历年真题答案及解析

单项选择题答案速查表

题号	答案	题号	答案	题号	答案	题号	答案
1	D	2	A	3	C	4	C
5	C	6	B	7	D		

多项选择题答案速查表

题号	答案	题号	答案	题号	答案	题号	答案	题号	答案	题号	答案
1	ABC	2	ABD	3	BCD	4	BCD	5	CD	6	BC

一、单项选择题答案及解析

1．D〖解析〗大宗交易的交易时间为交易日的15:00—15:30。

2．A〖解析〗本题考查的是虚假陈述。有虚假记载、误导性陈述或者重大遗漏，致使投资者在证券交易中遭受损失的，发行人、上市公司应当承担无过错赔偿责任。

3．C〖解析〗首次发行的数量应当不少于总发行数量的50%，剩余各期发行的数量由公司自行确定。

4．C〖解析〗招股说明书中引用的财务报表在其近一期截止日后6个月内有效；特别情况下发行人可申请适当延长，但至多不超过1个月。

5．C〖解析〗本题考查的是上市公司非公开发行股票的条件。上市公司非公开发行股票，发行对象不超过10名，所以选项A错误。

信托公司作为发行对象，只能以自有资金认购，所以选项B错误。本次发行的股份自发行结束之日起，除特定的发行对象，12个月内不得转让，所以选项D错误。

6. B〖解析〗本题考查的是可转换债券持有人的权利保护。公开发行可转换公司债券，应当提供担保，但近一期末经审计的净资产不低于人民币15亿元的公司除外，所以选项A错误；证券公司或上市公司不得作为发行可转债的担保人，但上市商业银行除外，所以选项B正确，选项C错误。基金财产不得用于向他人贷款或者提供担保，所以选项D错误。

7. D〖解析〗本题考查的是信息披露。根据规定，上市公司的董事、高级管理人员应当对公司定期报告签署书面确认意见。上市公司监事会应当对董事会编制的公司定期报告进行审核并提出书面审核意见。

【易错警示】考生需要掌握上市公司董事、监事和高级管理人员在信息披露工作中应当履行相应的职责，不能够相互混淆、张冠李戴，否则会错选。

二、多项选择题答案及解析

1. ABC〖解析〗选项A，在全国中小企业股份转让系统挂牌公开转让股票的非上市公众公司向特定对象发行股票后股东累计不超过200人的，豁免向中国证监会申请核准。股票向特定对象转让，导致股东累计超过200人的，应经中国证监会核准后成为非上市公众公司；如果股份有限公司在3个月内将股东人数降至200人以内的，可以不提出申请。选项B：在1个月后股东人数减为195人，无须申请核准。选项C：股东人数未超过200人的公司申请其股票公开转让，中国证监会豁免核准，由全国中小企业股份转让系统进行审查。选项D：公司申请定向发行股票，可以申请一次核准，分期发行。自中国证监会予以核准之日起，公司应当在3个月内完成首期发行，剩余数量应当在12个月内发行完毕。超过核准文件限定的有效期未发行的，必须重新经中国证监会核准后方可发行。选项D中，定向核准后第13个月继续发行，已经超过了有效期，应当重新经中国证监会核准后方可发行。

2. ABD〖解析〗本题考查的是上市公司与非上市公众公司发行和转让的核准规定。上市公司非公开发行股票需要提交发行申请并核准，所以选项A符合。上市公司增发股票需要经过证监会审核，所以选项B符合。对于股东人数未超过200人的公司申请其股票公开转让，中国证监会豁免核准，由全国中小企业股份转让系统进行审查，所以选项C不需要经过证监会核准。因股票向特定对象发行股票导致股东累计超过200人的，需要向中国证监会进行核准，选项D中，向特定对象发行股票后导致股东人数累计超过200人，此时应进行核准。

3. BCD〖解析〗公司债券的期限为1年以上，每张面值100元，发行价格由发行人与保荐人通过市场询价确定，所以选项A错误。

4. BCD〖解析〗本题考查的是增发股票法定障碍。现任董事、监事和高级管理人员近36个月内未受到过证监会的行政处罚、近12个月内未受到过证券交易所的公开谴责，所以选项B正确。上市公司近3个会计年度连续盈利，选项C正确。上市公司或其现任董事、高级管理人员因涉嫌犯罪被司法机关立案侦查或涉嫌违法违规被证监会立案调查，选项D正确。

【易错警示】本题从侧面考查上市公司增发股票的一般条件（10条），考生要记住这10条内容，避免在其他考查形式下失分。

5. CD〖解析〗本题考查的是内幕交易行为。持有甲公司3%股权的股东李某转让股份并不是内幕信息，甲公司董事张某告知王某转让股份的行为不属于内幕交易行为，选项A错误。乙公司是经过研究判断甲公司的盈利状况，不属于知悉内幕信息，选项B错误。董事张某属于内幕信息知情人员，其行为属于内幕交易，是法律所禁止的行为，所以选项C正确。刘某属于由于所任公司职务可获取公司有关内幕信息的人员，其利用内幕信息进行交易的行为违法，选项D正确。

6. BC〖解析〗本题考查的是信息披露事务的管理。根据规定，上市公司应当在先发生的以下任一时点，及时履行重大事件的信息披露义务：①董事会或者监事会就该重大事件形成决议时；②有关各方就该重大事件签署意向书或者协议时（选项C）；③董事、监事或者高级管理人员知悉该重大事件发生并报告时。在上述规定的时点之前出现下列情形之一的，上市公司应当及时披露相关事项的现状、可能影响事件进展的风险因素：①该重大事件难以保密；②该重大事件已经泄露或者市场出现传闻（选项B）；③公司证券及其衍生品种出现异常交易情况。

三、案例分析题答案及解析

1. 〖解析〗（1）该资产重组交易不须向中国证监会申请核准。根据相关规定，中国证监会在发行审核委员会中设立上市公司并购重组审核委员会，以投票方式对提交其审议的"借壳上市申请或者发行股份购买资产申请"进行表决，提出审核意见。本题所述情形不属于"借壳上市或者发行股份购买资产"的情形，因此，不须向中国证监会申请核准。

（2）有以下内容不符合证券法律制度的规定：①债券面值。根据相关规定，公司债券每张面值为100元；②合格投资者的数量。非公开发行的公司债券应当向合格投资者发行，每次发行对象不得超过200人；③对投资者的资质要求。企事业单位法人、合伙企业的净资产应不低于人民币1 000万元，而个人投资者名下金额资产应不低于人民币300万元。

（3）本重组决议符合法定表决权比例。上市公司股东大会就重大资产重组事项做出决议，必须经出席会议的股东所持表决权的2/3以上通过。而在本题中，出席本次股东大会的股东共持有表决权4.5亿股，资产重组的议案获得赞成票3.1亿股，占69%，大于2/3。

（4）临时股东大会做出的公司债券发行决议，符合法定表决权比例。根据相关规定，非公开发行公司债券属于股东大会的一般决议，由出席股东大会的股东所持表决权的过半数通过即可。在本题中，出席本次股东大会的股东共持有表决权4.5亿股，非公开发行公司债券获得赞成票2.3亿股，占51%，大于1/2。

（5）恒利发展没有义务回购孙某的股份。根据规定，股份有限公司异议股份的回购请求权仅限于对股东大会做出的公司合并、分立决议持有异议。本题不涉及公司合并、分立，孙某无权要求回购股份。

（6）人民法院的不予受理裁定符合法律规定。根据相关规定，股份有限公司拟提起股东代表诉讼的股东，应当连续180日以上单独或者合计持有公司1%以上股份。在本题中，孙某的持股比例为0.1%，小于1%，因此，不具备提起股东代表诉讼的资格，人民法院应当裁定不予受理。

2. 〖解析〗（1）不成立。根据规定，股份有限公司股东有权查询董事会会议决议，但并未要求必须采取书面形式。

（2）有权。股份有限公司异议股东股份收买请求权只限于对股东大会做出的公司合并、分立决议持异议的情形，不包括转让主要资产。

（3）有义务披露尚在进行中的谈判。根据规定，在上市公司证券品种出现异常交易情况时，公司必须及时披露相关事项的现状、可能影响事件进展的风险因素等信息。

（4）不能。A公司和C公司同受甲控制，又都投资于B公司，在上市公司收购中属于一致行动人，其所持有的B公司股份应合并计算，即8%。根据证券法律制度规定，在此情况下A公司多只能向丙协议收购B公司22%的股份，其余部分必须以要约收购的方式进行，除非获得证监会对要约收购义务的豁免。

（5）不成立。根据规定，在持股比例达到30%并继续增持股份时，投资者可以选择向被收购公司所有股东发出收购其所持有的全部或者部分股份的要约。

（6）不成立。根据规定，收购上市公司时，收购人可以采用现金、证券、现金与证券相结合等方式。

（7）根据规定，收购期限届满，预受要约股份的数量超过预定收购数量时，收购人A公司应当按照同等比例收购预受要约的股份。

（8）不成立。根据规定，收购人在被收购公司中拥有权益的股份在同一实际控制人控制的不同主体之间进行转让不受12个月的限制。

（9）成立。根据规定，持有上市公司股份5%以上的股东，将其持有的该公司股份在买入6个月内卖出，由此获得的收益归该公司所有。由于要约收购的期限不得少于30日，故要约期满、A公司收购完成的时点不会早于2007年12月20日。2008年6月10日距该时点不足6个月。

全真模拟试题

一、单项选择题

1. 上市公司在发生可能对股份产生较大影响的重大事件，投资者尚未得知时，应立即披露该事件并向交易所报告，以下属于此类事件的是（　　）。
   A. 公司1/5监事发生变动
   B. 公司董事发生变动
   C. 股东刘洪所持公司4%股份被人民法院冻结
   D. 持有公司2%股份的股东其持有股份发生较大变化

2. 根据《上海证券交易所股票上市规则》的规定，上市公司出现下列情况的，需要交易所实施退市风险警示的是（　　）。
   A. 公司股本总额发生变化不具备上市条件
   B. 公司被法院宣告破产
   C. 公司可能自愿解散
   D. 公司因欺诈发行受到中国证监会行政处罚

3. 在一个上市公司中拥有权益的股份达到或者超过该公司已发行股份的30%的，自上述事实发生之日起一年后，每12个月内增持不超过该公司已发行股份一定比例的，可以免于提出豁免申请直接办理股份转让和过户的事项。该比例是（　　）。
   A. 5%　　　　　　　　　　　　B. 4%
   C. 3%　　　　　　　　　　　　D. 2%

4. 2015年1月，数码人上市公司准备增资发行股票，数码人公司下列情形中不构成其申请发行股票障碍的是（　　）。
   A. 2014年数码人公司曾公开发行过一次股票，但2014年营业利润比2013年下降55%
   B. 2012年数码人公司的财务报表被注册会计师出具了无法表示意见的审计报告
   C. 本次股票发行所募集资金的投资项目实施后，有可能会与控股股东产生同业竞争
   D. 2012年、2013年和2014年均按照企业会计准则的规定计提了资产减值准备

5. 中脉科技股份有限公司拟公开发行股票并在主板上市。根据证券法律制度的有关规定，下列各项中，符合公司首次公开发行股票并上市的条件的是（　　）。
   A. 公司的副总经理在控股股东中领薪
   B. 公司上一年度实际控制人发生变更
   C. 公司的副总经理在控股股东中担任监事
   D. 公司的副总经理在控股股东中担任副总经理

6. 下列各项中，符合股份有限公司股票上市条件的是（　　）。
   A. 必须是国家鼓励发展的产业
   B. 公司近1年无重大违法行为，财务会计报告无虚假记载
   C. 公司股本总额不少于人民币3 000万元
   D. 公开发行的股份达到公司股份总数的25%以上，公司股本总额超过人民币4亿元的，公开发行股份的比例为15%以上

7. 上市公司非公开发行股票的发行对象均属于原前（　　）名股东的，可以由上市公司自行销售。
   A. 100　　　　　　　　　　　　B. 20
   C. 10　　　　　　　　　　　　D. 3

二、多项选择题

1. 定期报告是上市公司进行持续信息披露的主要形式之一。诺比节能上市公司的下列做法中，符合证券法律制度有关定期报告的规定的有（   ）。
   A. 该公司的中期报告在该会计年度的第7个月披露
   B. 该公司的第三季度报告在该会计年度的第11个月披露
   C. 上市公司经营业绩发生亏损或者发生大幅变动的，应当及时进行业绩预告
   D. 该公司的年度报告在该会计年度结束之日后的第3个月披露

2. 腾乐公司拟收购天宇鸿图上市公司。根据证券法律制度的规定，下列投资者中，如无相反证据，属于腾乐公司一致行动人的有（   ）。
   A. 持有天宇鸿图公司1%股份且为腾乐公司董事之弟的张某
   B. 持有腾乐公司20%股份且持有天宇鸿图公司3%股份的王某
   C. 由腾乐公司的监事担任数码人公司的董事
   D. 在腾乐公司中担任董事会秘书且持有天宇鸿图公司2%股份的李某

3. 下列上市公司收购中关于管理层收购的说法中，错误的有（   ）。
   A. 管理层收购需要取得全体独立董事的1/2以上同意
   B. 该上市公司董事会成员中独立董事的比例应当达到或者超过1/2
   C. 董事王某未经股东大会同意，自营与所任职公司同类的业务，不能成为管理层收购的主体
   D. 管理层收购需要经出席股东大会的非关联股东所持表决权的2/3以上通过

4. 虚假陈述行为的损失认定中，虚假陈述行为导致证券被停止发行的，投资人实际损失包括（   ）。
   A. 投资差额损失
   B. 全部交易的佣金
   C. 全部交易的印花税
   D. 投资差额损失的印花税

5. 下列各项中，符合上市公司非公开发行股票条件的有（   ）。
   A. 特定的发行对象不超过20名
   B. 控股股东、实际控制人及其控制的企业认购的股份，36个月内不得转让
   C. 发行价格不低于定价基准日前20个交易日公司股票均价的90%
   D. 除控股股东、实际控制人及其控制的企业、境内外战略投资者以及通过认购后取得上市公司实际控制权的投资者认购的股份外，本次发行的股份自发行结束之日起，12个月内不得转让

6. 根据证券法律制度的规定，下列各项中，属于上市公司公开发行可转换公司债券应当具备的条件的有（   ）。
   A. 近3个会计年度加权平均净资产收益率不低于6%
   B. 近3个会计年度实现的年均可分配利润不少于公司债券1年的利息
   C. 本次发行后累计公司债券余额不超过近一期末资产总额的40%
   D. 近3年以现金方式累计分配的利润不少于近3年实现的年均可分配利润的30%

7. 根据上市公司收购法律制度的规定，下列各项中，属于不得收购上市公司的情形有（   ）。
   A. 收购人为限制行为能力人
   B. 收购人近3年涉嫌有重大违法行为
   C. 收购人负有数额较大债务，到期未清偿，且处于持续状态
   D. 收购人近3年有严重的证券市场失信行为

8. 公开发行优先股的公司，必须在公司章程中规定的事项包括（   ）。
   A. 采取固定股息率

B. 未向优先股股东足额派发股息的差额部分应当累积到下一会计年度

C. 在有可分配税后利润的情况下，必须向优先股股东分配股息

D. 优先股股东按照约定股息率分配股息后，可以再同普通股股东一起参加剩余利润分配

9. 根据证券法律制度的有关规定，下列各项中，属于发行公司债券应当符合的条件有（　　）。

A. 股份有限公司的净资产不低于3 000万元

B. 有限责任公司的净资产不低于5 000万元

C. 本次发行后累计公司债券余额不超过近一期末净资产额的50%

D. 近3个会计年度实现的年均可分配利润不少于公司债券1年的利息

全真模拟试题答案及解析

单项选择题答案速查表

题号	答案	题号	答案	题号	答案	题号	答案	题号	答案
1	B	2	D	3	D	4	D		
5	C	6	C	7	C				

多项选择题答案速查表

题号	答案	题号	答案	题号	答案	题号	答案	题号	答案
1	AD	2	ACD	3	AD	4	AD	5	BCD
6	ABD	7	ABCD	8	ABC	9	AD		

一、单项选择题答案及解析

1. B〖解析〗本题考查的是临时报告的重大事件。公司的1/3以上监事发生变动属于重大事件，应提交临时报告，选项A是1/5监事，因此不属于重大事件。股东所持公司5%以上股份被冻结，属于重大事件，选项C股东所持股份不足5%，不属于重大事件。持有公司5%以上股份的股东持有股份发生较大变化，属于重大事件，选项D股东所持股份不足5%，不属于重大事件。

2. D〖解析〗本题考查的是股票暂停上市的相关规定。选项A属于暂停上市的情形；选项B属于终止上市的情形；选项C属于主动退市的情形；选项D属于实施退市风险警示的情形。

【易错警示】考生需要分清终止上市的情形与实施退市风险警示的情形，否则会错选选项B。

3. D〖解析〗本题考查的是强制要约制度。在一个上市公司中拥有权益的股份达到或者超过该公司已发行股份的30%的，自上述事

实发生之日起一年后，每12个月内增持不超过该公司已发行的2%的股份，可以免于提出豁免申请直接办理股份转让和过户的事项。

4. D〖解析〗本题考查的是上市公司增发股票的条件。根据规定，近24个月内曾公开发行证券的，不存在发行当年营业利润比上年下降50%以上的情形，所以选项A构成。近3年及最近一期财务报表未被注册会计师出具保留意见、否定意见或无法表示意见的审计报告，所以选项B构成。投资项目实施后，不会与控股股东或实际控制人产生同业竞争或影响公司生产经营的独立性，所以选项C构成。

5. C〖解析〗本题考查的是首发并上市的条件。发行人的总经理、副总经理、财务负责人和董事会秘书等高级管理人员不得在控股股东、实际控制人及其控制的其他企业中担任除董事、监事以外的其他职务，不得在控股股东、实际控制人及其控制的其他企业领薪，所以选项A和选项D错误，选项C正确。发行人近3年内实际控制人没有发生变更，所以选项B错误。

6. C〖解析〗本题考查的是股票上市与

退市。根据规定，股份有限公司申请股票上市，应当符合下列条件：①股票经国务院证券监督管理机构核准已公开发行；②公司股本总额不少于人民币3 000万元；③公司近3年无重大违法行为，财务会计报告无虚假记载，所以选项B是错误的；④公开发行的股份达到公司股份总数的25%以上；公司股本总额超过人民币4亿元的，公开发行股份的比例为10%以上，所以选项D是错误的。

7. C〖解析〗本题考查的是上市公司增发股票的程序。非公开发行股票的发行对象均属于原前10名股东的，可以由上市公司自行销售。

二、多项选择题答案及解析

1. AD〖解析〗本题考查的是定期报告。中期报告应当在每个会计年度的上半年结束之日起2个月内披露，所以选项A的披露时间是符合要求的。季度报告应当在每个会计年度第3个月、第9个月结束后的1个月内编制完成并披露，所以选项B中第三季度的披露时间是错误的，应该是在10月份时披露。上市公司预计经营业绩发生亏损或者发生大幅变动的，应当及时进行业绩预告，选项C错误。年度报告应当在每个会计年度结束之日起4个月内编制完成并披露，选项D的披露时间符合规定。

【易错警示】选项C极具有迷惑性，题目中出现"上市公司经营业绩发生亏损或者发生大幅变动的，应当及时进行业绩预告"，看似整句话以及每个词句都没有错误，但是足够仔细的考生会发现，应该是"预计经营业绩发生亏损或者发生大幅变动的，应当及时进行业绩预告"，少了预计而导致错误。

2. ACD〖解析〗本题考查的是上市公司收购中一致行动人的界定。根据规定，持有投资者30%以上股份的自然人，与投资者持有同一上市公司股份的，构成一致行动人，所以选项B是不构成一致行动人的。

【易错警示】考生应该谨记：持有投资者"30%以上"股份的自然人，而不是"20%"。

3. AD〖解析〗本题考查的是管理层收购。管理层收购应当取得2/3以上的独立董事同意后，提交公司股东大会审议，经出席股东大会的非关联股东所持表决权过半数通过，所以选项A和选项D错误。

【易错警示】部分考生会漏选选项A，考生应该谨记：管理层收购应当取得2/3以上的独立董事同意，而不是1/2以上。

4. AD〖解析〗本题考查的是虚假陈述行为。根据规定，投资人实际损失包括：投资差额损失；"投资差额损失部分"的佣金和印花税。

【易错警示】部分考生会选选项C和选项D。混淆地记忆"全部"交易的佣金和印花税是投资人的实际损失，会导致错误的选择。考生应该谨记："投资差额损失部分"的佣金和印花税是投资人的实际损失。

5. BCD〖解析〗本题考查的是上市公司非公开发行股票的条件。上市公司非公开发行股票的，其发行对象不超过10名。上市公司非公开发行股票，应当符合下列规定：①发行价格不低于定价基准日前20个交易日公司股票均价的90%；②本次发行的股份自发行结束之日起，12个月内不得转让；控股股东、实际控制人及其控制的企业认购的股份，36个月内不得转让；③募集资金使用符合有关规定；④本次发行将导致上市公司控制权发生变化的，还应当符合中国证监会的其他规定。

6. ABD〖解析〗本题考查的是上市公司公开发行可转换公司债券的条件。根据规定，发行可转换公司债券的，本次发行后累计公司债券余额不超过近一期末净资产额的40%，所以选项C错误。

【易错警示】选项C极具有迷惑性，"本次发行后累计公司债券余额不超过近一期末资产总额的40%"看似整句话以及每个词句都没有错误，但是足够仔细的考生会发现应该是"本次发行后累计公司债券余额不超过近一期末'净资产额'的40%"，偷换了概念。

7. ABCD〖解析〗本题考查的是不得收购上市公司的情形。根据规定，有下列情形之一的，不得收购上市公司：收购人负有数额较大债务，到期未清偿，且处于持续状态；收购人近3年有重大违法行为或者涉嫌有重大违法行为；收购人近3年有严重的证券市场失信行为；收购人为自然人的，存在《公司法》

第146条规定的情形，即依法不得担任公司董事、监事、高级管理人员的5种情形。其中，限制民事行为能力人是不能担任董事、监事和高级管理人员的，同样也不能作为收购人收购上市公司。

8. ABC〖解析〗本题考查的是优先股发行与交易试点。公开发行优先股的公司，必须在公司章程中规定以下事项：①采取固定股息率；②在有可分配税后利润的情况下必须向优先股股东分配股息；③未向优先股股东足额派发股息的差额部分应当累积到下一会计年度；④优先股股东按照约定股息率分配股息后，不再同普通股股东一起参加剩余利润分配。商业银行发行优先股补充资本的，可就第②项和第③项事项另行规定。

9. AD〖解析〗本题考查的是发行公司债券的条件。公开发行公司债券，应当符合下列条件：①股份有限公司的净资产不低于人民币3 000万元，有限责任公司的净资产不低于人民币6 000万元；②累计债券余额不超过公司净资产的40%；③近3年平均可分配利润足以支付公司债券一年的利息；④筹集的资金投向符合国家产业政策；⑤债券的利率不超过国务院限定的利率水平，所以选项A和选项D正确，选项B和选项C错误。

第8章 企业破产法律制度

考情分析

在近8年考试中，本章内容所占的平均分值为12分左右，考查题型为主观题和客观题。综合出题很可能将公司法律制度、破产法律制度及担保法律制度结合在案例分析中进行考查。

学习建议

本章要求死记硬背的内容较多，考生需要在准确理解的基础上加强记忆。重点掌握破产案件的申请与受理，管理人制度，债务人财产，债权申报，债权人会议，重整、和解及破产清算程序等相关知识要点。另外，结合本章知识点，多练习与公司法律制度、担保法律制度相关内容的综合案例题。

本章考点概览

第8章 企业破产法律制度	1. 破产原因	★★
	2. 破产申请的提出	★★
	3. 破产申请的受理	★★
	4. 管理人的资格与指定	★★
	5. 管理人的报酬	★★
	6. 债务人财产的范围	★★
	7. 债务人财产的收回	★★
	8. 破产撤销权与无效行为	★★
	9. 取回权	★★
	10. 抵销权	★★★
	11. 破产债权申报的一般规则	★★
	12. 别除权	★★
	13. 债权人会议的召集与职权	★★★
	14. 重整申请和重整期间	★★
	15. 重整计划的制订与批准	★★
	16. 上市公司的破产重整	★★
	17. 和解的特征与一般程序	★★
	18. 和解协议的效力	★★★
	19. 破产财产的变价和分配	★★

考点精讲

考点1 破产原因（★★）

人民法院应当认定的破产原因：资产不足以清偿全部债务（通过对相关证据的形式审查即

可判断）或明显缺乏清偿能力（其资产不抵债状况通过形式审查不易判断）。

破产原因	具体条件
债务人不能清偿到期债务	同时具备3个条件： （1）债权债务关系依法成立 （2）债务履行期限已经届满 （3）债务人未完全清偿债务
明显缺乏清偿能力	（1）因资金严重不足或者财产不能变现等原因，无法清偿债务 （2）法定代表人下落不明且无其他人员负责管理财产，无法清偿债务 （3）经人民法院强制执行，无法清偿债务 （4）长期亏损且经营扭亏困难，无法清偿债务 （5）导致债务人丧失清偿能力的其他情形
资产不足以清偿全部债务	债务人的"资产负债表，或者审计报告、资产评估报告"等显示其全部资产不足以偿付全部负债的，人民法院应当认定债务人资产不足以清偿全部负债，但有相反证据足以证明债务人资产能够偿付全部负债的除外
连带责任	相关当事人以对债务人的债务负有连带责任、担保责任的人未丧失清偿能力为由，主张债务人不具备破产原因的，不予支持

【名师点拨】破产案件的管辖规定如下。

（1）破产案件由债务人住所地法院管辖。

（2）国有企业破产案件由中级人民法院管辖。

（3）金融机构、上市公司的破产案件一般由中级人民法院管辖。

考点2　破产申请的提出（★★）

1. 提出破产申请的当事人

债务人	可以提出重整、和解或者破产清算申请
债权人	可以提出对债务人进行重整或者破产清算的申请（不能提出和解申请）： （1）税务机关和社会保险机构，可以申请债务人破产清算，但不能申请重整 （2）破产企业的职工作为债权人可以申请债务人企业破产或重整，提出破产申请应经职工代表大会或者全体职工会议通过 （3）对破产人的特定财产享有担保的债权人享有破产申请权
清算人	只能提请破产清算： （1）人民法院指定的清算组在清理公司财产、编制资产负债表和财产清单时，发现公司财产不足清偿债务的，可以与债权人协商制作有关债务清偿方案 （2）债权人对债务清偿方案不予确认或者人民法院不予认可的，清算组应当依法向人民法院申请宣告破产
国务院金融监督管理机构	可以向人民法院提出对金融机构进行重整或者破产清算的申请 金融机构主要指商业银行、证券公司、保险公司等

【名师点拨】企业法人已解散但未清算或者未在合理期限内清算完毕，债权人申请债务人破产清算的，除债务人在法定异议期限内举证证明其未出现破产原因外，人民法院应当受理。

2. 破产案件的管辖

地域管辖	破产案件由债务人住所地人民法院管辖
级别管辖	破产案件的级别管辖依破产企业的工商登记情况确定 金融机构、上市公司破产案件与重整或者具有重大影响、法律关系复查的破产案件，应由中级人民法院管辖

3. 当事人提出破产申请时的举证责任

债权人提出申请的	应当向法院证明债权债务关系依法成立、债务履行期限已经届满、债务人未完全清偿债务
债务人提出申请的	应当向人民法院提交财产状况说明、债务清册、债权清册、有关财务会计报告、职工安置预案及职工工资的支付和社会保险费用的缴纳情况等

【名师点拨】破产申请提交后，在人民法院受理破产申请前，申请人可以请求撤回申请。

考点3 破产申请的受理（★★）

1. 破产申请的受理程序

是否受理	（1）债权人申请的：自收到申请之日起5日→法院通知债务人→7日债务人提异议→异议期满10日法院裁定是否受理 （2）债务人或清算人申请的：自收到破产申请之日起15日内裁定是否受理 （3）除债务人异议外，人民法院应当自收到破产申请之日起15日内裁定是否受理。特殊情况需要延长上述裁定受理期限的，经上一级人民法院批准，可以延长15日。 （4）破产案件的诉讼费用，从债务人财产中拨付。相关当事人以申请人未预先交纳诉讼费用为由，对破产申请提出异议的，人民法院不予支持
资料审查	（1）人民法院收到破产申请后应当及时对申请人的主体资格、债务人的主体资格和破产原因，以及有关材料和证据等进行审查，并依据《中华人民共和国企业破产法》（以下简称《企业破产法》）第10条的规定做出是否受理的裁定 （2）人民法院认为申请人应当补充、补正相关材料的，应当自收到破产申请之日起5日内告知申请人
裁定受理	（1）人民法院受理破产申请的，应当自裁定做出之日起5日内送达申请人 （2）债权人提出申请的，应当自裁定做出之日起5日内送达债务人。债务人应当自裁定送达之日起15日内，向人民法院提交有关文件。债务人不能提交或者拒不提交有关材料的，不影响人民法院对破产申请的受理和审理 （3）人民法院裁定受理破产申请的，应当同时指定管理人 （4）人民法院应当自裁定受理破产申请之日起25日内通知已知债权人，并予以公告
裁定不受理	（1）人民法院裁定不受理破产申请，应当自裁定做出之日起5日内送达申请人 （2）申请人对裁定不服的，可以自裁定送达之日起10日内向上一级人民法院提起上诉
受理后驳回	人民法院受理破产申请后至破产宣告前，经审查发现债务人不符合法律规定情形的，可以裁定驳回申请。申请人对裁定不服的，可以自裁定送达之日起10日内向上一级人民法院提起上诉

2. 破产申请受理的法律后果

（1）《企业破产法》第15条规定，债务有关人员的义务如下。

①妥善保管其占有和管理的财产、印章和账簿、文书等资料。

②根据人民法院、管理人的要求进行工作，并如实回答询问。

③列席会议并如实回答债权人的询问。

④未经人民法院许可，不得离开住所地。

⑤不得新任其他企业的董事、监事、高级管理人员。

（2）破产受理的效力

①人民法院受理破产申请后，债务人对个别债权人的债务清偿无效。

②债务人对以自有财产设定担保物权的债权进行的个别清偿，管理人不得撤销。但是，债务清偿时担保财产的价值低于债权额的除外。

③人民法院受理破产申请后，债务人的债务人或者财产持有人应当向管理人清偿债务或者交付财产。

（3）双方均未履行完毕的合同的处理

前提：破产申请受理前成立的合同，管理人有权决定解除或者继续履行，并通知对方当事人。

视为合同解除的情形		（1）管理人自破产申请受理之日起两个月内未通知对方当事人 （2）管理人自收到对方当事人催告之日起30日内未答复 （3）管理人决定继续履行合同的，对方当事人有权要求管理人提供担保，管理人不提供担保的
管理人选择权的限制	只能履行	①破产企业为他人提供担保的合同 ②保险公司破产时尚未履行完毕的保险合同特别是人寿保险合同 ③除严重影响变价价值且无法分别处分，破产企业对外出租不动产的合同如房屋租赁合同
	只能解除	对于金融衍生品交易的合同，在企业进入破产程序时要提前终止，进行净额结算
次数		只享有一次性的合同选择履行权，不得反向再次或多次行使
结果		（1）继续履行有损失的：共益债务 （2）解除合同有损失的：普通债权，只能就实际损失部分申请，违约金不能申请，定金可以双倍申请

（4）保全措施的解除和执行程序的中止

保全措施的解除	原有保全的处理	①人民法院受理破产申请后，有关债务人财产的保全措施应当解除 ②裁定驳回破产申请或裁定终结破产程序的，应当及时通知原已采取保全措施并已依法解除保全措施的单位按照原保全顺位恢复相关保全措施
	破产保全的处理	破产申请受理后，对于可能因有关利益相关人的行为或者其他原因，影响破产程序依法进行的，受理破产申请的人民法院可以根据管理人的申请或者依职权，对债务人的全部或者部分财产采取保全措施
执行程序的中止		（1）受理破产申请后，有关债务人财产的执行程序应当中止 （2）个别清偿诉讼的执行：破产申请受理前，生效民事判决书或者调解书但尚未执行完毕的，破产申请受理后，执行程序中止，债权人向管理人申报相关债权 （3）破产申请受理后，应中止未中止的，依法执行回转，回转财产认定为债务人财产

（5）尚未终结的民事诉讼或者仲裁中止

人民法院受理破产申请后，已经开始而尚未终结的有关债务人的民事诉讼或者仲裁应当中止；在管理人接管债务人的财产后，该诉讼或者仲裁继续进行。

| 破产申请受理时尚未审结案件中止审理的情形 | （1）主张次债务人代替债务人直接向其偿还债务的
（2）主张债务人的出资人、发起人和负有监督股东履行出资义务的董事、高级管理人员，或者协助抽逃出资的其他股东、董事、高级管理人员、实际控制人等直接向其承担出资不实或者抽逃出资责任的
（3）以债务人的股东与债务人法人人格严重混同为由，主张债务人的股东直接向其偿还债务人对其所负债务的
（4）其他就债务人财产提起的个别清偿诉讼 |

债务人破产宣告前，人民法院裁定驳回破产申请或者终结破产程序的，上述中止审理的案件应当依法恢复审理。

（6）破产受理中受诉法院

地域管辖	只能向受理破产申请的人民法院提起
移送管辖	依据《中华人民共和国民事诉讼法》第38条的规定，由上级人民法院提审，或者报请上级人民法院批准后交下级人民法院审理
指定管辖	有关债务人的海事纠纷、专利纠纷、证券市场因虚假陈述引发的民事赔偿纠纷等案件不能行使管辖权的，由上级人民法院指定管辖

考点4　管理人的资格与指定（★★）

1. 管理人种类

（1）清算组。指定清算组担任管理人的案件范围：

①破产申请受理前，根据规定已经成立的清算组，法院认为符合有关规定的案件。

②纳入国家计划的国有企业政策性破产案件。

③有关法律规定企业破产时成立清算组的，主要是指商业银行法律制度和保险法律制度等规定的金融机构破产。

（2）依法设立的律师事务所、会计师事务所、破产清算事务所等社会中介机构。

（3）中介机构中具有相关专业知识并取得执业资格的个人。

（4）个人担任管理人的，应当参加执业责任保险。

（5）对于事实清楚、债权债务关系简单、债务人财产相对集中的企业破产案件，人民法院可以指定管理人名册中的个人为管理人。

2. 管理人资格

（1）有下列情形之一的，不得担任管理人：

①因故意犯罪受过刑事处罚；

②曾被吊销相关专业执业证书；

③与本案有利害关系；

④人民法院认为不宜担任管理人的其他情形。

（2）因利害关系不得担任管理人

	关系时间	与关系人之间的关系情形
社会中介机构、清算组成员	—	与债务人、债权人有未了结的债权债务关系
	受理破产申请前3年内	曾为债务人提供相对固定的中介服务
	现在或前3年内	曾经是债务人、债权人的控股股东或者实际控制人
	现在或受理破产申请前3年内	曾经担任债务人、债权人的财务顾问、法律顾问
中介机构、清算组派出人员、个人管理人	除具有上述4个情形外，还有2个特别的	
	现在或受理破产申请前3年内	曾经担任债务人、债权人的董事、监事、高级管理人员
	—	与债权人或者债务人的控股股东、董事、监事、高级管理人员存在夫妻、直系血亲、三代以内旁系血亲或者近姻亲关系

考点5　管理人的报酬（★★）

（1）管理人的报酬属于破产费用，由人民法院确定；债权人会议对管理人报酬有异议的，应当向人民法院书面提出具体的请求和理由，异议书应当附有相应的债权人会议决议。

（2）管理人获得的报酬是纯报酬，不包括其因执行职务、进行破产管理工作需支付的其他费用。

（3）为防止重复计酬，律师事务所、会计师事务所通过聘用本专业的其他社会中介机构或者人员协助履行管理人职责的，所需费用从其报酬中支付。

（4）人民法院应根据债务人最终清偿的财产价值总额，分段确定管理人报酬。

担保权人优先受偿的担保物价值，不计入债务人最终清偿的财产价值总额。但是，管理人对担保物的维护、变现、交付等管理工作付出合理劳动的，有权向担保权人收取适当的报酬。

（5）清算组中有关政府部门派出的工作人员参与工作的，不收取报酬。

（6）最终确定的管理人报酬及收取情况，应列入破产财产分配方案。在和解、重整程序中，管理人报酬方案内容应列入和解协议草案或重整计划草案，报债权人会议审查通过。

考点6　债务人财产的范围（★★）

债务人财产的范围	债务人财产包括破产申请受理时属于债务人的全部财产，以及破产申请受理后至破产程序终结前债务人取得的财产 （1）债务人所有的货币、实物 （2）债务人依法享有的可以用货币估价并可以依法转让的债权、股权、知识产权、用益物权等财产和财产权益 （3）担保物、共有物属于债务人财产
下列财产不应认定为债务人财产	（1）债务人基于仓储、保管、承揽、代销、借用、寄存、租赁等合同或者其他法律关系占有、使用的他人财产 （2）债务人在所有权保留买卖中尚未取得所有权的财产 （3）所有权专属于国家且不得转让的财产 （4）其他依照法律、行政法规不属于债务人的财产
共有财产	（1）债务人对按份享有所有权的共有财产的相关份额，或者共同享有所有权的共有财产的相应财产权利，以及依法分割共有财产所得部分，人民法院均应认定为债务人财产 （2）人民法院宣告债务人破产清算，属于共有财产分割的法定事由 （3）因分割共有财产导致其他共有人损害产生的债务，其他共有人请求作为共益债务清偿的，人民法院应予支持

考点7 债务人财产的收回（★★）

出资人	（1）人民法院受理破产申请后，债务人的出资人尚未完全履行出资义务的，管理人应当要求该出资人缴纳所认缴的出资，而不受出资期限的限制 （2）管理人代表债务人提起诉讼，主张出资人向债务人依法缴付未履行的出资或者返还抽逃的出资本息，出资人以认缴出资尚未届至公司章程规定的缴纳期限或者违反出资义务已经超过诉讼时效为由抗辩的，人民法院不予支持 （3）管理人依据《公司法》的相关规定代表债务人提起诉讼，主张公司的发起人和负有监督股东履行出资义务的董事、高级管理人员，或者协助抽逃出资的其他股东、董事、高级管理人员、实际控制人等，对股东违反出资义务或者抽逃出资承担相应责任，并将财产归入债务人财产的，人民法院应予支持
董事、监事和高级管理人员	（1）债务人的董事、监事和高级管理人员利用职权从企业获取的非正常收入和侵占的企业财产，管理人应当追回 （2）管理人出现破产原因，债务人的董事、监事和高级管理人员利用职权获取的以下收入，人民法院应当认定为非正常收入：绩效奖金、普遍拖欠职工工资情况下获取的工资性收入、其他非正常收入
取回质物、留置物	（1）在人民法院受理破产申请后，管理人可以通过清偿债务或者提供为债权人接受的担保（在质物或者留置物的价值低于被担保的债权额时，以该质物或者留置物当时的市场价值为限），取回质物、留置物 （2）管理人拟通过清偿债务或者提供担保取回质物、留置物，或者与质权人、留置权人协议以质物、留置物折价清偿债务等方式，进行对债权人利益有重大影响的财产处分行为的，应当及时报告债权人委员会。未设立债权人委员会的，管理人应当及时报告人民法院

考点8 破产撤销权与无效行为（★★）

1. 无效行为

（1）为逃避债务而隐匿、转移财产的。

（2）虚构债务或者承认不真实的债务的。

2. 撤销权

（1）人民法院受理破产申请前1年内，涉及债务人财产的下列行为，管理人有权请求人民法院予以撤销。

无偿转让财产的	财产既包括实物资产，也包括财产性权利 除转让外，无偿设置用益物权
以明显不合理的价格进行交易的	价格、付款条件、付款期限等其他交易条件明显不合理
对没有财产担保的债务提供财产担保的	不包括在可撤销期间内设定债务的同时提供的财产担保，因其是有对价的行为
对未到期的债务提前清偿的	指对在破产申请受理之后才到期的债务，提前到破产申请受理之前进行清偿
放弃债权的	债务免除、放弃权利

（2）人民法院受理破产申请前6个月内，债务人存在破产原因，仍对个别债权人进行清偿的，管理人有权请求人民法院予以撤销。但是，个别清偿使债务人财产受益的除外。

债务人对债权人进行的以下个别清偿，管理人请求撤销的，人民法院不予支持：

（1）债务人为维系基本生产需要而支付水费、电费等的；

（2）债务人支付劳动报酬、人身损害赔偿金的；

（3）使债务人财产受益的其他个别清偿。

3. 诉讼时效中断

（1）债务人对外享有债权的诉讼时效，自人民法院受理破产申请之日起中断。

（2）债务人无正当理由未对其到期债权及时行使权利，导致其对外债权在破产申请受理前一年内超过诉讼时效期间的，人民法院受理破产申请之日起重新计算上述债权的诉讼时效期间。

4. 可撤销行为的起算点

一般情况	破产受理之日
行政清理转入破产	行政监管机构做出撤销决定之日
强制清算转入破产	法院裁定受理强制清算申请之日

5. 责任人员的赔偿责任

管理人代表债务人依据《企业破产法》第128条的规定，以债务人的法定代表人和其他直接责任人员对所涉债务人财产的相关行为存在故意或重大过失，造成债务人财产损失为由提起诉讼，主张上述责任人员承担相应赔偿责任，法院应予支持。

6. 清算终结后追回财产的处理

（1）在破产程序终结之日起2年内，债权人可以行使破产撤销权或者针对债务人的无效行为而追回财产。在此期间追回的财产，应当按照破产财产分配方案，对全体债权人进行追加分配。

（2）破产程序终结之日起2年后，追回的财产不再用于对全体债权人清偿，而是用于对追回财产的债权人个别清偿。

考点9 取回权（★★）

1. 一般取回权

财产的权利人取回权	债务人占有的不属于债务人的财产，该财产的权利人可以通过管理人取回
重整期间取回权	债务人重整期间，权利人要求取回债务人合法占有的权利人的财产，不符合双方事先约定条件的，人民法院不予支持；因管理人或者自行管理的债务人违反约定，可能导致取回物被转让、毁损、灭失或者价值明显减少的除外
取回权行使时间	应当在破产财产变价方案或者和解协议、重整计划草案提交债权人会议表决前向管理人提出 权利人在上述期限后主张取回相关财产的，应当承担延迟行使取回权增加的相关费用
取回权诉讼	管理人主张取回相关财产，管理人不予认可，权利人以债务人为被告向人民法院提起诉讼请求行使取回权的
取回权行使义务	权利人行使取回权时未依法向管理人支付相关的加工费、保管费、托运费、委托费、代销费等费用，管理人拒绝其取回相关财产的，人民法院应予支持
变价款取回权的行使	对债务人占有的权属不清的鲜活易腐等不易保管的财产或者不及时变现价值将严重贬损的财产，管理人及时变价并提存的变价款
第三人善意取得违法转让物的取回权处理	（1）转让行为发生在破产申请受理前的，原权利人因财产损失形成的债权，作为普通破产债权清偿。 （2）转让行为发生在破产申请受理后的，因管理人或者相关人员执行职务导致原权利人损害产生的债务，作为共益债务清偿
物上代位取回权	（1）债务人占有的他人财产毁损、灭失，因此获得的保险金、赔偿金、代偿物尚未交付给债务人，或者代偿物虽已交付给债务人但能与债务人财产予以区分的，权利人主张取回就此获得的保险金、赔偿金、代偿物的，人民法院应予支持 （2）保险金、赔偿金已经交付给债务人，或者代偿物已交付给债务人且不能与债务人财产予以区分的，人民法院应当按照以下规定处理： ①财产毁损、灭失发生在破产申请受理前的，权利人因财产损失形成的债权，作为普通破产债权清偿 ②财产毁损、灭失发生在破产申请受理后的，因管理人或者相关人员执行职务导致权利人损害产生的债务，作为共益债务清偿
管理人员的责任承担	（1）因故意或者重大过失不当转让他人财产或者造成他人财产毁损、灭失，导致他人损害产生的债务作为共益债务 （2）由债务人财产随时清偿不足弥补损失，权利人向管理人或者相关人员主张承担补充赔偿责任的，人民法院应予支持

2. 出卖人取回权

出卖人取回权	出卖人已将买卖标的物向作为买受人的债务人发运，债务人尚未收到且未付清全部价款的，出卖人可以取回在运途中的标的物
出卖人的特别取回权	（1）出卖人依据《企业破产法》第39条的规定，通过通知承运人或者实际占有人中止运输、返还货物、变更到达地，或者将货物交给其他收货人等方式，对在运途中标的物主张了取回权但未能实现，或者在货物未达管理人前已向管理人主张取回在运途中的物，在买卖标的物到达管理人后，出卖人向管理人主张取回的，管理人应予准许 （2）出卖人对在运途中标的物未及时行使取回权，在买卖标的物到达管理人后向管理人行使在运途中标的物取回权的，管理人不应准许

3. 所有权保留买卖合同的处理

（1）所有权保留按未履行完毕的合同处理

买卖合同中约定标的物所有权保留，在标的物所有权未依法转移给买受人前，一方当事人破产的，该买卖合同属于双方均未履行完毕的合同，管理人有权依据《企业破产法》第18条的规定决定解除或者继续履行合同。

（2）出卖人破产

管理人决定继续履行合同的	（1）买受人应当按照原买卖合同的约定支付价款或者履行其他义务 （2）买受人未依约支付价款或者履行完毕其他义务，或者将标的物出卖、出质或者做出其他不当处分，给出卖人造成损害，出卖人管理人依法主张取回标的物的，人民法院应予支持。但是，买受人已经支付标的物总价款75%以上或者第三人善意取得标的物所有权或者其他物权的除外
	因上述原因出卖人未能取回标的物，管理人有权依法主张买受人继续支付价款、履行完毕其他义务，以及承担相应赔偿责任
管理人决定解除合同的	有权依法要求买受人向其交付买卖标的物。买受人以其不存在未依约支付价款或者履行完毕其他义务，或者将标的物出卖、出质或者做出其他不当处分情形抗辩的，人民法院不予支持
	买受人将买卖标的物交付出卖人管理人后，其已支付价款损失形成的债权作为共益债务清偿。买受人在合同履行中违反约定义务的，其上述债权作为普通破产债权清偿

（3）买受人破产

管理人决定继续履行合同的	原买卖合同中约定的买受人支付价款或者履行其他义务的期限在破产申请受理时视为到期，买受人管理人应当及时向出卖人支付价款或者履行其他义务
	买受人管理人无正当理由未及时支付价款或者履行完毕其他义务，或者将标的物出卖、出质或者做出其他不当处分，给出卖人造成损害，出卖人有权依法主张取回标的物。但是，买受人已支付标的物总价款75%以上或者第三人善意取得标的物所有权或者其他物权的除外
	出卖人因上述情况未能取回标的物，有权主张买受人继续支付价款、履行完毕其他义务，以及承担相应赔偿责任。对因买受人未支付价款或者未履行完毕其他义务，以及买受人管理人将标的物出卖、出质或者做出其他不当处分导致出卖人损害产生的债权，作为共益债务清偿
管理人决定解除合同的	出卖人有权主张取回买卖标的物。取回的标的物价值明显减少给出卖人造成损失的，出卖人可从买受人已支付价款中优先予以抵扣，剩余部分返还给买受人；对买受人已支付价款不足以弥补出卖人标的物价值减损损失形成的债权，作为共益债务清偿

考点10 抵销权（★★★）

1. 债权人在破产申请受理前对债务人负有债务的，可以向管理人主张抵销。抵销权的行使可以使债权人的债权在破产财产范围内得到全额、优先清偿。

2. 抵销权

债权人向管理人主张抵销	管理人不得主动抵销债务人与债权人的互负债务，但抵销使债务人财产受益的除外
抵销权审查	（1）管理人收到债权人提出的主张债务抵销的通知后，经审查无异议的，抵销自管理人收到通知之日起生效 （2）有异议的，应当在约定的异议期限内或者自收到主张债务抵销的通知之日起3个月内向人民法院提起诉讼。无正当理由逾期提起的，人民法院不予支持 （3）人民法院判决驳回管理人提起的抵销无效诉讼请求的，该抵销自管理人收到主张债务抵销的通知之日起生效

续表

人民法院不予支持的管理人异议	（1）破产申请受理时，债务人对债权人负有的债务尚未到期 （2）破产申请受理时，债权人对债务人负有的债务尚未到期 （3）双方互负债务标的物种类、品质不同
禁止抵销情形	（1）债务人的债务人在破产申请受理后取得他人对债务人的债权的 （2）债权人已知债务人有不能清偿到期债务或者破产申请的事实，对债务人负担债务的；但是，债权人因为法律规定或者有破产申请一年前所发生的原因而负担债务的除外 （3）债务人的债务人已知债务人有不能清偿到期债务或者破产申请的事实，对债务人取得债权的；但是，债务人的债务人因为法律规定或者破产申请一年前所发生的原因而取得债权的除外
抵销无效的情形	破产申请受理前6个月内，债务人有《企业破产法》所述破产原因的情形，债务人与个别债权人以抵销方式对个别债权人清偿，其抵销的债权债务属于企业破产法禁止抵销的情形之一，管理人在破产申请受理之日起3个月内向人民法院提起诉讼，主张该抵销无效的，人民法院应予支持
债权人优先受偿债权可以抵销	《企业破产法》第40条所列不得抵销情形的债权人，主张以其对债务人特定财产享有优先受偿权的债权，与债务人对其不享有优先受偿权的债权抵销，债务人管理人以抵销存在《企业破产法》第40条规定的情形提出异议的，人民法院不予支持。用以抵销的债权大于债权人享有优先受偿权财产价值的除外
债务人的股东抵销权的禁止	（1）因欠缴债务人的出资或者抽逃出资对债务人所负的债务 （2）滥用股东权利或者关联关系损害公司利益对债务人所负的债务
抵销权行使时间	债权人应当在破产财产最终分配确定之前向管理人主张破产抵销

【名师点拨】①因债务之性质不得抵销者，如养老金、抚养费、抚恤金、生活费、工资、税收等；②破产债权人因犯罪行为或侵权行为而对破产人负担的债务原则上禁止抵销。

考点11　破产债权申报的一般规则（★★）

1．根据破产法律制度的一般规定，破产案件受理后，债权人只有在依法申报债权并得到确认后，才能行使破产参与、受偿等权利。

2．债权申报期限

（1）人民法院受理破产申请后，应当确定债权人申报债权的期限。债权申报期限自人民法院发布受理破产申请公告之日起计算，最短不得少于30日，最长不得超过3个月。

（2）债权人应当在人民法院确定的债权申报期限内向管理人申报债权。在确定的债权申报期限内未申报债权的，可以在破产财产最后分配前补充申报；但是，此前已进行的分配，不再对其补充分配。为审查和确认补充申报债权的费用，由补充申报人承担。

3．一般债权申报范围

（1）职工债权不必申报。

（2）税收债权、社会保障债权、对债务人特定财产享有担保权的债权均需依法申报。

（3）未到期的债权，在破产申请受理时视为到期。

（4）附利息的债权自破产申请受理时起停止计息。

（5）无利息的债权，无论是否到期均以本金申报债权。

（6）附条件、附期限的债权和诉讼、仲裁未决的债权，债权人可以申报。

（7）连带债权人可以由其中一人代表全体连带债权人申报债权，也可以共同申报债权。

考点12　别除权（★★）

（1）别除权——对破产人的特定财产享有担保权的权利人，对该特定财产（担保物）享有优先受偿的权利。

其优先受偿权的行使不受破产清算与和解程序的限制，但在重整程序中受到限制。

（2）对破产人的特定财产享有优先受偿权的债权人，行使优先受偿权利未能完全受偿的，其未受偿的债权作为普通债权，与其他债权人的债权一起依破产程序清偿。

（3）对破产人的特定财产享有优先受偿权的债权人，可以放弃优先受偿的权利，放弃优先受偿权利的，其债权作为普通债权，与其他债权人的债权一起依破产程序清偿。

考点13　债权人会议的召集与职权（★★★）

1. 债权人会议的召集

第一次债权人会议	由人民法院负责召集，自债权申报期限届满之日起15日内召开
以后的债权人会议	由会议主席主持，在人民法院认为必要时，或者管理人、债权人委员会、占债权总额1/4以上的债权人向债权人会议主席提议时召开

2. 债权人会议的职权

（1）核查债权。

（2）申请人民法院更换管理人，审查管理人的费用和报酬。

（3）监督管理人。

（4）选任和更换债权人委员会成员。

（5）决定继续或者停止债务人的营业（第一次债权人会议之前由管理人决定，之后由债权人会议决定）。

（6）通过重整、和解协议、债务人财产的管理方案、变价方案和分配方案等。

3. 债权人会议决议

（1）债权人会议的决议，由出席会议的有表决权的债权人过半数通过，并且其所代表的债权额占无财产担保债权总额的1/2以上。但法律对债权人会议通过和解协议与重整计划的决议除外。债权人认为债权人会议的决议违反法律规定，损害其利益的，可以自债权人会议做出决议之日起15日内，请求人民法院裁定撤销该决议。

（2）债权人会议通过债务人财产的管理方案和通过破产财产的变价方案，经债权人会议表决未通过的（一次表决），由人民法院裁定。

债权人对人民法院做出的裁定不服的，可以自裁定宣布之日或者收到通知之日起15日内向该人民法院申请复议。复议期间不停止裁定的执行。

（3）通过破产财产的分配方案，经债权人会议二次表决仍未通过的，由人民法院裁定。

债权额占无财产担保债权总额1/2以上的债权人对人民法院做出的裁定不服的，可以自裁定宣布之日或者收到通知之日起15日内向该人民法院申请复议。复议期间不停止裁定的执行。

考点14　重整申请和重整期间（★★）

1. 重整申请

直接启动重整	（1）债务人和债权人都可以直接向人民法院申请对债务人进行重整 （2）国务院金融监督管理机构可以向人民法院提出对金融机构进行重整的申请
破产清算转化重整	（1）债权人申请破产，在人民法院受理破产申请后、宣告债务人破产前，债务人或者出资额占债务人注册资本1/10以上的出资人，可以向人民法院申请重整 （2）债权人申请对债务人进行破产清算的，其他债权人也可以申请对债务人进行重整
上市公司重整申请	（1）债权人对上市公司提出重整申请，上市公司在法律规定的时间内提出异议，或者债权人、上市公司、出资人分别向人民法院提出破产清算申请和重整申请的，人民法院应当组织召开听证会 （2）目前人民法院在裁定受理上市公司破产重整申请前，应当将相关材料逐级报送最高人民法院审查

2. 重整期间

自人民法院裁定债务人重整之日起至重整程序终止，为重整期间。

（1）在重整期间，债务人的财产管理和营业事务执行，可以由管理人或者债务人负责。

（2）在重整期间，对债务人的特定财产享有的担保权暂停行使。但是，对企业重整无保留必要的担保财产，经债务人或者管理人同意，担保权人可以行使担保权。

（3）在重整期间，债务人或者管理人为继续营业而借款的，可以为该借款设定担保。

（4）债务人在重整期间为重整进行而发生的费用与债务，性质上相当于共益债务，可以不受重整程序限制从债务人财产中受偿。

（5）债务人合法占有的他人财产，该财产的权利人在重整期间要求取回的，应当符合事先约定的条件。

（6）在重整期间，债务人的出资人不得请求投资收益分配。

（7）在重整期间，债务人的董事、监事、高级管理人员不得向第三人转让其持有的债务人的股权。但是，经人民法院同意的除外。

3. 在重整期间，有下列情形之一的，经管理人或者利害关系人请求，人民法院应当裁定终止重整程序，并宣告债务人破产：

（1）债务人的经营状况和财产状况继续恶化，缺乏挽救的可能性；

（2）债务人有欺诈、恶意减少债务人财产或者其他显著不利于债权人的行为；

（3）由于债务人的行为致使管理人无法执行职务。

考点15　重整计划的制订与批准（★★）

1. 重整计划的制订

（1）债务人自行管理财产和营业事务的，由债务人制作重整计划草案；管理人负责管理财产和营业事务的，由管理人制作重整计划草案。

（2）债务人或者管理人应当自人民法院裁定债务人重整之日起6个月内，向人民法院和债权人会议提交重整计划草案。期限届满，经债务人或者管理人请求，有正当理由的，人民法院可以裁定延期3个月；延长后仍不能提出重整计划草案，人民法院应裁定终止重整程序，并宣告债务人破产。

（3）上市公司重整草案制定

①有关经营方案涉及并购重组等行政许可审批事项的，上市公司或管理人应当聘请经证券监管机构核准的财务顾问机构、律师事务所以及具有证券期货业务资格的会计师事务所、资产评估机构等证券服务机构按照证券监管机构的有关要求及格式编制相关材料。

②控股股东、实际控制人及其关联方在上市公司破产重整程序前因违规占用、担保等行为对上市公司造成损害的，制定重整计划草案时应当根据其过错对控股股东及实际控制人支配的股东的股权作相应调整。

2. 重整计划的表决与批准

（1）依照债权分类，分组对重整计划草案进行表决：

对债务人的特定财产享有担保权的债权；职工债权；债务人所欠税款；普通债权。

（2）重整计划不得规定减免债务人欠缴的特定的社会保险费用；该项费用的债权人不参加重整计划草案的表决。

（3）人民法院应当自收到重整计划草案之日起30日内召开债权人会议，对重整计划草案进行表决。出席会议的同一表决组的债权人过半数同意重整计划草案，并且其所代表的债权额占该组债权总额的2/3以上的，即为该组通过重整计划草案。

（4）人民法院强制批准重整计划草案程序（具有强制性）

部分表决组未通过重整计划草案的，债务人或者管理人可以同未通过重整计划草案的表决组协商，该表决组可以在协商后再表决一次。

未通过重整计划草案的表决组拒绝再次表决或者再次表决仍未通过重整计划草案，但重整计划草案符合法律规定条件的，债务人或者管理人可以申请人民法院批准重整计划草案。人民法院经审查认为符合规定的，应当自收到申请之日起30日内裁定批准，终止重整程序，并予以公告。

3. 重整程序终止的情形

（1）重整计划草案未获得债权人会议的通过且未获得人民法院的强制批准，或者债权人会议通过的重整计划未获得人民法院批准的，人民法院应当裁定终止重整程序，并宣告债务人破产。

（2）人民法院裁定批准重整计划草案的，终止重整程序，并予以公告（启动重整计划执行程序）。

（3）债务人或者管理人未按期提出重整计划草案的，人民法院应当裁定终止重整程序，并宣告债务人破产。

（4）在重整期间，有下列情形之一的，经管理人或者利害关系人请求，人民法院应当裁定终止重整程序，并宣告债务人破产：

①债务人的经营状况和财产状况继续恶化，缺乏挽救的可能性；

②债务人有欺诈、恶意减少债务人财产或者其他显著不利于债权人的行为；

③由于债务人的行为致使管理人无法执行职务。

4. 重整计划的效力

（1）经人民法院裁定批准的重整计划，对债务人和全体债权人（不论是否有财产担保）均有约束力。

（2）按照重整计划减免的债务，自重整计划执行完毕时起，债务人不再承担清偿责任。

（3）债权人对债务人的保证人和其他连带债务人所享有的权利，不受重整计划的影响。

（4）债权人未依照规定申报债权的，可以继续申报债权，但在重整计划执行期间不得行使权利；在重整计划执行完毕后，可以按照重整计划规定的同类债权的清偿条件行使权利。

（5）债务人不能执行或者不执行重整计划的，人民法院经管理人或者利害关系人请求，应当裁定终止重整计划的执行，并宣告债务人破产。人民法院裁定终止重整计划执行的，债权人在重整计划中做出的债权调整的承诺失去效力，但为重整计划的执行提供的担保继续有效。债权人因执行重整计划所受的清偿仍然有效，债权未受清偿的部分作为破产债权。

考点16　上市公司的破产重整（★★）

管理人	上市公司进入破产重整程序后，由管理人履行相关法律、行政法规、部门规章和公司章程规定的原上市公司董事会、董事和高级管理人员承担的职责和义务，上市公司自行管理财产和营业事务的除外
控股股东、实际控制人	控股股东、实际控制人及其关联方在上市公司破产重整程序前因违规占用、担保等行为对上市公司造成损害的，制定重整计划草案时应当根据其过错对控股股东及实际控制人支配的股东的股权作相应减少的调整
分组表决	出资人组对重整计划草案中涉及出资人权益调整事项的表决，经参与表决的出资人所持表决权2/3以上通过的，即为该组通过重整计划草案
行政许可	（1）上市公司重整计划草案涉及证券监管机构行政许可事项的，受理案件的人民法院应当通过最高人民法院，启动与中国证券监督管理委员会的会商机制。人民法院应当参考专家咨询意见，做出是否批准重整计划草案的裁定 （2）人民法院裁定批准重整计划后，重整计划内容涉及证券监管机构并购重组行政许可事项的，上市公司应当按照相关规定履行行政许可核准程序。重整计划草案提交出资人组表决且经人民法院裁定批准后，上市公司无须再行召开股东大会，可以直接向证券监管机构提交出资人组表决结果及人民法院裁定书，以申请并购重组许可

考点17 和解的特征与一般程序（★★）

和解申请	债务人可以直接或在人民法院受理破产申请后、宣告债务人破产前向人民法院申请和解
和解协议的决议	由出席会议的有表决权的债权人过半数同意，并且其所代表的债权额占无财产担保债权总额的2/3以上
通过和解协议	债权人会议通过和解协议的，由人民法院裁定认可，并予以公告（启动和解执行程序）
终止和解程序	（1）和解协议草案经债权人会议表决未获得通过，或者已经债权人会议通过的和解协议未获得人民法院认可的，人民法院应当裁定终止和解程序，并宣告债务人破产 （2）债务人不能执行或者不执行和解协议的，人民法院经和解债权人请求，应当裁定终止和解协议的执行，并宣告债务人破产 （3）人民法院裁定终止和解协议执行的，和解债权人在和解协议中做出的债权调整的承诺失去效力，但债务人方面为和解协议的执行提供的担保继续有效。和解债权人因执行和解协议所受的清偿仍然有效，和解债权人未受清偿的部分作为破产债权。上述债权人只有在其他债权人同自己所受的清偿达到同一比例时，才能继续接受破产分配

考点18 和解协议的效力（★★★）

（1）经人民法院裁定认可的和解协议，对债务人和全体和解债权人均有约束力。

（2）和解债权人未依照规定申报债权的，在和解协议执行期间不得行使权利；在和解协议执行完毕后，可以按照和解协议规定的清偿条件行使权利。

（3）和解债权人对债务人的保证人和其他连带债务人所享有的权利，不受和解协议的影响。

①债权人对债务人的保证人和其他连带债务人所享有的权利，不受重整计划的影响。

②破产人的保证人和其他连带债务人，在破产程序终结后，对债权人依照破产清算程序未受清偿的债权，依法继续承担清偿责任。

考点19 破产财产的变价和分配（★★）

（1）破产财产的清偿顺序

不足以清偿同一顺序的清偿要求的，按照比例分配。

①有财产担保的债权。

②破产费用和共益债务。

③职工劳动债权：破产人所欠职工的工资和医疗、伤残补助、抚恤费用，所欠的应当划入职工个人账户的基本养老保险、基本医疗保险费用，以及法律、行政法规规定应当支付给职工的补偿金。

④纳入社会统筹账户的社会保险费用和破产人所欠税款。

⑤无财产担保的普通债权。

（2）破产企业的董事、监事和高级管理人员的工资按照该企业职工的平均工资计算。

（3）欠缴税款产生的滞纳金

因欠缴税款产生的滞纳金	破产案件受理前	属于普通破产债权，不享有与欠缴税款相同的优先受偿地位
	破产案件受理后	不属于破产债权，在破产程序中不予清偿

（4）商业银行破产清算时，在支付清算费用、所欠职工工资和劳动保险费用后，应当优先支付个人储蓄存款的本金和利息。

📃 历年真题

一、单项选择题

1. 【2015年真题】人民法院受理了甲公司的破产申请。根据企业破产法律制度的规定，下列已经开始、尚未终结与甲公司有关的诉讼，不予中止的是（　　）。

A．公司以拖欠贷款为由，对丙公司提起的诉讼

B．股东乙以甲公司董事长决策失误导致公司损失为由，对其提起的诉讼

C．债权人丁公司以甲公司股东戊与甲公司法人人格严重混同为由，主张戊直接承担责任的诉讼

D．公司以总经理庚违反竞业禁止为由，主张其返还不当得利益的诉讼

2．【2014年真题】甲商业银行破产清算时，已支付清算费用、所欠职工工资和劳动保险费用。根据企业破产法律制度的规定，其尚未清偿的下列债务中，应当优先偿还的是（　　）。

A．购买办公设备所欠货款

B．欠缴监管机构的罚款

C．企业账户中的存款本金及利息

D．个人储蓄存款的本金及利息

3．【2014年真题】破产企业甲公司在破产案件受理前因欠缴税款产生滞纳金。下列关于该滞纳金在破产程序中清偿顺位的表述中，符合破产法律制度规定的是（　　）。

A．该滞纳金与欠缴税款处于相同受偿顺位

B．该滞纳金属于普通债权，受偿顺位劣后于欠缴税款

C．该滞纳金劣后于普通债权受偿

D．该滞纳金不属于破产债权，在破产程序中不予清偿

4．【2013年真题】根据企业破产法律制度的规定，人民法院受理破产申请前6个月内，涉及债务人财产的下列行为中，管理人有权请求人民法院予以撤销的是（　　）。

A．向他人无偿转让企业财产

B．支付职工劳动报酬

C．支付人身损害赔偿金

D．在设定债务的同时，为该债务提供财产担保

5．【2013年真题】2013年6月1日，人民法院受理了对甲公司提起的破产申请。根据企业破产法律制度的规定，下列人员中，有资格担任管理人的是（　　）。

A．3年前被吊销执业证书，但现已重获执业资格的会计师乙

B．曾于2008年1月1日～2009年12月31日担任甲公司法律顾问的丙律师事务所

C．甲公司董事丁

D．甲公司监事会主席的妻子戊

6．【2012年真题】根据企业破产法律制度的规定，下列债务中，在清偿破产费用和共益债务后，应从破产财产中按第一顺位获得清偿的是（　　）。

A．破产人所欠职工的伤残补助

B．破产人所欠税款

C．破产人所欠红十字会的捐款

D．破产人所欠环保部门的罚款

7．【2010年真题】根据企业破产法律制度的规定，下列表述中，正确的是（　　）。

A．国有企业破产属政策性破产，不适用《企业破产法》

B．金融机构实施破产的，由国务院根据《中华人民共和国商业银行法》等法律另行制定破产实施办法，不适用《企业破产法》

C．民办学校的破产清算可以参照适用《企业破产法》规定的程序

D．依照《企业破产法》开始的破产程序，对债务人在中华人民共和国领域外的财产不发生效力

二、多项选择题

1. 【2014年真题】甲会计师事务所被人民法院指定为乙企业破产案件中的管理人。甲向债权人会议报告的有关报酬方案的下列内容中，符合企业破产法律制度规定的有（　　）。
   A. 将乙为他人设定抵押权的财产价值计入计酬基数
   B. 甲就自己为将乙的抵押财产变现而付出的合理劳动收取适当报酬
   C. 对受当地政府有关部门指派参与破产企业清算工作的政府官员不发放报酬
   D. 甲聘用外部专家协助履行管理人职责所需费用从其报酬中支付

2. 【2013年真题】根据企业破产法律制度的规定，下列债务中，债权人应在人民法院确定的期限内进行债权申报的有（　　）。
   A. 债务人所欠银行未到清偿期的借款　　B. 债务人所欠职工工资
   C. 债务人所欠税款　　D. 债务人所欠职工医疗费

3. 【2012年真题】根据企业破产法律制度的规定，下列关于破产管理人报酬的表述中，正确的有（　　）。
   A. 人民法院采取公开竞争方式指定管理人的，其报酬方案由市场决定，不受有关司法解释关于管理人报酬比例范围的限制
   B. 在指定清算组担任管理人时，有关政府部门派出的工作人员参与工作的，不收取报酬
   C. 担保权人优先受偿的担保物价值原则上不计入管理人报酬的标的额
   D. 担任管理人的会计师事务所聘用本专业的其他社会中介机构协助变现担保物的，所需费用可由担保权人承担

三、案例分析题

1. 【2015年真题】A公司因拖欠B公司债务被诉至人民法院并败诉，判决生效后，经人民法院强制执行，A公司仍无法完全清偿B公司债务。A公司的债权人C公司知悉该情况后，于2014年7月30日向人民法院提出对A公司的破产申请，A公司提出异议：第一，A公司账面资产仍大于负债；第二，C公司并未就其债权向A公司提出清偿要求，因此不能直接判断其债权能否获得清偿。人民法院驳回A公司的异议，于8月12日裁定受理破产申请。

管理人接管A公司后，在清理债权债务过程中发现如下事项：

（1）2013年6月，D公司向甲银行借款80万元，借期1年，A公司以其设备为D公司的借款提供抵押担保，并办理了抵押登记。借款到期后，D公司未能偿还，经A公司、D公司和甲银行协商，A公司用于抵押的设备依法变现，所得价款全部用于偿还借款本息，但尚有14万元未能清偿。

（2）2013年9月，A公司向乙银行借款50万元，借期6个月，E公司为此提供保证担保。2014年2月2日，A公司提前偿还借款。

（3）2013年11月，F公司向A公司订购一批汽车零部件，合同价款30万元，A公司交货后，F公司一直未付款，获悉人民法院受理针对A公司的破产申请后，F公司以30万元的价格受让了G公司对A公司的58万元债权，之后，F公司向管理人主张以其受让G公司的债权抵销所欠A公司的债务。

要求：根据上述内容，分别回答下列问题。
（1）A公司就破产申请提出的两项异议是否成立？并分别说明理由。
（2）甲银行能否将尚未得到清偿的14万元向管理人申报破产债权？并说明理由。
（3）对A公司提前偿还乙银行借款的行为，管理人是否有权请求人民法院予以撤销？并说明理由。
（4）F公司向管理人提出以其受让G公司的债权抵销所欠A公司债务的主张是否成立？并说

明理由。

2. 【2014年真题】案情：2014年5月5日，因A公司未能偿还对B公司的到期债务，B公司向人民法院提出对A公司进行破产清算的申请。

A公司收到人民法院通知后，于5月9日提出异议，认为本公司未达破产界限，理由是：第一，B公司对A公司之债权由C公司提供连带保证，而C公司完全有能力代为清偿该笔债务；第二，尽管A公司暂时不能清偿所欠B公司债务，但其资产总额超过负债总额，不构成资不抵债。

经审查相关证据，人民法院发现：虽然A公司的账面资产总额超过负债总额，但其流动资金不足，实物资产大多不能立即变现，无法立即清偿到期债务。据此，人民法院于5月16日裁定受理B公司的破产申请，并指定了管理人。

在该破产案件中，有以下情况。

（1）2014年4月14日，人民法院受理了D公司诉A公司股东甲的债务纠纷案件。D公司主张，因甲未缴纳出资，故应就A公司所欠D公司债务承担出资不实责任。该案尚未审结。

（2）A公司于2013年4月8日向E信用社借款200万元，期限1年。A公司以其所属厂房为该笔借款提供了抵押担保。2014年5月18日，经管理人同意，A公司向E信用社偿还了其所欠200万元借款本金及其利息。经查，A公司用于抵押的厂房市场价值为500万元。有其他债权人提出，A公司向E信用社的清偿行为属于破产申请受理后对个别债权人的债务清偿，故应认定为无效。

（3）2014年6月2日，F公司向管理人提出，根据其与A公司之间的合同约定，由其提供原材料，委托A公司加工了一批产品，现合同到期，要求提货。据查，该批产品价值50万元，现存于A公司仓库，F公司已于2014年2月支付了全部加工费10万元。管理人认为该批产品属于债务人财产，故不允许F公司提走。

要求：根据上述内容，分别回答下列问题。

（1）A公司以C公司为其债务提供了连带保证且有能力代为清偿为由，对破产申请提出的异议是否成立？并说明理由。

（2）人民法院以A公司现金不足、资产大多不能立即变现清偿债务为由，裁定受理破产申请，是否符合企业破产法律制度的规定？并说明理由。

（3）对于D公司诉A公司股东甲的债务纠纷案，在程序上人民法院应如何处理？并说明理由。

（4）有关债权人关于A公司向E信用社清偿行为无效的主张是否成立？并说明理由。

（5）F公司是否有权提走其委托A公司加工的产品？并说明理由。

历年真题答案及解析

单项选择题答案速查表

题号	答案	题号	答案	题号	答案	题号	答案
1	B	2	D	3	B	4	A
5	B	6	A	7	C		

多项选择题答案速查表

题号	答案	题号	答案	题号	答案
1	BCD	2	AC	3	BC

一、单项选择题答案及解析

1. B〖解析〗本题考查的是破产申请的受理。人民法院受理破产申请后，已经开始而尚未终结的有关债务人的民事诉讼或者仲裁应当中止。在选项B中，股东乙是原告，董事长是被告，甲公司并不是诉讼当事人，所以诉讼不用中止，故B选项为正确答案。

2. D〖解析〗本题考查的是破产清算。商业银行破产清算时，在支付清算费用、所欠职工工资和劳动保险费用后，应当优先支付个人储蓄存款的本金和利息。

【易错警示】对知识点记忆不牢固的考生，考虑到这是对监管机构欠款，应该有限偿还，会凭主观臆断错选选项B。考生应该谨记：商业银行破产清算时，支付清算等费用后，对个人储蓄存款的本金及利息有限支付。

3. B〖解析〗本题考查的是破产财产分配。破产企业在破产案件受理前因欠缴税款产生的滞纳金，属于普通债权，不享有与欠缴税款相同的优先受偿地位。

【易错警示】本题中考生首先需要明白该滞纳金到底属于哪一类的债券，再根据债券的性质确定属于哪一级的受偿顺序，按照这样思路来解题，则不易选错选项。

4. A〖解析〗本题考查的是破产撤销权的行使。根据规定，人民法院受理破产申请前1年内，涉及债务人财产的下列行为，管理人有权请求人民法院予以撤销：①无偿转让财产的；②以明显不合理的价格进行交易的；③对没有财产担保的债务提供财产担保的；④对未到期的债务提前清偿的；⑤放弃债权的。

【易错警示】部分考生会错误选择选项D，选项D并非属于"对没有财产担保的债务提供财产担保"，而是在设定债务同时设定财产担保，因此不属于可撤销的情形。

5. B〖解析〗本题考查的是破产管理人的任职资格。根据规定，曾被吊销相关专业执业证书的人员，不得担任破产管理人，所以不选选项A。现在担任或者在人民法院受理破产申请前3年内曾经担任债务人、债权人的财务顾问、法律顾问的，属于需要回避的利害关系，所以选项B中，由于已经超出了3年，因此可以担任。现在担任或者在人民法院受理破产申请前3年内曾经担任债务人、债权人的董事、监事、高级管理人员的，属于有利害关系，所以选项C中丁不得担任。与债权人或者债务人的控股股东、董事、监事、高级管理人员存在夫妻、直系血亲、三代以内旁系血亲或者近姻亲关系的，属于利害关系人，所以选项D中戊不得担任。

6. A〖解析〗在清偿破产费用和共益债务后，应从破产财产中按第一顺位获得清偿的是"职工债权"，具体包括破产人所欠职工的工资和医疗、伤残补助、抚恤费用，所欠的应当划入职工个人账户的基本养老保险、基本医疗保险费用，以及法律、行政法规规定应当支付给职工的补偿金。

7. C〖解析〗本题考查的是《企业破产法》的适用范围。在《企业破产法》施行前国务院规定的期限和范围内的国有企业实施破产的特殊事宜，按照国务院有关规定办理；政策性破产已经不再适用，所以选项A错误。金融机构实施破产的，国务院可以依据《企业破产法》和其他有关法律的规定制定实施办法，所以选项B错误。依法开始的破产程序，对债务人在中华人民共和国领域外的财产发生效力，所以选项D错误。

二、多项选择题答案及解析

1. BCD〖解析〗本题考查的是管理人报酬。担保权人优先受偿的担保物价值原则上不计入管理人报酬的标的额，所以选项A不正确。管理人对担保物的维护、变现、交付等管理工作付出合理劳动的，有权向担保权人收取适当的报酬，所以选项B正确。清算组中有关政府部门派出的工作人员参与工作的，不收取报酬，所以选项C正确。破产清算事务所通过聘用其他社会中介机构或者人员协助履行管理人职责的，所需费用从其报酬中支付，所以选项D正确。

2. AC〖解析〗本题考查的是破产债权的申报。债务人所欠职工的工资和医疗、伤残补助、抚恤费用，所欠的应当划入职工个人账户的基本养老保险、基本医疗保险费用，以及法律、行政法规规定应当支付给职工的补偿金，不必申报，由管理人调查后列出清单并予以公示。除此之外，其他债权如税收债权、社会保障债权以及对债务人特定财产享有担保权的债权均需依法申报。

3. BC〖解析〗本题考查的是管理人的报酬。人民法院采取公开竞争方式指定管理人的，可以根据社会中介机构提出的报价确定管理人报酬方案，但报酬比例不得超出上述限制范围，选项A错误。管理人对担保物的维护、变现、交付等管理工作付出合理劳动的，有权向担保权人收取适当的报酬；但律师事务所、会计师事务所通过聘用本专业的其他社会中介机构或者人员协助履行管理人职责的，所需费用从其报酬中支付，选项D错误。

三、案例分析题答案及解析

1. 〖解析〗（1）A公司的两项异议均不成立。根据相关规定，债务人账面资产虽大于负债，但经人民法院强制执行，无法清偿债务的，人民法院应当认定其明显缺乏清偿能力。而经人民法院强制执行，无法清偿债务，是指只要债务人的任何一个债权人经人民法院强制执行未能得到清偿，其每一个债权人均有权提出破产申请，并不要求申请人自己已经采取了强制执行措施。在本题中，债权人B公司在经人民法院强制执行后未能得到清偿，故债权人C公司可以提出破产申请。

（2）甲银行不能将尚未得到清偿的14万元向管理人申报破产债权。根据相关规定，如破产企业仅作为担保人为他人债务提供物权担保，担保债权人的债权虽然在破产程序中可以构成别除权，但因破产企业不是主债务人，在担保物价款不足以清偿担保债权额时，余债不得作为破产债权向破产企业要求清偿，只能向原主债务人（D公司）求偿。

（3）管理人无权请求人民法院予以撤销。根据相关规定，破产申请受理前1年内债务人提前清偿的未到期债务，在破产申请受理前已经到期，管理人请求撤销该行为的，人民法院不予支持。

（4）F公司不能主张抵销。根据相关规定，债务人的债务人在破产申请受理后取得他人对债务人的债权的，不得抵销。在本题中，债务人的债务人F公司是在破产申请受理后取得他人（G公司）对债务人（A公司）的债权，故不能抵销。

2. 〖解析〗（1）异议不成立。根据规定，对债务人丧失清偿能力、发生破产原因的认定，不以其他对其债务负有清偿义务者也丧失清偿能力、不能代为清偿为条件。

（2）符合规定。A公司已经出现不能清偿到期债务的事实，并且，虽然账面资产多于负债，但现金不足、资产无法变现，足以认定其明显缺乏清偿能力。

（3）应当中止D公司与甲的债务纠纷案件的审理。根据规定，破产申请受理前，债权人主张债务人的出资人直接向其承担出资不实责任的诉讼，破产申请受理时案件尚未审结的，人民法院应当中止审理。

（4）不成立。根据规定，破产申请受理后，债务人对个别债权人的债务清偿无效。但是，债务人以其财产向债权人提供物权担保的，其在担保物市场价值内向债权人所做的债务清偿，不受上述限制。A公司向E信用社清偿200万元本金及相应利息，而其抵押物的市价为500万元，符合上述规定。

（5）有权。F公司提供原材料、委托A公司加工产品的合同，属于承揽合同。根据规定，债务人基于承揽合同关系占有的他人财产不应认定为债务人财产。故F公司可以行使取回权。

📝 全真模拟试题

一、单项选择题

1. 根据企业破产法律制度的规定，下列表述中，正确的是（ ）。
   A. 金融机构实施破产的，国务院可以依据《企业破产法》和其他有关法律的规定制定实施办法
   B. 依照《企业破产法》开始的破产程序，对债务人在中华人民共和国领域外的财产不发生效力
   C. 个人独资企业和合伙企业由于是非法人企业，因此其破产清算不适用《企业破产法》的

      规定

    D. 资不抵债的民办学校破产清算不适用《企业破产法》的规定

2. 下列选项中，不属于破产企业管理人应履行的职责是（   ）。

    A. 主持债权人会议

    B. 接管债务人的财产

    C. 决定债务人的内部管理事务

    D. 决定债务人的日常开支

3. 上市公司严重资不抵债，因不能清偿到期债务向法院申请破产。下列财产中属于债务人财产的是（   ）。

    A. 上市公司从甲公司租用的一台设备

    B. 属于上市公司但已抵押给银行的一处厂房

    C. 上市公司购买的一批在途货物，但尚未支付货款

    D. 上市公司根据代管协议合法占有的委托人乙公司的两处房产

4. 创赢智能企业被人民法院受理破产申请后，该企业在人民法院受理破产申请前1年内发生的下列行为中，管理人有权请求人民法院予以撤销的是（   ）。

    A. 通过受让方式取得关联企业对外享有的一笔劳务费

    B. 对关联企业的一项无担保债权提供质押担保

    C. 向关联企业转让一套关键生产设备

    D. 对关联企业的一项贷款合同提供保证担保

5. 三丰电子公司的债权人向法院申请三丰电子破产清算，下列情形中符合规定的是（   ）。

    A. 三丰电子公司所欠的全部债务尚未到期的，三丰电子公司不具备破产原因

    B. 三丰电子公司主张对其债务负有连带责任的生益公司并未丧失清偿能力而不具备破产原因的，人民法院支持

    C. 三丰电子公司虽然长期亏损且经营扭亏困难而无法清偿债务，但公司账面资产大于负债，此时不属于明显缺乏清偿能力

    D. 三丰电子公司虽然经人民法院强制执行无法清偿债务，但公司账面资产大于负债，此时不属于明显缺乏清偿能力

6. 根据《企业破产法》及司法解释的规定，下列财产应认定为债务人财产的是（   ）。

    A. 债务人在所有权保留买卖中尚未取得所有权的财产

    B. 破产受理后债务人企业银行存款的利息

    C. 债务人企业中属于国家所有的厂房和土地

    D. 债务人企业基于承揽合同占有他人的加工材料

7. 根据《企业破产法司法解释（二）》的规定，下列财产应认定为债务人财产的是（   ）。

    A. 破产受理后债务人企业银行存款的利息

    B. 债务人企业中属于国家所有的厂房和土地

    C. 债务人企业基于承揽合同占有他人的加工材料

    D. 债务人在所有权保留买卖中尚未取得所有权的财产

8. 人民法院受理了鑫荣企业的破产案件。管理人接管鑫荣企业后，新达共创企业向管理人提出取回破产受理前出租给鑫荣企业的一台机器设备，经查，该机器设备已在破产受理前由鑫荣企业转让给天互企业。已知天互企业已经支付设备价款，但该机器设备并未交付。关于该情形，下列说法中正确的是（   ）。

    A. 新达共创企业有权取回该设备原物

    B. 由于天互企业支付了设备价款，因此新达共创企业无权取回设备原物

C. 天互企业向鑫荣企业支付的价款有权向管理人要求取回

D. 天互企业向鑫荣企业支付的价款应作为共益债务清偿

9. 人民法院受理债务人宽洋公司破产申请时，赛唯莱特公司依照其与宽洋公司之间的买卖合同已向买受人宽洋公司发运了该合同项下的货物，但宽洋公司尚未支付价款。赛唯莱特公司得知宽洋公司破产申请被受理后，立即通过传真向宽洋公司的管理人要求取回在运途中的货物。管理人收到赛唯莱特公司传真后不久，即收到赛唯莱特公司发运的货物。下列表述中，正确的是（　　　）。

A. 赛唯莱特公司有权取回该批货物

B. 赛唯莱特公司无权取回该批货物，但可以就买卖合同价款向管理人申报债权

C. 管理人已取得该批货物的所有权，但赛唯莱特公司有权要求管理人立即支付全部价款

D. 管理人已取得该批货物的所有权，但赛唯莱特公司有权要求管理人就价款支付提供担保

二、多项选择题

1. 关于债权申报的说法中，正确的有（　　　）。

A. 债权人在破产财产开始分配后补充申报的债权不能作为破产债权

B. 债权申报期限自法院裁定受理破产申请之日起计算，长不得超过3个月

C. 已经代替债务人清偿债务的保证人，可以其对债务人的求偿权申报债权

D. 债权人在确定的债权申报期限内未申报债权的，可以在破产财产后分配前补充申报

2. 根据《企业破产法》，在第一次债权人会议召开之前，管理人（　　　）的行为，应当经人民法院许可。

A. 决定债务人的内部管理事务

B. 调查债务人财产状况，制作财产状况报告

C. 转让债务人全部库存产品

D. 履行债务人和对方当事人均未履行完毕的合同

3. 伊养生物破产企业经法院批准进入破产重整阶段，重整计划对普通债权人组进行了权利调整，削减对债权人组的债权至30%清偿率，即重整计划执行完毕后，普通债权人组的债权人会获得债权额30%的清偿，分10年清偿，每年偿还3%。重整计划执行1年后，普通债权人组的债权人获得了3%的部分清偿，债务人不再执行重整计划，应当（　　　）。

A. 债权人因执行重整计划所受的3%的清偿仍然有效

B. 债务人被宣告破产转入清算程序

C. 法院经管理人申请裁定终止重整计划的执行

D. 债权人未获清偿的97%的债权应当作为破产债权参与破产财产的分配

4. 对债务人的特定财产享有担保权的债权人，未放弃优先受偿权利的，对于下列事项没有表决权的有（　　　）。

A. 通过和解协议

B. 通过破产财产的分配方案

C. 选任和更换债权人委员会成员

D. 决定继续或者停止债务人的营业

5. 根据企业破产法律制度的规定，在人民法院受理破产申请后，下列有关破产申请受理的效力的表述中，正确的有（　　　）。

A. 有关债务人财产的执行措施应当终止

B. 债务人不得对个别债权人的债务进行清偿

C. 债务人的债务人应当向破产管理人清偿债务

    D. 有关债务人的民事诉讼只能向受理破产申请的法院提起

6. 根据企业破产法律制度的规定，在重整期间，有关当事人的下列行为中，不符合规定的有（　　）。

    A. 债务人的出资人丙企业请求投资收益分配

    B. 对债务人的机器设备享有抵押权的甲银行行使了抵押权

    C. 管理人为继续营业向乙银行借款100万元，并以厂房为该笔借款设定了抵押担保

    D. 债务人的董事丁未经人民法院的同意，将其持有的债务人的股权全部转让给第三人戊

7. 下列有关重整制度的表述中，符合《企业破产法》规定的有（　　）。

    A. 债务人因不能执行重整计划，人民法院裁定终止重整计划的执行，并宣告债务人破产的，为重整计划的执行提供的担保无效

    B. 按照重整计划减免的债务，自重整计划执行完毕时起，债务人不再承担清偿责任

    C. 债务人尚未进入破产程序时，债权人可以直接向人民法院申请对债务人进行重整

    D. 重整计划的债务清偿方案原则上是不得变更的，除非债权人可以得到实质上更多的清偿，或者受到不利影响的债权人全部同意

8. 盛发公司向民生银行贷款200万元，由零零壹公司和梦龙软件公司作为共同保证人。其后，盛发公司因不能清偿到期债务，严重资不抵债而向法院申请破产。法院裁定受理破产申请，并指定了破产管理人。下列选项中正确的有（　　）。

    A. 管理人可以优先清偿民生银行的债务

    B. 如民生银行不申报债权，则零零壹公司或梦龙软件公司均可向管理人申报200万元债权

    C. 如零零壹公司已代盛发公司偿还了民生银行贷款，则其可向管理人申报200万元债权

    D. 如民生银行已申报债权并获80万元分配，则剩余120万债权因破产程序终结而消灭

9. 根据《企业破产法》的规定，下列关于债权人会议的表述中，正确的有（　　）。

    A. 所有债权人都可以参加债权人会议，并享有表决权

    B. 第一次债权人会议由人民法院召开

    C. 所有申报债权者均有权参加第一次债权人会议

    D. 债权人会议的决议，由出席会议的有表决权的债权人过半数通过即可

全真模拟试题答案及解析

单项选择题答案速查表

题号	答案	题号	答案	题号	答案	题号	答案	题号	答案
1	A	2	A	3	B	4	B	5	A
6	B	7	A	8	A	9	A		

多项选择题答案速查表

题号	答案	题号	答案	题号	答案	题号	答案	题号	答案
1	CD	2	CD	3	ABCD	4	AB	5	BCD
6	ABD	7	BCD	8	BC	9	BC		

一、单项选择题答案及解析

1. A〖解析〗本题考查的是《企业破产法》的适用范围。依照《企业破产法》开始的破产程序，对债务人在中华人民共和国领域外的财产发生效力，选项B错误。个人独资企业不能清偿到期债务，并且资产不足以清偿全部债务或者明显缺乏清偿能力的情况下，可以参

照适用《企业破产法》规定的破产清算程序进行清偿，选项C错误。资不抵债的民办学校的清算，参照适用《企业破产法》规定的程序，选项D错误。

【易错警示】部分考生会错选选项D。在定向思维中，学校应该不适用《企业破产法》，但是并没有注意选项中出现限定语民办。考生应该谨记：民办学校可以参照适用《企业破产法》规定的程序进行。

2. A〖解析〗本题考查的是管理人的职责。破产企业管理人可以提议召开债权人会议，但无权主持债权人会议。

3. B〖解析〗本题考查的是债务人财产。出租人享有租赁物的所有权。承租人破产的，租赁物不属于破产财产，选项A错误。债务人已经设定担保的财产属于债务人的财产，选项B正确。人民法院受理破产申请时，出卖人已将买卖标的物向作为买受人的债务人发运，债务人尚未收到且未付清全部价款的，出卖人可以取回在运途中的标的物。但是，管理人可以支付全部价款，请求出卖人交付标的物。据此可知，在运输途中且债务人还没有支付货款的货物属于出卖人的财产，出卖人可以行使取回权，不属于债务人的财产，选项C错误。委托保管合同中，标的物的所有权属于委托人，而非保管人。上市公司根据代管协议合法占有房产的所有权是委托人乙公司的，而非上市公司的，该房产不属于破产财产，选项D错误。

4. B〖解析〗本题考查的是破产撤销权与无效行为。根据规定，债务人在人民法院受理破产申请前1年内，对没有财产担保的债务提供财产担保的，管理人有权要求撤销该行为。

5. A〖解析〗本题考查的是破产原因。下列情形同时存在的，人民法院应当认定债务人不能清偿到期债务：①债权债务关系依法成立。②债务履行期限已经届满。③债务人未完全清偿债务，选项A符合规定。相关当事人以对债务人的债务负有连带责任的人未丧失清偿能力为由，主张债务人不具备破产原因的，人民法院应不予支持，选项B不符合规定。债务人账面资产虽大于负债，但存在下列情形之一

的，法院应当认定其明显缺乏清偿能力：①因资金严重不足或者财产不能变现等原因，无法清偿债务；②法定代表人下落不明且无其他人员负责管理财产，无法清偿债务；③经人民法院强制执行，无法清偿债务；④长期亏损且经营扭亏困难，无法清偿债务；⑤导致债务人丧失清偿能力的其他情形。所以选项C和选项D的表述不符合规定。

【易错警示】考生应该谨记债务人账面资产虽大于负债，法院应当认定其明显缺乏清偿能力的五种情形。

6. B〖解析〗本题考查的是债务人财产的认定。根据规定，下列财产不应认定为债务人财产：①债务人基于仓储、保管、承揽、代销、借用、寄存、租赁等合同或者其他法律关系占有、使用的他人财产；②债务人在所有权保留买卖中尚未取得所有权的财产；③所有权专属于国家且不得转让的财产；④其他。债务人已依法设定担保物权的特定财产，人民法院应当认定为债务人财产。

7. A〖解析〗本题考查的是债务人财产的一般规定。根据规定，下列财产不应认定为债务人财产：①债务人基于仓储、保管、承揽、代销、借用、寄存、租赁等合同或者其他法律关系占有、使用的他人财产；②债务人在所有权保留买卖中尚未取得所有权的财产；③所有权专属于国家且不得转让的财产；④其他。

8. A〖解析〗本题考查的是取回权。根据规定，债务人占有的他人财产被违法转让给第三人，第三人已向债务人支付了转让价款，但依据物权法律制度的规定未取得财产所有权，原权利人依法追回转让财产的，对因第三人已支付对价而产生的债务，人民法院应当按照以下规定处理：①转让行为发生在破产申请受理前的，作为普通破产债权清偿；②转让行为发生在破产申请受理后的，作为共益债务清偿。题干中由于不满足物权法中善意取得的要件，因此天互企业不能取得设备所有权，新达共创企业有权取回该设备原物，同时由于转让行为发生在破产申请受理前，天互企业因支付对价而产生的债务应作为普通债权申报清偿。

9. A〖解析〗本题考查的是出卖人取回

权。根据规定，人民法院受理破产申请时，出卖人已将买卖标的物向作为买受人的债务人发运，债务人尚未收到且未付清全部价款的，出卖人可以取回在运途中的标的物。但是，管理人可以支付全部价款，请求出卖人交付标的物。只要货物尚在运途中，出卖人向管理人表示行使取回权，即发生取回法律效力；即使管理人日后收到货物，也仅处于保管人的地位。

二、多项选择题答案及解析

1. CD〖解析〗本题考查的是债权申报。在破产财产后分配前补充申报的债权属于破产债权，所以选项A错误。债权申报期限自人民法院发布受理破产申请公告之日起计算，短不得少于30日，长不得超过3个月，所以选项B错误。

【易错警示】部分粗心的考生看见选项债权申报期限自法院裁定受理破产申请之日起计算，长不得超过3个月几乎没有错误，果断地选择了选项B。其实此选项说法并不严谨，无少日期的限定短不得少于30日。

2. CD〖解析〗本题考查的是管理人的职责。《企业破产法》规定，在第一次债权人会议召开之前，管理人决定继续或者停止债务人的营业或者有下列行为之一的，应当经人民法院许可：①涉及土地、房屋等不动产权益的转让；②探矿权、采矿权、知识产权等财产权的转让；③全部库存或者营业的转让；④借款；⑤设定财产担保；⑥债权和有价证券的转让；⑦履行债务人和对方当事人均未履行完毕的合同；⑧放弃权利；⑨担保物的取回；⑩对债权人利益有重大影响的其他财产处分行为。选项A和选项B可以由管理人直接做出，不需要经过人民法院许可。

3. ABCD〖解析〗本题考查的是重整程序。债权人因执行重整计划所受的清偿仍然有效，债权未受清偿的部分作为破产债权，所以选项A和选项D正确。债务人不能执行或者不执行重整计划的，人民法院经管理人或者利害关系人请求，应当裁定终止重整计划的执行，并宣告债务人破产，所以选项B和选项C正确。

4. AB〖解析〗本题考查的是债权人会议

的组成。根据规定，对债务人的特定财产享有担保权的债权人，未放弃优先受偿权利的，对于通过和解协议和破产财产的分配方案的决议没有表决权。

5. BCD〖解析〗本题考查的是破产申请受理的效力。人民法院受理破产申请后，有关债务人财产的保全措施应当解除，执行程序应当中止，选项A错误。人民法院受理破产申请后，债务人对个别债权人的债务清偿无效，选项B正确。人民法院受理破产申请后，债务人的债务人或者财产持有人应当向管理人清偿债务或者交付财产，选项C正确。人民法院受理破产申请后，有关债务人的民事诉讼，只能向受理破产申请的人民法院提起，选项D正确。

【易错警示】部分考生会选择选项A，混淆有关债务人财产的执行措施应当终止，还是应当解除。考生应当谨记：人民法院受理破产申请后，有关债务人财产的保全措施应当解除，执行程序应当中止。

6. ABD〖解析〗本题考查的是重整期间。重整期间，对债务人的特定财产享有的担保权暂停行使，因此选项B不符合规定。重整期间，债务人的出资人不得请求投资收益分配，因此选项A不符合规定。重整期间，债务人的董事、监事、高级管理人员不得向第三人转让其持有的债务人的股权，经人民法院同意的除外，因此选项D不符合规定。

7. BCD〖解析〗本题考查的是重整制度。债务人因不能执行重整计划，人民法院裁定终止重整计划的执行，并宣告债务人破产的，为重整计划的执行提供的担保继续有效。

8. BC〖解析〗本题考查的是破产债权申报的一般规定和特别规定。根据规定，人民法院受理破产申请后，债务人对个别债权人的债务清偿无效，选项A错误。根据规定，债务人的保证人或者其他连带债务人已经代替债务人清偿债务的，以其对债务人的求偿权申报债权。债务人的保证人或者其他连带债务人尚未代替债务人清偿债务的，以其对债务人的将来求偿权申报债权。但是，债权人已经向管理人申报全部债权的除外，选项B和选项C正确。人民法院受理债务人破产案件后，对于负连带责任的保证人，债权人有权直接要求其承担保证债务，也可以先向进入破产程序的债务人追偿，然后再以未受偿的余额向保证人追偿，选项D错误。

【易错警示】部分考生会多选选项A，考生理解"盛发公司向民生银行贷款200万元，由零零壹公司和梦龙软件公司作为共同保证人"理应管理人可以优先清偿民生银行的债务。考生应该谨记：人民法院受理破产申请后，债务人对个别债权人的债务清偿无效。

9. BC〖解析〗本题考查的是债权人会

议。有财产担保的债权人对破产财产分配和和解协议草案的决议没有表决权，选项A错误。债权人会议的决议，由出席会议的有表决权的债权人过半数通过，并且其所代表的债权额占无财产担保债权总额的1/2以上，选项D错误。

【易错警示】选项D的说法不完整，粗心的考生可能会多选。考生应谨记：债权人会议的决议，不仅由出席会议的有表决权的债权人过半数通过，而且其所代表的债权额占无财产担保债权总额的1/2以上。

第9章 票据与支付结算法律制度

考情分析

在近8年考试中，本章内容所占的平均分值为4分左右，考查题型为主观题和客观题。本章内容专业性强，考点多，复习难度大，考生需要在理解的基础上强化理解记忆。

学习建议

全面复习本章要点，重点掌握出票、背书、承兑、追索权、票据权利的取得与补救、票据抗辩与伪造、票据权利买卖与善意取得等内容。

本章考点概览

第9章　票据与支付结算法律制度	1. 支票的具体制度	★★
	2. 银行本票	★★
	3. 汇票的出票	★★
	4. 汇票的背书	★★★
	5. 汇票的保证与追索权	★
	6. 票据权利的取得	★★★
	7. 票据的伪造和变造	★★★
	8. 票据抗辩	★★★
	9. 票据丧失及补救	★★
	10. 委托收款与国内信用证	★★

考点精讲

考点1　支票的具体制度（★★）

1. 支票的定义

支票是指出票人委托银行或者其他金融机构见票时无条件支付一定金额给收款人或者持票人的票据。

2. 支票记载的事项

绝对应记载的事项	（1）表明"支票"的字样 （2）无条件支付的委托 （3）确定的金额 （4）付款人名称 （5）出票日期 （6）出票人签章
相对应记载事项	（1）付款地。支票上未记载付款地的，付款人的营业场所为付款地 （2）出票地。支票上未记载出票地的，出票人的营业场所、住所或者经常居住地为出票地

续表

任意记载事项	支票上的金额、收款人名称可以由出票人授权补记
记载不发生票据法上效力的事项	出票人免除其担保付款责任的记载不发生票据法上的效力
记载本身无效事项	如果出票人记载了以其他方式计算的到期日，该记载无效
记载使支票无效事项	记载了付款人支付票据金额的条件，支票无效

3. 付款

（1）支票限于见票即付，不得另行记载付款日期。另行记载付款日期的，该记载无效，而非支票本身无效。

（2）支票的持票人应当自出票日起10日内提示付款，超过提示付款期限的，付款人可以不予付款，但出票人仍应当对持票人承担票据责任。

支票的付款人并未在票据上签章，因此，付款人并未进行任何票据行为，并非票据债务人。持票人提示付款时，如果出票人在付款人处的存款金额足够支付支票金额的，则付款人应当足额付款；否则，付款人应当拒绝付款。

4. 支票的提示付款期限

（1）支票的持票人应当自出票日起10日内提示付款，超过该期限提示付款的，持票人丧失对出票人之外的前手的追索权。

（2）支票的持票人对出票人的票据权利，自出票之日起6个月不行使而消灭。

考点2　银行本票（★★）

概念	银行本票是指由出票人签发的，承诺自己在见票时，无条件支付确定的金额给收款人或者持票人的票据
银行本票的出票	（1）绝对必要记载事项 银行本票的绝对必要记载事项包括：表明"本票"的字样、无条件支付的承诺、确定的金额、收款人名称、出票日期和出票人签章。 ①银行本票由出票人本人付款，谈不上付款人名称的问题 ②票据金额、出票日期、收款人名称不得更改，更改的票据无效 ③票据金额以中文大写和数码同时记载，两者必须一致，两者不一致的，票据无效 ④支票的"金额"和"收款人名称"可以补记，本票和汇票谈不上补记的问题 ⑤出票人在票据上的签章不符合规定的，票据无效
	（2）相对必要记载事项 ①银行本票未记载付款地的，以出票人的营业场所为付款地 ②银行本票未记载出票地的，以出票人的营业场所为出票地
	（3）可以记载的事项 出票人如果记载了"不得转让"字样，该银行本票不得转让
银行本票的付款	（1）银行本票自出票之日起，付款期限最长不得超过2个月 （2）银行本票的持票人未按照规定期限提示付款的，即丧失对出票人以外的前手（背书人及其保证人）的追索权

考点3　汇票的出票（★★）

1. 汇票概述

银行汇票	银行作为出票人的汇票： （1）实际结算金额小于出票金额，按照实际结算金额进行结算 （2）未填明实际结算金额和多余金额或实际结算金额超过出票金额的，银行不予受理
商业汇票	银行承兑汇票；商业承兑汇票

2. 汇票出票

绝对必要记载事项	①表明"汇票"的字样；②无条件支付的委托；③确定的金额；④付款人名称；⑤收款人名称；⑥出票日期；⑦出票人签章
相对应记载事项	①付款日期：未记载付款日期的，视为见票即付 ②付款地：未记载付款地的，以付款人的营业场所、住所或者经常居住地为付款地 ③出票地：未记载出票地的，以出票人的营业场所、住所或者经常居住地为出票地
可以记载事项	出票人可以记载"不得转让"字样；如果未做该种记载，则汇票可以转让
记载不产生票据法上效力的事项	出票人关于利息、违约金的记载；签发票据的原因或者用途，该票据项下交易的合同号码
记载无效事项	出票人不得在票据上表明不承担保证该汇票承兑或者付款的责任；如有此类记载，出票行为仍然有效，但是该记载无效
记载使票据无效事项	出票人必须记载"无条件支付的委托"；该条属于绝对必要记载事项，未做该记载的，汇票无效

【名师点拨】①票据金额以中文大写和数码同时记载，两者必须一致，否则票据无效；②银行汇票的实际结算金额只能小于或者等于汇票金额；③票据的金额、出票日期、收款人名称不能更改，否则票据无效。

考点4　汇票的背书（★★★）

1. 背书

禁止背书	任意禁止背书	①出票人：出票人在汇票上记载"不得转让"字样，其后手再转让的，该转让不发生票据法上的效力，出票人和承兑人对受让人不承担票据责任 ②背书人：背书人在汇票上记载"不得转让"字样，其后手再背书转让的，原背书人对后手的被背书人不承担保证责任
	法定禁止背书	如填明"现金"字样；超过付款提示期限（期后背书）等
背书记载事项	绝对应记载事项	背书人签章、被背书人的名称
	相对应记载事项	背书日期；背书未记载日期的，视为到期日前背书
附条件的背书		所附条件无效，背书有效
部分背书、多头背书		将汇票金额的一部分转让或者将汇票金额分别转让给2人以上的背书无效
回头背书		（1）最终持票人为出票人的，对其前手无追索权 （2）最终持票人为背书人的，对其后手无追索权

2. 背书转让的效力

背书在汇票上记载"不得转让"字样，其后手再背书转让的，原背书人对后手的被背书人不承担保证责任。

3. 票据贴现的特殊问题

权利转移的效力	转让背书生效后，被背书人取得票据权利，原权利人（背书人）的权利消灭
权利担保的效力	背书人对于所有后手承担了担保承兑和担保付款的责任，从而在被追索（包括被再追索）时，承担相应的票据责任。除背书人记载"不得转让"和"回头背书"情形外
权利证明的效力	（1）背书连续主要是指背书在形式上连续，如果背书在实质上不连续，如有伪造签章的，付款人仍应对持票人付款 （2）对于非经背书转让，而以其他合法形式（如税收、继承、赠与）取得汇票的，只要取得汇票的人依法举证，表现其合法取得汇票的方式，证明其票据权利，就可以享有票据权利

就我国来说，向金融机构申请贴现必须符合以下特殊条件。

（1）办理票据贴现业务的机构，必须是经过中国人民银行批准经营贷款业务的金融机构。

（2）申请贴现的人，必须是商业汇票的持票人，并在该金融机构开立存款账户。

（3）贴现人必须审查贴现申请人与前手之间交易关系的有关文件。

（4）贴现利息以及贴现票据的选择，须符合国家规定等。

4. 委托收款背书

委托收款背书是指以授予他人行使票据权利、收取票据金额的代理权为目的的背书。

背书人仍是票据权利人，被背书人只是代理人（可以行使付款请求权和追索权），未取得票据权利，因此不能转让。

5. 质押背书

（1）质押背书确立的是一种担保关系，而不是票据权利的转让。因此，质权人并不享有票据权利，不得将其转让。被背书人再行转让背书或者质押背书的，背书行为无效。但是，被背书人可以再进行委托收款背书。

（2）以汇票设定质押时，出质人在汇票上只记载了"质押"字样而未在票据上签章的，或者出质人未在汇票上记载"质押"字样而另行签订质押合同、质押条款的，不构成汇票质押。

考点5 汇票的保证与追索权（★）

1. 汇票的保证

保证记载事项	绝对必要记载事项：保证文句、保证人的名称和住所、保证人签章
	相对必要记载事项：被保证人的名称、保证日期 （1）未记载被保证人的，已承兑的汇票，承兑人为被保证人；未承兑的汇票，出票人为被保证人 （2）未记载保证日期的，出票日期为保证日期
保证不得附条件	附条件的，不影响对汇票的保证责任
保证的效力	（1）汇票保证人的票据责任从属于被保证人的债务，与被保证人负有同一责任 （2）汇票保证人的票据责任不随被保证人的债务因实质原因无效而无效，只有当被保证人的债务因欠缺票据形式要件而无效时，保证人的票据责任才能解除 （3）保证人为2人以上的，保证人之间承担连带责任

2. 汇票的追索权

追索对象		（1）出票人、背书人、承兑人和保证人对持票人承担连带责任：持票人可以不按照汇票债务人的先后顺序，对其中任何一人、数人或者全体行使追索权 （2）持票人对汇票债务人中的一人或者数人已经开始进行追索的，对其他汇票债务人仍然可以行使追索权
追索权的发生原因	到期追索权	汇票到期被拒绝付款
	期前追索权	①被拒绝承兑（包括承兑附条件）；②承兑人或者付款人死亡、逃匿；③承兑人或者付款人被宣告破产或者因违法被责令终止业务活动
追索权的保全		（1）持票人须遵期提示、依法取证，才能保全其追索权 （2）如果持票人未依法提供相关证明的，将丧失对其前手的追索权，但主债务人（承兑人）仍应负绝对付款责任
追索金额	首次追索权的追索金额	①被拒绝付款的汇票金额；②汇票金额自到期日或提示付款日至清偿日，按中国人民银行规定的利率计算的利息；③取得有关拒绝证明和发出通知书的费用
	再追索权的追索金额	①已清偿的全部金额；②前项金额自清偿日至再追索清偿日，按中国人民银行规定的利率计算的利息；③发出通知书的费用
未在规定期限内发出追索通知的后果		持票人未按照规定期限（3日）发出追索通知的，持票人仍可以行使追索权。因延期通知给其前手或者出票人造成损失的，由其承担该损失的赔偿责任，但所赔偿的金额以汇票金额为限

考点6 票据权利的取得（★★★）

1. 票据权利的取得原因概述

依票据行为而取得票据权利	（1）依出票行为而取得 （2）依（背书）让与而取得 （3）依票据保证而取得 （4）依票据质押而取得
依法律规定而直接取得票据权利	依票据法律规定而取得。其中最主要的是，被追索人（含票据保证人）向持票人偿还票据金额、利息和费用后，可以取得票据权利
	依其他法律规定而取得。因继承、法人合并或者分立、税收等原因而取得票据权利

2. 票据行为的特征

（1）票据行为是要式法律行为。书面形式；必须签章；特定款式。

（2）票据行为的解释以文义解释为主。

（3）票据行为是一种格式化的法律行为。

（4）票据行为的独立性。

3. 票据行为的成立与生效

票据行为有出票、背书、承兑、保证4种。

4. 票据行为的代理

票据代理行为的有效要件	（1）须明示以本人（被代理人）的名义，并表明代理的意思 （2）代理人（在票据上）签章 （3）代理人有代理权
越权代理	票据代理人超越代理权限的，应当就其超越权限的部分承担票据责任，在权限范围内的代理行为继续有效
无权代理	没有代理权而以代理人名义在票据上签章的，应注意区分以下两种情形。 （1）狭义的无权代理：相对人不能取得票据权利，不论本人（被代理人）还是无权代理人均不承担票据责任。但是，相对人又对他人进行票据行为的，如果满足善意取得的要件，无权代理人必须对票据权利人承担责任（无权代理人在票据上签了自己的章，应承担票据责任），但本人（被代理人）仍然不承担任何票据责任（因为本人并未在票据上签章，也没有授权他人进行票据行为） （2）表见代理：如果善意相对人有理由相信其有代理权（构成表见代理），则其代理的票据行为有效，本人（被代理人）应承担票据责任，无权代理人不承担票据责任
票据行为的代行	票据行为的代行，是指行为人在进行票据行为时，在票据上记载的是他人姓名或者加盖他人印章，而未签署自己的姓名或者加盖自己的印章，此时并不构成代理。代行行为的法律效力，应视情况而定： （1）如果代行人获得了本人的授权，类推适用"有权代理"的规定，由本人承担票据行为的法律效果 （2）如果代行人未获得本人的授权，其行为构成票据签章的"伪造"，本人和代行人均不承担票据责任 （3）如果相对人有理由相信代行人获得了本人的授权，类推适用"表见代理"的规定，由本人承担票据责任

5. 票据权利的善意取得

票据权利的善意取得要件	（1）转让人是（形式上）的票据权利人，享有处分权 （2）转让人没有处分权 没有处分权主要包括转让人从其前手取得票据时，前手是：①没有行为能力；②以欺诈、偷盗、胁迫等意思表示不真实；③没有真实交易和债权债务关系并导致票据行为无效而取得票据，再转让 （3）受让人依照票据法律制度规定的转让方式取得票据 （4）受让人善意且无重大过失 （5）受让人须付出相当对
票据权利善意取得的法律后果	（1）受让人取得票据权利 （2）原权利人丧失票据权利 （3）无权处分人应承担相应责任 （4）原权利人承担的责任 ①原权利人并未在票据上签章，不承担票据责任 ②原权利人曾经在票据上签章，原则上应承担票据责任
票据权利善意取得的类推适用	（1）无权处分人如果并非将票据权利转让他人，而是为他人设定质权，也适用善意取得制度 （2）形式合法的无效出票行为的收款人，背书转让给他人

6. 票据原因关系对票据行为效力的影响

票据原因关系	票据的签发、取得和转让，应当具有真实的交易关系和债权债务关系
缺乏真实的交易关系的情形	（1）作为原因关系的合同无效、被撤销。如买卖合同无效 （2）票据授受的原因是票据权利买卖。如缺乏资金时从对方获得钱，同时向对方单位开具远期票据 以赠予或其他无偿法律关系为原因的出票和背书转让并非缺乏真实的交易关系，只是其取得的票据权利不得优于其前手
结果	出票行为的原因关系不存在，或者双方不具有真实的交易关系和债权债务关系时，出票行为无效，出票人有权请求持票人返还票据
	未以真实交易关系作为原因关系的出票和背书行为无效，收款人或者被背书人不能取得票据权利，但在其向他人背书转让票据权利时，受让人可能基于善意取得制度而取得票据权利

考点7 票据的伪造和变造（★★★）

1. 票据的伪造

票据的伪造 是指假冒他人名义或虚构他人的名义而为的票据行为	假冒签章	获得本人授权或相对人有理由相信获得授权——票据行为有效，构成表见代理 未获得授权且相对人没有理由相信获得授权——票据行为不生效力，构成伪造
	虚构他人名义签章	若只是没有使用其本名，不论其主观目的如何，该票据行为均应视为使其法律效果归属于自己的意思，票据行为应无效，虚构人承担票据责任，不构成票据伪造
伪造法律后果	对伪造人	伪造人并未以自己名义在票据上签章，不承担票据责任。但是可能要承担刑事责任、行政责任、民事责任
	对被伪造人	虚构他人名义	不存在一个被伪造人，不存在相应的法律后果问题
		假冒他人名义	属于票据行为无效的情形，被伪造人不承担因该票据行为所产生的票据责任
	伪造签章	票据上有伪造签章的，不影响票据上其他真实签章的效力；票据上真正签章的当事人，仍应对被伪造的票据的债权人承担票据责任。票据债权人在提示承兑、提示付款或者行使追索权时，在票据上真正签章人不能以伪造为由进行抗辩

2. 票据的变造

票据的变造	票据的变造指无权更改票据内容的人，对票据上除签章以外的记载事项加以变更的行为。如变更票据上的到期日、付款日、付款地、金额等
票据变造法律后果	（1）当事人的签章在变造之前，应当按照原记载的内容负责 （2）当事人的签章在变造之后，则应当按照变造后的记载内容负责 （3）如果无法辨别签章发生在变造之前还是之后，视同在变造之前签章
变造的票据仍然有效	但变造人的行为给他人造成经济损失的，应当对此承担民事责任，构成犯罪的，依法承担刑事责任

考点8 票据抗辩（★★★）

票据抗辩是指票据上记载的票据债务人基于合法事由对持票人拒绝履行票据债务的行为。

事项	内容说明	
物的抗辩	物的抗辩又称绝对的抗辩，是指票据所记载的债务人可以对任何持票人所主张的抗辩	
	具体情形包括以下3类	票据所记载的全部票据权利均不存在： （1）出票行为因为法定形式要件的欠缺而无效 （2）票据权利已经消灭。最主要的情形是，汇票付款人（或承兑人）、本票出票人、支票付款人已经全部履行了其债的，票据上的全部权利、义务均消灭
		特定债务人的债务不存在： （1）签章人是无民事行为能力人或者限制民事行为能力人 （2）狭义无权代理情形下的本人 （3）被伪造人 （4）变造前在票据上签章的债务人拒绝对变造后的承担 （5）对特定债务人时效期间经过 （6）对特定票据债务人的追索权未保全
		票据权利的行使不符合债的内容： （1）票据权利人行使其权利的时间、地点、方式不符合票据记载或者法律规定 （2）法院经公示催告后做出除权判决的，票据权利人持票据（而非除权判决）主张权利的

续表

事项		内容说明
人的抗辩		人的抗辩又称相对的抗辩，是指票据债务人仅可以对特定的持票人主张的抗辩事由
	具体情形	基于持票人方面的原因： （1）持票人不享有票据权利。最主要的情形是，背书不连续，持票人又不能证明背书中断之处乃是由于其他合法原因而发生票据权利的转移 （2）持票人不能够证明其权利 （3）背书人记载了"不得转让"字样的情形下，记载人对于其直接后手的后手不承担票据责任
		（1）在票据行为的直接当事人之间，票据债务人可以基于基础关系上的事由对于票据权利人进行抗辩 （2）《中华人民共和国票据法》（以下简称《票据法》）规定："票据债务人可以对不履行约定义务的与自己有直接债权债务关系的持票人，进行抗辩。"
		票据债务人以其对持票人的前手之间的抗辩事由对抗持票人的情形： （1）持票人未给付对价而取得票据。因税收、继承、赠与可以依法无偿取得票据的，不受给付对价的限制。但是，所享有的票据权利不得优于其前手的权利 （2）明知出票人对持票人的前手存在抗辩事由而取得票据 如果持票人明知票据债务人与出票人或者与持票人的前手之间存在抗辩事由，而仍然受让票据权利的，票据债务人可以以该事由对抗持票人
抗辩切断制度		（1）票据债务人原则上不得以自己与出票人之间的抗辩事由（如出票人与票据债务人存在合同纠纷、出票人存入票据债务人的资金不够）对抗（善意）持票人 （2）票据债务人原则上不得以自己与持票人的前手之间的抗辩事由（如票据债务人与持票人的前手存在抵销关系）对抗持票人

考点9 票据丧失及补救（★★）

1. 票据丧失概述

（1）票据丧失是指持票人丧失对票据的占有。丧失了票据的票据权利人，称为失票人。

（2）票据丧失的具体情形可以是票据的物质形态的根本变化，比如被烧毁、撕毁，泡成纸泥等，也可以虽然存在，但是脱离了持票人的占有，例如被遗失、被盗、被抢。

（3）票据权利的补救措施包括：挂失止付、公示催告、普通诉讼。

2. 票据权利的补救措施

挂失止付	适用的票据种类	①已承兑的商业汇票；②支票；③填明"现金"字样和代理付款人的银行汇票；④填明"现金"字样的银行本票
	程序	失票人应当填写挂失止付通知书并签章后，通知付款人。付款人收到后，应当暂停止付。付款人在收到通知书前已经依法向持票人付款的，不再接受挂失止付
	效力	（1）申请挂失止付的当事人，必须在申请之前已经向法院申请公示催告或者起诉，或者应当在通知挂失止付后的3日内向法院申请公示催告或者起诉；否则挂失止付失去效力 （2）如果自收到通知书之日起12日内还没有收到法院的止付通知书的，自第13日起，挂失止付通知书失效
公示催告程序		公示催告程序指法院根据失票人的申请，以公示的方式催告利害关系人在一定期限内向法院申报权利，到期无人申报权利的，法院将根据申请人的申请做出除权判决的一种非诉讼程序
		适用的票据种类：可以背书转让的票据丧失的，持票人可以申请公示催告
		具体程序： （1）失票人应当在通知挂失止付后的3日内，也可以在票据丧失后，依法向票据支付地基层人民法院申请公示催告 （2）人民法院决定受理公示催告申请，应当同时通知付款人或代理付款人停止支付，并自受理后的3日内发布公告，催促利害关系人申报权利 （3）公示催告的期间，由人民法院根据情况决定，但不得少于60日 （4）利害关系人在法院做出除权判决之前申报权利的，如果该票据就是申请人申请公示催告的票据，法院应裁定终结公示催告程序，并通知申请人和付款人 （5）公示催告期间届满，没有利害关系人申报权利的，公示催告申请人可以自申报权利期间届满的次日起1个月内申请法院做出判决
		除权判决撤销：利害关系人因为正当理由不能在除权判决之前向法院及时申报权利的，自知道或者应当知道判决公告之日起1年内，可以向做出除权判决的法院起诉，请求撤销除权判决
提起民事诉讼		票据权利人丧失票据后，除了以公示催告程序证明自己的票据权利外，还可以提起普通民事诉讼来实现其权利
		票据权利有关的民事诉讼：票据返还之诉、请求补发票据之诉、请求付款之诉

考点10 委托收款与国内信用证（★★）

1. 委托收款

（1）委托收款是收款人委托银行向付款人收取款项的结算方式。委托收款结算方式同城、异地均可使用。

（2）付款人应当于接到通知的当日书面通知银行付款，如果付款人未在接到通知的次日起3日内通知银行付款的，视为同意付款。

（3）根据委托收款的有关规定，银行在办理划款时，发现付款人存款账户不足支付的，应通过被委托银行向收款人发出未付款通知书。如果债务证明留存付款人开户银行的，应将其债务证明连同未付款项通知书邮寄被委托银行转交收款人。

（4）拒绝付款的处理依下列情况而定。

事项	要点说明
以银行为付款人的	应自收到委托收款及债务证明的次日起3日内出具拒绝证明，连同有关债务证明、凭证寄给被委托银行，转交收款人
以单位为付款人的	应在付款人接到通知日的次日起3日内出具拒绝证明，持有债务证明的，应将其送交开户银行

2. 国内信用证

国内信用证是指开证银行依照申请人（买方）的申请向受益人（卖方）开出一定金额，并在一定期限内凭信用证规定的单据支付款项的书面承诺。

融资性质	开证申请人向开证行支付一定的保证金（不低于20%）即可申请开立国内信用证，并可根据申请人资信情况要求其提供抵押、质押或由其他金融机构出具保函
独立性	有关当事人处理的只是单据，而不是与单据有关的货物及劳务。信用证与作为其依据的买卖合同相互独立。一家银行做出的付款、议付或履行信用证项下其他义务的承诺不受申请人与开证行、申请人与受益人之间关系的制约
不可撤销、不可转让的跟单信用证	非经信用证各当事人（即开证银行、开证申请人和受益人）同意，开证银行不得修改或者撤销；受益人不能将信用证的权利转让给他人
转账结算	信用证只能用于转账结算，不得支取现金

3. 信用证的具体流程

信用证有效期			受益人向银行提交单据的最迟期限，最长不得超过6个月
通知	通知行的确定		①开证行与受益人开户为同一系统行的，受益人开户行为通知行 ②开证行与受益人开户行为跨系统行的，开户行确定的在受益人开户行的同城同系统银行机构为通知行 ③开证行在受益人开户行所在地没有同系统分支机构的，应在受益人所在地选择一家银行机构建立信用证代理关系，其代理行为通知行
	通知行的责任	查签章	通知行确定信用证或信用证修改书签章不符的，必须及时退开证行，并告知开证行签章不符；密押不符的，应向开证行查询补正
		查内容	信用证或信用证修改书的内容不完整或不清楚的，必须及时查询开证行，并要求开证行提供必要的内容，通知行在收到开证行回复前，可先将收到的信用证或信用证修改书通知受益人，并在信用证通知书或信用证修改通知书上注明通知仅供参考，通知行不负任何责任
议付			仅限于延期付款信用证。信用证指定的议付行在单证相符条件下，扣除议付利息后向受益人给付对价。议付行必须是开证行指定的受益人开户行
付款			开证行在收到议付行寄交的文件的次日起5个营业日内，及时核对单据表面与信用证条款是否相符。申请人交存的保证金及其存款账户余额不足支付的，开证行仍应在规定的付款时间内进行付款。对不足支付的部分做逾期贷款处理

历年真题

一、单项选择题

1. 【2015年真题】甲公司签发的支票上，中文大写记载的金额为"壹万玖仟捌佰元整"，而阿拉伯数字（数码）记载的金额为"19810元"，下列关于支票的效力的表述中，正确的是（　　）。
   A. 甲公司将金额更改为一致并签章后，支票有效
   B. 支票无效
   C. 支票有效，以中文记载为准
   D. 支票有效，以阿拉伯数字（数码）记载为准

2. 【2014年真题】票据权利人为将票据权利出质给他人进行背书时，如果未记载"质押""设质"或者"担保"字样，只是签章并记载被背书人名称，则该背书行为的效力是（　　）。
   A. 票据转让
   B. 票据承兑
   C. 票据贴现
   D. 票据质押

3. 【2012年真题B卷】根据支付结算法律制度的规定，下列有关填写结算凭证的表述中，错误的是（　　）。
   A. 单位在结算凭证上的签章，为该单位的盖章加其法定代表人或其授权的代理人的签名或盖章
   B. 结算凭证的金额不得更改；更改的，银行不予受理
   C. 结算凭证金额须以中文大写和阿拉伯数字同时记载，两者不一致，以中文大写为准
   D. 少数民族地区根据实际需要，结算凭证金额大写可以使用少数民族文字

4. 【2010年真题】甲公司对乙公司负有债务。为了担保其债务的履行，甲公司同意将一张以本公司为收款人的汇票质押给乙公司，为此，双方订立了书面的质押合同，并交付了票据。甲公司未按时履行债务，乙公司遂于该票据到期日持票据向承兑人提示付款。下列表述中，正确的是（　　）。
   A. 承兑人应当向乙公司付款
   B. 如果乙公司同时提供了书面质押合同证明自己的权利，承兑人应当付款
   C. 如果甲公司书面证明票据质押的事实，承兑人应当付款
   D. 承兑人可以拒绝付款

5. 【2010年真题】甲公司是一张3个月以后到期的银行承兑汇票所记载的收款人。甲公司和乙公司合并为丙公司，丙公司于上述票据到期时向承兑人提示付款。下列表述中，正确的是（　　）。
   A. 丙公司不能取得票据权利
   B. 丙公司取得票据权利
   C. 甲公司背书后，丙公司才能取得票据权利
   D. 甲公司和乙公司共同背书后，丙公司才能取得票据权利

二、多项选择题

1. 【2014年真题】根据票据法律制度的规定，汇票持票人可以取得期前追索权的情形有（　　）。
   A. 承兑附条件
   B. 承兑人被宣告破产

C. 付款人被责令终止业务活动　　　　D. 出票人被宣告破产

2. 【2014年真题】根据票据法律制度的规定，下列关于票据质押背书的表述中，正确的有（　　　）。

A. 被背书人可以行使付款请求权

B. 被背书人可以行使追索权

C. 被背书人可以再进行转让背书

D. 被背书人可以再进行委托收款背书

3. 【2013年真题】票据持有人具有下列情形，不得享有票据权利的有（　　　）。

A. 以欺诈、偷盗、胁迫手段取得票据的

B. 明知前手以违法手段取得的票据而出于恶意取得票据的

C. 因重大过失取得不符合《票据法》规定的票据的

D. 善意取得票据，但未给付对价

4. 【2013年真题】票据的对物抗辩是指基于票据本身的内容而发生的事由所进行的抗辩。下列情形中属于对物抗辩的理由有（　　　）。

A. 背书不连续　　　　　　　　　　　B. 票据被伪造

C. 票据债务人无行为能力　　　　　　D. 直接后手交付的货物存在质量问题

三、案例分析题

1. 【2015年真题】2015年2月1日，为支付货款，A公司向B公司签发一张以X银行为承兑人、金额为80万元、到期日为2015年8月1日的承兑汇票，A公司、B公司、X银行均依法在汇票票面上签章。

3月1日，B公司因急需现金，将该汇票背书转让给C公司，C公司向B公司支付现金75万元。

4月1日，C公司将该汇票背书转让给D公司，以支付房屋租金，D公司对B公司与C公司之间的票据买卖事实不知。D公司将该票据背书转让给E公司，以支付装修工程款，并在汇票上注明："本票据转让于工程验收合格后生效。"后E公司施工的装修工程存在严重的问题。

5月，E公司被F公司吸收合并，E公司注销了工商登记。6月1日，F公司为支付材料款将该汇票背书转让给G公司；8月10日，G公司向X银行提示付款，X银行以背书不连续为由拒绝支付。

要求：根据上述内容，分别回答下列问题。

（1）C公司能否因B公司的背书转让行为而取得票据权利？并说明理由。

（2）D公司能否因C公司的背书转让行为而取得票据权利？并说明理由。

（3）在装修工程未验收合格的情况下，D公司对E公司的背书转让行为是否生效？并说明理由。

（4）在X银行拒绝付款时，G公司应如何证明其是票据权利人？

2. 【2013年真题】A公司以30万元的价格向B公司订购一台机床。根据合同约定，A公司应以银行承兑汇票支付价款。2010年3月1日，A公司签发一张以B公司为收款人、金额为30万元的银行承兑汇票（承兑银行已经签章），到期日为2010年9月1日。A公司将该汇票交给采购经理甲，拟由其携至B公司交票提货。

获取汇票后，利用其私自留存的空白汇票和私刻的A公司和承兑银行的公章及其各自授权代理人的名章，按照A公司所签发汇票的内容进行复制。3月20日，甲将其复制的汇票交付B公司，提走机床并占为己有。4月10日，甲将汇票原件交回A公司，声称B公司因机床断货要求解除合同。

3月23日，B公司为向C公司购买原料，将甲交付的汇票背书转让给C公司。

6月1日，C公司因急需现金，将该汇票背书转让给D公司，D公司则向C公司支付现金29万元。

7月1日，D公司为支付厂房租金，将该汇票背书转让给E公司。E公司对C公司与D公司之间票据转让的具体情况并不知晓。

9月5日，E公司向汇票承兑银行提示付款，被告知：该汇票系伪造票据，原票据已于4月15日由出票人A公司交还该行并予作废，该行对此伪造票据不承担票据责任。银行将该汇票退还E公司，并出具了退票理由书。

要求：根据上述内容，分别回答下列问题。

（1）E公司是否有权向A公司追索？并说明理由。

（2）D公司是否取得了票据权利？并说明理由。

（3）E公司是否取得了票据权利？并说明理由。

（4）E公司是否有权向甲追索？并说明理由。

（5）E公司是否有权向B公司追索？并说明理由。

🎁 历年真题答案及解析

单项选择题答案速查表

题号	答案	题号	答案	题号	答案	题号	答案	题号	答案
1	B	2	D	3	C	4	D	5	B

多项选择题答案速查表

题号	答案	题号	答案	题号	答案	题号	答案
1	ABC	2	ABD	3	ABCD	4	ABC

一、单项选择题答案及解析

1. B〖解析〗填写票据和结算凭证，必须做到标准化和规范化。票据和结算凭证金额须以中文大写和阿拉伯数字同时记载，两者必须一致。两者不一致的票据无效。两者不一致的结算凭证，银行不予受理。

2. D〖解析〗本题考查的是质押背书。根据规定，以汇票设定质押时，出质人在汇票上只记载了"质押"字样未在票据上签章的，或者出质人未在汇票、粘单上记载"质押"字样而另行签订质押合同、质押条款的，不构成票据质押。

【易错警示】选项B具有非常大的迷惑性，考生应当谨记：出质人在汇票上只记载了"质押"字样未在票据上签章的，或者出质人未在汇票、粘单上记载"质押"字样而另行签订质押合同、质押条款的，不构成票据质押。

3. C〖解析〗选项C：结算凭证金额须以

中文大写和阿拉伯数字同时记载，两者必须一致，两者不一致的结算凭证，银行不予受理。

4. D〖解析〗以汇票设定质押时，出质人未在汇票、粘单上记载"质押"字样而另行签订质押合同、质押条款的，不构成票据质押。在本题中，乙公司并不享有票据质权，因此甲公司未按时履行债务时，乙公司无权要求承兑人付款。

5. B〖解析〗本题考查的是票据权利的取得。当事人取得票据的情形有：①从出票人处取得；②从持有票据的人处受让票据（即背书）；③依税收、继承、赠与、企业合并等方式获得票据。题干中是因为企业合并获得票据，不用背书。

二、多项选择题答案及解析

1. ABC〖解析〗本题考查的是追索权。汇票到期日前，有下列情形之一的，持票人也可以行使追索权：①汇票被拒绝承兑的；②承兑人或者付款人死亡、逃匿的；③承兑人或者付款人被依法宣告破产的或者因违法被责令终止业务活动的。

2. ABD〖解析〗本题考查的是票据质押背书。经质押背书，被背书人取得票据质权的，票据质权人有权以相当于票据权利人的地位行使票据权利，包括行使付款请求权、追索权，所以选项A和选项B正确。票据质权人进行转让背书或者质押背书的，背书行为无效。但是，被背书人可以再进行委托收款背书，所以选项C错误，选项D正确。

3. ABCD〖解析〗本题考查的是票据权利。"以欺诈、偷盗或者胁迫等手段取得票据的，或者明知有前列情形，出于恶意取得票据的，不得享有票据权利。""持票人因重大过失取得不符合本法规定的票据的，也不得享有票据权利。"善意取得票据的，应支付对价。

4. ABC〖解析〗本题考核票据对物抗辩的规定。选项D属于对人抗辩的范围。

三、案例分析题答案及解析

1. 〖解析〗（1）C公司不能因B公司的背书转让行为而取得票据权利。根据规定，如果票据授受的原因是"票据权利买卖"，应当认定当事人之间"不存在"真实的交易关系，将导致相应的票据行为"无效"。本题中，B公司将该汇票卖给了C公司，背书行为无效，C公司不能取得票据权利。

（2）D公司可以取得票据权利。根据规定，虽然未以真实交易关系作为原因关系的背书行为无效，被背书人不能取得票据权利，但是由于其形式上是票据权利人，在其向他人背书转让票据权利时，受让人可能基于善意取得制度而取得票据权利。本题中，不知情的D公司可以基于善意取得制度取得票据权利。

（3）D公司对E公司的背书转让行为有效。根据规定，背书不得附条件；背书附条件的，所附条件无效，背书有效。本题中，D公司背书时记载的"本票据转让于工程验收合格后生效"属于附条件背书，所附条件无效，背书有效。

（4）根据规定，以背书转让的汇票，背书应当连续。持票人以背书的连续，证明其票据权利；非经背书转让，而以其他合法方式取得汇票的，依法举证，证明其汇票权利。本题中，G公司应当证明：E公司与F公司发生了吸收合并，E公司被注销登记，E公司的所有权利、义务均由F公司承受，那么尽管票据不连续，但相关证据证明了E公司与F公司之间权利转移的原因，G公司就可以主张票据权利。

2. 〖解析〗（1）无权。因为A公司在票据上的签章是被伪造的，A公司并未在票据上签章，不应承担票据责任。

（2）D公司没有取得票据权利。根据规定，票据的签发、取得和转让，应具有真实的交易关系和债权债务关系，否则无效。（或答：C公司与D公司之间的票据背书转让行为，无真实的交易关系或债权债务关系，因此无效。）

（3）E公司取得了票据权利。虽然D公司在背书转让时并非票据权利人，构成无权处分，但是E公司善意，无重大过失，且付出了相当对价，因此可以善意取得票据权利。

（4）无权。甲是票据的伪造人，但是并未以自己的名义在票据上签章，因此不应承担票据责任。甲可能要承担刑事责任、行政责任或民法上的赔偿责任。

（5）有权。根据规定，汇票到期被拒绝付款的，持票人可以对背书人行使追索权。B公司在票据上的签章是真实签章，应承担票据责任。

全真模拟试题

一、单项选择题

1. 荣鑫公司私刻万政公司的财务专用章，假冒万政公司名义签发一张转账支票交给收款人展宇，展宇将该支票背书转让给张子，张子又背书转让给李茂。当李茂主张票据权利时，下列表述中正确的是（　　　）。

　A．展宇不承担票据责任

　B．张子不承担票据责任

　C．荣鑫公司不承担票据责任

　D．万政公司承担票据责任

2．根据《票据法》的规定，下列有关汇票背书的表述中，正确的是（　　　）。

　A．出票人在汇票上记载"不得转让"字样的，汇票不得转让

　B．委托收款背书的被背书人可以再以背书转让汇票权利

　C．背书日期为绝对必要记载事项

　D．背书不得附有条件，背书时附有条件的，背书无效

3．根据《银行卡业务管理办法》的规定，发卡银行给予持卡人一定的信用额度，持卡人可在信用额度内先消费、后还款的银行卡是（　　　）。

　A．转账卡　　　　　　　　　　　　B．储值卡

　C．贷记卡　　　　　　　　　　　　D．专用卡

4．老张应背书人老周的请求充当背书人老周的保证人，但老张在票据上载明只就2万元承担保证责任，而票据金额为20万元。老张行为的后果是（　　　）。

　A．保证有效，老张就被保证人老周不能清偿部分承担责任

　B．保证有效，老张应就全部金额承担票据责任

　C．我国不允许部分保证，该票据保证行为无效，老张不承担票据责任

　D．保证有效，老张的票据保证责任范围为2万元

5．鸿孚公司持有一张商业汇票，到期委托开户银行向承兑人收取票款。鸿孚公司行使的票据权利是（　　　）。

　A．票据追索权　　　　　　　　　　B．票据返还请求权

　C．付款请求权　　　　　　　　　　D．利益返还请求权

6．根据《票据法》的规定，汇票出票人依法完成出票行为后即产生票据上的效力。下列表述中，正确的是（　　　）。

　A．汇票签发后，如付款人不予付款，出票人应当承担票据责任

　B．收款人在汇票金额的付款请求权不能满足时，仅享有对出票人的追索权

　C．付款人在出票人完成出票之日，即成为汇票上的主债务人

　D．持票人变造汇票金额的，出票人不仅不对变造后汇票记载的内容承担责任，而且也不对变造前汇票记载的内容承担责任

7．大隆公司向兴佢公司购买货物，以一张吉曜公司为出票人的汇票支付货款。兴佢公司要求大隆公司提供担保，大隆公司请优程公司为该汇票作保证。优程公司在汇票背书栏签注："若该汇票出票真实，本公司愿意保证。"后经了解吉曜公司实际并不存在。优程公司对该汇票承担的责任是（　　　）。

　A．应当承担票据保证责任

　B．不承担任何责任

　C．应承担一定赔偿责任

　D．只承担一般保证责任，不承担票据保证责任

8．周民向徐林签发面额为200万元的汇票作为购买房屋的价金，徐林接受汇票后背书转让给第三方。如果周民、徐林之间的房屋买卖合同被合意解除，则周民可以采取的措施是（　　　）。

　A．请求付款人停止支付票据款项的权利

B. 请求受让汇票的第三方返还汇票的权利

C. 请求徐林返还汇票的权利

D. 请求徐林返还200万元的权利

9. 新勃公司为购买货物而将所持有的汇票背书转让给鼎诚公司，但因担心以此方式付款后对方不交货，因此在背书栏中记载了"鼎诚公司必须按期保质交货，否则不付款"的字样，鼎诚公司在收到票据后没有按期交货。根据票据法律制度的规定，下列表述中，正确的是（　　）。

A. 背书无效

B. 背书有效，鼎诚的后手持票人应受上述记载约束

C. 背书有效，但是上述记载没有汇票上的效力

D. 票据无效

10. 张宏所持有的一张支票遗失后，向法院申请公示催告。在公告期间内，秦琴持一张支票到法院申报权利，张宏确认该支票就是其所遗失的支票，但是秦琴主张自己已经善意取得该支票上的权利。根据票据法律制度的规定，下列表述中，正确的是（　　）。

A. 法院经审查认为秦琴的主张成立的，应当裁定驳回张宏的申请

B. 法院经审查认为秦琴的主张成立的，应当裁定终结公示催告程序

C. 法院经审查认为秦琴的主张成立的，应当判决秦琴胜诉

D. 法院应当直接终结公示催告程序

11. 根据中国人民银行结算账户管理办法的有关规定，对下列资金的管理和使用，存款人可以申请开立专用存款账户的是（　　）。

A. 基本建设资金   B. 注册验资

C. 向银行借款   D. 支取奖金

二、多项选择题

1. 小黄受老王胁迫开出一张以小黄为付款人，以老王为收款人的汇票，之后老王通过背书将该汇票赠与小马，小马又将该汇票背书转让于老贾，以支付货款。小马、老贾对老王胁迫小黄取得票据一事毫不知情。下列说法中，正确的有（　　）。

A. 小马不享有该汇票的票据权利

B. 老贾不享有该汇票的票据权利

C. 小黄有权请求老贾返还汇票

D. 老王不享有该汇票的票据权利

2. 下列银行结算账户的开立，应由中国人民银行核准的是（　　）。

A. 预算单位专用存款账户

B. QFII专用存款账户

C. 基本存款账户

D. 除注册验资和增资验资开立之外的临时存款账户

3. 根据票据法律制度的规定，下列有关汇票出票人记载事项的表述中，可以导致票据无效的有（　　）。

A. 票据不得转让   B. 票据金额仅以数码记载

C. 附条件的支付委托   D. 银行汇票上未记载实际结算金额

4. 根据《票据法》的规定，在票据代理中，如果代理人超越代理权限的，则（　　）。

A. 票据代理无效

B. 在权限范围内的代理行为继续有效

C. 超越代理权限的部分由被代理人承担票据责任

D. 超越代理权限的部分由代理人承担票据责任

5. 在银行汇兑业务中，已经汇出的款项在特定情形下应由银行办理退汇。下列情形中，属于银行应依当事人申请或有关规定办理退汇的有（　　）。

A. 收款人拒绝接受汇款

B. 收款人在汇入银行未开立存款账户，汇入银行已将汇款支付给收款人

C. 汇入银行向收款人发出取款通知后，经过2个月汇款仍无法交付

D. 收款人在汇入银行有存款账户，汇款人与收款人联系退汇，但双方未能就退汇达成一致意见

6. 根据《票据法》的规定，关于支票的说法中错误的有（　　）。

A. 支票的提示付款期限为出票日起1个月

B. 支票的收款人可以由出票人授权补记

C. 支票是见票即付，不能另行记载付款日期

D. 持票人提示付款时，支票的出票人账户金额不足的，银行应先向持票人支付票款

7. 根据票据法律制度的规定，下列有关汇票出票人记载事项的表述中，可以导致票据无效的有（　　）。

A. 附条件的支付委托

B. 票据不得转让

C. 票据金额仅以数码记载

D. 银行汇票上未记载实际结算金额

8. 九鼎公司为了支付货款，签发了一张以本市商业银行为付款人、以回章公司为收款人的转账支票。回章公司在出票日之后的第14天向市商业银行提示付款。根据票据法律制度的规定，下列表述中，正确的有（　　）。

A. 如果九鼎公司在市商业银行的存款足以支付支票金额，则市商业银行应当足额付款

B. 市商业银行可以拒绝付款

C. 市商业银行应当无条件付款

D. 如果市商业银行拒绝付款，九鼎公司仍应承担票据责任

9. 丸之岛公司与度边公司签订买卖合同后，为了支付价款，丸之岛公司签发了一张以度边公司为收款人的银行承兑汇票，公司财务经理签字，并加盖了公司的合同专用章。承兑人兴业银行的代理人签字并加盖了银行的汇票专用章。度边公司背书转让给河套王公司后，河套王公司在票据到期时向兴业银行请求付款。根据票据法律制度的规定，下列表述中，错误的有（　　）。

A. 兴业银行可以拒绝付款

B. 兴业银行无权拒绝付款

C. 如果兴业银行拒绝付款，河套王公司可以向丸之岛公司行使追索权

D. 如果兴业银行拒绝付款，河套王公司可以向度边公司行使追索权

10. 曾臻是单位卡持卡人。曾臻的下列行为中，违反《支付结算办法》及《银行卡业务管理办法》相关规定的有（　　）。

A. 用单位卡向红双贸易公司支付一笔6.5万元的劳务报酬

B. 将销货收入的款项存入该单位卡

C. 持1万元现金向单位卡账户续存资金

D. 用单位卡向五洲公司支付一笔12万元的原材料款

全真模拟试题答案及解析

单项选择题答案速查表

题号	答案	题号	答案	题号	答案	题号	答案	题号	答案	题号	答案
1	C	2	A	3	C	4	B	5	C	6	A
7	A	8	D	9	C	10	D	11	A		

多项选择题答案速查表

题号	答案	题号	答案	题号	答案	题号	答案	题号	答案
1	AD	2	ABCD	3	BC	4	BD	5	AC
6	AD	7	AC	8	BD	9	BCD	10	BCD

一、单项选择题答案及解析

1. C〖解析〗本题考查的是票据伪造行为。对伪造人而言，由于票据上没有以自己名义所做的签章，因此也不应承担票据责任。但是，如果伪造人的行为给他人造成损害的，必须承担民事责任，构成犯罪的，还应承担刑事责任。题干中荣鑫公司作为伪造人不承担票据责任，万政公司作为被伪造人由于没有以自己的真实意思在票据上签章，也不承担票据责任，但是张子和展宇公司的签章是合法有效的，因此应该承担票据责任。

【易错警示】部分考生可能会在选项B中犹豫，考生应该谨记：在题干中的情形下，由于票据上没有以自己名义所做的签章，荣鑫公司不应承担票据责任。

2. A〖解析〗本题考查的是汇票背书。根据规定：委托收款背书的被背书人不得再以背书转让汇票权利，选项B错误。背书日期为相对记载事项，背书未记载背书日期的，视为在汇票到期日前背书，选项C错误。背书时附有条件的，所附条件不具有汇票上的效力，选项D错误。

【易错警示】部分考生可能会错选选项D，考生应当谨记：背书时附有条件的，所附条件不具有汇票上的效力，并不是说背书无效。

3. C〖解析〗本题考查的是银行卡的种类。贷记卡是发卡银行给予持卡人一定的信用额度，持卡人可在信用额度内先消费、后还款的信用卡。

4. B〖解析〗本题考查的是票据的保证。保证不得附有条件；附有条件的，不影响对汇票的保证责任。

【易错警示】部分考生凭主观臆断错选选项C，并与支票背书相混淆。考生应该谨记：附有条件的汇票保证，不影响对汇票的保证责任。

5. C〖解析〗本题考查的是票据权利。付款请求权是指持票人向汇票的承兑人、本票的出票人、支票的付款人出示票据要求付款的权利，是第一顺序权利。

6. A〖解析〗本题考查的是出票行为。出票人委托他人付款，一旦该行为成立，就必须保证该付款能得以实现。如果付款人不予付款，出票人就应该承担票据责任，故选项A正确。追索权的行使对象不仅限于出票人，故选项B错误。出票行为是单方行为，付款人并不因此而有付款义务，只有付款之权限。但基于出票人的付款委托使其具有承兑人的地位，在其对汇票进行承兑后，即成为汇票上的主债务人，故选项C错误。票据的变造应依照签章是在变造之前或之后来承担责任。如果当事人签章在变造之前，应按原记载的内容负责；如果当事人签章在变造之后，则应按变造后的记载内容负责，故选项D错误。

7. A〖解析〗本题考查的是票据的保证。保证不得附有条件。附有条件的，不影响对汇票的保证责任。

8. D〖解析〗本题考查的是票据原因关系对票据行为效力的影响。如果出票行为的原因关系不存在，或者双方不具有真实的交易关系和债权债务关系时，出票行为无效，出票人有权请求持票人返还票据；但由于持票人在形式上是票据权利人，在其向他人背书转让票据权利时，受让人可能基于善意取得制度而取得票据权利。

9. C〖解析〗本题考查的是汇票的背书。根据规定，背书不得附有条件。背书时附有条件的，所附条件不具有汇票上的效力。题干中在背书栏中记载了"鼎诚公司必须按期保质交货，否则不付款"属于所附条件，是无效的，但不影响票据的效力。

10. D〖解析〗本题考查的是票据权利的保全。根据规定，人民法院收到利害关系人的申报后，如果该票据就是申请人申请公示催告的票据，应当裁定终结公示催告程序。

11. A〖解析〗本题考查的是银行结算账户的开立。根据规定，基本建设资金等15种情形，应当开立专用存款账户，所以选项B应当开立临时存款账户；选项C应当开立一般存款账户；选项D应当开立基本存款账户。

【易错警示】考生需要掌握开立基本存款账户、开立一般存款账户、开立临时存款账户、开立专用存款账户各自的情况，需要进行对比记忆，以免混淆。

二、多项选择题答案及解析

1. AD〖解析〗本题考查的是票据权利。因税收、继承、赠与可以依法无偿取得票据的，不受给付对价的限制，但是，所享有的票据权利不得优于其前手的权利。小马的前手老王没有票据权利，小马也不享有票据权利，故选项A正确。行为人合法取得票据，即取得了票据权利，小黄无权请求老贾返还票据，故选项B和C错误。因欺诈、偷盗、胁迫、恶意或重大过失而取得票据的，不得享有票据权利，故选项D正确。

2. ABCD〖解析〗本题考查的是银行结算账户。选项A、B、C、D对应的银行账户都需要中国人民银行核准。

3. BC〖解析〗本题考查的是汇票出票的相关规定。根据规定，汇票的绝对必要记载事项之一是无条件支付的委托，如果是附条件的支付委托，则票据无效。票据出票人与背书人均可以记载"不得转让"字样。票据金额以中文大写和数码同时记载，两者必须一致，两者不一致的，票据无效。如果银行汇票记载汇票金额而未记载实际结算金额，并不影响该汇票的效力，所以选项B和选项C当选。

4. BD〖解析〗本题考查的是票据代理。根据规定，代理人超越代理权限的，应当就其超越权限的部分承担票据责任。

【易错警示】部分考生会在选项C中犹豫，考生应该谨记：代理人超越代理权限的，应当就其超越权限的部分承担票据责任，而不是由被代理人承担票据责任。

5. AC〖解析〗本题考查的是退汇的相关规定。汇入银行对于收款人拒绝接受的汇款，应立即办理退汇。汇入银行对于向收款人发出取款通知，经过2个月无法交付的汇款，应主动办理退汇。

6. AD〖解析〗本题考查的是支票的相关规定。支票的提示付款期限应该为出票日起10日，所以选项A错误。支票的出票人账户金额不足的，应该按照签发空头支票处理，银行不垫款，所以选项D错误。

【易错警示】对知识点记忆理解不清楚的考生可能会漏选选项A，没有记清楚支票的提示付款期限为出票日起10天还是半个月或者1个月，这是常考的知识点。考生应该谨记：支票的提示付款期限应该为出票日起10日。

7. AC〖解析〗本题考查的是票据的记载事项。根据规定，汇票的绝对必要记载事项之一是无条件支付的委托，如果是附条件的支付委托，则票据无效。票据出票人与背书人均可以记载不得转让字样。票据金额以中文大写和数码同时记载，两者必须一致，两者不一致的，票据无效。如果银行汇票记载汇票金额而未记载实际结算金额，并不影响该汇票的效力，选项A和选项C当选。

8. BD〖解析〗本题考查的是支票的规定。根据规定，支票的持票人应当自出票日起10日内提示付款。超过提示付款期限的，付款人可以不予付款；付款人不予付款的，出票人仍应当对持票人承担票据责任。

【易错警示】部分考生会在选项A中犹豫，选项中"如果九鼎公司在市商业银行的存款足以支付支票金额，则市商业银行应当足额付款"，仅从语句上来说并没有什么错误，但是有很多限定条件并没有表明，如超过提示付款期限的，付款人可以不予付款。

9. BCD〖解析〗本题考查的是票据行为的形式要件。根据规定，单位在票据上的签章，应为该单位的财务专用章或者公章加其法定代表人或其授权的代理人的签名或者盖章。本题中，出票人丸之岛公司加盖的是"合同专用章"，即签章不符合规定，则票据无效，所以兴业银行可以拒绝付款，持票人也不享有票据权利，不能向丸之岛、度边公司追索。

【易错警示】部分考生会在选项C上犹豫，考生需谨记：出票人丸之岛公司加盖的是合同专用章，即签章不符合规定，票据是无效的，更不能向丸之岛公司或者度边公司行使追索权。

10. BCD〖解析〗本题考查的是银行卡的使用。根据规定，单位卡中其账户的资金一律从其基本存款账户转账存入，不得交存现金，不得将销货收入的款项存入其账户，所以选项B和选项C是违反规定的，应该选。单位卡持卡人不得用于10万元以上的商品交易、劳务供应款项的结算，并一律不得支取现金，所以选项D是违反规定的。

【易错警示】部分考生可能会凭主观臆断漏选选项C，认为可以交存现金到单位卡账户，导致错选。考生应谨记：单位卡中其账户的资金一律从其基本存款账户转账存入，不得交存现金。

第10章 企业国有资产法律制度

考情分析

在近8年考试中，本章内容所占的平均分值为2分左右，考试题型主要为客观题。本章考点相对集中，复习难度不大，考生主要掌握国有资产相关法律制度的相关知识即可。

学习建议

重点掌握国家出资企业管理者的选择和考核、重大事项决议，企业改制、与关联方的交易，国有（金融）企业产权转让制度，企业境外国有资产管理制度等知识点。

本章考点概览

第10章　企业国有资产法律制度		1. 企业国有资产的监督管理体制	★★
		2. 国家出资企业管理者的选择和考核	★★
		3. 关系企业国有资产出资人权益的重大事项	★★
		4. 企业国有资产产权登记的内容	★
		5. 国有资产评估的范围	★★
		6. 企业产权转让	★★
		7. 企业增资	★★
		8. 企业资产转让	★★
		9. 国有股东转让所持上市公司股份	★★
		10. 金融企业国有资产评估管理	★★
		11. 境外投资管理	★★
		12. 企业境外国有资产管理体制	★★

考点精讲

考点1　企业国有资产的监督管理体制（★★）

1. 企业国有资产属于国家所有。
2. 国务院代表国家行使国有资产所有权。
3. 国务院和各级人民政府依法代表国家对国家出资企业履行出资人职责。

（1）国家出资企业包括国有独资企业、国有独资公司、国有资本控股公司和国有资本参股公司。

（2）国务院所确定的关系国民经济命脉和国家安全的大型国家出资企业、重要基础设施和重要自然资源等领域的国家出资企业，由国务院代表国家履行出资人职责；其他的国家出资企业，由地方人民政府代表国家履行出资人职责。

4. 国务院和地方人民政府根据需要，可以授权其他部门、机构（国资委、财政部）代表本级人民政府对国家出资企业履行出资人职责。

5. 根据相关规定，加强企业国有资产管理，改革国有资本授权经营体制。

（1）改组组建国有资本投资、运营公司。

（2）明确国有资产监管机构与国有资本投资、运营公司的关系。

（3）界定国有资本投资、运营公司与所出资企业关系。

考点2 国家出资企业管理者的选择和考核（★★）

1. 履行出资人职责的机构的任免权

国有独资企业	任免总经理、副总经理、财务负责人和其他高级管理人员
国有独资公司	任免董事长、副董事长、董事、监事会主席和监事（不包括职工董事、监事）
国有资本控股公司、国有资本参股公司	向股东会、股东大会提出建议任免董事、监事人选

【名师点拨】根据考核期间的不同，国家出资企业管理者经营业绩考核分为年度经营业绩考核和任期经营业绩考核。任期经营业绩考核以3年为考核期。

2. 董事会、监事会中的职工代表

监事会	所有的监事会（不管是有限责任公司、国有独资公司还是股份有限公司）均应包括职工代表，职工代表的比例不得低于监事会人数的1/3
董事会	只有国有独资公司、由两个以上的国有企业投资设立的有限责任公司的董事会，才必须包括职工代表；股份有限公司的董事会中可以不包括职工代表

3. 管理者的兼职限制

一般规定	董事、高级管理人员不得兼任监事		
特殊规定	企业类别	董事、高管	董事长
	国有独资企业、国有独资公司（履行出资人职责的机构同意除外）	不得在其他企业兼职	不得兼任经理
	国有资本控股公司、国有资本参股公司（股东会、股东大会同意除外）	不得在经营同类业务的其他企业兼职	

考点3 关系企业国有资产出资人权益的重大事项（★★）

1. 一般规定

（1）履行出资人职责的机构决定或组织机构决定事项

国有独资企业、国有独资公司	履行出资人职责的机构决定	①合并、分立；②增加或者减少注册资本；③发行债券；④分配利润；⑤解散、申请破产；⑥改制
	①国有独资企业（企业负责人集体）②国有独资公司（董事会）	①进行重大投资；②为他人提供大额担保；③转让重大财产；④进行大额捐赠
国有资本控股公司、国有资本参股公司	股东（大）会或董事会决定	①合并、分立；②增加或者减少注册资本；③发行债券；④分配利润；⑤解散、申请破产；⑥改制；⑦进行重大投资；⑧为他人提供大额担保；⑨转让重大财产；⑩进行大额捐赠

（2）报请本级人民政府批准事项

①重要的国有独资企业、国有独资公司、国有资本控股公司合并、分立、解散、申请破产、改制应当报请本级人民政府批准。

②国家出资企业的合并、分立、改制、解散、申请破产等重大事项，应当听取企业工会的意见，并通过职工代表大会或者其他形式听取职工的意见和建议。

2. 企业改制

（1）企业改制的类型

改制前	改制后
国有独资企业	国有独资公司
国有独资企业、国有独资公司	国有资本控股公司或者非国有资本控股公司
国有资本控股公司	非国有资本控股公司

（2）审批程序

①在一般情况下，由履行出资人职责的机构决定或者由股东会、股东大会决定。

②重要的国有独资企业、国有独资公司、国有资本控股公司的改制，履行出资人职责的机构在做出决定或者向其委派参加国有资本控股公司股东会会议、股东大会会议的股东代表做出指示前，应当将改制方案报请本级人民政府批准。

（3）职工安置

企业改制涉及重新安置企业职工的，还应当制定职工安置方案，并经职工代表大会或者职工大会审议通过。

①企业实施改制时必须向职工公布企业总资产、总负债、净资产、净利润等主要财务指标的财务审计、资产评估结果，接受职工的民主监督。

②改制为国有控股企业的，改制后企业继续履行改制前企业与留用的职工签订的劳动合同；留用的职工在改制前企业的工作年限应合并计算为在改制后企业的工作年限；原企业不得向继续留用的职工支付经济补偿金。

③对企业改制时解除劳动合同且不再继续留用的职工，要支付经济补偿金。企业国有产权持有单位不得强迫职工将经济补偿金等费用用于对改制后企业的投资或借给改制后企业使用。

④企业改制时，对经确认的拖欠职工的工资、集资款、医疗费和挪用的职工住房公积金以及企业欠缴社会保险费，原则上要一次性付清。改制后的企业要按照有关规定，及时为职工接续养老、失业、医疗、工伤、生育等各项社会保险关系，并按时为职工足额缴纳各种社会保险费。

3. 与关联方的交易

（1）关联方是指本企业的董事、监事、高级管理人员及其近亲属，以及这些人员所有或者实际控制的企业。

（2）国有独资企业、国有独资公司、国有资本控股公司不得无偿向关联方提供资金、商品、服务或者其他资产，不得以不公平的价格与关联方进行交易。

（3）未经履行出资人职责的机构同意，国有独资企业、国有独资公司不得有下列行为：

①与关联方订立财产转让、借款的协议；

②为关联方提供担保；

③与关联方共同出资设立企业，或者向董事、监事、高级管理人员或其近亲属所有或者实际控制的企业投资。

（4）国有资本控股公司、国有资本参股公司董事会对公司与关联方的交易做出决议时，该交易涉及的董事不得行使表决权，也不得代理其他董事行使表决权。

（5）在涉及关联方交易活动中，当事人恶意串通，损害国有资产权益的，该交易行为无效。

4. 企业国有资产转让

企业国有资产转让是指依法将国家对企业的出资所形成的权益转移给其他单位或者个人的行为，不包括按照国家规定无偿划转企业国有资产。

（1）履行出资人职责的机构决定转让全部企业国有资产的，或者转让部分企业国有资产致使国家对该企业不再具有控股地位的，应当报请本级人民政府批准。

（2）除按照国家规定可以直接协议转让的以外，企业国有资产转让应当在依法设立的产权交易场所公开进行。转让上市交易的股份依照证券法律制度的规定进行。

（3）企业国有资产向境外投资者转让的，应当遵守国家有关规定，不得危害国家安全和社会公共利益。

考点4　企业国有资产产权登记的内容（★）

产权登记的内容如下。

占有产权登记	（1）出资人名称、住所、出资金额及法定代表人 （2）企业名称、住所及法定代表人 （3）企业的资产、负债及所有者权益 （4）企业实收资本、国有资本 （5）企业投资情况 （6）国务院国有资产监督管理机构规定的其他事项
变动产权登记	（1）企业名称改变的 （2）企业组织形式、级次发生变动的 （3）企业国有资本额发生增减变动的 （4）企业国有资本出资人发生变动的 （5）企业国有资产产权发生变动的其他情形
注销产权登记	（1）企业解散、被依法撤销或被依法宣告破产 （2）企业转让全部国有资产产权或改制后不再设置国有股权的 （3）其他需要注销国有资产产权的情形

考点5　国有资产评估的范围（★★）

应当对相关资产评估	（1）整体或者部分改建为有限责任公司或者股份有限公司 （2）以非货币资产对外投资 （3）合并、分立、破产、解散 （4）非上市公司的国有股东股权比例变动 （5）产权转让 （6）资产转让、置换 （7）整体资产或者部分资产租赁给非国有单位 （8）以非货币资产偿还债务 （9）资产涉讼 （10）收购非国有单位的资产 （11）接受非国有单位以非货币资产出资 （12）接受非国有单位以非货币资产抵债 （13）法律、行政法规规定的其他需要进行评估的事项
可以不对相关国有资产评估	（1）经各级人民政府或者国有资产监督管理机构批准，对企业整体或者部分资产实行无偿划转 （2）国有独资企业与其下属独资企业（事业单位）之间或者其下属的独资企业（事业单位）之间的合并、资产（产权）置换和无偿划转

考点6　企业产权转让（★★）

事项	要求
审核批准	（1）国资监管机构负责审核国家出资企业的产权转让事项 （2）国家出资企业应当制定其子企业产权转让管理制度，确定审批管理权限 （3）产权转让应当由转让方按照企业章程和企业内部管理制度进行决策，形成书面决议 （4）转让方应当按照企业发展战略做好产权转让的可行性研究和方案论证
审计评估	（1）产权转让事项经批准后，由转让方委托会计师事务所对转让标的企业进行审计 （2）对按照有关法律法规要求必须进行资产评估的产权转让事项，转让方应当委托具有相应资质的评估机构对转让标的进行资产评估，产权转让价格应以经核准或备案的评估结果为基础确定

续表

事项	要求
确定受让方	转让方可以根据企业实际情况和工作进度安排，采取信息预披露和正式披露相结合的方式，通过产权交易机构网站分阶段对外披露产权转让信息，公开征集受让方。其中正式披露信息时间不得少于20个工作日
结算交易价款	交易价款应当以人民币计价，通过产权交易机构以货币进行结算。因特殊情况不能通过产权交易机构结算的，转让方应当向产权交易机构提供转让行为批准单位的书面意见以及受让方付款凭证
非公开协议方式转让企业产权	（1）涉及主业处于关系国家安全、国民经济命脉的重要行业和关键领域企业的重组整合，对受让方有特殊要求，企业产权需要在国有及国有控股企业之间转让的，经国资监管机构批准，可以采取非公开协议转让方式 （2）同一国家出资企业及其各级控股企业或实际控制企业之间因实施内部重组整合进行产权转让的，经该国家出资企业审议决策，可以采取非公开协议转让方式 （3）采取非公开协议转让方式转让企业产权，转让价格不得低于经核准或备案的评估结果

考点7 企业增资（★★）

1. 审核批准

（1）国资监管机构负责审核国家出资企业的增资行为。其中，因增资致使国家不再拥有所出资企业控股权的，须由国资监管机构报本级人民政府批准。

（2）国家出资企业决定其子企业的增资行为。其中，对主业处于关系国家安全、国民经济命脉的重要行业和关键领域，主要承担重大专项任务的子企业的增资行为，须由国家出资企业报同级国资监管机构批准。

（3）增资企业为多家国有股东共同持股的企业，由其中持股比例最大的国有股东负责履行相关批准程序；各国有股东持股比例相同的，由相关股东协商后确定其中一家股东负责履行相关批准程序。

2. 审批估计

以下情形可以依据评估报告或最近一期审计报告确定企业资本及股权比例：

（1）增资企业原股东同比例增资的；

（2）履行出资人职责的机构对国家出资企业增资的；

（3）国有控股或国有实际控制企业对其独资子企业增资的；

（4）增资企业和投资方均为国有独资或国有全资企业的。

3. 确定投资方

（1）企业增资通过产权交易机构网站对外披露信息公开征集投资方，时间不得少于40个工作日。

（2）企业董事会或股东会以资产评估结果为基础，结合意向投资方的条件和报价等因素审议选定投资方。

（3）投资方以非货币资产出资的，应当经增资企业董事会或股东会审议同意，并委托具有相应资质的评估机构进行评估，确认投资方的出资金额。

4. 非公开协议方式增资

以下情形经同级国资监管机构批准，可以采取非公开协议方式进行增资：

（1）因国有资本布局结构调整需要，由特定的国有及国有控股企业或国有实际控制企业参与增资；

（2）因国家出资企业与特定投资方建立战略合作伙伴或利益共同体需要，由该投资方参与国家出资企业或其子企业增资。

以下情形经国家出资企业审议决策，可以采取非公开协议方式进行增资：

①国家出资企业直接或指定其控股、实际控制的其他子企业参与增资；

②企业债权转为股权；

③企业原股东增资。

考点8　企业资产转让（★★）

涉及国家出资企业内部或特定行业的资产转让，确需在国有及国有控股、国有实际控制企业之间非公开转让的，由转让方逐级报国家出资企业审核批准。

转让方应当根据转让标的情况合理确定转让底价和转让信息公告期：

（1）转让底价高于100万元、低于1 000万元的资产转让项目，信息公告期应不少于10个工作日；

（2）转让底价高于1 000万元的资产转让项目，信息公告期应不少于20个工作日。

考点9　国有股东转让所持上市公司股份（★★）

1. 证券交易系统转让

事后报备（完成转让后备案）	国有控股股东	总股本不超过10亿股的上市公司，在连续3个会计年度内累计净转让股份的比例未达到上市公司总股本的5%；总股本超过10亿股的上市公司，在连续3个会计年度内累计净转让股份的数量未达到5 000万股或累计净转让股份的比例未达到上市公司总股本的3%
		国有控股股东转让股份不涉及上市公司控制权的转移。多个国有股东属于同一控制人的，其累计净转让股份的数量或比例应合并计算
事后报备（完成转让后备案）	国有参股股东	在一个完整会计年度内累计净转让股份比例未达到上市公司总股本5%的（在每年1月31日前上报）
事先报批	国有控股股东	不能满足事后报备条件
	国有参股股东	在一个完整会计年度内累计净转让股份比例达到或超过上市公司总股本5%的

2. 协议转让

（1）一般程序

国有股东书面报告省级或省级以上国有资产监督管理机构且书面告知上市公司→上市公司提示性公告→国有股东收到国有资产监督管理机构意见→书面告知上市公司→上市公司公开披露国有股东所持上市公司股份拟协议转让信息→讨论受让方提交的受让方案→签协议→披露→付款。

（2）特殊程序

直接签订情形	经省或省级以上国有资产监督管理机构批准后，国有股东可不披露拟协议转让股份的信息直接签订转让协议： （1）上市公司连续2年亏损且存在退市风险或严重财务危机，受让方提出重大资产重组计划及具体时间表的 （2）国民经济关键行业、领域中对受让方有特殊要求的 （3）国有及国有控股企业为实施国有资源整合或资产重组，在内部协议转让 （4）上市公司回购股份涉及国有股东所持股份的 （5）国有股东因接受要约收购方式转让其所持上市公司股份的 （6）国有股东因解散、破产、被依法责令关闭等原因转让其所持上市公司股份
有控制权的受让人	受让国有股东所持上市公司股份后拥有上市公司实际控制权的，受让人应为法人，而且应当具备以下条件： （1）受让方或实际控制人设立3年以上，最近2年持续盈利且无重大违法违规； （2）具有明晰的经营发展战略； （3）具有促进上市公司持续发展和改善上市公司法人治理结构的能力
聘请财务顾问	国有控股股东拟采取协议转让方式转让股份并"不再拥有"上市公司控股权的，应当聘请在"境内"注册的专业机构担任财务顾问
定价	以上市公司股份转让信息公告日前30个交易日的每日加权平均价格算术平均值为基础确定；确需折价的，其最低价格不得低于该算术平均值的90%

续表

付款	（1）拟受让方以现金支付股份转让价款，国有股东应在股份转让协议签订后5个工作日内收取不低于转让收入30%的保证金，其余价款应在股份过户前全部结清 （2）在全部转让价款支付完毕或交由转让双方共同认可的第三方妥善保管前，不得办理转让股份的过户登记手续

3. 无偿划转

上市公司股份无偿划转由划转双方按规定程序逐级报国务院国有资产监督管理机构审核批准。

4. 间接转让

（1）基准日

①上市公司股份价格确定的基准日应与国有股东资产评估的基准日一致。

②国有股东资产评估的基准日与国有股东产权持有单位对该国有股东产权变动决议的日期相差不得超过1个月。

（2）批准

国有股东所持上市公司股份间接转让的，国有股东应在产权转让或增资扩股方案实施前，由国有股东逐级报国务院国有资产监督管理机构审核批准。

考点10　金融企业国有资产评估管理（★★）

1. 金融企业

金融企业是指我国境内依法设立的国有及国有控股金融企业、金融控股公司、担保公司，以及城市商业银行、农村商业银行、农村合作银行、信用社等。财政部门是金融企业国有资产的监督管理部门。

2. 评估事项

应当进行评估的情形	（1）整体或者部分改制为有限责任公司或者股份有限公司的 （2）以非货币性资产对外投资的 （3）合并、分立、清算的 （4）非上市金融企业国有股东股权比例变动的 （5）产权转让的 （6）资产转让、置换、拍卖的 （7）债权转股权的 （8）债务重组的 （9）接受非货币性资产抵押或者质押的 （10）处置不良资产的 （11）以非货币性资产抵债或者接受抵债的 （12）收购非国有单位资产的 （13）接受非国有单位以非货币性资产出资的 （14）确定涉讼资产价值的 （15）法律、行政法规规定的应当进行评估的其他情形
可以不进行评估的情形	（1）县级以上人民政府或者其授权部门批准其所属企业或者企业的部分资产实施无偿划转的 （2）国有独资企业与其下属的独资企业之间，或者其下属独资企业之间的合并，以及资产或者产权置换、转让和无偿划转的 （3）发生多次同类型的经济行为时，同一资产在评估报告使用有效期内，并且资产、市场状况未发生重大变化的 （4）上市公司可流通的股权转让。根据有关规定，中央直接管理的金融企业与其下属的独资企业之间，或者其下属独资企业之间的合并，以及资产或者产权置换、转让和无偿划转的，未造成国有股权比例发生变动的，对相关的资产可以不进行评估

3. 核准和备案

（1）核准

中央金融企业资产评估项目报财政部核准。地方金融企业资产评估项目报本级财政部门核准。财政部门在受理申请后的20个工作日内做出是否予以核准的书面决定。

（2）备案

①中央直接管理的金融企业资产评估项目报财政部备案。中央直接管理的金融企业子公司、省级分公司或分行、金融资产管理公司办事处账面资产总额大于或者等于5 000万元人民币的资产评估项目，由中央直接管理的金融企业审核后报财政部备案。

②中央直接管理的金融企业子公司、省级分公司或分行、金融资产管理公司办事处账面资产总额小于5 000万元人民币的资产评估项目，以及下属公司、银行地（市、县）级支行的资产评估项目，报中央直接管理的金融企业备案。

③财政部门（或者金融企业）收到备案材料后，应当在20个工作日内决定是否办理备案手续。

考点11　境外投资管理（★★）

境外投资是指中央企业及其各级独资、控股子企业（以下简称各级子企业）在我国境外以及香港特别行政区、澳门特别行政区和台湾地区的固定资产投资、股权投资等投资行为。

事前管理	（1）中央企业应当根据国资委的要求，制定清晰的国际化经营规划，明确中长期国际化经营的重点区域、重点领域和重点项目，并根据企业国际化经营规划编制年度境外投资计划 （2）列入中央企业境外投资项目负面清单特别监管类的境外投资项目，中央企业应当在履行企业内部决策程序后、在向国家有关部门首次报送文件前报国资委履行出资人审核把关程序 （3）中央企业原则上不得在境外从事非主业投资。有特殊原因确需开展非主业投资的，应当报送国资委审核把关，并通过与具有相关主业优势的中央企业合作的方式开展 （4）中央企业应当明确投资决策机制，对境外投资决策实行统一管理，向下授权境外投资决策的企业管理层级原则上不超过二级
事中管理	主要是国资委和中央企业对其进行管理
事后管理	（1）中央企业在年度境外投资完成后，应当编制年度境外投资完成情况报告，并于下一年1月31日前报送国资委。年度境外投资完成情况报告包括但不限于以下内容：年度境外投资完成总体情况、效果分析、进展情况、评价工作开展情况、存在的主要问题及建议 （2）境外重大投资项目实施完成后，中央企业应当及时开展后评价，形成后评价专项报告 （3）国资委对中央企业境外投资项目后评价工作进行监督和指导，选择部分境外重大投资项目开展后评价，并向企业通报后评价结果，对项目开展的有益经验进行推广 （4）中央企业应当对境外重大投资项目开展常态化审计，审计的重点包括境外重大投资项目决策、投资方向、资金使用、投资收益、投资风险管理等方面 （5）国资委建立中央企业国际化经营评价指标体系，组织开展中央企业国际化经营年度评价，将境外投资管理作为经营评价的重要内容，评价结果定期报告和公布
风险管理	（1）中央企业应当将境外投资风险管理作为投资风险管理体系的重要内容 （2）中央企业境外投资项目应当积极引入国有资本投资、运营公司以及民间投资机构、当地投资者、国际投资机构入股，发挥各类投资者熟悉项目情况、具有较强投资风险管控能力和公关协调能力等优势，降低境外投资风险 （3）对于境外特别重大投资项目，中央企业应建立投资决策前风险评估制度，委托独立第三方有资质咨询机构对投资所在国（地区）政治、经济、社会、文化、市场、法律、政策等风险作全面评估。 （4）纳入国资委债务风险管控的中央企业不得因境外投资推高企业的负债率水平 （5）中央企业应当根据自身风险承受能力，充分利用政策性出口信用保险和商业保险，将保险嵌入企业风险管理机制，按照国际通行规则实施联合保险和再保险，减少风险发生时所带来的损失

考点12　企业境外国有资产管理体制（★★）

1．境外企业有下列重大事项之一的，应当按照法定程序报中央企业（不是国资委）核准：

（1）增加或减少注册资本，合并、分立、解散、清算、申请破产或变更企业组织形式；

（2）年度财务预算方案、决算方案、利润分配方案和弥补亏损方案；

（3）发行公司债券或者股票等融资活动；

（4）收购、股权投资、理财业务以及开展金融衍生业务；

（5）对外担保、对外捐赠事项；

（6）重要资产处置、产权转让；

（7）开立、变更、撤并银行账户；

（8）企业章程规定的其他事项。

2. 境外企业转让国有资产，导致中央企业重要子企业由国有独资转为绝对控股、绝对控股转为相对控股或者失去控股地位的，应当按照有关规定报国资委审核同意。

3. 境外企业发生以下有重大影响的突发事件，应当立即报告中央企业；影响特别重大的，应当通过中央企业在24小时内向国资委报告：

（1）银行账户或者境外款项被冻结；

（2）开户银行或者存款所在的金融机构破产；

（3）重大资产损失；

（4）发生战争、重大自然灾害、重大群体性事件，以及危及人身或者财产安全的重大突发事件；

（5）受到所在国（地区）监管部门处罚产生重大不良影响；

（6）其他有重大影响的事件。

📖 历年真题

一、单项选择题

1. 【2015年真题】根据企业国有资产法律制度的规定，履行出资人责任的机构对其任命的企业管理者的任期经营业绩考核周期为（　　）。

   A. 2年　　　　　　　　　　B. 1年

   C. 3年　　　　　　　　　　D. 5年

2. 【2015年真题】根据企业国有资产法律制度的规定，国有独资公司的下列事项中，由公司董事会决定的是（　　）。

   A. 发行债券　　　　　　　　B. 分配利润

   C. 增加注册资本　　　　　　D. 转让重大财产

3. 【2014年真题】甲公司是乙中央企业在香港地区设立的全资子公司，是乙企业的重要子公司。根据企业国有资产法律制度的规定，下列情形中，需报国资委审核同意的是（　　）。

   A. 甲公司减少注册资本

   B. 甲公司发行公司债券

   C. 甲公司为其他企业的银行借款提供担保

   D. 乙企业将其所持甲公司30%的股权转让给香港地区商人丙

4. 【2014年真题】根据企业国有资产法律制度的规定，国有独资公司发生的下列事项中，除其他法律、行政法规或公司章程有特别规定外，应当由履行出资人职责的机构决定的是（　　）。

   A. 为他人提供大额担保　　　B. 进行重大投资

   C. 转让重大财产　　　　　　D. 分配利润

5. 【2013年真题】根据企业国有资产法律制度的规定，下列各项中，履行金融企业国有资产监督管理职责的是（　　）。

   A. 中国银行业监督管理委员会　　B. 国务院国有资产监督管理委员会

   C. 中国人民银行　　　　　　　　D. 财政部

6. 【2012年真题B卷】根据企业国有资产法律制度的规定，下列资产评估方法中，主要适用于企业停业和破产时国有资产评估的是（　　　　）。

A. 收益现值法   B. 清算价格法

C. 现行市价法   D. 重置成本法

7. 【2010年真题】甲国有资本控股公司拟将所持有的部分国有产权转让给乙公司。根据企业国有产权转让管理法律制度的规定，下列有关该国所有产权转让价款的表述中，正确的是（　　　　）。

A. 转让价款以依法评估并经甲认可的价格为准

B. 该国有产权转让中涉及社会保险费用，不得从转让价款中进行抵扣

C. 该国有产权转让中涉及的职工安置费用，可以从转让价款中进行抵扣

D. 如果乙公司承诺以现金支付方式一次付清转让价款，转让价款可以按产权交易市场中公开形成的转让价格的95%计算

二、多项选择题

1. 【2015年真题】根据企业国有资产法律制度的规定，国有独资公司的下列人员中，应当由履行出资人职责的机构任免的有（　　　　）。

A. 副董事长   B. 董事长

C. 董事   D. 监事

2. 【2014年真题】根据企业国有资产法律制度的规定，国有股东协议转让所持上市公司股份时，受让方在受让股份后拥有上市公司实际控制权的，应当满足特定的资格条件。下列关于该特定资格条件的表述中，正确的有（　　　　）。

A. 受让方既可以是法人，也可以是自然人

B. 受让方具有明晰的经营发展战略

C. 受让方或其实际控制人设立3年以上，近2年连续盈利且无重大违法违规行为

D. 受让方具有促进上市公司持续发展和改善上市公司法人治理结构的能力

3. 【2014年真题】根据企业国有资产法律制度的规定，中央企业所属境外企业发生某些有重大影响的突发事件时，应当立即报告中央企业。下列各项中，属于此类事件的有（　　　　）。

A. 境外企业的开户银行破产

B. 境外企业所在地发生重大群体性事件

C. 境外企业发生重大资产损失

D. 境外企业受到所在地监管部门处罚，产生重大不良影响

4. 【2013年真题】根据企业国有资产法律制度的规定，国有独资公司的下列事项中，应当由履行出资人职责的机构决定的有（　　　　）。

A. 发行公司债券   B. 申请公司破产

C. 分配公司利润   D. 增加注册资本

5. 【2012年真题】根据企业国有资产法律制度的规定，下列企业资产中，属于国有资产的有（　　　　）。

A. 以国有企业中的工会会费结余购建的资产

B. 国有企业从运营中借入资金所形成的税后利润中提取的公积金

C. 国有企业接受馈赠形成的资产

D. 中外合资经营企业中，中方投资者职工的工资差额

6. 【2011年真题】下列关于涉及国有资产出资人权益的重大事项决策的表述中，符合企业国有资产法律制度规定的有（　　　　）。

A. 国有独资企业进行大额捐赠，应由企业职工代表大会讨论决定

B. 国有独资公司进行重大投资，可由董事会决定

C. 重要的国有资本控股公司分立，履行出资人职责的机构在向其委派参加公司股东会或股东大会会议的股东代表做出指示前，应当报请本级人民政府批准

D. 国家出资企业改制，应当听取企业工会的意见，并通过职工代表大会或者其他形式听取职工的意见和建议

7. 【2010年真题】某国有独资公司的董事王某因违反规定造成公司国有资产重大损失被免职。根据企业国有资产法律制度的规定，下列有关王某任职的表述中，错误的有（　　）。

A. 王某自免职之日起3年内不得担任国有资本参股公司的董事、监事、高级管理人员

B. 王某自免职之日起5年内不得担任国有资本控股公司的董事、监事、高级管理人员

C. 王某自免职之日起10年内不得担任国有独资公司的董事、监事、高级管理人员

D. 王某终身不得担任国家出资企业的董事、监事、高级管理人员

历年真题答案及解析

单项选择题答案速查表

题号	答案	题号	答案	题号	答案	题号	答案
1	C	2	D	3	D	4	D
5	D	6	B	7	B		

多项选择题答案速查表

题号	答案	题号	答案	题号	答案	题号	答案
1	ABCD	2	BCD	3	ABCD	4	ABCD
5	BCD	6	BCD	7	ACD		

一、单项选择题答案及解析

1. C〖解析〗任期经营业绩考核以3年为考核期。

2. D〖解析〗本题考查的是关系企业国有资产出资人权益的重大事项相关内容。选项A、B、C由履行出资人职责的机构决定；选项D由董事会决定。

3. D〖解析〗本题考查的是企业境外国有资产管理制度。中央企业重要子企业由国有独资转为绝对控股、绝对控股转为相对控股或者失去控股地位的，应当报国资委审核同意。

4. D〖解析〗本题考查的是关系企业国有资产出资人权益的重大事项。国有独资企业、国有独资公司合并、分立，增加或者减少注册资本，发行债券，分配利润，以及解散、申请破产，由履行出资人职责的机构决定。

5. D〖解析〗本题考查的是履行金融企业国有资产监督管理职责的机构。财政部是金融企业国有资产的监督管理部门。

6. B〖解析〗本题考查的是国有资产评估方法。清算价格法主要适用于企业停业和破产时的资产评估。

【易错警示】选项A，采用收益现值法必须具备两个条件：一是资产能独立创收，并不断获得预期收益；二是预期收益中的风险和收益可以由货币计算。选项C，现行市价法适用于单项资产的评估。选项D，重置成本法适用于单项资产的评估，对企业进行整体评估时也可以采用此方法。

7. B〖解析〗本题考查的是企业国有产权转让。转让价格应当以资产评估结果为参考依据，在产权交易市场中公开竞价形成，选项A错误。企业国有产权转让中涉及的职工安置、社会保险等有关费用，不得在评估作价之前从拟转让的国有净资产中先行扣除，也不得从转让价款中进行抵扣，选项B正确，选项C错误。在产权交易市场中公开形成的企业国有

产权转让价格，不得以任何付款方式为条件进行打折、优惠，选项D错误。

【易错警示】选项B和选项C具有一定的相似性，不认真审题的考生会错选选项C。考生需要谨记：企业国有产权转让中涉及的职工安置、社会保险等有关费用，不得从转让价款中进行抵扣。

二、多项选择题答案及解析

1. ABCD〖解析〗根据有关规定，履行出资人职责的机构可以任免国有独资公司的董事长、副董事长、董事、监事会主席和监事。

2. BCD〖解析〗本题考查的是国有股东协议转让所持上市公司股份。受让国有股东所持上市公司股份后拥有上市公司实际控制权的，受让方应为法人，且应当具备以下条件：①受让方或其实际控制人设立3年以上，近2年连续盈利且无重大违法违规行为；②具有明晰的经营发展战略；③具有促进上市公司持续发展和改善上市公司法人治理结构的能力。

3. ABCD〖解析〗本题考查的是企业境外国有资产管理制度。境外企业发生以下有重大影响的突发事件时，应当立即报告中央企业；影响特别重大的，应当通过中央企业在24小时内向国资委报告：①银行账户或者境外款项被冻结；②开户银行或者存款所在的金融机构破产；③重大资产损失；④发生战争、重大自然灾害、重大群体性事件，以及危及人身或者财产安全的重大突发事件；⑤受到所在国（地区）监管部门处罚产生重大不良影响；⑥其他有重大影响的事件。

4. ABCD〖解析〗本题考查的是关系企业国有资产出资人权益的重大事项。国有独资企业、国有独资公司合并、分立、增加或者减少注册资本，发行债券，分配利润，以及解散、申请破产，由履行出资人职责的机构决定。

5. BCD〖解析〗本题考查的是国有资产产权界定。根据规定，国有企业中的党、团、工会组织等占用企业的财产中，除个人缴纳党费、团费、会费以及按国家规定由企业拨付的活动经费等结余购建的资产之外的资产，界定为国有资产。

【易错警示】本题可以用逆向思维解题，考生只要记住在国有企业中哪些资产属于非国有资产，那么此题便可迎刃而解。

6. BCD〖解析〗本题考查的是关系国有资产出资人权益的重大事项。国家出资企业的合并、分立、改制、解散、申请破产等重大事项，应当听取企业工会的意见，并通过职工代表大会或者其他形式听取职工的意见和建议，所以选项A的表述错误。国家出资企业进行大额捐赠的，国有独资企业由企业负责人集体讨论决定，国有独资公司由董事会决定。

7. ACD〖解析〗本题考查的是企业资产损失责任追究。国有独资企业、国有独资公司、国有资本控股公司的董事、监事、高级管理人员违反规定，造成国有资产重大损失，被免职的，自免职之日起5年内不得担任国有独资企业、国有独资公司、国有资本控股公司的董事、监事、高级管理人员。

193

全真模拟试题

一、单项选择题

1. 国家出资企业发行企业债券应当符合《企业债券管理条例》的规定，报（　　　）核准。
   A. 国务院
   B. 履行出资人职责的机构
   C. 国家发展和改革委员会
   D. 中国证券监督管理委员会
2. 根据企业国有资产法律制度的规定，下列有关国有资产转让的表述正确的是（　　　）。

A. 国有资产转让必须全部进入产权交易场所进行交易

B. 国有资产转让主要是指国家出资企业转让固定资产的行为

C. 国有资产可向境外投资者转让

D. 履行出资人职责的机构可以自行决定转让全部企业国有资产

3. 国有独资企业、国有独资公司、国有资本控股公司的董事、监事、高级管理人员违反规定，造成国有资产重大损失，被免职的，自免职之日起（ ）不得担任国有独资企业、国有独资公司、国有资本控股公司的董事、监事、高级管理人员。

A. 终身   B. 10年内

C. 5年内   D. 3年内

4. 国有独资公司新旺与其董事所实际控制的达升公司进行下列经济活动，符合企业国有资产法律制度规定的是（ ）。

A. 新旺以市场价格向达升销售新旺的产品

B. 新旺为达升提供小额担保，只需由新旺的董事会做出决定

C. 新旺与达升签订了价格公允的财产转让协议，只需由新旺的董事会做出决定

D. 新旺向达升投资，只需由新旺的董事会做出决定

5. 四川省管辖的太古国有企业与湖北省管辖的姿绿国有独资公司共同投资在贵州省设立升创有限责任公司。其中，太古企业投资占65%，姿绿公司投资占35%。根据企业国有资产产权登记管理的有关规定，升创公司的产权登记管辖机关是（ ）。

A. 湖北省的国有资产监督管理机构

B. 贵州省的国有资产监督管理机构

C. 四川省的国有资产监督管理机构

D. 太古企业和姿绿公司共同推举的四川省或湖北省或贵州省的国有资产监督管理机构

6. 根据《金融类企业国有资产产权登记管理暂行办法》的规定，企业被依法宣告破产的，应当自法院裁定之日起一定期限内向主管财政部门申请办理产权注销登记。该一定期限是指（ ）。

A. 90个工作日   B. 60个工作日

C. 30个工作日   D. 15个工作日

7. 根据有关规定，公司董事会、监事会的成员可以由公司职工代表出任。下列表述中，正确的是（ ）。

A. 国有独资公司的董事会、监事会成员中，应当有职工代表，且其比例不得低于董事会、监事会成员的1/3

B. 两个以上的国有企业投资设立的有限责任公司，其董事会成员中可以无职工代表，但监事会成员中必须有职工代表，且其比例不得低于监事会成员的1/3

C. 没有国有投资主体投资设立的有限责任公司，其董事会、监事会成员中可以无职工代表

D. 股份有限公司董事会成员中可以有职工代表，监事会中应当有职工代表，且其比例不得低于监事会成员的1/3

二、多项选择题

1. 根据国有资产评估管理制度的规定，国有资产占有单位发生的下列情形中，属于应当对国有资产进行资产评估的有（ ）。

A. 将资产租赁给非国有单位

B. 利用外资改组为外商投资企业

C. 以部分资产改建为有限责任公司

D. 国有独资企业下属的独资企业之间的资产转让

2. 上海柏礼上市公司总股本为12亿股，香轩公司为国有独资公司，是上海柏礼上市公司的控股股东。香轩公司按照内部决策程序决定通过证券交易系统转让所持上海柏礼上市公司股份。下列有关香轩公司转让上海柏礼上市公司股份的方案均不涉及上海柏礼上市公司控制权的转移，根据国有股东转让所持上市公司股份的相关规定，其中仍须事先报经国务院国有资产监督管理机构审核批准的有（　　　）。

A. 在连续3个会计年度内累计转让股份扣除累计增持股份后的余额为5 000万股

B. 在连续3个会计年度内累计转让股份扣除累计增持股份后的余额为7 000万股

C. 在连续3个会计年度内累计转让股份扣除累计增持股份后的余额为8 000万股

D. 在连续3个会计年度内累计转让股份扣除累计增持股份后的余额为9 000万股

3. 根据《中央企业境外国有资产监督管理暂行办法》的相关规定，境外企业有下列重大事项之一的，应当按照法定程序报中央企业核准（　　　）。

A. 发行公司债券　　　　　　　　B. 对外担保

C. 增加或者减少注册资本　　　　D. 开立银行账户

4. 根据规定，资产评估机构有下列情形之一的，责令改正，并予警告的内容包括（　　　）。

A. 对其能力进行虚假广告宣传的

B. 向有关单位和个人支付回扣或者介绍费的

C. 恶意降低收费的

D. 与委托人或被评估单位存在利害关系应当回避而没有回避的

5. 下列关于国有企业改制应切实维护职工合法权益的说法中，符合有关规定的有（　　　）。

A. 改制为国有控股公司的，留用职工改制前后的工作年限应合并计算

B. 改制方案必须经职工代表大会或职工大会审议通过

C. 职工安置方案未经职工代表大会或职工大会通过，不得执行

D. 改制时经确认拖欠的职工工资和欠缴的社会保险费，原则上应一次付清

6. 根据企业国有产权无偿划转的有关规定，下列选项中，企业国有产权不得实施无偿划转的情形有（　　　）。

A. 被划转企业主业不符合划入方主业及发展规划

B. 被划转企业的或有负债未有妥善解决方案

C. 被划转企业职工代表大会未通过无偿划转涉及的职工分流安置事项

D. 中介机构对被划转企业划转基准日的财务报告出具了保留意见的审计报告

7. 下列关于境外国有产权管理的相关规定中，错误的有（　　　）。

A. 中央企业是其境外国有产权管理的责任主体

B. 国资委是境外国有资产管理的责任主体

C. 境外国有产权转让价款应当一次付清

D. 中央企业重要子企业由国有独资转为绝对控股地位的，应当报国资委审核同意

8. 根据《国有股东转让所持上市公司股份管理暂行办法》的规定，国有股东转让所持上市公司股份的形式包括（　　　）。

A. 无偿划转　　　　　　　　　　B. 间接转让

C. 通过证券交易系统转让　　　　D. 以协议方式转让

9. 百恩国有独资公司经批准拟转让其部分国有产权，经公开征集产生了钛满、川益两个符合条件的受让方。下列有关百恩公司转让国有产权的方式中，符合企业国有产权转让规定的有（　　　）。

A. 由百恩公司分别与钛满、川益协商后，确定一个受让方，采取协议转让方式转让国有

产权

B. 由主管百恩公司的国有资产监督管理机构在钛满、川益中确定一个受让方，采取协议转让方式转让国有产权

C. 由百恩公司与产权交易机构协商，采取拍卖方式转让国有产权

D. 由百恩公司与产权交易机构协商，采取招投标方式转让国有产权

全真模拟试题答案及解析

单项选择题答案速查表

题号	答案	题号	答案	题号	答案	题号	答案
1	C	2	C	3	C	4	A
5	C	6	B	7	D		

多项选择题答案速查表

题号	答案	题号	答案	题号	答案	题号	答案	题号	答案
1	ABC	2	BCD	3	ABCD	4	ABCD	5	ACD
6	ABCD	7	BC	8	ABCD	9	CD		

一、单项选择题答案及解析

1. C〖解析〗本题考查的是关系企业国有资产出资人权益的重大事项。发行企业债券应当符合《企业债券管理条例》的规定，报国家发展和改革委员会核准。发行公司债券应当符合证券法律制度和公司法律制度的规定，报中国证券监督管理委员会核准。所以选项C正确，选项A、B、D错误。

【易错警示】部分考生会错选选项D，以为企业债券就需要报中国证券监督管理委员会核准，这些思维定式是错误的。考生需要根据具体的题型进行判断，具体问题具体分析。题中国家出资企业发行企业债券应报国家发展和改革委员会核准。

2. C〖解析〗本题考查的是国有资产转让。除按照国家规定可以直接协议转让的以外，企业国有资产转让应当在依法设立的产权交易场所公开进行，选项A错误。企业国有资产转让是指依法将国家对企业的出资所形成的权益转移给其他单位或者个人的行为，选项B错误。履行出资人职责的机构决定转让全部企业国有资产的，或者转让部分企业国有资产致使国家对该企业不再具有控股地位的，应当报请本级人民政府批准，选项

D错误。

3. C〖解析〗本题考查的是企业资产损失责任追究。国有独资企业、国有独资公司、国有资本控股公司的董事、监事、高级管理人员违反规定，造成国有资产重大损失，被免职的，自免职之日起5年内不得担任国有独资企业、国有独资公司、国有资本控股公司的董事、监事、高级管理人员。

4. A〖解析〗本题考查的是与关联方的交易。未经履行出资人职责的机构同意，国有独资企业、国有独资公司不得有下列行为：①与关联方订立财产转让、借款的协议；②为关联方提供担保；③与关联方共同出资设立企业，或者向董事、监事、高级管理人员或者其近亲属所有或者实际控制的企业投资。

【易错警示】选项B、C、D中都提到"只需由新旺的董事会做出决定"，部分考生则会主观臆断答案是其中一个，导致错选。考生应该谨记：未经履行出资人职责的机构同意，国有独资企业、国有独资公司不得具有选项B、C、D中的行为。

5. C〖解析〗本题考查的是国有资产产权登记管辖机关。两个及两个以上国有资本出资人共同投资设立的企业，由国有资本出资额大的出资人所在的出资企业依据其产权归属关

系申请办理产权登记。

6. B〖解析〗本题考查的是金融类企业国有产权的注销。根据规定，企业被依法宣告破产的，应当自法院裁定之日起60个工作日内，向主管财政部门申请办理产权注销登记。

7. D〖解析〗本题考查的是董事会、监事会的职工代表。国有独资公司的董事会中应当有职工代表，但没有限制比例，所以选项A错误。两个以上的国有企业投资设立的有限责任公司，其董事会成员中应当有职工代表，所以选项B错误。没有国有投资主体投资设立的有限责任公司中也应当有职工代表，所以选项C错误。

二、多项选择题答案及解析

1. ABC〖解析〗本题考查的是国有资产评估。国有独资企业下属的独资企业之间的资产转让可以不进行评估。

2. BCD〖解析〗本题考查的是国有股东转让上市公司股份的相关规定。根据规定，总股本不超过12亿股的上市公司，国有控股股东在连续3个会计年度内累计净转让股份（累计转让股份扣除累计增持股份后的余额）的比例未达到上市公司总股本的5%的，采用事后报备，不符合该情况的，应当采用事先报批。本题中，选项B、C、D超过了12亿股的5%，应当事先报批。

3. ABCD〖解析〗本题考查的是企业境外国有资产管理制度。根据规定，境外企业有下列重大事项之一的，应当按照法定程序报中央企业核准：①增加或者减少注册资本，合并、分立、解散、清算、申请破产或者变更企业组织形式；②年度财务预算方案、决算方案、利润分配方案和弥补亏损方案；③发行公司债券或者股票等融资活动；④收购、股权投资、理财业务以及开展金融衍生业务；⑤对外担保、对外捐赠事项；⑥重要资产处置、产权转让；⑦开立、变更、撤并银行账户；⑧企业章程规定的其他事项。

4. ABCD〖解析〗本题考查的是国有资产评估的组织管理。根据规定，资产评估机构有下列情形之一的，责令改正，并予警告：

①对其能力进行虚假广告宣传的；②向有关单位和个人支付回扣或者介绍费的；③对委托人、被评估单位或者其他单位和个人进行胁迫、欺诈、利诱的；④恶意降低收费的；⑤与委托人或被评估单位存在利害关系应当回避而没有回避的；⑥冒用其他机构名义或者允许其他机构以本机构名义执行评估业务的；⑦向委托人或者被评估单位索取、收受业务约定书以外的酬金或者其他财物，或者利用职务之便，牟取其他不正当利益的。

【易错警示】对于此类多项选择题，要求考生记住资产评估机构出现的7种情形，需要责令改正，并予警告。

5. ACD〖解析〗本题考查的是企业改制。改制方案应当听取企业工会的意见，并通过职工代表大会或者其他形式听取职工的意见和建议，所以选项B错误，选项A、C、D都正确。

6. ABCD〖解析〗本题考查的是国有产权不得无偿划转的情形。有下列情况之一的，不得实施无偿划转：①被划转企业主业不符合划入方主业及发展规划的；②中介机构对被划转企业划转基准日的财务报告出具否定意见、无法表示意见或保留意见的审计报告的；③无偿划转涉及的职工分流安置事项未经被划转企业的职工代表大会审议通过的；④被划转企业或有负债未有妥善解决方案的；⑤划出方债务未有妥善处置方案的。

7. BC〖解析〗本题考查的是境外国有产权管理的相关规定。根据规定，中央企业是其境外国有产权管理的责任主体；境外国有产权转让价款应当按照产权转让合同约定支付，原则上应当一次付清。确需采取分期付款的，受让方须提供合法的担保。

【易错警示】对知识点不熟悉的考生，会漏选选项B，误以为国资委是境外国有资产管理的责任主体。考生应该谨记：中央企业是其境外国有产权管理的责任主体。

8. ABCD〖解析〗本题考查的是国有股东转让所持上市公司股份。根据规定，国有股东转让所持上市公司股份，转让行为可以通过证券交易所系统转让、以协议方式转让、无偿划转或间接转让方式实施。

9. CD〖解析〗本题考查的是企业国有产权转让成交的相关规定。根据规定，经公开征集产生两个以上受让方时，转让方应当与产权交易机构协商，根据转让标的的具体情况采取拍卖或者招投标方式组织实施产权交易，所以选项A和选项B的说法是错误的。

【易错警示】考生应该谨记：转让方应当与产权交易机构协商，根据转让标的的具体情况采取拍卖或者招投标方式组织实施产权交易，并不是采取协议转让方式转让国有产权。

第11章 反垄断法律制度

考情分析

本章内容在近8年考试中所占的平均分值为3分左右，考试题型为选择题。本章内容多，但考点集中，复习难度不大。

学习建议

了解反垄断法律制度和行政垄断的相关内容，在理解的基础上记忆反垄断法律责任和反垄断民事诉讼；重点掌握垄断协议，禁止滥用市场支配地位行为，禁止滥用行政权力排除，限制竞争（行政性垄断）等相关知识要点。

本章考点概览

第11章 反垄断法律制度	1. 相关市场界定	★★
	2. 反垄断法的实施机制	★★
	3. 垄断协议	★★★
	4. 对行业协会组织达成和实施垄断协议的规制	★★
	5. 相关法律责任	★★
	6. 反垄断法禁止的滥用市场支配地位行为	★★★
	7. 经营者集中审查程序	★★
	8. 经营者集中附加限制性批准条件	★★
	9. 滥用行政权力排除、限制竞争行为	★★
	10. 公平竞争审查制度	★★

考点精讲

考点1 相关市场界定（★★）

相关市场界定中的商品、地域和时间3个维度，分别称为相关商品市场、相关地域市场和相关时间市场。

市场分类	概念	界定
相关商品市场	相关商品市场指具有紧密替代关系的商品范围。这里的商品不仅包括货物、服务，还包括技术主导、技术创新等	（1）从需求方面应考虑的因素：①需求者因商品价格或其他竞争因素变化而转向其他地域购买商品的证据；②商品的外形、特性、质量和技术特点等总体特征和用途；③商品之间的价格差异；④商品的销售渠道；⑤其他因素。 （2）从供给角度应考虑的因素：经营者的生产流程和工艺；转产的难易程度；转产的额外费用和风险；转产需要的时间；转产后所提供商品的市场竞争力；营销渠道等

续表

市场分类	概念	界定
相关地域市场	相关地域市场指相同或具有替代关系的商品相互竞争的地理区域	（1）一般来说，区分国际、国内、国内某个范围等 （2）从需求方面应考虑的因素：①需求者因商品价格或其他竞争因素变化而转向其他地域购买商品的证据；②商品的运输成本、运输特征，运输成本越高，相关地域市场的范围越小；③主要经营者商品的销售分布、多数需求者选择商品的实际区域；④地区间的贸易壁垒，包括地方性法规、环保因素、技术因素、关税等；⑤其他 （3）从供给角度应考虑的因素：其他地域供应或销售相关商品的即时性和可行性
相关时间市场	指相同或相似的商品在同一区域内相互竞争的时间范围	相关时间市场通常并不是确定相关市场的主要维度，只有在商品的生产周期、使用期限、季节性、流行时尚性或知识产权的保护期限等成为商品不可忽视的特征时，才应考虑

考点2 反垄断法的实施机制（★★）

反垄断法的实施机制主要包括法律责任、行政执法机制以及民事诉讼机制等方面的内容。

1. 反垄断法律责任

（1）行政责任

①行政责任主要包括：责令停止违法行为、没收违法所得、罚款、限期恢复原状等形式。

②当事人不服反垄断法执法机构有关处罚决定的，可以申请行政复议，也可以直接向人民法院提起行政诉讼。

（2）民事责任

有关反垄断法律制度的民事责任主要包括：停止侵害、赔偿损失等；损害赔偿责任是最主要的民事责任。

（3）刑事责任

《反垄断法》对于垄断行为没有规定刑事责任。对阻碍、拒绝反垄断执法机构审查、调查行为以及反垄断法执法机构工作人员滥用职权、玩忽职守、徇私舞弊或者泄露执法过程中知悉的商业秘密两种情形，规定了刑事责任。

2. 反垄断行政执法

（1）双层制模式

我国的反垄断机构采取双层制模式，国务院反垄断执法机构负责反垄断法律制度的行政执法，在其之上还设有反垄断委员会，负责组织、协调、指导反垄断工作。

（2）多元反垄断执法机构

反垄断执法机构	国家工商局	负责垄断协议、滥用市场支配地位以及滥用行政权力排除、限制竞争方面的反垄断执法工作，价格垄断行为除外
	国家发改委	负责依法查处价格垄断行为
	商务部	负责经营者集中行为的反垄断审查工作
反垄断委员会	不是执法机构，是关于反垄断工作的议事协调机构	

（3）反垄断调查措施

①进入被调查的经营者的营业场所或者其他有关场所进行检查。

②询问被调查的经营者、利害关系人或者其他有关单位或者个人，要求其说明有关情况。

③查阅、复制被调查的经营者、利害关系人或者其他有关单位或者个人的有关单证、协议、会计账簿、业务函电、电子数据等文件、资料。

④查封、扣押相关证据；查询经营者的银行账户。

（4）反垄断调查程序

①立案。反垄断法执法机构可依举报人举报对涉嫌垄断行为立案调查，也可依职权主动立案。

②调查。反垄断执法机构调查涉嫌垄断行为，执法人员不得少于两人，并应当出示执法证件。

③处理。反垄断执法机构对涉嫌垄断行为调查核实后，认为构成垄断行为的，应当依法做出处理决定，并可以向社会公布。

3. 反垄断民事诉讼

原告资格	因垄断行为受到损失以及因合同内容、行业协会的章程等违反反垄断法律制度而发生争议的自然人、法人或者其他组织
民事诉讼与行政执法的关系	原告直接向人民法院提起民事诉讼，或者在反垄断执法机构认定构成垄断行为的处理决定发生法律效力后向人民法院提起民事诉讼，并符合法律规定的其他受理条件的，人民法院应当受理
专家在诉讼中的作用	（1）专家出庭就专门问题进行说明 （2）专家出具市场调查或者经济分析报告
诉讼时效	（1）起算：从原告知道或者应当知道权益受侵害之日起计算 （2）中断：原告向反垄断执法机构举报被诉垄断行为，诉讼时效从举报之日起中断 （3）持续性垄断行为：起诉时被诉垄断行为已经持续超过2年，被告提出诉讼时效抗辩的，损害赔偿应当自原告向人民法院起诉之日起向前推算2年计算

考点3　垄断协议（★★★）

1. 横向垄断协议规制制度

固定或者变更商品价格	（1）通过协议统一确定、维持商品的价格，统一提高商品价格 （2）对经营者定价过程设定统一的限制条件：①固定或者变更价格变动幅度；②固定或者变更对价格有影响的手续费、折扣或者其他费用；③使用约定的价格作为与第三方交易的基础；④约定采用据以计算价格的标准公式；⑤约定未经参加协议的其他经营者同意不得变更价格等
限制商品的生产数量或者销售数量	（1）以限制产量、固定产量、停止生产等方式限制商品的生产数量或者限制商品特定品种、型号的生产数量 （2）以拒绝供货、限制商品投放量等方式限制商品的销售数量或者限制商品特定品种、型号的销售数量
分割销售市场或者原材料采购市场	（1）划分商品销售地域、销售对象或者销售商品的种类、数量 （2）划分原料、半成品、零部件等原材料的采购区域、种类、数量 （3）划分原料、半成品、零部件、相关设备等原材料的供应商
限制购买新技术、新设备或限制开发新技术、新产品	（1）限制购买、使用新技术、新工艺 （2）限制购买、租赁、使用新设备 （3）限制投资、研发新技术、新工艺、新产品 （4）拒绝使用新技术、新工艺、新设备 （5）拒绝采用新的技术标准
联合抵制交易	（1）联合拒绝向特定经营者供货或者销售商品 （2）联合拒绝采购或者销售特定经营者的商品 （3）联合限定特定经营者不得与其具有竞争关系的经营者进行交易

2. 纵向垄断协议规制制度

常见的纵向垄断协议		（1）地域或客户限制协议；（2）维持转售价格协议；（3）排他性交易协议
纵向垄断协议的经济效果	积极效果	（1）有利于经营者进入市场；（2）有利于客服销售商加价；（3）有利于提升消费者福利；（4）有利于减少"搭错车"现象；（5）有利于改善售后服务
	消极效果	（1）导致市场进入障碍；（2）不利于价格竞争，导致价格"卡特尔"
在我国受到禁止的纵向协议		（1）固定向第三人转售商品的价格；（2）限定向第三人转售商品的最低价格

3. 豁免的垄断协议类型

（1）为改进技术、研究开发新产品的垄断协议。

（2）为提高产品质量、降低成本、增进效率，统一产品规格、标准或者实行专业化分工的垄断协议。

（3）为提高中小经营者经营效率，增强中小经营者竞争力的垄断协议。

（4）为实现节约能源、保护环境、救灾救助等社会公共利益的垄断协议。

（5）因经济不景气，为缓解销售量严重下降或者生产明显过剩的垄断协议。

（6）为保障对外贸易和对外经济合作中的正当利益的垄断协议。

【名师点拨】除上述条件（6）外：经营者同时还应当证明所达成的协议不会严重限制相关市场的竞争，并且能够使消费者分享由此产生的利益。

考点4 对行业协会组织达成和实施垄断协议的规制（★★）

1. 其他协同行为的认定

（1）价格性其他协同行为的认定。根据规定，对于价格垄断协议中的其他协同行为的认定，应当依据下列因素：经营者的价格行为具有一致性；经营者进行过意思联络。认定协同行为还应考虑市场结构和市场变化等情况。

（2）非价格性其他协同行为的认定。根据规定"其他协同行为"是指，经营者虽未明确订立书面或者口头形式的协议或者决定，但实质上存在协同一致的行为。认定其他协同行为，应当考虑下列因素：

①经营者的市场行为是否具有一致性；

②经营者之间是否进行过意思联络或者信息交流；

③经营者能否对一致行为做出合理的解释。

此外，认定其他协同行为，还应当考虑相关市场的结构情况、竞争状况、市场变化情况、行业情况等。

2. 对行业协会组织达成和实施垄断协议的规制

根据《工商行政管理机关禁止垄断协议行为的规定》的规定，法律禁止的行业协会组织本行业经营者从事垄断协议的行为具体包括：

（1）制定、发布含有排除、限制竞争内容的行业协会章程、规则、决定、通知、标准等；

（2）召集、组织或者推动本行业的经营者达成含有排除、限制竞争内容的协议、决议、纪要、备忘录等。

考点5 相关法律责任（★★）

民事责任	经营者因达成并实施垄断协议给他人造成损失的，依法承担民事责任
行政责任	（1）经营者违反反垄断法律制度规定，达成并实施垄断协议的，由反垄断执法机构责令停止违法行为，没收违法所得，并处上一年度销售额1%以上10%以下的罚款；尚未实施所达成的垄断协议的，可以处50万元以下的罚款 （2）行业协会违反反垄断法律制度规定，组织本行业的经营者达成垄断协议的，反垄断执法机构可以处50万元以下的罚款；情节严重的，社会团体登记管理机关可以依法撤销登记

考点6 反垄断法禁止的滥用市场支配地位行为（★★★）

（1）以不公平的高价销售商品或者以不公平的低价购买商品。

（2）没有正当理由，以低于成本的价格销售商品。

根据《反价格垄断规定》，因下列情形而进行的低于成本价格销售均为正当：①降价处理鲜活商品、季节性商品、有效期限即将到期的商品和积压商品的；②因清偿债务、转产、歇业降价销售商品的；③为推广新产品进行促销的；④能够证明行为具有正当性的其他理由。

（3）没有正当理由，拒绝与交易相对人进行交易。

（4）没有正当理由，限定交易相对人只能与其进行交易或者只能与其指定的经营者进行交易。

根据《反价格垄断规定》，强制交易的"正当理由"包括：①为了保证产品质量和安全的；②为了维护品牌形象或者提高服务水平的；③能够显著降低成本、提高效率，并且能够使消费者分享由此产生的利益的；④能够证明行为具有正当性的其他理由。

（5）没有正当理由搭售商品，或者在交易时附加其他不合理的交易条件。

（6）没有正当理由，对条件相同的交易相对人在交易价格等交易条件上实行差别待遇。

（7）与知识产权行使有关的滥用市场支配地位行为有如下4种。

①没有正当理由，拒绝许可。具有市场支配地位的经营者没有正当理由，不得在其知识产权构成生产经营活动必需设施的情况下，拒绝许可其他经营者以合理条件使用该知识产权，排除、限制竞争。

②没有正当理由，附加不合理限制条件。

③专利联营中的滥用行为。

④标准必要专利滥用行为。

除专属性滥用行为外，知识产权人也可能存在滥用知识产权从事一般性垄断行为。例如，滥用知识产权达成垄断协议、滥用知识产权从事垄断高价或垄断低价行为等。

考点7　经营者集中审查程序（★★）

1. 审查阶段

对经营者的集中，执法机构会实施两阶段的审查程序，国务院反垄断执法机构会根据不同的情况，做出不同的决定。

程序阶段	具体内容
第一阶段 初步审查	（1）时间：自收到经营者提交的符合规定的文件、资料之日起30日内进行初步审查，决定是否实施进一步审查，将结果书面通知经营者 （2）要求1：在决定之前，不可实施经营者集中 （3）要求2：若决定不实施进一步审查，则可以实施集中
第二阶段审查	（1）时间：若决定进一步审查的，自决定之日起90日内审查完毕，并进一步决定是否禁止经营者集中，并书面通知经营者 （2）但若出现下列情形，可以延长审查期限，但最长不得超过60日：①经经营者同意的；②需进一步核实经营者提交相关文件的；③经营者申报后有关情况发生重大变化的 （3）要求1：审查期间不得实施经营者集中 （4）要求2：若相关机构未在期限范围内做出决定的，则可以实施集中

2. 简易案件

符合下列情形的经营者集中案件，为简易案件：

（1）同一相关市场，所有参与集中的经营者所占的市场份额之和小于15%；

（2）存在上下游关系的参与集中的经营者，在上下游市场所占的份额均小于25%；

（3）不在同一相关市场，也不存在上下游关系的参与集中的经营者，在与交易有关的每个市场所占的份额均小于25%；

（4）参与集中的经营者在中国境外设立合营企业，合营企业不在中国境内从事经济活动；

（5）参与集中的经营者收购境外企业股权或资产的，该境外企业不在中国境内从事经济活动；

（6）有两个以上经营者共同控制的合营企业，通过集中被其中一个或一个以上经营者控制。

3. 不视为简易案件

虽符合上述条件，但存在下列情形，不视为简易案件：

（1）由两个以上经营者共同控制的合营企业，通过集中被其中一个经营者控制，该经营者与合营企业属于同一相关市场的竞争者；

（2）经营者集中涉及的相关市场难以界定；

（3）经营者集中对市场进入、技术进步可能产生不利影响；

（4）经营者集中对消费者和其他有关经营者可能产生不利影响；

（5）经营者集中对国民经济发展可能产生不利影响；

（6）商务部认为可能对市场竞争产生不利影响的其他情形。

【名师点拨】对于禁止集中决定和附条件的不予禁止决定（不包括不予禁止决定），国务院反垄断执法机构应当及时向社会公布。

考点8　经营者集中附加限制性批准条件（★★）

概念	经营者集中附加限制性条件，也称经营者集中的救济措施，是指在经营者集中反垄断审查中，由参与集中的经营者向执法机构提出消除不利影响的解决办法，执法机构通过添加附加条件批准该项集中对不利影响进行限制的制度
限制性条件的分类	（1）将参与集中的经营者的部分资产或业务剥离等结构性条件，如由参与集中的经营者将自己的部分业务出售给第三方经营者 （2）参与集中的经营者开放其网络或平台等基础设施，终止排他性协议，许可关键技术等行为性条件 （3）将结构性条件和行为性条件相结合的综合性条件
限制性条件的确定	针对商务部就经营者集中提出的竞争关切（集中具有或者可能具有的排除、限制竞争效果），集中申报方可提出旨在减少集中对竞争可能产生的不利影响的限制性条件建议
业务剥离的实施	业务剥离是指由参与集中的经营者将自己的部分业务出售给第三方经营者，以保持这部分业务的竞争性 （1）剥离业务的买方资格 剥离业务的买方应当符合如下要求： ①独立于参与集中的经营者 ②拥有必要的资源、能力并有意愿使用剥离业务参与市场竞争 ③取得其他监管机构的批准 ④不得向参与集中的经营者融资购买剥离业务 ⑤商务部根据具体案件情况提出的其他要求 （2）剥离受托人和监督受托人应符合如下要求： ①独立于剥离义务人和剥离业务的买方 ②具有履行受托人职责的专业团队，团队成员应当具有对限制性条件进行监督所需的专业知识、技能及相关经验 ③提出可行的工作方案 ④对买方人选确定过程的监督 ⑤商务部提出的其他要求

考点9　滥用行政权力排除、限制竞争行为（★★）

反垄断法禁止的滥用行政权力排除、限制竞争行为包括强制交易、地区封锁、排斥或限制外地经营者参加本地招投标等6类。

行为种类	相关解释
强制交易	（1）限定或者变相限定单位或者个人经营、购买、使用其指定的经营者提供的商品 （2）禁止行政机关和法律、法规授权的具有管理公共事务职能的组织以明确要求、暗示或者拒绝、拖延行政许可以及重复检查等方式限定或者变相限定单位或者个人经营、购买、使用其指定的经营者提供的商品或者限定他人正常的经营活动
地区封锁	地区封锁通常也称"地方保护主义"，限制外地商品进入本地市场，或者限制本地商品流向外地市场。它包括：①对外地商品设定歧视性收费项目、实行歧视性收费标准，或者规定歧视性价格；②对外地商品执行与本地同类商品不同的技术要求、检验标准，或者采取重复检验、重复认证等歧视性技术措施，阻碍、限制外地商品进入本地市场；③采取专门针对外地商品的行政许可，或者对外地商品实施行政许可时采取不同的许可条件、程序、期限等，阻碍、限制外地商品进入本地市场；④设置关卡或者采取其他手段，阻碍、限制外地商品进入本地市场或者本地商品运往外地市场；⑤妨碍商品在地区之间自由流通的其他行为

续表

行为种类	相关解释
排斥或限制外地经营者参加本地招标投标	包括对外地投标者设定歧视性资质要求、评审标准或者不依法发布信息等
排斥或者限制外地经营者在本地投资或者设立分支机构或者妨碍外地经营者在本地的正常经营活动	通过采取与本地经营者不平等待遇等方式，排斥或者限制外地经营者在本地投资或者设立分支机构或者妨碍外地经营者在本地的正常经营活动
强制经营者从事垄断行为	行政机关和法律、法规授权的具有管理公共事务职能的组织滥用行政权力，强制经营者达成、实施排除、限制竞争的垄断协议，或者强制具有市场支配地位的经营者从事滥用市场支配地位的行为，或者强制经营者实施违法经营者集中等
抽象行政性垄断行为	针对不特定对象，制定含有排除、限制竞争内容的规定。具体形式包括决定、公告、通告、通知、意见、会议纪要等。此外，经营者以依据行政机关和法律、法规授权的具有管理公共事务职能的组织制定、发布的行政规定为由实施垄断行为，亦为违法

考点10 公平竞争审查制度（★★）

1. 公平竞争审查制度的基本原则
（1）尊重市场，竞争优先；
（2）立足全局，统筹兼顾；
（3）科学谋划，分步实施；
（4）依法审查，强化监督。

2. 公平竞争审查的对象、方式和标准

事项	内容
对象	（1）行政机关和法律、法规授权的具有管理公共事务职能的组织（以下统称政策制定机关）制定市场准入、产业发展、招商引资、招标投标、政府采购、经营行为规范、资质标准等涉及市场主体经济活动的规章、规范性文件和其他政策措施 （2）行政法规和国务院制定的其他政策措施 （3）地方立法机关制定的地方性法规
方式	公平竞争审查采取事前自我审查的方式
标准	（1）市场准入和退出标准 （2）商品和要素自由流动标准 （3）影响生产经营成本标准 （4）影响生产经营行为标准

【名师点拨】属于下列情形的政策措施，如果具有排除和限制竞争的效果，在符合规定的情况下可以实施：
（1）维护国家经济安全、文化安全或者涉及国防建设的；
（2）为实现扶贫开发、救灾救助等社会保障目的的；
（3）为实现节约能源资源、保护生态环境等社会公共利益的；
（4）法律、行政法规规定的其他情形。

除了符合上述情形外，政策制定机关还应当说明相关政策措施对实现政策目的不可或缺，且不会严重排除和限制市场竞争，并明确实施期限。政策制定机关要逐年评估相关政策措施的实施效果。实施期限到期或未达到预期效果的政策措施，应当及时停止执行或者进行调整。

📖 历年真题

一、单项选择题

1. 【2015年真题】下列垄断行为中，行为人可能承担刑事责任的是（　　　　）。

    A. 经营者滥用市场支配地位，搭售商品

    B. 经营者与交易相对人达成固定转售价格协议

    C. 经营者未经执法机构批准，擅自实施集中

    D. 经营者之间串通投标

2. 【2014年真题】下列行为中，涉嫌违反我国《反垄断法》的是（　　　　）。

    A. 中国移动、中国联通等少数几家国有电信企业共同占据我国电信基础运营业务市场的全部份额

    B. 经国家有关部门批准，中石油、中石化等石油企业联合上调成品油价格

    C. 某行业协会召集本行业经营者，共同制定本行业产品的定价公式

    D. 某生产企业通过协议，限制分销商转售商品的高价格

3. 【2014年真题】根据反垄断法律制度的规定，下列各项中，属于在从供给角度界定相关商品市场时所应考虑的因素的是（　　　　）。

    A. 商品的功能及用途   B. 商品间的价格差异

    C. 其他经营者的转产成本   D. 消费者的消费偏好

4. 【2014年真题】在"唐山人人诉百度滥用市场支配地位案"中，人民法院将该案的相关市场界定为"中国搜索引擎服务市场"。根据反垄断法律制度的规定，"搜索引擎服务"属于（　　　　）。

    A. 相关商品市场   B. 相关技术市场

    C. 相关创新市场   D. 相关时间市场

5. 【2013年真题】根据反垄断法律制度的规定，对于价格垄断协议行为，负责反垄断执法工作的机构是（　　　　）。

    A. 国家发改委   B. 国家工商总局

    C. 商务部   D. 国家质检总局

6. 【2011年真题】某行业协会的全体会员企业在相关市场的市场份额合计达到85%。由于近期原材料涨价影响了行业利润，该协会遂组织召开了由会员企业领导人参加的"行业峰会"，与会代表达成了提高产品价格的共识。会议结束后，该协会向全体会员企业印发了关于提高本行业产品价格的通知，明确要求会员企业统一将产品价格提高15%。接到通知后，会员企业按要求实施了涨价。根据反垄断法律制度的规定，下列说法中，正确的是（　　　　）。

    A. 行业协会实施了滥用市场支配地位行为

    B. 行业协会实施了经营者集中行为

    C. 行业协会实施了行政性限制竞争行为

    D. 行业协会实施了组织本行业经营者达成垄断协议行为

二、多项选择题

1. 【2015年真题】根据反垄断法律制度的规定，下列垄断协议中，由国家工商总局负责执法的有（　　　　）。

    A. 限制数量协议   B. 价格卡特尔

    C. 划分市场协议   D. 维持转售价格协议

2. 【2015年真题】根据反垄断法律制度的规定，在经营者集中附加限制性条件批准制度中，监督受托人应当符合的要求有（　　　　）。

    A. 具有履行受托人职责的专业团队   B. 独立于剥离义务人和剥离业务的买方

    C. 提出可行的工作方案   D. 提出可行的履职经费保障方案

3. 【2014年真题】下列垄断协议中，须由经营者证明不会严重限制相关市场的竞争且能使消

费者分享由此产生的利益，才能获得《反垄断法》豁免的有（　　）。
A. 为改进技术、研究开发新产品达成的垄断协议
B. 为提高中小经营者经营效率、增强中小经营者竞争力达成的垄断协议
C. 为实现节约能源、保护环境、救灾救助等社会公共利益达成的垄断协议
D. 为保障对外贸易和对外经济合作中的正当利益达成的垄断协议

4. 【2014年真题】根据反垄断法律制度的规定，反垄断执法机构调查涉嫌垄断行为时可以采取必要的调查措施。下列各项中，属于此类措施的有（　　）。
A. 进入被调查经营者的营业场所进行检查
B. 查阅、复制被调查经营者的有关单证、协议、会计账簿等文件和资料
C. 查封、扣押相关证据
D. 冻结被调查经营者的银行账户

5. 【2013年真题】我国反垄断法律制度禁止具有市场支配地位的经营者，无正当理由以低于成本的价格销售商品。下列各项中，属于法定正当理由的有（　　）。
A. 处理鲜活商品　　　　　　　　　B. 清偿债务
C. 为推广新产品进行促销　　　　　D. 处理积压商品

6. 【2013年真题】经营者与其交易相对人达成的下列协议中，被我国反垄断法律制度明确禁止的有（　　）。
A. 固定向第三人转售商品的价格　　B. 限定向第三人转售商品的低价格
C. 限定向第三人转售商品的高价格　D. 限定向第三人转售商品的地域范围

7. 【2011年真题】在对经营者集中进行反垄断审查并做出是否禁止该集中的决定过程中，反垄断执法机构应主要考虑一些经济因素。下列各项中，属于该类经济因素的有（　　）。
A. 参与集中的经营者在相关市场的市场份额及其对市场的控制力
B. 相关市场的集中度
C. 经营者集中对市场进入、技术进步的影响
D. 经营者集中对消费者的影响

8. 【2010年真题】下列行为中，属于《反垄断法》所禁止的垄断行为的有（　　）。
A. 某药品生产企业因拥有一项治疗心血管疾病的药品专利，占据相关市场95%的份额
B. 年销售额在1亿元以上的药品零售企业之间达成联盟协议，共同要求药品生产企业按统一的优惠价格向联盟内的企业供应药品，联盟内的企业按统一的零售价向消费者销售药品
C. 某市政府在与某国有医药企业签订的战略合作协议中承诺，该国有医药企业在本市医疗机构药品招标中享有优先中标机会
D. 某省政府招标办公室发布文件称：凡不在本省纳税的企业，一律不得参与本省的招投标活动

历年真题答案及解析

单项选择题答案速查表

题号	答案	题号	答案	题号	答案	题号	答案	题号	答案	题号	答案
1	D	2	C	3	C	4	A	5	A	6	D

多项选择题答案速查表

题号	答案	题号	答案	题号	答案	题号	答案
1	AC	2	ABC	3	ABC	4	ABC
5	ABCD	6	AB	7	ABCD	8	BCD

一、单项选择题答案及解析

1. D〖解析〗我国《反垄断法》中未对垄断行为规定刑事责任。但是，就具体的垄断行为来说，我国招标投标法律制度及刑法中均对情节严重的串通招投标行为规定了刑事责任。

2. C〖解析〗本题考查的是《反垄断法》的适用范围。选项C属于固定或变更商品价格的横向垄断协议。

3. C〖解析〗本题考查的是相关商品市场。从供给角度界定相关商品市场，一般考虑的因素包括：经营者的生产流程和工艺，转产的难易程度，转产需要的时间，转产的额外费用和风险，转产后所提供商品的市场竞争力，营销渠道等。

4. A〖解析〗本题考查的是相关市场。界定相关市场涉及的维度包括时间、商品和地域3个维度。但是，并非任何的市场界定都涉及全部3个维度。大部分反垄断分析中，相关市场只需从商品和地域两个维度进行界定；只有在时间因素可以影响商品之间的竞争关系的特定情形下，才会用到时间维度。在"唐山人人诉百度滥用市场支配地位案"中，法院将相关市场界定为"中国搜索引擎服务市场"，其中商品维度就是"搜索引擎服务"，地域维度是"中国"。

【易错警示】部分考生看到"搜索引擎服务"，以为和技术有关，导致误选选项B。其实，这是考生对3个维度并不熟悉，界定相关市场涉及的维度包括时间、商品和地域3个维度，并没有包括技术维度。

5. A〖解析〗本题考查的是反垄断执法机构。根据我国反垄断执法机构的分工，国家发改委负责价格垄断行为的执法查处工作。

【易错警示】根据分工的不同，每个部门的工作行为也是不一样的。考生应该区分国家发改委、国家工商总局、商务部、国家质检总局相应的职能工作。

6. D〖解析〗本题考查的是对行业协会组织实施垄断协议的规制。《反垄断法》要求行业协会加强行业自律，引导本行业的经营者依法竞争，维护市场竞争秩序；禁止行业协会组织本行业的经营者订立或实施《反垄断法》所禁止的垄断协议。

二、多项选择题答案及解析

1. AC〖解析〗国家工商局负责非价格垄断行为，垄断协议、滥用市场支配地位，滥用行政权力排除、限制竞争方面的反垄断执法工作，选项A、C属于非价格垄断协议；选项B、D属于价格垄断行为，由国家发改委负责依法查处。

2. ABC〖解析〗监督受托人和剥离受托人应当符合下列要求：①独立于剥离义务人和剥离业务的买方；②具有履行受托人职责的专业团队，团队成员应当具有对限制性条件进行监督所需的专业知识、技能及相关经验；③提出可行的工作方案；④对买方人选确定过程的监督；⑤商务部提出的其他要求。所以，选项A、B、C符合要求。

3. ABC〖解析〗本题考查的是垄断协议的豁免。经营者能够证明所达成的协议属于下列情形之一的，可被《反垄断法》豁免：①为改进技术、研究开发新产品的。②为提高产品质量、降低成本、增进效率，统一产品规格、标准或者实行专业化分工的。③因经济不景气，为缓解销售量严重下降或者生产明显过剩的。④为保障对外贸易和对外经济合作中的正当利益的。⑤法律和国务院规定的其他情形。属于①～⑤情形，经营者还应当证明所达成的协议不会严重限制相关市场的竞争，并且能够使消费者分享由此产生的利益。⑥为提高中小经营者经营效率，增强中小经营者竞争力的。⑦为实现节约能源、保护环境、救灾救助等社会公共利益的。

4. ABC〖解析〗本题考查的是反垄断调查措施。根据规定，反垄断执法机构调查涉嫌垄断行为，可以采取下列措施：①查封、扣押相关证据；②查询经营者的银行账户；③进入被调查的经营者的营业场所或者其他有关场所进行检查；④询问被调查的经营者、利害关系人或者其他有关单位或者个人，要求其说明有关情况；⑤查阅、复制被调查的经营者、利害关系人或者其他有关单位或者个人的有关单证、协议、会计账簿、业务函电、电子数据等文件和资料。

5. ABCD〖解析〗本题考查的是滥用市场支配地位的规定。因下列情形而进行的低于成本价格销售均为正当：①为推广新产品进行促销的；②能够证明行为具有正当性的其他理由；③降价处理鲜活商品、季节性商品、有效期限即将到期的商品和积压商品的；④因清偿债务、转产、歇业降价销售商品的。

6. AB〖解析〗本题考查的是垄断协议。我国《反垄断法》列举了两种受到禁止的纵向垄断协议形式：①固定向第三人转售商品的价格；②限定向第三人转售商品的低价格。

【易错警示】我国《反垄断法》列举了两种受到禁止的纵向垄断协议形式，其中一个便是限定向第三人转售商品的低价格。

7. ABCD〖解析〗本题主要考查的是经营者集中审查的标准。在对经营者集中进行审查并做出相应决定过程中，国务院反垄断执法机构主要考虑下列因素：①经营者集中对国民经济发展的影响；②国务院反垄断执法机构认为应当考虑的影响市场竞争的其他因素；③参与集中的经营者在相关市场的市场份额及其对市场的控制力（选项A）；④相关市场的市场集中度（选项B）；⑤经营者集中对市场进入、技术进步的影响（选项C）；⑥经营者集中对消费者和其他有关经营者的影响（选项D）。

8. BCD〖解析〗本题考查的是反垄断法所禁止的垄断行为。选项B的说法属于反垄断法禁止的固定商品价格的横向垄断协议；选项C和选项D的说法属于政府部门排斥或限制外地经营者参加本地招标投标。

【易错警示】部分考生会漏选选项C，认为政府和企业签订战略合作，就应该有一定的优先权，不然签订战略合作有什么关系和用处呢？考生应该谨记：选项C的行为属于政府部门排斥外地经营者参加本地招标投标，是《反垄断法》所禁止的垄断行为。

全真模拟试题

一、单项选择题

1. 根据反垄断法律制度的有关规定，行政机关滥用行政权力，实施限制竞争行为的，除法律、行政法规另有规定的，反垄断执法机构可以采取的处理措施是（　　　）。
   A. 责令行为人改正违法行为
   B. 对行为人处以罚款
   C. 向有关上级机关提出依法处理的建议
   D. 对直接负责的主管人员和其他直接责任人员给予处分

2. 根据反垄断法律制度的规定，下列有关反垄断民事诉讼的表述中，正确的是（　　　）。
   A. 人民法院受理反垄断民事诉讼应当确认被诉垄断行为已经被反垄断执法机构查处
   B. 反垄断民事诉讼的原告仅限于因垄断受到损失的经营者
   C. 原告起诉时被诉垄断行为已经持续超过2年，被告提出诉讼时效抗辩的，损害赔偿应当自原告向人民法院起诉之日起向前推算2年计算
   D. 因垄断行为产生的损害赔偿请求权的诉讼时效期间，不适用中止、中断、延长的规定

3. 久佰公司、红日胜公司、裕罗公司都是从事牛奶生产的厂家，其主要市场均在呼伦贝尔市，3家公司在同日的行业会议中签订了关于维持现有价格的协议，不允许相互之间采用降低价格的方式进行竞争。根据《反垄断法》的规定，关于该协议的说法中正确的是（　　　）。
   A. 该协议属于行业间的合法协议，受法律保护
   B. 该协议属于反垄断法禁止的纵向垄断协议
   C. 该协议属于联合抵制交易的横向垄断协议
   D. 该协议属于固定商品价格的协议，是《反垄断法》禁止的横向垄断协议

4. 关于我国《反垄断法》的范围，以下说法中正确的是（　　）。
   A. 《反垄断法》只调整境内的经济垄断行为，不针对滥用权力排除、限制竞争的行为
   B. 《反垄断法》适用于我国境内，无域外效力
   C. 对于知识产权领域，即使经营者滥用知识产权实施排除、限制竞争的行为，也不适用《反垄断法》，而适用知识产权方面的法律、法规
   D. 对于农业生产者在农产品的生产、加工、销售等领域实施的联合或者协同行为，不适用《反垄断法》

5. 下列行为中，属于没有正当理由，以低于成本的价格销售商品的是（　　）。
   A. 低于成本价销售鲜活产品
   B. 企业经营不善，因为歇业而降价销售产品
   C. 某公司凭借其资金实力，为了迅速占领市场，持续低于成本价格销售商品
   D. 商场为了推广新产品而促销，在成本价以上将商品打折出售

6. 根据相关规定，下列选项中，不属于地区间贸易壁垒的是（　　）。
   A. 关税
   B. 环保因素
   C. 技术因素
   D. 转产的额外费用和风险

7. 根据《反垄断法》的规定，对于经营者从事的下列滥用市场支配地位的行为，反垄断执法机构进行违法性认定时，无须考虑行为是否有正当理由的是（　　）。
   A. 以不公平的高价销售商品
   B. 拒绝与交易相对人进行交易
   C. 限定交易相对人只能与其进行交易
   D. 搭售商品

二、多项选择题

1. 下列关于反垄断民事诉讼中专家的作用的说法中错误的有（　　）。
   A. 专家在法庭上提供的意见可以作为鉴定意见
   B. 专家在法庭上提供的意见只能作为参考依据
   C. 专家就案件的专门性问题做出的市场调查或经济分析报告只能作为参考依据
   D. 专家就案件的专门性问题做出的市场调查或经济分析报告可以作为鉴定意见

2. 经营者能够证明所达成的协议属于一定条件的，可被《反垄断法》豁免，这些情况包括（　　）。
   A. 固定商品价格的
   B. 为改进技术、研究开发新产品的
   C. 为实现节约能源、保护环境、救灾救助等社会公共利益的
   D. 因经济不景气，为缓解销售量严重下降或者生产明显过剩的

3. 下列情形属于《反垄断法》规定的经营者集中的有（　　）。
   A. 经营者合并
   B. 经营者通过合同取得对其他经营者的控制权
   C. 经营者通过合同外的方式取得能够对其他经营者施加决定性影响的地位
   D. 经营者通过取得股权或资产的方式取得对其他经营者的控制权

全真模拟试题答案及解析

单项选择题答案速查表

题号	答案	题号	答案	题号	答案	题号	答案
1	C	2	C	3	D	4	D
5	C	6	D	7	A		

多项选择题答案速查表

题号	答案	题号	答案	题号	答案
1	AC	2	BCD	3	ABCD

一、单项选择题答案及解析

1. C〖解析〗本题考查的是滥用行政权力排除。根据规定，行政机关和法律、法规授权的具有管理公共事务职能的组织滥用行政权力，实施排除、限制竞争行为的，由上级机关责令改正；对直接负责的主管人员和其他直接责任人员依法给予处分。反垄断执法机构可以向有关上级机关提出依法处理的建议。

【易错警示】部分考生会在选项A上犹豫。考生应该谨记：在题干所述的情形下，由上级机关责令改正，而不是直接由反垄断执法机构责令行为人改正违法行为。

2. C〖解析〗本题考查的是反垄断民事诉讼。人民法院受理垄断民事纠纷案件，不以执法机构已对相关垄断行为进行了查处为前提条件，选项A错误。因垄断行为受到损失以及因合同内容、行业协会的章程等违反《反垄断法》而发生争议的自然人、法人或者其他组织（包括间接购买人在内的消费者），可以作为反垄断民事诉讼的原告，选项B错误。原告向反垄断执法机构举报被诉垄断行为的，诉讼时效从其举报之日起中断，选项D错误。

3. D〖解析〗本题考查的是垄断协议规制制度。本题所叙述的情况属于固定商品价格的协议，是《反垄断法》禁止的横向垄断协议。

4. D〖解析〗本题考查的是《反垄断法》的适用范围。行政机关和法律、法规授权的组织滥用行政权力排除、限制竞争行为，也受《反垄断法》的调整，所以选项A错误。《反垄断法》有域外效力，所以选项B错误。经营者滥用知识产权，排除、限制竞争的行为，适用《反垄断法》，所以选项C错误。

【易错警示】部分考生会错选选项C，看见知识产权后，根据字面意思，想到适用于知识产权方面的法律法规。考生应该谨记：经营者滥用知识产权，排除、限制竞争的行为，适用《反垄断法》，而不是知识产权方面的法律法规。

5. C〖解析〗本题考查的是滥用市场支配地位规制制度。根据《反价格垄断规定》，因下列情形而进行的低于成本价格销售均为正当：①降价处理鲜活商品、季节性商品、有效期限即将到期的商品和积压商品的；②因清偿债务、转产、歇业降价销售商品的；③为推广新产品进行促销的；④能够证明行为具有正当性的其他理由。

【易错警示】本题在解题的时候，可以进行逆向思维。题干中说属于没有正当理由，以低于成本的价格销售商品的情形，那么反之即是有正当理由，以低于成本的价格销售商品的，掌握好一方面，自然另一方面也就掌握好了。

6. D〖解析〗本题考查的是相关市场及界定。选项B属于从供给角度界定相关商品市场一般考虑的因素。

7. A〖解析〗本题考查的是滥用市场支配地位行为。以不公平的高价销售商品，属于反垄断法禁止的滥用市场支配地位行为，无须考虑行为是否有正当理由。

二、多项选择题答案及解析

1. AC〖解析〗本题考查的是反垄断民事诉讼中专家的作用。专家在法庭上提供的意见并不属于《民事诉讼法》上的证据形式，而是作为法官判案的参考依据；专业人员就案件的专门性问题做出市场调查或者经济分析报告应当视为鉴定意见。

【易错警示】选项A和选项B，选项C和选项D，具有相似性，不认真审题和看选项的考生容易错选。所以考生不仅仅需要平时下功夫掌握知识点，而且在考试的时候更需要细心。

2．BCD〖解析〗本题考查的是垄断协议规制制度。根据规定，经营者之间达成固定或者变更商品价格的协议的，属于反垄断法禁止的情形。

3．ABCD〖解析〗本题考查的是经营者集中。《反垄断法》规定，经营者集中是指下列情形：①经营者合并；②经营者通过合同等方式取得对其他经营者的控制权或者能够对其他经营者施加决定性影响；③经营者通过取得股权或者资产的方式取得对其他经营者的控制权。

第12章 涉外经济法律制度

考情分析

在近8年考试中，本章内容所占的平均分值为4分左右，考试题型通常为选择题，偶尔也会与其他章节内容结合以案例分析题的形式进行考查。

学习建议

重点复习外商直接投资的主要形式和项目、外商投资企业组织机构与组织形式、外国投资者并购境内企业的安全审查、对外贸易救济、资本项目管理制度、人民币汇率与特别提款权等知识点。

本章考点概览

第12章 涉外经济法律制度	1. 外商直接投资的主要形式和项目	★★
	2. 外商投资企业的组织机构和组织形式	★★★
	3. 外国投资者并购境内企业的安全审查	★★★
	4. 自由贸易试验区外商投资国家安全审查	★★
	5. 对外直接投资法律制度	★★
	6. 对外贸易法一般规定	★★
	7. 对外贸易救济	★★★
	8. 《外汇管理条例》的适用范围和基本原则	★★
	9. 经常项目外汇管理制度	★★
	10. 资本项目	★★
	11. 人民币汇率与特别提款权	★★

考点精讲

考点1 外商直接投资的主要形式和项目 （★★）

1. 外商直接投资的主要形式

（1）中外合资经营企业（股权式）。

（2）中外合作经营企业（契约式）。

（3）外商独资经营企业。

（4）中外合资股份有限公司（合营企业）。

（5）中外合作勘探开发自然资源合同（契约式）。

2. 外商直接投资的投资项目

项目分类	具体情况
鼓励类外商投资项目	（1）属于农业新技术、农业综合开发和能源、交通、重要原材料工业的 （2）属于高新技术、先进适用技术，能够改进产品性能、提高企业技术经济效益或者生产国内生产能力不足的新设备、新材料的 （3）适应市场需求，能够提高产品档次、开拓新兴市场或者增加产品国际竞争能力的 （4）属于新技术、新设备，能够节约能源和原材料、综合利用资源和再生资源以及防治环境污染 （5）能够发挥中西部地区的人力和资源优势，并符合国家产业政策的 产品全部直接出口的允许类外商投资项目，视为鼓励类外商投资项目

续表

项目分类	具体情况
限制类外商投资项目	（1）技术水平落后的 （2）不利于节约资源和改善生态环境的 （3）从事国家规定实行保护性开采的特定矿种勘探、开采的 （4）属于国家逐步开放的产业的
禁止类外商投资项目	（1）危害国家安全或损害社会公众利益的 （2）对环境造成污染损害，破产自然资源或损害人体健康的 （3）占用大量耕地，不利于保护、开发土地资源的 （4）危害军事设施安全和使用效能的 （5）运用我国特有工艺或技术生产产品的
允许类外商投资项目	不属于鼓励类、限制类和禁止类的外商投资项目，均为允许类外商投资项目。产品出口销售额占其产品销售总额70%以上的限制类外商投资项目，经批准可以视为允许类外商投资项目

【名师点拨】外商投资项目的核准与备案：根据最新规定，外商投资项目管理分为核准和备案两种方式。实行核准制的外商投资项目的范围如下。

（1）鼓励类。《外商投资产业指导目录》中有中方控股（含相对控股）要求的总投资（含增资）不足10亿美元的鼓励类项目，由地方政府核准；总投资（含增资）10亿美元及以上的鼓励类项目，由国务院投资主管部门核准，其中总投资（含增资）20亿美元及以上项目报国务院备案。

（2）限制类。《外商投资产业指导目录》限制类中的房地产项目和总投资（含增资）不足1亿美元的其他限制类项目，由省级政府核准；总投资（含增资）1亿美元及以上限制类（不含房地产）项目，由国务院投资主管部门核准，其中总投资（含增资）20亿美元及以上项目报国务院备案。

考点2　外商投资企业的组织机构和组织形式（★★★）

企业类型	组织形式要求	组织结构要求
合营企业	有限责任公司或股份有限公司	（1）合营企业属于股权式企业，由双方共同投资，共同经营，按照各自的出资比例共担风险、共负盈亏 （2）合营企业不设股东会，董事会是最高权力机构，或者说实行董事会领导下的总经理负责制 （3）董事长是合营企业的法定代表人 （4）董事长不能履行职责时，应当授权副董事长或者其他董事对外代表合营企业
合作企业	（1）具有法人资格的：有限责任公司 （2）不具有法人资格的：合伙关系	（1）不具有法人资格的，组织机构为联合管理委员会；具有法人资格的，组织机构为董事会，两者均为最高权力机构 （2）合作企业属于契约式企业，由双方通过合作合同约定各自的权利和义务 （3）合作企业不设立股东会，董事会（联合管理委员会）是合作企业的最高权力机构
外资企业	（1）有限责任公司（责任以出资额为限） （2）经批准也可以为其他责任形式（适用中国法律和法规的规定）	外资企业的组织机构可以由国外投资者根据企业不同的经营内容、经营规模、经营方式自行设置

考点3　外国投资者并购境内企业的安全审查（★★★）

并购安全审查的范围	（1）外国投资者并购境内军工及军工配套企业，重点、敏感军事设施周边企业，以及关系国防安全的其他单位 （2）外国投资者并购境内关系国家安全的重要农产品、重要能源和资源、重要基础设施、重要运输服务、关键技术、重大装备制造等企业，且实际控制权可能被外国投资者取得

续表

并购安全审查的内容	（1）并购交易对国防安全，包括对国防需要的国内产品生产能力、国内服务提供能力和有关设备设施的影响 （2）并购交易对国家经济稳定运行的影响 （3）并购交易对社会基本生活秩序的影响 （4）并购交易对涉及国家安全关键技术研发能力的影响
工作机制	联席会议在国务院领导下，由发展改革委、商务部牵头，根据外资并购所涉及的行业和领域，会同相关部门开展并购安全审查
审查程序	（1）外国投资者并购境内企业，应按照规定，由投资者向商务部提出申请。两个或者两个以上外国投资者共同并购的，可以共同或者确定一个外国投资者向商务部提出并购安全审查申请。对属于安全审查范围内的并购交易，商务部应在5个工作日内提请联席会议进行审查 （2）外国投资者并购境内企业，国务院有关部门、全国性行业协会、同业企业及上下游企业认为需要进行并购安全审查的，可以向商务部提出进行并购安全审查的建议，并提交有关情况的说明，商务部可要求利益相关方提交有关说明。属于并购安全审查范围的，商务部应在5个工作日内将建议提交联席会议。联席会议认为确有必要进行并购安全审查的，可以决定进行审查 （3）联席会议对商务部提请安全审查的并购交易，首先进行一般性审查，对未能通过一般性审查的，进行特别审查。审查意见由联席会议书面通知商务部 （4）在并购安全审查过程中，申请人可向商务部申请修改交易方案或者撤销并购交易

考点4 自由贸易试验区外商投资国家安全审查（★★）

审查范围	（1）外国投资者在自贸试验区内投资军工、军工配套和其他关系国防安全的领域，以及重点、敏感军事设施周边地域 （2）外国投资者在自贸试验区内投资关系国家安全的重要农产品、重要能源和资源、重要基础设施、重要运输服务、重要文化、重要信息技术产品和服务、关键技术、重大装备制造等领域，并取得所投资企业的实际控制权
审查内容	（1）外商投资对国防安全，包括对国防需要的国内产品生产能力、国内服务提供能力和有关设施的影响 （2）外商投资对国家经济稳定运行的影响 （3）外商投资对社会基本生活秩序的影响 （4）外商投资对国家文化安全、公共道德的影响 （5）外商投资对国家网络安全的影响 （6）外商投资对涉及国家安全关键技术研发能力的影响
安全审查工作机制和程序	（1）自贸试验区外商投资安全审查工作，由外国投资者并购境内企业安全审查部际联席会议（简称联席会议）具体承担。在联席会议机制下，国家发展改革委、商务部根据外商投资涉及的领域，会同相关部门开展安全审查 （2）对影响或可能影响国家安全，但通过附加条件能够消除影响的投资，联席会议可要求外国投资者出具修改投资方案的书面承诺。外国投资者出具书面承诺后，联席会议可做出附加条件的审查意见

考点5 对外直接投资法律制度（★★）

概念	对外直接投资指中国境内投资者以现金、实物、无形资产等方式在国外及港、澳、台地区设立或购买境外企业，并控制企业经营管理权的投资活动
商务部核准与备案	（1）企业境外投资涉及敏感国家和地区、敏感行业的，实行核准管理。实行核准管理的国家是指与中华人民共和国未建交的国家、受联合国制裁的国家，必要时商务部可另行公布其他实行核准管理的国家和地区的名单。实行核准管理的行业是指涉及出口中华人民共和国限制出口的产品和技术的行业、影响一国（地区）以上利益的行业 （2）两个以上企业共同开展境外投资的，应当由相对大股东在征求其他投资方书面同意后办理备案或者申请核准
国家发改委的核准和备案	（1）境外投资项目涉及敏感国家和地区、敏感行业的，国务院核准：其中，中方投资额20亿美元及以上项目，由国家发改委提出审核意见报国务院核准 （2）企业其他情形的境外投资项目，实行备案管理：国家发改委备案：①中央企业境外投资项目；②地方企业实施的中方投资额3亿美元及以上境外投资项目

考点6 对外贸易法一般规定（★★）

1. 对外贸易法律制度的适用范围

（1）从对象来看，我国的对外贸易法律制度适用于货物进出口、技术进出口和国际服务贸易以及与此相关的知识产权保护。

（2）从地域范围来看，《中华人民共和国对外贸易法》（以下简称《对外贸易法》）仅适用于中国内地，不适用于香港特别行政区、澳门特别行政区以及台湾地区。

2. 《对外贸易法》的原则

（1）统一管理原则。

（2）公平自由原则。

（3）平等互利原则。

（4）区域合作原则。

（5）非歧视原则。

（6）互惠对等原则。

3. 对外贸易经营者

（1）对外贸易经营者既可以是法人，也可以是非法人组织，还可以是个人（包括外国个人和中国个人）。

（2）不需许可，但需备案登记。依法办理了工商登记或其他执业手续的单位和个人均可从事外贸经营。

（3）从事货物进出口或者技术进出口的对外贸易经营者，应当向商务部或者其委托的机构办理备案登记；但法律、行政法规和商务部规定不需要备案登记的除外。

（4）我国可以对部分货物的进出口实行国营贸易管理；实行国营贸易管理货物的进出口业务只能由经授权的企业经营，但国家允许部分数量的国营贸易管理货物的进出口业务由非授权企业经营的除外。

4. 限制进出口的货物

国家对限制进出口的货物，实行配额制、许可证等方式管理。国家规定有数量限制进出口货物，实行配额管理；其他限制进出口货物，实行许可证管理。

【名师点拨】对限制进出口技术，实行许可证管理，技术进出口合同自许可证颁发之日起生效。

考点7 对外贸易救济（★★★）

1. 反倾销

（1）倾销是指在正常贸易过程中进口产品以低于其正常价值的出口价格进入我国市场的贸易行为。调查和确定倾销的国家机关是商务部。

正常价值、出口价格和倾销幅度是确定倾销的3个基本因素。

（2）商务部负责调查和确定损害，其中涉及农产品的反倾销国内产业损害调查，由商务部会同农业部进行。

（3）反倾销调查

①商务部应当自收到申请人提交的申请书及有关证据之日起60天内，对申请是否由国内产业或者代表国内产业提出、申请书内容及所附具的证据等进行审查，并决定立案调查或者不立案调查。调查的发起有两种方式：①依据国内产业的申请；②依据调查机关的自主立案职权。

②原则上反倾销调查应当自立案调查决定公告之日起12个月内结束。在特殊情况下可以延长，但是延长期不得超过6个月（最长18个月）。

③有下列情形之一的，反倾销调查应当终止，并由商务部予以公告：

a. 申请人撤销申请的；

b. 没有足够证据证明存在倾销、损害或者两者之间有因果关系的；

c. 倾销幅度低于2%的；

d. 倾销进口产品实际或者潜在的进口量或者损害属于可忽略不计的；

e. 商务部认为不适宜继续进行反倾销调查的。

（4）反倾销措施

①临时反倾销措施

期限		①自临时反倾销措施决定公告实施之日起，不超过4个月；在特殊情形下，可延长至9个月 ②自反倾销立案调查决定公告之日起60天内，不得采取临时反倾销措施
方式		①征收临时反倾销税 ②要求提供保证金、保函或者其他形式的担保
组织	决定	①征收临时反倾销税：商务部建议→国务院关税税则委员会决定 ②提供担保：商务部决定
	公告	商务部予以公告
	执行	海关自公告规定实施之日起执行

②价格承诺

时间	商务部对倾销以及由倾销造成的损害做出肯定的初裁决定前，不得寻求或者接受价格承诺
自愿	（1）出口经营者主动：出口经营者在反倾销调查期间，可以向商务部做出改变价格或者停止以倾销价格出口的价格承诺 （2）商务部可以建议：商务部可以向出口经营者提出价格承诺的建议，但不得强迫出口经营者做出价格承诺
选择权	商务部有决定权： （1）价格承诺能够接受并符合公共利益的，可以决定中止或者终止反倾销调查，不采取临时反倾销措施或者征收反倾销税，决定由商务部予以公告 （2）不接受价格承诺的，应当向有关出口经营者说明理由 （3）出口经营者违反其价格承诺的，商务部可以立即决定恢复反倾销调查，并可以对实施临时反倾销措施前90天内进口的产品追溯征收反倾销税，但违反价格承诺前进口的产品除外

③反倾销税

a. 征收反倾销税，由商务部提出建议，国务院关税税则委员会根据商务部的建议做出决定，由商务部予以公告。海关自公告规定实施之日起执行。

b. 反倾销税的纳税人为倾销进口产品的进口经营者。反倾销税应当根据不同出口经营者的倾销幅度，分别确定。

c. 反倾销税税额不得超过终裁决定确定的倾销幅度。

d. 反倾销税的征收期限不超过5年，但是经过商务部复审确定终止征收反倾销税有可能导致倾销和损害的继续或者再度发生的，反倾销税的征收期限可以适当延长。

2. 反补贴措施

（1）补贴是指出口国政府或者其任何公共机构提供的并为接受者带来利益的财政资助以及任何形式的收入或者价格支持。

（2）补贴具有专向性：①由出口国政府明确确定的某些企业、产业获得的补贴；②由出口国法律、法规明确规定的某些企业、产业获得的补贴；③指定特定区域内的企业、产业获得的补贴；④以出口实绩为条件获得的补贴；⑤以使用本国产品替代进口产品为条件获得的补贴。

（3）反补贴措施终止情形：①申请人撤销申请的；②没有足够证据证明存在补贴、损害或者两者之间有因果关系的；③补贴金额为微量补贴；④补贴进口产品实际或者潜在的进口量或者损害属于可忽略不计的；⑤通过与有关国家（地区）政府磋商达成协议，不需要继续进行反补贴调查。

（4）临时反补贴措施实施的期限：自临时反补贴措施决定公告规定实施之日起不超过4个

月，不得延长。

3. 保障措施

保障措施针对的是一种正常的贸易竞争手段。

调查机关	商务部负责：对进口产品数量增加及损害的调查和确定			
	商务部会同农业部进行：涉及农产品的保障措施国内产业损害调查			
调查启动	依申请：与国内产业有关的自然人、法人或者其他组织，书面申请			
	主动调查：商务部有充分证据认为国内产业因进口产品数量增加而受到损害的，也可以决定立案调查			
调查内容	进口增加；严重损害；因果关系			
调查程序	（1）商务部应当将立案调查决定予以公告，并及时通知世贸组织保障措施委员会 （2）商务部可以做出初裁决定，也可以直接做出终裁决定，并予以公告			
措施	临时保障措施	方式	采取提高关税的形式	
		组织	①商务部建议→国务院关税税则委员会决定；②商务部予以公告；③海关自公告规定实施之日起执行	
		期限	自临时保障措施决定公告规定实施之日起，不超过200天	
	保障措施	方式	采取提高关税、数量限制等形式	
		适用	所有生产同类产品的国家	
		组织	决定	①提高关税形式：商务部建议→国务院关税税则委员会决定 ②数量限制形式：商务部决定
			公告	商务部予以公告
			执行	海关自公告规定实施之日起执行
		限制后的进口量不得低于最近3个有代表性年度的平均进口量，但有正当理由表明为防止或者补救严重损害而有必要采取不同水平数量限制措施的除外		
		期限	实施期限不超过4年。一项保障措施的实施期限及其延长期限，最长不超过10年	

考点8 《外汇管理条例》的适用范围和基本原则（★★）

根据《中华人民共和国外汇管理条件》（以下简称《外汇管理条例》）的规定，外汇包括外币现钞、外币支付凭证或者支付工具、外币有价证券、特别提款权及其他外汇资产。

1. 《外汇管理条例》的适用范围

我国《外汇管理条例》采用的是属人主义与属地主义相结合的原则。

属人主义原则	境内机构和境内个人的外汇收支或外汇经营活动，不论发生在境内或境外
属地主义原则	境外机构、境外个人在境内的外汇收支或者外汇经营活动

（1）境内机构是指中华人民共和国境内的国家机关、企业、事业单位、社会团体、部队等，外国驻华外交领事机构和国际组织驻华代表机构除外。

（2）境内个人是指中国公民和在中华人民共和国境内连续居住满1年的外国人，但外国驻华外交人员和国际组织驻华代表除外。

2. 基本原则

（1）经常项目可兑换：对外支付，不得有数量限制，只需审核交易真实性。

（2）资本项目部分管制：事前审批和事后备案。

在外汇管理制度上，我国还处在"经常项目可兑换、资本项目部分管制"的过渡期。

考点9　经常项目外汇管理制度（★★）

1. 经常项目外汇管理制度概述

经常项目是指国际收支中涉及货物、服务、收益及经常转移的交易项目等。

收益	职工报酬	主要为工资、薪金和其他福利
	投资收益	主要是利息、红利等，投资收益属于经常项目，投资资本转移属于资本项目
经常转移		经常转移也称单方转移，是资金或货物在国家间的单向转移，不产生归还或偿还问题

2. 经常项目外汇收支管理的一般规定

（1）经常项目外汇收入。经常项目外汇收入实行意愿结汇制（而非强制结汇制）。经常项目外汇收入，可以按照国家有关规定保留或者卖给经营结汇、售汇业务的金融机构。

（2）经常项目外汇支出。经常项目外汇支出凭有效单证，无须审批。

（3）经常项目外汇收支需有真实、合法的交易基础。人民币经常项目可兑换后，对企业和个人经常项目下用汇的管理，主要体现在对外汇收支及汇兑环节的真实性审核。

3. 个人外汇管理制度

（1）个人外汇收支管理遵循经常项目可兑换的总体原则，立足于满足个人正当合理的用汇需求，采用额度管理的方式。

（2）个人结汇与购汇：对个人结汇和境内个人购汇实行年度总额管理。个人结汇、购汇的年度总额为每人每年等值5万美元；国家外汇管理局根据国际收支状况对年度总额进行调整。

考点10　资本项目（★★）

资本项目，包括资本转移、非生产及非金融资产的收买或放弃、直接投资、证券投资、衍生产品投资及贷款等。

1. 资本项目外汇收支管理的一般规定

（1）资本项目外汇收入保留或者卖给经营结汇、售汇业务的金融机构，应当经外汇管理机关批准，但国家规定无须批准的除外。

（2）资本项目外汇支出，凭有效单据以自有外汇支出或者向经营结汇、售汇业务的金融机构购汇支付。国家规定应当经外汇管理机关批准的，应当在外汇支付前办理批准手续。

（3）依法终止的外商投资企业，依法进行清算、纳税后，属于外方投资者所有的人民币，可以向经营结汇、售汇业务的金融机构购汇汇出。

2. 直接投资项下的外汇管理

（1）外商直接投资：外国投资者应在外汇局办理登记。

（2）境外直接投资

境内机构可以使用下列资产来源进行境外直接投资：①自有外汇资金（包括经常项目外汇账户、外商投资企业资本金账户等账户内的外汇资金）；②符合规定的国内外汇贷款；③人民币购汇；④实物、无形资产；⑤经外汇局核准的其他外汇资产来源等进行境外直接投资；⑥境内机构境外直接投资所得利润也可留存境外用于其境外直接投资。

境内机构将其所得的境外直接投资利润汇回境内的，可以保存在其经常项目外汇账户或办理结汇。

3. 有价证券及衍生产品发行、交易项下的外汇管理

（1）合格境外机构投资者（QFII）制度

证监会负责市场准入	负责QFII资格的审定、投资工具的确定、持股比例限制
国家外汇管理局负责投资额度	负责投资额度的审定、资金汇出入和汇兑管理等

（2）合格境内机构投资者（QDII）制度

银监会、证监会、保监会分别负责银行、证券和保险等境外投资的市场准入	资格审批、投资品种确定及相关风险的管理
国家外汇管理局负责	QDII机构境外投资额度、账户及资金汇兑管理等

（3）境外上市外资股（H股）制度

境内公司应在境外上市首次发股结束后的15个工作日内，到其注册所在地外汇局办理境外上市登记。资金结汇须经外汇局核准。

4. 外债管理

（1）外债指境内机构对非居民承担的以外币表示的债务，包括境外借款、发行债券、国际融资租赁等。境内机构对外提供担保形成的潜在外汇偿还义务，是一种或有外债，也纳入外债管理。

（2）国家外汇管理局负责全口径外债的统计监测，并定期公布外债情况。

（3）外商投资企业借用的外债资金可以结汇使用。除另有规定外，境内金融机构和中资企业借用的外债资金不得结汇使用。

（4）短期外债原则上只能用于流动资金，不得用于固定资产投资等中长期用途。

（5）外保内贷

外保内贷指债务人向境内金融机构借款时，可以接受境外机构及个人提供的相应担保。

外商投资企业办理境内借款接受境外担保的	可直接与境外担保人、债权人签订担保合同；发生境外担保履约的，其担保履约额应纳入外商投资企业外债规模管理
中资企业办理境内借款接受境外担保的	应事前向所在地外汇局申请外保内贷额度。中资企业可在外汇局核定的额度内直接签订担保合同

（6）境内机构对外转让不良资产，应按规定获得批准。受让不良资产的境外投资者或其代理人通过清收、再转让等方式取得的收益，经外汇局核准后可汇出。

考点11 人民币汇率与特别提款权（★★）

目前，我国实行以市场供求为基础，参考"一篮子"货币进行调节、有管理的浮动汇率制度。

2015年12月，国际货币基金组织执行董事会正式批准人民币加入特别提款权货币篮。

（1）特别提款权本身不是货币但具有价值，其主要用于成员国与基金组织间的官方结算，基于指定机制或相关协议换区等量可自由使用货币。

（2）可自由使用货币为同时满足以下两个条件的成员国货币：

①事实上在国际交易中广泛用于支付；

②在主要外汇市场上被广泛交易。

（3）人民币加入特别提款权货币篮，是对人民币国际地位的重要承认，标志着国际社会正式许可人民币成为世界主要货币之一。

💻 **历年真题**

一、单项选择题

1. 【2015年真题】根据对外贸易法律制度的规定，针对公平贸易条件下的特殊情形，可以采取特定的贸易救济措施。该措施是（　　）。
   A. 反补贴税　　　　　　　　　　B. 反倾销税
   C. 价格承诺　　　　　　　　　　D. 保障措施

2. 【2014年真题】下列关于外国投资者并购境内企业安全审查的表述中，符合涉外投资法律制度规定的是（　　　）。

A. 拟并购境内企业的外国投资者应按照规定，向商务部申请进行并购安全审查

B. 国务院有关部门可不经商务部，直接向并购安全审查部际联席会议提出审查申请

C. 评估并购交易对国内产业竞争力的影响是安全审查的重要内容

D. 对并购交易的安全审查应当由商务部做出最终决定

3. 【2014年真题】下列各项中，属于世界贸易组织所称的"单独关税区"的是（　　　）。

A. 中国（上海）自由贸易试验区　　　　　B. 海南经济特区

C. 京津冀一体化都市圈　　　　　　　　　D. 中国香港特别行政区

4. 【2013年真题】根据外商直接投资法律制度的规定，下列各项中，属于禁止类外商投资项目的是（　　　）。

A. 技术水平落后的项目

B. 不利于节约资源和改善生态环境的项目

C. 占用大量耕地，不利于保护、开发土地资源的项目

D. 从事国家规定实行保护性开采的特定矿种勘探、开采的项目

5. 【2013年真题】下列关于对外贸易经营者及其管理的表述中，符合对外贸易法律制度规定的是（　　　）。

A. 对外贸易经营者包括法人和其他组织，但不包括个人

B. 对外贸易经营实行特许制，经营者需经审批并获得外贸经营资格

C. 国家可以允许部分数量的国营贸易管理货物的进出口业务由非授权企业经营

D. 从事货物进出口或者技术进出口的对外贸易经营者，应当向国家工商行政管理总局或其委托的机构办理备案登记

6. 【2013年真题】根据外汇管理法律制度的规定，外国人在我国境内连续居住满一定期限后，即成为"境内个人"，其发生在境内外的外汇收支或者外汇经营活动，均适用《外汇管理条例》。该连续居住的期限是（　　　）。

A. 6个月　　　　　B. 1年　　　　　C. 2年　　　　　D. 3年

7. 【2011年真题】根据外汇法律制度的规定，下列外汇收支活动中，应当适用《外汇管理条例》的是（　　　）。

A. 美国驻华大使洪某在华任职期间的薪酬

B. 近2年一直住在上海的美国公民汤姆，出租其在美国的住房获得的租金

C. 美国花旗银行伦敦分行在中国香港的营业所得

D. 正在中国短期旅行的美国人彼得，得知其在美国购买的彩票中了300万美元的大奖

8. 【2011年真题】下列关于合格境外机构投资者（简称QFII）制度的管理环节中，属于国家外汇管理局职责范围的是（　　　）。

A. QFII资格的审定　　　　　　　　　　B. 投资额度的审定

C. 投资工具的确定　　　　　　　　　　D. 持股比例的限制

9. 【2010年真题】甲、乙、丙、丁均为外商投资企业。其中：甲、乙为有限责任公司；丙为上市的股份有限公司；丁为非上市的股份有限公司。下列有关上述企业相互之间合并后企业组织形式的表述中，不符合外商投资企业法律制度规定的是（　　　）。

A. 甲与乙合并后只能为有限责任公司　　　B. 丙与丁合并后只能为股份有限公司

C. 甲与丙合并后只能为股份有限公司　　　D. 乙与丁合并后只能为有限责任公司

二、多项选择题

1. 【2015年真题】根据涉外投资法律制度的规定，外国投资并购境内企业安全审查部际联席

会议的牵头机构有（　　　）。

  A. 国家发改委   B. 工业与信息化部

  C. 商务部   D. 国家工商总局

2. 【2015年真题】下列关于人民汇率制度的表述中，符合外汇管理法律制度规定的有（　　　）。

  A. 单一汇率制度   B. 固定汇率制度

  C. 双重汇率制度   D. 有管理的浮动汇率制度

3. 【2014年真题】在中国领域内履行的下列合同中，专属适用中国法律、不得由当事人意思自治选择合同准据法的有（　　　）。

  A. 中外合资经营企业合同   B. 中外合作经营企业合同

  C. 外商投资企业股权转让合同   D. 外商投资企业原材料采购合同

4. 【2014年真题】下列关于外商投资企业股权质押的表述中，符合涉外投资法律制度与物权法律制度规定的有（　　　）。

  A. 在股权质押期间，未经全体股东同意，质权人不得转让出质股权

  B. 除法律、行政法规另有规定或者合同另有约定外，股权质押合同自办理质权登记时生效

  C. 股东不得质押未缴付出资部分的股权

  D. 经其他股东一致同意，股东可以将股权质押给本企业

5. 【2013年真题】下列关于外商投资企业组织形式的表述中，符合外商直接投资法律制度规定的有（　　　）。

  A. 合营企业的组织形式可以是股份有限公司

  B. 合作企业的组织形式可以是有限责任公司

  C. 合作企业可以采取不具有法人资格的组织形式

  D. 外资企业不得采取有限责任公司以外的其他组织形式

6. 【2013年真题】根据外汇管理法律制度的规定，可以结汇的外债有（　　　）。

  A. 外商投资企业的外债   B. 国际金融组织贷款

  C. 外国政府贷款   D. 中资企业直接对外商业性借款

7. 【2011年真题】下列各项中，属于资本项目下外汇收支的有（　　　）。

  A. 境内居民吴某投资B股所得股息

  B. 中国投资有限责任公司收购美国摩根士丹利公司股权的价款

  C. 日本政府向我国地震灾区提供的经济援助

  D. 世界银行向中国政府提供的农业项目贷款

历年真题答案及解析

单项选择题答案速查表

题号	答案	题号	答案	题号	答案	题号	答案	题号	答案
1	D	2	A	3	D	4	C	5	C
6	B	7	B	8	B	9	D		

多项选择题答案速查表

题号	答案	题号	答案	题号	答案	题号	答案
1	AC	2	AD	3	ABC	4	AC
5	ABC	6	ABC	7	BD		

一、单项选择题答案及解析

1. D〖解析〗从性质上说，保障措施与反倾销与反补贴措施有所不同：反倾销与反补贴措施针对的是倾销和补贴这样的不公平贸易行为，而保障措施针对的是公平贸易条件下的特殊情形。

2. A〖解析〗本题考查的是并购安全审查。外国投资者并购境内企业，应按照规定，由投资者向商务部提出申请，属于并购安全审查范围的，商务部应在5个工作日内将建议提交部际联席会议。联席会议认为确有必要进行并购安全审查的，可以决定进行审查。审查的内容包括：①并购交易对社会基本生活秩序的影响；②并购交易对涉及国家安全关键技术研发能力的影响；③并购交易对国防安全，包括对国防需要的国内产品生产能力、国内服务提供能力和有关设备设施的影响；④并购交易对国家经济稳定运行的影响。所以选项A正确，选项B、C、D错误。

3. D〖解析〗本题考查的是《对外贸易法》。我国香港、澳门和台湾地区已经分别以"中国香港""中国澳门"和"台湾、澎湖、金门、马祖单独关税区"（简称"中国台北"）名义加入世贸组织，成为我国的单独关税区。所以选项D正确。

4. C〖解析〗本题考查的是外商直接投资的投资项目。选项A、B、D均为限制类外商投资项目，所以答案选选项C。

5. C〖解析〗本题考查的是对外贸易经营者。对外贸易经营者包括个人、法人以及其他组织，所以选项A错误。在2004年《对外贸易法》修订时取消了外贸特许制，规定依法办理了工商登记或其他执业手续的个人和单位均可从事外贸经营，所以选项B错误。从事货物进出口或者技术进出口的对外贸易经营者，应当向商务部或者其委托的机构办理备案登记，并不是国家工商总局或其委托的机构，但是法律、行政法规和商务部规定不需要备案登记的除外，所以选项D错误。

6. B〖解析〗本题考查的是外汇管理法律制度中境内个人的界定。境内个人指中国公民和在中华人民共和国境内连续居住满1年的外国人（外国驻华外交人员和国际组织驻华代表除外），所以选项B正确。

7. B〖解析〗本题考查的是《外汇管理条例》的适用范围。《外汇管理条例》规定：境内机构（指中华人民共和国境内的国家机关、企业、事业单位、社会团体、部队等，外国驻华外交领事机构和国际组织驻华代表机构除外）、境内个人（中国公民和在中华人民共和国境内连续居住满1年的外国人，外国驻华外交人员和国际组织驻华代表除外）的外汇收支或者外汇经营活动，以及境外机构、境外个人在"境内"的外汇收支或者外汇经营活动，适用本条例，所以只有选项B适用。

8. B〖解析〗本题考查的是合格境外机构投资者制度（QFII制度）。国家外汇管理局负责投资额度的审定、汇兑管理以及资金汇出入等，所以选项B正确。

9. D〖解析〗本题考查的是外商投资企业合并与分立。根据规定，上市的股份有限公司与有限责任公司合并后为股份有限公司。非上市的股份有限公司与有限责任公司合并后可以是股份有限公司，也可以是有限责任公司。有限责任公司之间合并后为有限责任公司。股份有限公司之间合并后为股份有限公司，所以选项D不符合规定。

二、多项选择题答案及解析

1. AC〖解析〗联席会议在国务院领导下，由国家发改委、商务部牵头，根据外资并购所涉及的行业和领域，会同相关部门开展并购安全审查。

2. AD〖解析〗我国目前实行的是单一的、以市场供求为基础，参考"一篮子"货币进行调节、有管理的浮动汇率制度，所以答案为选项A、D。

3. ABC〖解析〗本题考查的是关于外商投资合同的法律适用。在中国领域内履行的下列合同，专属适用中国法律，不得由当事人意思自治选择合同准据法或者适用其他法律选择规则：①外国自然人、法人或者其他组织承包经营在中国领域内设立的中外合资经营企业、中外合作经营企业的合同；②外国自然人、法人或者其他组织购买中国领域内的非外商投资企业股东的股权的合同；③中外合资经营企业合同；④中外合作经营企业合同；⑤外国自然人、法人或者其他组织购买中国领域内的非外商投资企业资产的合同；⑥中外合作勘探、开发自然资源合同；⑦中外合资经营企业、中外合作经营企业、外商独资企业股份转让合同；⑧外国自然人、法人或者其他组织认购中国领域内的非外商投资有限责任公司或者股份有限公司增资的合同。所以选项D不适用。

4. AC〖解析〗本题考查的是外商投资企业股权质押。除法律、行政法规另外规定或合同另有约定外，股权质押合同自成立时生效，这是外商投资企业股东与债权人签订的股权质押合同，所以选项B错误。不论是否经其他股东一致同意，股东都不得将股权质押给本企业，所以选项D错误。

5. ABC〖解析〗本题考查的是外商直接投资法律制度。选项A是针对中外合资股份有限公司，合资股份公司实际上是合营企业的一种，是按照股份有限公司形式组织的合营企业。外资企业的组织形式可以为有限责任公司，经批准也可以为其他责任形式，所以选项D错误。

6. ABC〖解析〗本题考查的是外债管理的规定。国际金融组织或外国政府贷款以及外商投资企业的外债可以结汇，其他外债均不能结汇。所以选项A、B、C正确。

7. BD〖解析〗本题考查的是资本项目外汇管理。经常项目指国际收支中涉及货物、收益、服务及经常转移的交易项目等。收益主要是利息、红利等属于经常项目，所以选项A属于经常项目。资本项目指国际收支中引起对外资产和负债水平发生变化的交易项目，包括资本转移、非生产及非金融资产的直接投资、证券投资、收买或放弃、衍生产品投资及贷款等，在资本项目下发生的外汇，所以选项B、D正确。经常转移是资金或货物在国际间的单向转移，不产生归还或偿还问题，选项C属于经常项目外汇支出。

全真模拟试题

一、单项选择题

1. 根据外商投资企业法律制度的规定，下列各项中，不属于国家限制类外商投资项目的有（   ）。
   A. 不利于节约资源的项目
   B. 技术水平落后的项目
   C. 运用我国特有工艺生产产品的项目
   D. 不利于改善生态环境的项目

2. 美国人汉斯协议购买境内公司股东的股权，将境内公司变更为外商投资企业，该外商投资企业的注册资本为2 000万美元。根据有关规定，该外商投资企业的投资总额的上限是（   ）。
   A. 2 000万美元   B. 3 000万美元
   C. 4 000万美元   D. 6 000万美元

3. 境内公司取得无加注的外商投资企业批准证书后，应在（   ）内向登记管理机关、外汇管理机关申请换发无加注的外商投资企业营业执照、外汇登记证。
   A. 7日   B. 15日   C. 30日   D. 2个月

4. 由外国公司同中国的公司依照中国的法律和行政法规，经中国政府批准，设在中国境内的，由双方通过合同约定各自的权利和义务的企业是（   ）。
   A. 外商独资经营企业   B. 中外合资股份有限公司
   C. 合伙企业   D. 中外合作经营企业

5. 《外汇管理条例》对经常项目外汇收支管理的一般规定不包括（   ）。

A. 经常项目外汇收入实行意愿结汇制

B. 经常项目外汇支出凭有效单证，无须审批

C. 经常项目外汇收支需有真实、合法的交易基础

D. 经常项目外汇收入的结汇需要凭有效单证，并且需要经过外汇管理机关的审批

6. 合营企业的经营管理机构的组成人员不包括（　　）。

A. 总经理秘书   B. 财务负责人

C. 总经理   D. 副总经理

7. 下列关于中外合作经营企业的相关说法中，错误的是（　　）。

A. 合作企业的董事会或者联合管理委员会成员不得少于3人

B. 董事长或者联合管理委员会主任是合作企业的法定代表人

C. 合作企业的董事会或者联合管理委员会成员不得少于5人

D. 合作企业董事长不能履行职务时，可以授权副董事长对外代表合作企业

二、多项选择题

1. 根据外商投资企业法律制度的规定，下列选项中，属于限制类外商投资项目的有（　　）。

A. 从事国家规定实行保护性开采的特定矿种勘探的项目

B. 运用我国特有工艺生产产品的项目

C. 能源、重要原材料工业项目

D. 不利于节约资源和改善生态环境的项目

2. 根据外商投资企业法律制度的规定，中外合作经营企业发生的下列事项中，应由董事会（或者联合管理委员会）出席会议的董事（或者委员）一致通过的有（　　）。

A. 注册资本的增减   B. 企业的合并

C. 企业章程的修改   D. 资产抵押

3. 根据外商投资企业法律制度的规定，下列关于中外合资经营企业董事会的表述中，错误的有（　　）。

A. 董事会每半年至少召开一次会议

B. 董事会会议应有2/3以上董事出席才能召开

C. 董事会是合营企业的高权力机构

D. 合营企业资产抵押事项的决议，须经出席董事会会议的董事一致通过

4. 基麦琳国有独资公司与钜丰外方投资者共同设立了秉龙中外合资经营企业。基麦琳拟将所持丙公司的全部股权转让给钜丰。秉龙的经营范围属于我国外资企业法律制度所规定的限制设立外资企业的行业。下列关于秉龙股权变更的表述中，正确的有（　　）。

A. 基麦琳向钜丰转让其所持秉龙股权，须经商务部批准

B. 基麦琳向钜丰转让其所持秉龙股权，无须经商务部批准

C. 基麦琳拟转让的秉龙股权，须经国有资产监督管理部门依法评估作价

D. 基麦琳和钜丰之间的股权转让获批后，须由国家工商行政管理总局或其委托的原登记机关办理变更登记

5. 下列关于合作企业出资的说法中，错误的是（　　）。

A. 可以以专利、土地使用权出资

B. 外国合作者的投资一般不低于合作企业注册资本的25%

C. 中方投资者用人民币缴付出资的，必须折合成外币

D. 合作各方应当以其自有的财产或者财产权利作为投资或者合作条件，对该投资或者合作条件不得设置抵押权或者其他形式的担保

6. 根据《中华人民共和国技术进出口管理条例》的规定，下列关于技术进口合同的说法中错误的有（　　　）。
   A. 受让人按照合同约定使用让与人提供的技术，被第三方指控侵权的，受让人应立即通知让与人协助排除妨碍
   B. 受让人按照合同约定使用让与人提供的技术，侵害他人合法权益的，受让人应承担责任
   C. 受让人按照合同约定使用让与人提供的技术，被第三方指控侵权的，受让人应停止使用该技术
   D. 受让人按照合同约定使用让与人提供的技术，侵害他人合法权益的，让与人应承担责任

7. 下列关于货物贸易外汇管理制度的说法中正确的有（　　　）。
   A. 外汇局对A类企业贸易外汇收支实行便利化管理措施
   B. 外汇局对B、C类企业贸易外汇收支实施电子数据核查管理
   C. 核心内容是总量核查、动态监测和分类管理
   D. 金融机构不得为不在名录的企业直接办理贸易外汇收支业务

8. 下列关于国际服务贸易的说法中正确的有（　　　）。
   A. 教育服务属于国际服务贸易的范畴
   B. 我国允许向通过中国注册会计师资格考试的外国人颁发执业许可证
   C. 我国对国际服务贸易实行统一的备案登记制度
   D. 外国会计师事务所在中国境内设立常驻代表机构，须经财政部批准

9. 外国合营者的下列出资方式中，不符合中外合资经营企业法律制度规定的有（　　　）。
   A. 以美元缴付出资
   B. 以劳务作价出资
   C. 以人民币缴付出资
   D. 以已设立担保物权的机器设备作价出资

全真模拟试题答案及解析

单项选择题答案速查表

题号	答案	题号	答案	题号	答案	题号	答案
1	C	2	D	3	C	4	D
5	D	6	A	7	C		

多项选择题答案速查表

题号	答案	题号	答案	题号	答案	题号	答案	题号	答案
1	AD	2	ABCD	3	AD	4	AD	5	BC
6	BC	7	ACD	8	ABD	9	BCD		

一、单项选择题答案及解析

1. C【解析】选项A、B、D属于国家"限制类"外商投资项目。选项C属于"禁止类"外商投资项目。

2. D【解析】本题考查的是外商投资企业并购境内企业的投资总额。根据规定，注册资本在1 200万美元以上的，投资总额不得超过注册资本的3倍，本题选项D符合规定（2 000×3=6 000）。

3. C【解析】本题考查的是外国投资者以股权作为支付手段并购境内公司的申报文件和程序。境内公司取得无加注的外商投资企业批准证书后，应在30日内向登记管理机关、外汇管理机关申请换发无加注的外商投资企业营

业执照、外汇登记证。

4．D〖解析〗本题考查的是中外合作经营企业的概念。中外合作经营企业亦称契约式合营企业。它是由外国公司、企业和其他经济组织或者个人同中国的公司、企业或者其他经济组织，依照中国的法律和行政法规，经中国政府批准，设在中国境内的，由双方通过合作经营企业合同约定各自的权利和义务的企业。

5．D〖解析〗本题考查的是经常项目外汇收支管理的一般规定。根据规定，经常项目外汇收支管理的一般规定包括：①经常项目外汇收入实行意愿结汇制；②经常项目外汇支出凭有效单证，无须审批；③经常项目外汇收支需有真实、合法的交易基础。所以选项D的说法错误。

6．A〖解析〗本题考查的是合营企业经营管理机构的构成。合营企业经营管理机构设总经理1人，副总经理若干人，其他高级管理人员若干人。

7．C〖解析〗本题考查的是合作企业的组织机构。合作企业董事会或者联合管理委员会成员不得少于3人。

二、多项选择题答案及解析

1．AD〖解析〗选项A、D属于"限制类"外商投资项目；选项C属于"鼓励类"投资项目；选项B属于"禁止类"投资项目。

2．ABCD〖解析〗中外合作经营企业出现注册资本的增减、企业的合并、企业章程的修改、资产抵押等情形，应由董事会（或者联合管理委员会）出席会议的董事（或者委员）一致通过。

3．AD〖解析〗选项A，合营企业、合作企业的董事会"每年"至少召开1次会议。选项D，"资产抵押事项"仅限于"合作企业"董事会。

4．AD〖解析〗选项A、B，如果中外合资经营企业中方投资者的股权变更而使该企业变成外资企业，且该企业从事外资企业法律制度所规定的限制设立外资企业的行业，则该企业中方投资者的股权变更必须经"商务部"批准。选项C，以国有资产投资的中方投资者股权变更时，必须经有关国有资产评估机构对需变更的股权进行价值评估，并经国有资产监督管理机构确认。选项D，经商务部批准的股权变更，由国家工商行政管理总局或其委托的原登记机关办理变更登记。

5．BC〖解析〗本题考查的是外商投资企业的出资。具有法人资格的合作企业，外方出资比例一般不得低于25%；不具有法人资格的合作企业，外方出资比例由国务院商务主管部门规定。中方投资者用人民币缴付出资的，可以折合成外币。选项A、D不符合规定。

6．BC〖解析〗本题考查的是技术进口合同的特别规定。受让人按照合同约定使用让与人提供的技术，被第三方指控侵权的，受让人应立即通知让与人，让与人接到通知后，应协助受让人排除妨碍；受让人按照合同约定使用让与人提供的技术，侵害他人合法权益的，由让与人承担责任。

7．ACD〖解析〗本题考查的是货物贸易外汇管理制度。外汇局建立贸易外汇收支电子数据核查机制，对B类企业贸易外汇收支实施电子数据核查管理；C类企业贸易外汇收支须经外汇局逐笔登记后办理。

8．ABD〖解析〗本题考查的是国际服务贸易的规定。我国对国际服务贸易不实行统一的备案登记制度，而是由相关行业主管部门分别予以管理，所以选项C错误。

9．BCD〖解析〗本题考查的是合营企业合营各方的出资方式。以劳务出资仅限于合伙企业，所以选项B错误。外国合营者以货币出资时，只能以外币缴付出资，不能以人民币缴付出资，所以选项C错误。中外投资者用作投资的实物，必须为自己所有且未设立任何担保物权，所以选项D错误。

2017年真题套卷

（考试时间：120分钟，满分100分）

一、单项选择题（本题型共24小题，每小题1分，共24分。每小题只有一个正确答案，请从每小题的备选答案中选出一个你认为正确的答案，用鼠标点击相应的选项。）

1. 下列关于法律规范与法律条文关系的表述中，正确的是（   ）。
   A. 法律规范是法律条文的表现形式
   B. 法律规范等同于法律条文
   C. 法律规范与法律条文一一对应
   D. 法律条文的内容除法律规范外，还包括法律原则等法要素

2. 根据对外贸易法律制度的规定，负责决定征收反倾销税的机构是（   ）。
   A. 财政部   B. 商务部
   C. 国家税务总局   D. 国务院关税税则委员会

3. 甲有限责任公司成立于2017年1月5日。公司章程规定，股东乙以其名下的一套房产出资。乙于1月7日将房产交付公司，但未办理权属变更手续。5月9日，股东丙诉至人民法院，要求乙履行出资义务。5月31日，人民法院责令乙于10日内办理权属变更手续。6月6日，乙完成办理权属变更手续。根据公司法律制度的规定，乙享有股东权利的起始日期是（   ）。
   A. 1月7日   B. 1月5日
   C. 6月6日   D. 5月31日

4. 甲上市公司上一期经审计的净资产额为50亿元人民币。甲公司拟为乙公司提供保证担保，担保金额为6亿元，并经董事会会议决议通过。甲公司章程规定，单笔对外担保额超过公司最近一期经审计净资产10%的担保须经公司股东大会批准。根据证券法律制度的规定，甲公司披露该笔担保的最早时点应当是（   ）。
   A. 甲公司股东大会就该笔担保形成决议时
   B. 甲公司董事会就该笔担保形成决议时
   C. 甲公司与乙公司的债权人签订保证合同时
   D. 证券交易所核准同意甲公司进行担保时

5. 甲、乙双方签订买卖合同，约定甲支付货款一周后乙交付货物。甲未在约定日期付款，却请求乙交货。根据合同法律制度的规定，对于甲的请求，乙可行使的抗辩权是（   ）。
   A. 不安抗辩权   B. 先诉抗辩权
   C. 不履行抗辩权   D. 先履行抗辩权

6. 根据涉外投资法律制度的规定，境外公司股东以股权作为支付手段并购境内公司的，该境外公司及其管理层最近一定年限内应未受到监管机构的处罚。该一定年限是（   ）。
   A. 2年   B. 1年
   C. 4年   D. 3年

7. 某普通合伙企业合伙人甲死亡，其未成年子女乙、丙是其全部合法继承人。根据合伙企业法律制度的规定，下列表述中，正确的是（　　）。
   A. 乙、丙可以继承甲的财产份额，但不能成为合伙人
   B. 乙、丙因继承甲的财产份额自动取得合伙人资格
   C. 经全体合伙人一致同意，乙、丙可以成为有限合伙人
   D. 应解散合伙企业，清算后向乙、丙退还甲的财产份额

8. 国有资产监督管理机构负责审核国家出资企业的增资行为。其中，因增资致使国家不再拥有所出资企业控股权的，须由国有资本监督管理机构报特定主体批准。该特定主体是（　　）。
   A. 上级人民政府
   B. 本级人民政府
   C. 国家出资企业所在地省级人民政府
   D. 上级国有资产监督管理机构

9. 下列关于中外合资经营企业的组织形式和组织结构的表述中，符合涉外投资法律制度规定的是（　　）。
   A. 合营企业的组织形式为有限责任公司的，股东会是其最高权力机构
   B. 合营企业的组织形式可以为有限责任公司，也可以为合伙企业或股份有限公司
   C. 合资股份公司的组织结构应按照《公司法》关于股份公司组织结构的规定办理
   D. 总经理是合营企业的法定代表人

10. 根据公司法律制度的规定，股份有限公司以超过股票票面金额的价格发行股份所得的溢价款，应当列为（　　）。
    A. 盈余公积金
    B. 未分配利润
    C. 法定公益金
    D. 资本公积金

11. 根据我国反垄断执法机构的职责分工，负责不涉及价格的滥用行政权力排除、限制竞争行为的执法工作的机构是（　　）。
    A. 国家工商总局
    B. 商务院
    C. 国务院反垄断委员会
    D. 国家发展改革委

12. 甲盗用乙的身份证，以乙的名义向丙公司出资。乙被记载于丙公司股东名册，并进行了工商登记，但直至出资期限满仍未履行出资义务。根据公司法律制度的规定，下列关于出资责任承担的表述中，正确的是（　　）。
    A. 乙承担出资责任
    B. 甲承担出资责任
    C. 乙首先承担出资责任，不足部分再由甲补足
    D. 甲、乙对出资承担连带责任

13. 根据合伙企业法律制度的规定，下列关于普通合伙企业合伙人的表述中，正确的是（　　）。
    A. 非法人组织不能成为合伙人
    B. 国有企业不能成为合伙人
    C. 限制民事行为能力的自然人可以成为合伙人
    D. 公益性社会团体可以成为合伙人

14. 根据物权法律制度的规定，下列关于物的种类的表述中，正确的是（　　）。
    A. 海域属于不动产
    B. 文物属于禁止流通物
    C. 金钱属于非消耗物
    D. 牛属于可分割物

15. 甲、乙、丙三人拟设立一有限责任公司。在公司设立过程中，甲在搬运为公司购买的办公家具时，不慎将丁撞伤。根据公司法律制度的规定，下列关于对丁的侵权责任承担的表述中，正确的是（　　）。
    A. 若公司未成立，丁仅能请求甲承担该侵权责任

B. 若公司成立，则由公司自动承受该侵权责任

C. 若公司未成立，丁应先向甲请求赔偿，不足部分再由乙、丙承担

D. 无论公司是否成立，该侵权责任应由甲、乙、丙共同承担

16. 根据合同法律制度的规定，下列关于法定抵销权性质的表述中，正确的是（　　）。

A. 支配权 　　　　　　　　　　B. 请求权

C. 抗辩权 　　　　　　　　　　D. 形成权

17. 根据企业国有资产法律制度的规定，在选择国有资本控股公司的企业管理者时，履行出资人职责的机构所享有的权限是（　　）。

A. 任免企业的董事长、副董事长、董事和监事

B. 任免企业的经理、副经理

C. 任免企业的财务负责人和其他高级管理人员

D. 向企业的股东会或股东大会提出董事、监事人选

18. 某普通合伙企业合伙人甲因个人借款，拟将其合伙财产份额质押给债权人乙。根据合伙企业法律制度的规定，为使该质押行为有效，同意质押的合伙人人数应当是（　　）。

A. 超过全体合伙人的2/3 　　　B. 超过全体合伙人的1/2

C. 全体合伙人 　　　　　　　　D. 超过全体合伙人的3/4

19. 根据民事法律制度的规定，下列关于附条件民事法律行为所附条件的表述中，正确的是（　　）。

A. 既可以是将来事实，也可以是过去事实

B. 既可以是人的行为，也可以是自然现象

C. 既可以是确定发生的事实，也可以是不确定发生的事实

D. 既包括约定事实，也包括法定事实

20. A公司因急需资金，将其作为收款人的一张已获银行承兑的商业汇票背书转让给B公司。汇票票面金额为50万元，B公司向A公司支付现金42万元作为取得该汇票的对价。根据票据法律制度的规定，下列关于A公司背书行为效力及其理由的表述中，正确的是（　　）。

A. 背书行为有效，因为该汇票已获银行承兑

B. 背书行为有效，因为A公司是票据权利人

C. 背书行为无效，因为不具有真实的交易关系

D. 背书行为无效，因为B公司支付的对价过低

21. 根据企业破产法律制度的规定，下列各项中，免于申报的破产债权是（　　）。

A. 社会保障债权

B. 税收债权

C. 对债务人特定财产享有担保权的债权

D. 职工劳动债权

22. 境外甲私募基金与境内乙有限责任公司拟合作设立丙有限合伙企业，在境内经营共享充电宝项目。其中，甲为有限合伙人，乙为普通合伙人。根据合伙企业法律制度的规定，下列关于设立丙有限合伙企业须遵守的相关规定的表述中，正确的是（　　）。

A. 应当由乙负责办理审批手续

B. 甲出资的货币应当是人民币

C. 应当领取"外商投资合伙企业营业执照"

D. 应当向商务主管部门申请设立登记

23. 某上市公司2013年5月发行5年期公司债券1 000万元、3年期公司债券1 500万元。2017年1月，该公司鉴于到期债券已偿还且具备再次发行债券的其他条件，计划再次发行公司债

券。经审计，确认该公司2016年12月末净资产额为9 000万元。根据证券法律制度的规定，该公司此次发行公司债务的最高限额是（　　　）。

A. 2 700万元 　　　　　　　　　B. 3 600万元

C. 1 700万元 　　　　　　　　　D. 2 600万元

24. 朋友6人共同出资购买一辆小汽车，未约定共有形式，且每人的出资额也不能确定。部分共有人欲对外转让该车。为避免该转让成为无权处分，在没有其他约定的情况下，根据物权法律制度的规定，同意转让的共有人至少应当达到的人数是（　　　）。

A. 4人 　　　　　　　　　　　　B. 3人

C. 6人 　　　　　　　　　　　　D. 5人

二、多项选择题（本题型共14小题，每小题1.5分，共21分。每小题均有多个正确答案，请从每小题的备选答案中选出你认为正确的所有答案，用鼠标点击相应的选项。每小题所有答案选择正确的得分，不答、错答、漏答均不得分。）

1. 下列各项中，属于法人的有（　　　）。

A. 北京大学 　　　　　　　　　　B. 中华人民共和国最高人民法院

C. 中国人民保险集团股份有限公司　D. 中国注册会计师协会

2. 根据外汇管理法律制度的规定，下列各项中，纳入外债管理的有（　　　）。

A. 境外发债 　　　　　　　　　　B. 境外借款

C. 境内机构对外担保 　　　　　　D. 国际融资租赁

3. 根据证券法律制度的规定，下列各项中，属于债券受托管理人应当召集债券持有人会议的情形有（　　　）。

A. 发行人不能按期支付本息 　　　B. 拟变更债券募集说明书的约定

C. 发行人拟增加注册资本 　　　　D. 担保物发生重大变化

4. 根据支付结算法律制度的规定，下列关于国内信用证（简称信用证）的表述中，正确的有（　　　）。

A. 信用证与作为其依据的买卖合同相互独立

B. 信用证具有融资功能

C. 开证行可以单方修改或撤销信用证

D. 受益人可以将信用证的部分权利转让给他人

5. 赠与合同履行后，受赠人有特定忘恩行为时，赠与人有权撤销赠与合同。根据合同法律制度的规定，下列各项中，属于此类忘恩行为的有（　　　）。

A. 受赠人严重侵害赠与人亲属

B. 受赠人严重侵害赠与人

C. 受赠人不履行赠与合同约定的业务

D. 受赠人对赠与人有扶养业务而不履行

6. 根据涉外投资法律制度的规定，外国投资者以股权作为支付手段并购境内公司的，所涉及的境内外公司的股权应符合特定条件。下列各项中，属于该特定条件的有（　　　）。

A. 无所有权争议

B. 股东合法持有并依法可以转让

C. 境外公司股权如挂牌交易的，最近3年交易价格稳定

D. 没有设定质押及任何其他权利限制

7. 甲有限责任公司未设董事会，股东乙为执行董事。根据公司法律制度的规定，在公司章程无特别规定的情形下，乙可以行使的职权有（　　　）。

    A. 决定公司的投资计划   B. 召集股东会会议

    C. 决定公司的利润分配方案   D. 决定聘任公司经理

8. 为消除经营者集中对竞争造成的不利影响，反垄断执法机构可以在批准集中时附加业务剥离的条件。下列关于业务剥离的表述中，符合反垄断法律制度规定的有（　　　　）。

    A. 剥离受托人的报酬由剥离义务人支付，监督受托人的报酬由反垄断执法机构支付

    B. 剥离受托人可以是法人和其他组织，也可以是自然人

    C. 监督受托人不得披露其在履职过程中向商务部提交的各种报告及相关信息

    D. 在受托剥离中，剥离受托人有权以无底价方式出售剥离业务

9. 下列关于《反垄断法》适用范围的表述中，正确的有（　　　　）。

    A. 只要垄断行为发生在境内，无论该行为是否对境内市场竞争产生排除、限制影响，均应适用《反垄断法》

    B. 只要行为人是我国公民或境内企业，无论该行为是否发生在境内，均应适用《反垄断法》

    C. 只要行为人是我国公民或境内企业，无论该行为是否对境内市场竞争产生排除、限制影响，均应适用《反垄断法》

    D. 只要垄断行为对境内市场竞争产生排除、限制影响，无论该行为是否发生在境内，均应适用《反垄断法》

10. 根据证券法律制度的规定，下列关于证券大宗交易系统的表述中，正确的有（　　　　）。

    A. 大宗交易的交易时间为交易日的15：00—15：30

    B. 目前只有上海证券交易所建立了大宗交易系统

    C. 买方和卖方就大宗交易达成一致后，自行交易，无须交易所确认

    D. 买方和卖方可以就大宗交易的价格和数量等要素进行议价协商

11. 根据企业国有资产法律制度的规定，下列各项中，属于国务院和地方人大政府依法履行出资人职责时应遵循的原则有（　　　　）。

    A. 保护消费者合法权益

    B. 政企分开

    C. 社会公共管理职能与企业国有资产出资人能分开

    D. 不干预企业依法自主经营

12. 甲、乙和丙设立某普通合伙企业，从事餐饮服务，2017年6月5日，甲退伙；6月10日，丁入伙。6月9日，合伙企业经营的餐厅发生卡式燃气炉灼伤顾客戊的事件，需要支付医疗费用等总计45万元，经查，该批燃气炉系当年4月合伙人共同决定购买，其质量不符合相关国家标准。该合伙企业支付30万元赔偿后已无赔偿能力。现戊请求合伙人承担其余15万元赔偿责任。根据合伙企业法律制度的规定，应承担赔偿责任的合伙人有（　　　　）。

    A. 乙   B. 甲

    C. 丁   D. 丙

13. 根据民事法律制度的规定，提起诉讼是中断诉讼时效的法定事由。下列各项中，与提起诉讼具有同等效力。导致诉讼时效中断的有（　　　　）。

    A. 申请强制执行   B. 申请仲裁

    C. 在诉讼中主张抵销   D. 申请追加当事人

14. 根据合伙企业法律制度的规定，下列有限合伙人的行为中，视为执行合伙事务的有（　　　　）。

    A. 参与决定转让合伙企业的知识产权

    B. 参与决定普通合伙人退伙

    C. 参与决定合伙企业为第三人提供担保

    D. 对合伙企业的经营管理提出建议

三、案例分析题（本题型共4小题55分。其中一道小题可以选用中文或英文解答，请仔细阅读答题要求。如使用英文解答，须全部使用英文，答题正确的，增加5分。本题型最高得分为60分。）

【案例1】A公司是一家拥有200多名职工的中型企业。自2015年年底开始，A公司生产经营停滞，无力偿还银行贷款本息，并持续拖欠职工工资，2017年1月，A公司20名职工联名向人民法院提出对A公司的破产申请，人民法院认为该20名职工无破产申请权，做出不予受理的裁定。2017年2月，A公司的债权人B银行向人民法院申请A公司破产，A公司提出异议称，A公司账面资产总额超过负债总额，并未丧失清偿能力。在此情形下，人民法院召集A公司和B银行代表磋商偿还贷款事宜，但A公司坚持要求B银行再给其半年还款缓冲期，争取恢复生产，收回贷款后再清偿贷款，B银行则要求A公司立即清偿债务，双方谈判破裂。人民法院认为，A公司的抗辩异议不成立，于5日后做出受理破产申请的裁定，并指定了破产管理人。在管理人接管A公司、清理财产和债权债务期间，发生如下事项：

（1）C公司欠A公司的20万元贷款到期，C公司经理在得知A公司进入破产程序的情况下，因被A公司经理收买，直接将贷款交付A公司财务人员。A公司财务人员收到贷款后，迅速转交给A公司的股东。

（2）A公司未经管理人同意，擅自向其债权人D公司清偿10万元债务，A公司此前为担保该笔债务而以市值50万元的机器设备设定抵押，也因此解除。管理人清理债权债务时还发现，A公司的部分财产已在破产申请受理前发生的多宗民事诉讼案件中被人民法院采取保全措施或者已进入强制执行程序。

要求：根据上述内容，分别回答下列问题。

（1）人民法院认为A公司20名职工无破产申请权，是否符合企业破产法律制度的规定？并说明理由。

（2）人民法院驳回A公司的抗辩异议，是否符合企业破产法律制度的规定？并说明理由。

（3）根据企业破产法律制度的规定，C公司向A公司财务人员交付20万元贷款的行为是否产生债务清偿效果？并说明理由。

（4）根据企业破产法律制度的规定，A公司向D公司的清偿行为是否应当认定为无效？并说明理由。

（5）根据企业破产法律制度的规定，A公司破产申请受理前人民法院对其部分财产所采取的保全措施以及强制执行程序，应如何处理？

【案例2】甲股份有限公司（简称甲公司）于2015年3月1日在深圳证券交易所（简称深交所）首次公开发行股票并上市（简称IPO），2016年1月，中国证监会（简称证监会）接到举报称，甲公司的招股说明书中有财务数据造假行为。证监会调查发现，在甲公司IPO过程中，为减少应收账款余额，总会计师赵某经请示董事长钱某同意后，令公司财务人员通过外部借款、使用自由资金或伪造银行单据等手段，制造收回应收账款的假象。截至2014年12月31日，甲公司通过上述方法虚减应收账款3.5亿元。证监会调查还发现：2015年12月，甲公司持股90%的子公司乙有限责任公司（简称乙公司）的总经理孙某，向公安机关投案自首，交代了其本人擅自挪用乙公司贷款5 600万元用于个人期货交易和偿还个人债务，导致5 000万元无法归还的违法事实。孙某的违法行为造成乙公司巨额损失。公安机关立案后，将案情通报甲公司董事长钱某，由于乙公司是甲公司的主要利润来源之一，故甲公司利润也因此遭受巨大减损。董事长钱某，要求甲公司和乙公司的知情人员对孙某挪用公司资金案的情况严格保密。2016年1月，在未对孙某造成的巨额损失做账务处理的情况下（如果对该损失做账务处理，乙公司2015年底累计未分配利润应为负数），乙公司股东会会议通过了2015年年度利润分配决议，向甲公司和另一股东丙公司分别派发股利4 500万元和500万元。2016年3月，甲公司收到乙公司支付的2015年度股利4 500万元。2016

年7月1日，证监会认定：甲公司制造应收账款回收假象，在IPO申请文件中提供虚假财务数据，构成欺诈发行；甲公司未及时披露乙公司总经理孙某挪用公款一案的相关信息，构成上市后在信息披露文件中遗漏重大事项。为此，证监会决定对甲公司以及包括董事长钱某在内的7名董事、3名监事、总经理李某、总会计师赵某、甲公司保荐人等做出行政处罚。

甲公司独立董事王某对证监会的处罚不服，提出行政复议申请，理由是：本人并不了解会计知识，无法发现财务造假。同年7月3日，深交所决定暂停甲公司股票上市。同年7月12日，由于乙公司不能清偿其对丁银行的到期债务，丁银行向人民法院提起诉讼，请求人民法院认定甲公司通过违规分红抽逃出资，判令甲公司在4 500万元本息范围内对乙公司债务不能清偿的部分承担补充赔偿责任。同年7月15日，已连续7个月持有甲公司1.01%股份的股东周某，直接以自己的名义，对包括董事长钱某在内的7名董事提起诉讼，请求法院判令7名被告赔偿甲公司因缴纳证监会罚款而产生的500万元损失。2017年4月15日，深交所做出终止甲公司股票上市的决定。

要求：根据上述内容，分别回答下列问题。

（1）甲公司应否对乙公司总经理孙某挪用公款事件履行信息披露义务？并说明理由。

（2）甲公司独立董事王某的行政复议申请理由是否成立？并说明理由。

（3）深交所决定暂停甲公司股票上市是否符合证券法律制度的规定？并说明理由。

（4）丁银行请求人民法院认定甲公司抽逃出资，判令甲公司在4 500万元本息范围内承担补充赔偿责任，人民法院是否应予支持？并说明理由。

（5）对于周某直接以自己名义提起的诉讼，人民法院应否受理？并说明理由。

（6）深交所对甲公司做出终止股票上市决定，是否符合证券法律制度的规定？并说明理由。

【案例3】甲公司为支付货款，向乙公司签发一张以A银行为承兑人、金额为100万元的银行承兑汇票。A银行作为承兑人在汇票票面上签章，甲公司的股东郑某在汇票上以乙公司为被保证人，进行了票据保证的记载并签章。甲公司将汇票交付给乙公司工作人员孙某。

孙某将该汇票交回乙公司后，利用公司财务管理制度的疏漏，将汇票暗中取出，并伪造乙公司财务专用章和法定代表人签章，将汇票背书转让给与其相互串通的丙公司。丙公司随即将该汇票背书转让给丁公司，用于支付房屋租金，丁公司对于孙某伪造汇票之事不知情。

丁公司于汇票到期日向A银行提示付款。A银行在审核过程中发现汇票上的乙公司签章系伪造，故拒绝付款。丁公司遂向丙公司、乙公司和郑某追索，均遭拒绝。后丁公司知悉孙某伪造汇票之事，遂向其追索，亦遭拒绝。

要求：根据上述内容，分别回答下列问题：

（1）丁公司能否因丙公司的背书转让行为而取得票据权利？并说明理由。

（2）乙公司是否应当向丁公司承担票据责任？并说明理由。

（3）郑某是否应当向丁公司承担票据责任？并说明理由。

（4）孙某是否应当向丁公司承担票据责任？并说明理由。

【案例4】2016年4月4日，甲公司从乙银行借款80万元，用于购置A型号自行车1 000辆，借款期限自2016年4月4日～2016年6月4日，并以价值90万元的自有房屋一套为乙银行设定抵押，同时，乙银行与丙公司签订书面保证合同，约定丙公司为甲公司的借款承担连带保证责任。因自行车价格上调，甲公司于4月5日，又向乙银行追加借款20万元，借款期限自2016年4月5日～2016年6月4日。4月7日，甲公司与自行车生产商丁公司正式签署买卖合同。合同约定："丁公司为甲公司提供A型号自行车1 000辆，总价100万元，甲公司应于4月9日、4月20日分别支付价款50万元，丁公司应于4月16日、4月27日分别交付A型号自行车500辆。"双方未就自行车质量问题做出约定。4月9日，甲公司向丁公司支付第一期自行车价款50万元。4月16日，丁公司交付A型号自行车500辆。甲公司在验货时发现该批自行车存在严重质量瑕疵，非经维修无法符合使用要求。4月18日，甲公司表示同意收货，但要求丁公司减少价款，被丁公司拒绝。理由是：第一，双方未就自行车的质量要求做出约定；第二，即使自行车存在质量问题，甲公司也只能就质量问题导致的损失要求赔偿。4月20日，丁公司请求甲公司支付第二期自行车价款50万元，甲公司调查发现，丁公司经营状况严重恶化，可能没有能力履行合同，遂告知丁暂不履行合同并要求丁在15天内提供具有足够履约能力的保证，丁公司未予理会。5月6日，丁公司发函告知甲公司：如果再不付款，将向人民法院起诉甲公司违约。甲公司收到函件后，了解到丁公司经营状况继续恶化，便通知丁公司解除未交付的500辆自行车买卖合同。5月20日，甲公司隐瞒已受领的500辆自行车的质量瑕疵，将该批自行车以30万元卖与戊公司，约定6月30日付款交货。5月25日，庚公司告知甲公司，愿以35万元购买上述500辆自行车。5月30日，甲公司以自己隐瞒质量瑕疵为由，主张撤销与戊公司之间的买卖合同。6月4日，甲公司无力偿还乙银行两笔贷款，乙银行考虑到拍卖抵押房屋比较烦琐，遂直接要求丙公司还贷，被丙公司拒绝。

要求：根据上述内容，分别回答下列问题。

（1）甲公司是否取得已受领自行车的所有权？并说明理由。

（2）甲公司是否有权要求减少价款？并说明理由。

（3）甲公司中止履行向丁公司支付第二期自行车价款的义务，是否构成违约？并说明理由。

（4）甲公司是否有权就未交付的自行车解除合同？并说明理由。

（5）甲公司是否有权撤销与戊公司的买卖合同？并说明理由。

（6）乙银行是否有权要求丙公司偿还第一笔贷款？并说明理由。

（7）乙银行是否有权要求丙公司偿还第二笔贷款？并说明理由。

2017年真题套卷答案及解析

单项选择题答案速查表

题号	答案	题号	答案	题号	答案	题号	答案	题号	答案	题号	答案
1	D	2	D	3	A	4	B	5	D	6	D
7	C	8	B	9	C	10	D	11	A	12	B
13	B	14	A	15	B	16	D	17	D	18	C
19	B	20	C	21	D	22	C	23	D	24	A

多项选择题答案速查表

题号	答案	题号	答案	题号	答案	题号	答案	题号	答案
1	ABCD	2	ABCD	3	ABD	4	AB	5	ABCD
6	ABD	7	BD	8	BCD	9	AD	10	AD
11	BCD	12	ABCD	13	ABCD	14	AC		

一、单项选择题答案及解析

1. D【解析】本题考查的是法律规范构成要素。选项A、B：法律规范不同于法律条文，法律条文是法律规范的文字表现形式；选项C：法律规范与法律文不是一一对应的，一项法律规范的内容可以表现在不同法律条文甚至不同的规范性法律文件中，同样，一个法律条文中也可以反映若干法律规范的内容。本题中选项D表述正确。

2. D【解析】本题考查的是反倾销措施。征收临时反倾销税的：由商务部建议，国务院关税税则委员会决定；由商务部予以公告，海关自公告规定实施之日起执行。故本题选项D正确。

3. A〖解析〗本题考查的是股东出资制度。根据相关规定，出资人以房屋、土地使用权或者需要办理权属登记的知识产权等财产出资，已经交付公司使用但未办理权属变更手续的，当公司、其他股东或者公司债权人主张认定出资人未履行出资义务的，人民法院应当责令当事人在指定的合理期间内办理权属变更手续；在前述期间内办理了权属变更手续的，人民法院应当认定其已经履行了出资义务；出资人主张自其实际交付财产给公司使用时享有相应股东权利的，人民法院应予支持。故本题乙享有股东权利的起始日期为1月7日。

4. B〖解析〗本题考查的是信息披露的事务管理。上市公司对外提供重大担保，构成重大事件，属于重大事件信息披露的内容。上市公司应当在最先发生的以下任意时点的起算日或触及披露时点的2个交易日内，实施重大事件的信息披露：①董事会或者监事会就该重大事件形成决议时；②有关各方就该重大事件签署意向书或者协议时；③董事、监事或者高级管理人员知悉该重大事件发生并报告时。故本题甲公司披露该笔担保的最早时点应当为甲公司董事会就该笔担保形成决议时。

5. D〖解析〗本题考查的是先履行抗辩权。先履行抗辩权，是指双务合同的当事人互负债务，有先后履行顺序，先履行（甲）一方未履行的，后履行（乙）一方有权拒绝其履行要求。先履行一方履行债务不符合约定的，后履行一方有权拒绝其相应的履行要求。因此，本题中对于甲的请求，乙可行使的抗辩权是先履行抗辩权。

6. D〖解析〗本题考查的是外国投资者以股权作为支付手段并购境内公司。根据涉外投资法律制度的规定，外国投资者以股权作为支付手段并购境内公司的，境外公司应合法设立并且其注册地具有完善的公司法律制度，且公司及其管理层最近3年未受到监管机构的处罚。

7. C〖解析〗本题考查的是入伙和退伙。根据《合伙企业法》规定：合伙人死亡或者被依法宣告死亡的，对该合伙人在合伙企业中的财产份额享有合法继承权的继承人，按照合伙协议的约定或者经全体合伙人一致同意，从继承开始之日起，取得该合伙企业的合伙人资格。普通合伙人的继承人为无民事行为能力人或者限制民事行为能力人的，经全体合伙人一致同意，可以依法成为有限合伙人，普通合伙企业依法转为有限合伙企业；全体合伙人未能一致同意的，合伙企业应当将被继承合伙人的财产份额退还该继承人。故本题选项C表述正确。

8. B〖解析〗本题考查的是企业增资。根据企业国有资产交易管理制度规定，国资监管机构负责审核国家出资企业的增资行为。其中，因增资致使国家不再拥有所出资企业控股权的，须由国资监管机构报本级人民政府批准。故本题正确答案为选项B。

9. C〖解析〗本题考查的是合营企业。本题选项C符合涉外投资法律制度的规定。选项A：合营企业不设股东会，董事会是最高权力机构；选项B：合营企业的组织形式为有限责任公司或者股份有限公司。中外合资股份有限公司是合营企业的一种，是按照股份有限公司形式组织的合营企业；选项D：董事长是合营企业的法定代表人。

10. D〖解析〗本题考查的是公积金。资本公积金是直接由资本原因形成的公积金，股份有限公司以超过股票票面金额的发行价格发行股份所得的溢价款以及国务院财政部门规定列入资本公积金的其他收入，应当列为公司资本公积金。故本题正确答案为选项D。

11. A〖解析〗本题考查的是《反垄断法》的实施机制。选项A：国家工商局负责非价格垄断行为，滥用市场支配地位，滥用行政权力排除、限制竞争方面的反垄断执法工作；选项B：商务部负责经营者集中行为的反垄断审查工作；选项C：国务院反垄断委员会负责组织、协调，指导反垄断工作；选项D：国家发改委负责依法查处价格垄断行为。

12. B〖解析〗本题考查的是股东出资制度。冒用他人名义出资并将他人作为股东在公司登记机关登记的，冒名登记行为人应当承担相应责任；被冒名人不承担一切责任。公司、其他股东或者公司债权人以未履行出资义务为由，请求被冒名登记的股东承担补足出资责任或者对公司债务不能清偿部分的赔偿责任的，人民法院不予支持。故本题选项B表述正确。

13. B〖解析〗本题考查的是普通合伙企业的设立条件。普通合伙企业的合伙人可以是自然人（具有完全民事行为能力）、法人或其他组织，但是国有独资公司、国有企业、上市公司以及公益性的事业单位、社会团体不得成为普通合伙人。故本题选项B表述正确。

14. A〖解析〗本题考查的是物的概念与种类。本题中选项A表述正确；选项B：文物属于限制流通物；选项C：金钱属于消耗物；选项D：牛属于不可分物。

15. B〖解析〗本题考查的是公司设立制度。根据公司法律制度的规定：①发起人因设立公司而对他人造成损害的，公司成立后自动承受该责任；②公司未成立的，受害人有权请求全体发起人承担连带赔偿责任；③公司或无过错发起人承担赔偿责任后，可向有过错发起人追偿。故本题选项B表述正确。

16. D〖解析〗本题考查的是抵销。法定抵销中的抵销权在性质上属于形成权，当事人主张抵销的，应当通知对方，抵销的效果自通知到达对方时生效。故本题正确答案为选项D。

17. D〖解析〗本题考查的是国家出资企业管理者的选择和考核。国家出资企业管理者的任免范围（由出资人职责履行机构执行）：①任免国有独资企业的经理、副经理、财务负责人和其他高级管理人员。②任免国有独资公司的董事长、副董事长、董事、监事会主席和监事。③向国有资本控股公司、国有资本参股公司的股东会、股东大会提出董事、监事人选。故本题选项D正确。

18. C〖解析〗本题考查的是合伙企业财产。根据《合伙企业法》的相关规定，普通合伙人以其在合伙企业中的财产份额出质的，须经其他合伙人一致同意；未经其他合伙人一致同意，其行为无效，由此给善意第三人造成损失的，由行为人依法承担赔偿责任。故本题中同意质押的合伙人人数应当是全体合伙人。

19. B〖解析〗本题考查的是附条件的法律行为。民事法律行为所附条件，可以是自然现象、事件，还可以是人的行为（选项B）。它应当具备以下特征：①必须是将来发生的事实（选项A）。②必须是不确定的事实（选项C）。③条件应当是双方当事人约定并以意思表示的形式表现出来的。条件若是法律规定的，则不属于此处所谓的"条件"（选项D）。④条件必须合法。故本题选项B表述正确。

20. C〖解析〗本题考查的是票据原因关系对票据行为效力的影响。未以真实交易关系作为原因关系的出票和背书行为无效；如果票据授受的原因是"票据权利买卖"，应当认定当事人之间不存在真实的交易关系，将导致相应的票据行为无效。故本题选项C表述正确。

21. D〖解析〗本题考查的是破产债权申报的一般规则。职工劳动债权包括：债务人所欠职工的工资和医疗、伤残补助、抚恤费用，所欠的应当划入职工个人账户的基本养老保险、基本医疗保险费用，以及法律、行政法规规定应当支付给职工的补偿金，不必申报，由管理人调查后列出清单并予以公示。因此本题免于申报的破产债权是选项D职工劳动债权。

22. C〖解析〗本题考查的是合伙企业法的概念。选项A、C、D：外国企业或者个人在中国境内设立合伙企业，应当由全体合伙人指定的代表或者共同委托的代理人向国务院工商行政管理部门授权的地方工商行政管理部门申请设立登记，领取"外商投资合伙企业营业执照"后，方可从事经营活动；选项B：外国企业或者个人用于出资的货币应当是可自由兑换的外币，也可以是依法获得的人民币。故本题选项C表述正确。

23. D〖解析〗本题考查的是公司债券的发行。根据相关法律法规规定，本次发行后累计公司债券余额不超过最近一期期末净资产额的40%；金融类公司的累计公司债券余额按金融企业的有关规定计算。本题中，2013年5月发行5年期公司债券，截至2017年1月尚未到期，故该公司此次发行公司债券的最高限额为9 000×40%−1 000=2 600（万元）。

24. A〖解析〗本题考查的是按份共有。①共有人对共有的不动产或者动产没有约定为按份共有或者共同共有，或者约定不明确的，除共有人具有家庭关系等外，视为按份共有；按份共有人的份额，有约定按约定，按出资额确定，不能确定出资额的视为等额。②按份共有中，处分共有的不动产或者动产，当经占份额2/3以上（≥2/3）的按份共有人同意，但共有人之间另有约定的除外。本题中，朋友6人等额享有该汽车，因此，同意转让的共有人至少应当达到的人数为6×2÷3=4（人）。

二、多项选择题答案及解析

1. ABCD〖解析〗本题考查的是法律关系的主体。法人包括机关法人（立法机关、行政机关和司法机关）、事业单位法人、社会团体法人和企业法人。故本题选项A、B、C、D均属于法人。

2. ABCD〖解析〗本题考查的是资本项目外汇管理制度。外债管理就是指对外债进行相关管理。外债是指境内机构对非居民承担的以外币表示的债务，包括：①境外借款；②发行债券；③国际融资租赁；④或有外债，如境内机构对外提供担保形成的潜在外汇偿还义务等。

3. ABD〖解析〗本题考查的是公司债券持有人的权益保护。根据《公司债券发行试点办法》规定，有下列情况的，债券受托管理人应当召集债券持有人会议：①拟变更债券募集说明书的约定；②拟变更债券受托管理人；③公司不能按期支付本息；④公司减资、合并、分立、解散或者申请破产；⑤保证人或者担保物发生重大变化；⑥发生对债券持有人权益有重大影响的事项；⑦拟修改债券持有人会议；⑧发行人、单独或合计持有本期债券总额10%以上的债券持有人书面提议召开；⑨发行人提出债务重组方案的；⑩发行人管理层不能正常履行职责，导致发行人的债务清偿能力严重不确定，需要依法采取行动的。

4. AB〖解析〗本题考查的是国内信用证。本题选项A、B表述正确。选项C、D：我国的信用证为不可撤销、不可转让的跟单信用证。所谓"不可撤销"，是指信用证开具后在有效期内，非经信用证各有关当事人（即开证银行、开证申请人和受益人）的同意，开证银行不得修改或者撤销。所谓"不可转让"，是指受益人不能将信用证的权利转让给他人。

5. ABCD〖解析〗本题考查的是赠与合同的撤销。受赠人有下列情形之一的，赠与人可以行使撤销权：①严重侵害赠与人或其近亲属；②对赠与人有扶养义务而不履行；③不履行赠与合同约定的义务。

6. ABD〖解析〗本题考查的是外国投资者并购境内企业。外国投资者以股权作为支付手段并购境内公司所涉及的境内外公司的股权，应符合以下条件：①股东合法持有并依法可以转让；②无所有权争议且没有设定质押及任何其他权利限制；③境外公司的股权在境内公开合法证券交易市场（柜台交易市场除外）挂牌交易；④境内公司的股权最近1年交易价格稳定。故本题正确答案为选项A、B、D。

7. BD〖解析〗本题考查的是有限责任公司的组织机构。股东人数较少或者规模较小的有限责任公司设立时，可设立执行董事，不设立董事会，执行董事的职权与董事会相当。本题中，选项B、D均属于董事会的职权；选项A，应该是决定公司的"经营计划"和"投资方案"，而不是"投资计划"；选项C，属于股东会的职权。

8. BCD〖解析〗本题考查的是经营者集中附加限制性批准条件。本题选项B、C、D均符合反垄断法律制度的规定；选项A：剥离义务人负责支付监督受托人和剥离受托人报酬。

9. AD〖解析〗本题考查的是反垄断法的适用范围。根据《反垄断法》的规定：①中华人民共和国境内经济活动中的垄断行为，适用《反垄断法》；②中华人民共和国境外的垄断行为，对境内市场竞争产生排除、限制影响的，适用《反垄断法》。故本题选项A、D表述正确。

10. AD〖解析〗本题考查的是大宗交易。上海和深圳两个证券交易所从2002年开始建立大宗交易制度，故选项B错误；大宗交易的成交申报须经交易所确认，故选项C错误。本题选项A、D表述正确。

11. BCD〖解析〗本题考查的是企业国有资产的概念和监督管理体制。根据《企业国有资产法》的规定：国务院和地方人民政府应当按照政企分开、社会公共管理职能与企业国有资产出资人职能分开、不干预企业依法自主经营的原则，依法履行出资人职责。故本题正确答案为选项B、C、D。

12. ABCD〖解析〗本题考查的是合伙企业和合伙人的债务清偿，入伙和退伙。选项A、D：合伙企业不能清偿到期债务的，普通合伙人承担无限连带责任。本题中，乙、丙作为普通合伙人，应当对合伙企业不能清偿的债务承担无限连带责任。选项B：普通合伙人退伙后，对基于其退伙前的原因发生的合伙企业债务，承担无限连带责任。本题中，发生事故的燃气炉系当年4月合伙人共同决定购买，其质量不符合相关国家标准，此时甲依然是普通合伙人，应当对此承担无限连带责任。选项C：普通合伙人入伙，新合伙人对入伙前合伙企业的债务承担无限连带责任。故本题中甲、乙、丙、丁均应承担赔偿责任。

13. ABCD〖解析〗本题考查的是诉讼时效的中断。下列事项均与提起诉讼具有同等中断效力：①申请仲裁；②申请支付令；③申请破产、申报破产债权；④为主张权利而申请宣告义务人失踪或死亡；⑤申请诉前财产保全、诉前临时禁令等诉前措施；⑥申请强制执行；⑦申请追加当事人或被通知参加诉讼；⑧在诉讼中主张抵销。故本题选项A、B、C、D均会导致诉讼时效中断。

14. AC〖解析〗本题考查的是有限合伙企业事务执行的特殊规定。有限合伙人不执行合伙事务，不得对外代表有限合伙企业，但有限合伙人的下列行为，不视为执行合伙事务：①参与决定普通合伙人入伙、退伙；②对企业的经营管理提出建议；③参与选择承办有限合伙企业审计业务的会计师事务所；④获取经审计的有限合伙企业财务会计报告；⑤对涉及自身利益的情况，查阅有限合伙企业财务会计账簿等财务资料；⑥在有限合伙企业中的利益受到侵害时，向有责任的合伙人主张权利或者提起诉讼；⑦执行事务合伙人怠于行使权利时，督促其行使权利或者为了本企业的利益以自己的名义提起诉讼；⑧依法为本企业提供担保。因此，本题选项B、D中的行为不视为执行合伙事务，故排除；本题正确答案为选项A、C。

三、案例分析题答案及解析

【案例1】

（1）人民法院认为A公司20名职工无破产申请权符合规定。根据《企业破产法》的规定，破产企业的职工作为债权人可以申请债务人企业破产，但应经职工代表大会或全体职工会议通过。本题中，A公司20名职工联名向人民法院提出对A公司的破产申请，但没有经职工代表大会或者全体职工会议多数决议通过，因此没有破产申请权。

（2）人民法院驳回A公司的抗辩异议符合规定。根据《企业破产法》的规定，债务人以其具有清偿能力或资产超过负债为由提出抗辩异议，但又不能立即清偿债务或与债权人达成和解的，其异议不能成立。本题中，A公司账面资产总额超过负债总额，并未丧失清偿能力，但又不能立即清偿B银行债务，也无法与B银行达成和解，因此异议不能成立。

（3）C公司向A公司财务人员交付20万元贷款的行为不产生债务清偿的效果。根据《企业破产法》的规定，人民法院受理破产申请后，债务人对个别债权人的债务清偿无效；债务人的债务人或财产持有人应向"管理人"清偿债务或交付财产；如其故意违反法律规定向债务人清偿债务或者交付财产，使债权人受到损失的，不免除其清偿债务或者交付财产的义务。因此，本题中，C公司经理在得知A公司进入破产程序的情况下，直接将贷款交付A公司财务人员的行为不产生债务清偿的效果。

（4）A公司向D公司的清偿行为不应当认定为无效。根据《企业破产法》的规定，人民法院受理破产申请后，法院受理破产申请后，债务人对个别债权人的债务清偿无效；但是，债务人以其财产向债权人提供物权担保的，其在担保物市场价值内向债权人所做的债务清偿，不受上述规定限制。因此，本题中，A公司未经管理人同意，擅自向债权人D公司清偿在担保物市场价值（50万元）内的10万元债务有效。

（5）根据《企业破产法》的规定，人民法院受理破产申请后，有关债务人财产的保全措施应当解除，执行程序应当中止。因此，本题A公司破产申请受理前人民法院对其部分财产所采取的保全措施应当解除，执行程序应当中止。

【案例2】

（1）甲公司应对乙公司总经理孙某挪用公款事件履行信息披露义务。根据证券法律制度的规定，上市公司或上市公司控股子公司发生重大事件（例如，公司涉嫌违法违规被有权机关调查或者受到刑事处罚、重大行政处罚，公司董事、监事、高级管理人员涉嫌违法违纪被有权机关调查或者采取强制措施等20种情况），可能对上市公司证券及其衍生品种交易价格产生较大影响的，上市公司应当履行信息披露义务。

（2）甲公司独立董事王某的行政复议申请理由不成立。根据相关法律规定，能力不足、无相关职业背景不得单独作为不予处罚情形认定。因此，本题甲公司独立董事王某的行政复议申请理由不成立。

（3）深交所决定暂停甲公司股票上市合法。根据证券法律制度的规定，上市公司因欺诈发行或者重大信息披露违法行为，受到证监会行政处罚，或者已涉嫌犯罪被移送公安机关的，证券交易所应当依法做出暂停其股票上市交易的决定。

（4）人民法院应予支持。根据《公司法》规定，公司债权人请求未履行或者未全面履行出资义务的股东在未出资本息范围内对公司债务不能清偿的部分承担补充赔偿责任的，人民法院应予支持。因此，本题中，丁银行请求人民法院认定甲公司抽逃出资，判令甲公司在4 500万元本息范围内承担补充赔偿责任，人民法院应予支持。

（5）对于周某直接以自己名义提起的诉讼，人民法院不应受理。根据《公司法》规定，公司董事、高级管理人员侵犯公司利益，股份有限公司连续180日以上单独或者合计持有公司1%以上股份的股东可以书面请求监事会向人民法院提起诉讼。如果监事会收到股东的书面请求后拒绝提起诉讼，或者自收到请求之日起30日内未提起诉讼，或者情况紧急、不立即提起诉讼将会使公司利益受到难以弥补的损害的，股东有权为了公司的利益以自己的名

义直接向人民法院提起诉讼。因此，本题中，周某应先书面请求监事会向人民法院提起诉讼，不能直接提起诉讼。

（6）深交所对甲公司做出终止股票上市决定符合证券法律制度的规定。根据证券法律制度的规定，上市公司因欺诈发行或者重大信息披露违法行为，受到证监会行政处罚，或者已涉嫌犯罪被移送公安机关而暂停上市后，在证监会做出行政处罚决定或者移送决定之日起1年内，证券交易所应当作出终止其股票上市交易的决定。

【案例3】

（1）丁公司能够因丙公司的背书转让行为而取得票据权利。根据《票据法》的规定，以欺诈、偷盗或者胁迫等手段取得票据的，或明知有以上所列情形仍然恶意取得票据的不能享有票据权利。无处分权人处分他人的票据权利，受让人依照票据法所规定的票据转让方式取得票据，并且善意且无重大过失，则可以取得票据权利。本题中，尽管丙公司不享有票据权利，但由于其形式上是票据权利人，在其向丁公司背书转让时，丁公司善意取得票据权利。

（2）乙公司不需要向丁公司承担票据责任。根据《票据法》的规定，票据伪造的被伪造人不承担票据责任，伪造人未以自己名义在票据上签章，不承担票据责任，但可能承担刑事、行政责任或民法上的赔偿责任。因此，本题中被伪造人（乙公司）不承担票据责任。

（3）郑某应当向丁公司承担票据责任。根据《票据法》的规定，如果被保证人的债务因实质要件的欠缺而无效（例如签章伪造）的，并不影响票据保证的效力。因此，本题中保证人（郑某）仍应对票据权利人（丁公司）承担票据保证责任。

（4）孙某不需要向丁公司承担票据责任。根据《票据法》的规定，伪造人未以自己名义在票据上签章，不承担票据责任，但可能承担刑事、行政责任或民法上的赔偿责任。因此，本题中由于伪造人（孙某）没有以自己的名义在票据上签章，所以不需要向丁公司承担票据责任。

【案例4】

（1）甲公司已经取得已受领自行车的所

有权。根据《物权法》的规定，动产物权的设立和转让，自交付时发生效力，但法律另有规定的除外。本题中，甲公司向丁公司支付价款，丁公司交付A型号自行车，已经实际交付了，因此甲公司已经取得已受领自行车的所有权。

（2）甲公司有权要求减少价款。根据《合同法》的规定，当事人履行合同义务，质量不符合约定的，应当按照当事人的约定承担违约责任。对违约责任没有约定或者约定不明确，受损害方根据标的的性质以及损失的大小，可以合理选择要求对方承担修理、更换、重做、退货、减少价款或者报酬等违约责任。本题中，自行车存在严重质量瑕疵，因此甲公司有权要求减少价款。

（3）甲公司中止履行向丁公司支付第二期自行车价款的义务不构成违约。根据《合同法》的规定，双务合同中应当先履行义务的一方当事人，有确切证据证明相对人经营状况严重恶化的，可以行使不安抗辩权，中止合同履行。因此，在本题中，甲公司经过调查，有确切证据证明丁公司经营状况严重恶化，可以中止履行，并不构成违约。

（4）甲公司有权就未交付的自行车解除合同。根据《合同法》的规定，当事人行使不安抗辩权中止履行的，应当及时通知对方。对方提供适当担保的，应当恢复履行。中止履行后，对方在合理期限内未恢复履行能力并且未提供适当担保的，中止履行的一方可以解除合

同。本题中，乙公司没有提供适当的担保，因此甲公司有权就未交付的自行车解除合同。

（5）甲公司无权撤销与戊公司的买卖合同。根据《合同法》的规定，在一方以欺诈、胁迫的手段或者乘人之危，使对方在违背真实意思的情况下订立的合同，只有受损害方才有权撤销。本题中，甲公司是实施方并非受害方，因此无权撤销与戊公司的买卖合同。

（6）乙银行无权要求丙公司偿还第一笔贷款。根据合同法律制度的相关规定，被担保的债权既有物的担保又有人的担保的，债务人不履行到期债务或者发生当事人约定的实现担保物权的情形，债权人应当按照约定实现债权；没有约定或者约定不明确的，债务人自己提供物的担保的，债权人应当先就该物的担保实现债权。本题中，甲公司以房屋为乙银行设定抵押，属于债务人自己提供物的担保的情形，债权人应当先就该物的担保实现债权。

（7）乙银行无权要求丙公司偿还第二笔贷款。根据合同法律制度的相关规定，保证期间，债权人与债务人协议变更主合同的，应取得保证人书面同意。未经保证人同意的主合同变更，如果减轻债务人的债务的，保证人对变更后的合同承担保证责任；如果加重债务人的债务的，保证人对加重的部分不承担保证责任。本题中，甲公司追加借款，加重了债务人的债务，并且未经过保证人同意，因此保证人对第二笔贷款不承担保证责任。

2016年真题套卷

（考试时间：120分钟，满分100分）

一、单项选择题（本题型共24小题，每小题1分，共24分。每小题只有一个正确答案，请从每小题的备选答案中选出一个你认为正确的答案，用鼠标点击相应的选项。）

1. 下列关于法律渊源的表述中，正确的是（　　）。
   A. 全国人大常委会有权部分修改由全国人大制定的基本法律
   B. 部门规章可设定减损公民、法人和其他组织权利或增加其义务的规范
   C. 地方性法规是指地方人民政府就地方性事务制定的规范性法律文件的总称
   D. 除高人民法院外，其他国家机关无权解释法律

2. 根据基本民事法律制度的规定，下列各项中，属于诉讼时效中止法定事由的是（　　）。
   A. 申请支付令
   B. 申请仲裁
   C. 申请宣告义务人死亡
   D. 权利被侵害的无民事行为能力人没有法定代理人

3. 甲、乙、丙三兄弟共同继承一幅古董字画，由甲保管。甲擅自将该画以市场价出卖于丁并已交付，丁对该画的共有权属关系并不知情。根据物权法律制度的规定，下列表述中，正确的是（　　）。
   A. 经乙和丙中一人追认，丁即可取得该画所有权
   B. 无论乙和丙追认与否，丁均可取得该画的所有权
   C. 丁取得该画的所有权，但须以乙和丙均追认为前提
   D. 无论乙和丙追认与否，丁均不能取得该画的所有权

4. 根据合同法律制度的规定，下列关于缔约过失责任的表述中，正确的是（　　）。
   A. 一方当事人假借订立合同恶意进行磋商，给他人造成损失的，可成立缔约过失责任
   B. 缔约过失责任仅在合同成立时适用
   C. 缔约过失责任赔偿的是可期待利益损失
   D. 缔约过失责任的赔偿额通常大于违约责任

5. 根据合同法律制度的规定，建设工程合同当事人对工程实际竣工日期有争议时，下列处理规则中，正确的是（　　）。
   A. 承包人已提交竣工验收报告，发包人拖延验收的，以承包人提交验收报告之日为竣工日期
   B. 工程未经竣工验收发包人擅自使用的，以工程封顶之日为竣工日期
   C. 工程竣工验收合格的，以工程转移占有之日为竣工日期
   D. 工程未经竣工验收，发包人擅自使用的，以开始使用之日为竣工日期

6. 甲公司通过乙互联网借贷平台向丙公司借款30万元，用于生产经营，年利率28%。乙互联网借贷在主页上标明"通过本平台签订的借款合同，本公司保障出借人的本金安全"字样。根据合同法律制度的规定，下列表述中，正确的是（　　）。
   A. 借款利率高于法定高利率，借款合同无效
   B. 乙互联网借贷平台应当对借款本金承担担保责任
   C. 甲、丙公司属法人间借贷，借款合同无效

D. 借款利率高于24%的法定高利率，超出部分利息约定无效

7. 某普通合伙企业拟变更企业名称，但合伙协议对该事项的决议规则未做约定。下列表述中，符合合伙企业法律制度规定的是（　　）。
   A. 该事项经半数以上合伙人同意即可通过
   B. 该事项经全体合伙人一致同意方可通过
   C. 该事项经2/3以上合伙人同意即可通过
   D. 该事项经出资占2/3以上的合伙人同意即可通过

8. 根据合伙企业法律制度的规定，下列出资形式中，只能由全体合伙人协商确定价值评估办法的是（　　）。
   A. 劳务   B. 知识产权
   C. 实物   D. 土地使用权

9. 甲、乙、丙、丁拟共同投资设立一有限合伙企业，甲、乙为普通合伙人，丙、丁为有限合伙人。四人草拟了一份合伙协议。该合伙协议的下列内容中，符合合伙企业法律制度的是（　　）。
   A. 合伙企业名称为"环宇商贸有限公司"
   B. 丙、丁可以将其在合伙企业中的财产份额出质
   C. 丙任执行事务合伙人
   D. 甲以房屋作价30万元出资，乙以专利技术作价15万元出资，丙以劳务作价20万元出资，丁以现金50万元出资

10. 根据合伙企业法律制度的规定，合伙企业解散清算时，企业财产首先应当清偿支付的是（　　）。
    A. 所欠税款   B. 所欠银行借款
    C. 所欠职工工资   D. 清算费用

11. 某股份有限公司董事会有9名董事。该公司开董事会会议，甲、乙、丙、丁、戊5名董事出席，其余4名董事缺席。会议表决前，丁因故提前退席，亦未委托他人代为表决。会议终由4名董事一致做出一项决议。根据公司法律制度的规定，下列关于该决议法律效力的表述中，正确的是（　　）。
    A. 有效   B. 无效
    C. 可撤销   D. 未生效

12. 甲公司注册资本为700万元，公司当年税后利润300万元，法定公积金累计额310万元，公司无亏损。根据公司法律制度的规定，甲公司当年应提取的法定公积金金额是（　　）万元。
    A. 30   B. 40
    C. 50   D. 60

13. 甲持有某上市公司已发行股份的8%，2016年7月4日，投资者乙与甲签署股份转让协议，约定以6000万元的价格受让甲持有的该上市公司的全部股份。7月6日，乙将股份转让事项通知该上市公司。7月11日，双方办理了股份过户。7月18日，乙通知该上市公司股份过户已办理完毕。根据证券法律制度的规定，乙应当向证监会和证券交易所做出书面报告的日期是（　　）。
    A. 2016年7月6日   B. 2016年7月8日
    C. 2016年7月13日   D. 2016年7月20日

14. 根据企业破产法律制度的规定，下列关于破产案件诉讼费用承担的表述中，正确的是（　　）。
    A. 由债权人和债务人分担   B. 由破产申请人预先支付

C. 从债务人财产中随时拨付　　　　　D. 由全体债权人按比例分担

15. 根据票据法律制度的规定，下列关于票据转让背书无效情形的表述中，正确的是（　　　　）。

　　A. 背书人未记载被背书人名称的，背书无效

　　B. 背书时附有条件的，背书无效

　　C. 背书人将票据全额分别转让给两人以上的，背书无效

　　D. 背书人在票据上记载"不得转让"字样的，其后手的转让背书无效

16. 根据企业国有资产管理法律制度的规定，金融企业发生下列情形时，对相关资产应当进行资产评估的是（　　　　）。

　　A. 整体改制为有限责任公司

　　B. 县级人民政府批准其所属企业实施无偿划转

　　C. 国有独资企业与其下属的独资企业之间的合并

　　D. 上市公司可流通的股权转让

17. 根据外汇管理法律制度的规定，负责对合格境内机构投资者（QDⅡ）的境外投资额度进行管理的机构是（　　　　）。

　　A. 财务部　　　　　　　　　　　　B. 国家外汇管理局

　　C. 国家发展改革委　　　　　　　　D. 证监会

18. 根据涉外经济法律制度的规定，下列关于人民币汇率制度的表述中，正确的是（　　　　）。

　　A. 双重汇率制　　　　　　　　　　B. 固定汇率制

　　C. 自由浮动汇率制　　　　　　　　D. 有管理的浮动汇率制

19. 某省属企业拟实施一项境外投资项目，中方投资额2.5亿美元，项目所在国系敏感国家。下列表述中，符合涉外经济法律制度规定的是（　　　　）。

　　A. 该项目应报国家发展改革委核准

　　B. 该项目应报国家发展改革委备案

　　C. 该项目应报省级投资主管部门备案

　　D. 该项目应报省级投资主管部门核准

20. 根据涉外经济法律制度的规定，有权做出征收反倾销税决定的机构是（　　　　）。

　　A. 海关总署　　　　　　　　　　　B. 国家税务局

　　C. 商务部　　　　　　　　　　　　D. 国务院关税税则委员会

21. 根据企业国有资产法律制度的规定，代表国家行使企业国有资产所有权的是（　　　　）。

　　A. 全国人民代表大会　　　　　　　B. 国有资产监督管理委员会

　　C. 国家主席　　　　　　　　　　　D. 国务院

22. 根据票据法律制度的规定，下列票据行为人中，其签章不符合票据法规定可导致票据无效的是（　　　　）。

　　A. 出票人　　　　　　　　　　　　B. 背书人

　　C. 承兑人　　　　　　　　　　　　D. 保证人

23. 某上市公司董事会做出决议，通过发行股份购买资产。根据证券法律制度的规定，股份发行价格不得低于市场参考价的90%，下列各项中，不可以用于确定市场参考价的是（　　　　）。

　　A. 本次董事会决议公告日前20个交易日的公司股票交易均价

　　B. 本次董事会决议公告日前60个交易日的公司股票交易均价

　　C. 本次董事会决议公告日前90个交易日的公司股票交易均价

　　D. 本次董事会决议公告日前120个交易日的公司股票交易均价

24. 某外国投资者拟在中国境内出资设立一家外商独资企业。根据涉外投资法律制度的规定，下列各项中，不可作为该外国投资者出资方式的是（　　　　）。

A. 外币

B. 合法获得的境外人民币

C. 从境内商业银行获得的人民币贷款

D. 从其在中国境内举办的其他外商投资企业获得的人民币利润

二、多项选择题（本题型共14小题，每小题1.5分，共21分。每小题均有多个正确答案，请从每小题的备选答案中选出你认为正确的所有答案，用鼠标点击相应的选项。每小题所有答案选择正确的得分，不答、错答、漏答均不得分。）

1. 甲、乙均为完全民事行为能力人，甲、乙之间的下列约定中，能够产生法律上的权利义务的有（ ）。
   - A. 甲送给乙一部手机
   - B. 两人共进晚餐
   - C. 甲将房屋出租给乙
   - D. 两人此生不离不弃

2. 某普通合伙企业经营期间，吸收甲入伙。甲入伙前合伙企业已负债20万元。甲入伙1年后退伙，在此期间合伙企业新增债务10万元，甲退伙后半年，合伙企业解散，以企业全部财产清偿债务后，尚有80万元债务不能清偿。根据合伙企业法律制度的规定，下列关于甲承担清偿责任的表述中，正确的有（ ）。
   - A. 甲对担任合伙人期间合伙企业新增加的10万元债务承担无限连带责任
   - B. 甲对合伙企业解散后尚未清偿的全部80万元债务承担无限连带责任
   - C. 甲对入伙前合伙企业的20万元债务承担无限连带责任
   - D. 甲对入伙后至合伙企业解散时新增的60万元债务承担无限连带责任

3. 甲、乙、丙、丁拟设立一家贸易公司，委派丙负责租赁仓库供公司使用，因公司尚未成立，丙以自己的名义与戊签订仓库租赁合同。根据公司法律制度的规定，下列关于仓库租赁合同义务承担的表述中正确的有（ ）。
   - A. 贸易公司一经成立，戊即可请求该公司承担合同义务
   - B. 贸易公司成立后，对租赁合同明确表示承认的，戊可请求贸易公司承担合同义务
   - C. 若贸易公司未能成立，戊可请求丙承担合同义务
   - D. 贸易公司成立后，戊仍可请求丙承担合同义务

4. 根据涉外经济法律制度的规定，下列关于特别提款权的表述中，正确的有（ ）。
   - A. 特别提款权本身具有价值
   - B. 特别提款权的"货币篮"由5种货币组成
   - C. 特别提款权是一种货币
   - D. 加入特别提款权"货币篮"标志着人民币完全实现了可自由兑换

5. 根据物权法律制度的规定，以出让方式取得土地使用权后，转让房地产时，应当符合的条件有（ ）。
   - A. 按出让合同约定投资开发，属于房屋建设工程的，完成开发投资总额的20%以上
   - B. 转让房地产时，房屋建成后，应当持有房屋所有权证书
   - C. 按出让合同约定投资开发，属于成片开发土地的，形成工业用地或其他建设用地条件
   - D. 按出让合同约定已支付全部土地使用权出让金，并取得土地使用权证书

6. 根据合伙企业法律制度的规定，下列关于特殊的普通合伙企业执业风险防范措施的表述中，正确的有（ ）。
   - A. 企业应当从其经营收益中提取相应比例资金作为执业风险基金
   - B. 执业风险基金应当单独立户管理
   - C. 执业风险基金用于偿付合伙人执业活动造成的债务

D． 企业可以选择建立执业风险基金或办理职业保险

7. 根据公司法律制度的规定，有限责任公司股东会会议的下列决议中，须经代表2/3以上表决权的股东通过的有（　　　）。
   A． 增加注册资本　　　　　　　　　　B． 对外提供担保
   C． 决定利润分配方案　　　　　　　　D． 修改公司章程

8. 根据公司法律制度的规定，股份有限公司的下列文件中，股东有权查阅的有（　　　）。
   A． 公司会计账簿　　　　　　　　　　B． 董事会会议决议
   C． 股东名册　　　　　　　　　　　　D． 公司债券存根

9. 根据票据法律制度的规定，下列各项中，属于汇票上绝对必要记载事项的有（　　　）。
   A． 出票日期　　　　　　　　　　　　B． 付款日期
   C． 收款人名称　　　　　　　　　　　D． 汇票金额

10. 甲为庆祝好友乙60岁生日，拟赠与其古董瓷瓶一只。但双方约定，瓷瓶交付之后，甲可以随时借用该瓷瓶，根据合同法律制度的规定，下列正确的有（　　　）。
    A． 瓷瓶交付乙前，若甲的经济状况显著恶化，严重影响其生活，可不再履行赠与义务
    B． 瓷瓶交付乙后，若甲请求借用时被乙拒绝，甲可以撤销赠与
    C． 瓷瓶交付乙后，若被鉴定为赝品，乙有权以欺诈为由撤销赠与
    D． 瓷瓶交付乙前，甲不得撤销赠与

11. 根据企业国有资产管理法律制度的规定，下列各项中，属于国家出资企业的有（　　　）。
    A． 国有独资公司　　　　　　　　　　B． 国有资本控股公司
    C． 国有资本参股公司　　　　　　　　D． 国有独资企业

12. 根据反垄断法律制度的规定，执法机构认定非价格性"其他协同行为"时，应考虑的因素有（　　　）。
    A． 经营者之间是否进行过意思联络或者信息交流
    B． 经营者能否对一致行为做出合理的解释
    C． 相关市场的结构情况、竞争状况、市场变化情况、行业情况
    D． 经营者的市场行为是否具有一致性

13. 根据涉外经济法律制度的规定，下列企业形式中，可以作为中外合资经营企业组织形式的有（　　　）。
    A． 合伙企业　　　　　　　　　　　　B． 有限责任公司
    C． 股份有限公司　　　　　　　　　　D． 个人独资企业

14. 下列行为中，违反我国《反垄断法》的有（　　　）。
    A． 农业生产者在农产品生产加工、销售、运输、储存等经营活动中实施的联合行为
    B． 外国企业在中国境外实施的对中国境内市场竞争产生排除或限制效果的行为
    C． 具有竞争关系的境内企业就固定商品出口价格达成的垄断协议
    D． 国有经济占控制地位的关系国民经济命脉行业的国有企业之间达成垄断协议的行为

三、案例分析题（本题型共4小题55分。其中一道小题可以选用中文或英文解答，请仔细阅读答题要求。如使用英文解答，须全部使用英文，答题正确的，增加5分。本题型最高得分为60分。）

【案例1】

2016年3月1日，为支付工程款项，A公司向B公司签发一张以甲银行为承兑人，金额为150万元的银行承兑汇票。汇票到期日为2016年9月1日，甲银行作为承兑人在汇票票面上签章。

4月1日，B公司将该汇票背书转让给C公司，用于支付买卖合同价款，后因C公司向B公司出售的合同项下货物存在严重质量问题，双方发生纠纷。

5月1日，C公司为支付广告费，将该汇票背书给D公司。D公司负责人知悉B、C之间合同纠纷的详情，对该汇票产生疑虑，遂要求C公司的关联企业E公司与D公司签订了一份保证合同，保证合同约定，E公司就C公司对D公司承担的票据责任提供连带责任保证。但E公司未在汇票上记载有关保证事项，亦未签章。

6月1日，D公司将该汇票背书转让给F公司，以偿还所欠F公司的租金。

9月2日，F公司持该汇票向甲银行提示付款，甲银行以A公司资信状况不佳、账户余额不足为由拒付。

F公司遂向B、D公司追偿。B公司以C公司违反买卖合同为由，对F公司的追偿予以拒绝。D公司向F公司承担票据责任后，分别向B、E公司追索。B公司仍以C公司违反买卖合同为由，对D公司的追索予以拒绝，E公司亦拒绝。

要求：根据上述内容，分别回答下列问题。

（1）甲银行的拒付理由是否成立？并说明理由。

（2）B公司拒绝F公司追索的理由是否成立？并说明理由。

（3）B公司拒绝D公司追索的理由是否成立？并说明理由。

（4）D公司能否要求E公司承担票据责任？能否依保证合同要求E公司承担保证责任？并分别说明理由。

【案例2】

甲股份有限公司（简称"甲公司"）为A股上市公司，2015年8月3日乙有限责任公司（简称"乙公司"）向中国证监会，证券交易所提交权益变动报告书，称其自2015年7月20日开始持有甲公司股份，截至8月1日已经通过公开市场交易持有该公司已发行股份的5%。乙公司同时也将该情况通知了甲公司并予以公告。8月16日和9月3日，乙公司连续两次公告其所持甲公司股份分别增加5%，截至9月3日，乙公司成为甲的第一大股东，持股15%，甲公司原第一大股东丙股份有限公司（简称"丙公司"）持股13%，退居次位。

2015年9月15日，甲公告称因筹划重大资产重组事项，公司股票停牌3个月。2015年11月1日甲公司召开董事会会议审议丁有限责任公司（简称"丁公司"）与甲公司的资产重组方案，方案主要内容是：

（1）甲公司拟向丁公司发行新股，购买丁公司价值60亿元的软件业务资产；

（2）股份发行价格拟定为本次董事会决议公告前20个交易日交易均价的85%；

（3）丁公司因该次重组取得的甲公司股份自发行结束之日起6个月方可自由转让。

该项交易完成后，丁公司将持有甲公司12%的股份，但尚未取得甲公司的实际控制权，乙公司和丙公司的持股比例分别降至10%和8%。

甲公司董事会共有董事11人，7人开会，在讨论上述重组方案时，2名非执行董事认为，该重组方案对购入资产定价过高，同时严重稀释老股东权益，在与其他董事激烈争论之后，该2名非执行董事离席，未参加表决，其余5名董事均对重组方案投了赞成票，甲公司决定于2015年12月25日召开临时股东大会审议该重组方案。

2015年11月5日，乙公司书面请求甲公司监事会起诉投票通过上述重组方案的5名董事违反忠实和勤勉义务，遭到拒绝，乙公司遂以自己的名义直接向人民法院起诉5名董事。

2015年11月20日，甲公司向中国证监会举报乙公司在收购上市公司过程中存在违反信息披露义务的行为，证监会调查发现，2015年8月1日~8月3日，戊和辛公司通过公开市场交易分别购入甲公司2.5%的股份，戊、辛两公司事先均向乙公司出具书面承诺，同意无条件按照乙公司指令行使各自所持甲公司的表决权。戊、辛、乙三公司均未对上述情况予以披露。

要求：根据上述内容，回答下列问题。

（1）乙、戊、辛公司在收购甲公司股份时，是否构成一致行动人？并说明理由。

（2）乙公司在收购甲公司股份时，存在哪些不符合证券法律制度关于权益变动披露规定的行为？并说明理由。

（3）丁公司与甲公司的资产重组方案的三项内容中，哪些不符合证券法律制度的规定？并说明理由。

（4）2015年11月1日，董事会会议的到会人数是否符合公司法关于召开董事会会议法定人数的规定？并说明理由。

（5）2015年11月1日，董事会做出的决议是否获得通过？并说明理由。

（6）人民法院应否受理乙公司的起诉？并说明理由。

【案例3】

A公司因不能清偿到期债务，且明显缺乏清偿能力，主动向人民法院申请破产。2016年4月1日，人民法院裁定受理A公司的破产申请，并指定某会计师事务所为管理人。

管理人在清理公司资产过程中发现，A公司的股东甲于2014年3月认缴增资200万元，根据公司章程规定，甲应于2014年4月～2017年4月底，至少分4次缴足出资，每次不低于50万元。截至2016年4月1日，甲已经实缴100万元出资。2016年4月6日，管理人要求甲缴纳剩余出资100万元，甲以其出资义务尚未到期为由拒绝。

2016年4月7日，B公司获悉A公司申请破产的消息后，要求取回其委托A公司加工定做的一套高档古典家具。由于B公司尚未支付加工费，管理人以此为由拒绝其取回家具。

2016年4月11日，C公司申请债权。管理人认为，C公司所主张的对A公司的50万元债权，未得到该公司原负责人认可，故以该债权有争议为由拒绝将之编入债权登记表。C公司对此提出异议，管理人研究后提出如下处理方案：先将C公司主张的债权列入债权登记表，交由第一债权人会议核查是否成立，但C公司不得参加第一次债权人会议。

债权人申报工作结束后，管理人指定本所一名资深注册会计师担任债权人会议的主席。

要求： 根据上述内容，分析回答下列问题。

（1）甲拒绝缴纳剩余100万元出资的理由是否成立？并说明理由。

（2）管理人拒绝B公司取回家具的理由是否成立？并说明理由。

（3）管理人拒绝将C公司主张的债权编入债权登记表的理由是否成立？并说明理由。

（4）管理人拒绝C公司参加第一次债权人会议是否符合企业破产法律制度的规定？并说明理由。

（5）管理人指定本所注册会计师为债权人会议主席是否符合企业破产法律制度的规定？并说明理由。

【案例4】

甲将位于住宅楼顶楼的房子租给乙，租赁期限2年，月租金9 000元，双方对租金支付方式未约定。乙于租赁开始支付了1年租金。

租赁开始第2个月，房子出现严重漏水，乙要求甲进行维修，甲以合同并未约定维修条款为由拒绝。因房子漏水严重影响居住，乙请人进行维修，并在此期间租住在宾馆花去3 000元。

租赁开始第5个月，乙和其家人出国半年，经甲同意将房子租给丙。丙租赁期间，不当使用造成洗衣机损坏，甲要求乙进行赔偿。

租赁开始第13个月，甲要求乙按照合同支付第2年租金，乙不同意。

租赁开始第15个月，甲在未告知乙的情况下，将租房卖给自己的姐姐丁并于3日后办理了产权转让登记手续。乙得知后主张自己优先购买权遭到侵犯，要求甲就此以及之前维修费和住宾馆费用进行赔偿。丁于次月要求乙搬出此房子。

要求： 根据上述内容，分析回答下列问题。

（1）甲是否有维修义务？乙能否要求甲支付维修费用及维修期间住宾馆费用？并说明理由。

（2）对于洗衣机的损坏，甲是否有权要求乙赔偿？并说明理由。

（3）租赁开始第13个月，甲能否要求乙支付第2年租金？并说明理由。

（4）丁是否取得了房屋所有权？并说明理由。

（5）乙能否以自己优先购买权遭到损害主张赔偿损失？并说明理由。

（6）丁能否要求乙搬离房子？并说明理由

2016年真题套卷答案及解析

单项选择题答案速查表

题号	答案	题号	答案	题号	答案	题号	答案	题号	答案	题号	答案
1	A	2	D	3	B	4	A	5	A	6	B
7	B	8	A	9	B	10	D	11	B	12	A
13	A	14	C	15	C	16	A	17	B	18	D
19	A	20	D	21	D	22	A	23	C	24	C

多项选择题答案速查表

题号	答案	题号	答案	题号	答案	题号	答案	题号	答案
1	AC	2	AC	3	BCD	4	AB	5	BCD
6	ABC	7	AD	8	BCD	9	ACD	10	AB
11	ABCD	12	ABCD	13	BC	14	BD		

一、单项选择题答案及解析

1. A〖解析〗本题考查的是法律渊源。根据相关规定，没有法律或国务院的行政法规、决定、命令的依据，部门规章不得设定减损公民、法人和其他组织权利或增加其义务的规范，选项B错误；地方性法规是指地方人民代表大会及其常委会就地方性事务以及根据本地区实际情况制定的规范性法律文件的总称，选项C错误；司法解释是高人民法院和高人民检察院在总结司法审判经验的基础上发布的指导性文件和法律解释的总称，选项D错误。

2. D〖解析〗本题考查的是诉讼时效中止的法定事由。中止诉讼时效的事由有2类：一是不可抗力；二是其他障碍。其他障碍包括：权利被侵害的无民事行为能力人、限制民事行为能力人没有法定代理人或代理人死亡、丧失行为能力，选项D正确；而申请支付令（选项A）、申请仲裁（选项B）、申请宣告义务人死亡（选项C）都属于诉讼时效的中断事由。

3. B〖解析〗本题考查的是物权法律制度的善意取得。根据题干可知，丁对该画的共有权属关系并不知情，且已合理支付标的物的费用，适用善意取得制度，即丁是善意的，无论其他共有人是否追认，丁都取得所有权。因此正确答案是选项B。

4. A〖解析〗本题考查的是缔约过失责任。缔约过失责任是指合同当事人在订立合同过程中，因故意或过失致使合同未成立、未生效、被撤销或无效，给他人造成损失而应承担的损害赔偿责任，选项B错误；缔约过失赔偿的是信赖利益的损失，选项C错误；违约责任赔偿的是可期待利益的损失，可期待利益的损失要大于或者等于信赖利益的损失，选项D错误。

5. A〖解析〗本题考查建设工程合同。当事人对建设工程实际竣工日期有争议的，按照以下情形分别处理：①建设工程经竣工验收合格的，以竣工验收合格之日为竣工日期（选项C错误）；②承包人已经提交竣工验收报告，发包人拖延验收的，以承包人提交验收报告之日为竣工日期（选项A正确）；③建设工程未经竣工验收，发包人擅自使用的，以转移占有建设工程之日为竣工日期（选项B、D

错误）。

6. B〖解析〗本题考查民间借贷合同利率约定的相关内容。民间借贷是指自然人、法人、其他组织之间及其相互之间进行资金融通的行为，题目中甲公司和丙公司之间的借贷交易属于民间借贷合同的范畴，合同有效，选项C错误；借贷双方约定的利率超过年利率36%的，超过部分的利息约定无效，选项A、D错误。

7. B〖解析〗本题考查合伙企业事务的执行形式。根据《合伙企业法》规定，除合伙协议另有约定外，合伙企业的下列事项应当经全体合伙人一致同意：①改变合伙企业的名称；②改变合伙企业的经营范围、主要经营场所的地点；③处分合伙企业的不动产；④转让或处分合伙企业的知识产权和其他财产权利；⑤以合伙企业名义为他人提供担保；⑥聘任合伙人以外的人担任合伙企业的经营管理人员。

8. A〖解析〗本题考查普通合伙企业设立时的合伙人出资。合伙人可以用货币、实物、知识产权、土地使用权或其他财产权利出资，也可用劳务出资，其中：①合伙人以实物、知识产权、土地使用权或其他财产权利出资，需要评估作价的，可以由全体合伙人协商确定，也可以由全体合伙人委托法定评估机构评估；②合伙人以劳务出资的，其评估办法由全体合伙人协商确定，并在合伙协议中载明。选项A正确。

9. B〖解析〗本题考查有限合伙企业的相关知识。选项A错误：有限合伙企业名称中应标明"有限合伙"字样，而不能标明"有限公司"等字样；选项C错误：有限合伙企业由普通合伙人执行合伙事务，有限合伙人不执行合伙事务，不得对外代表有限合伙企业；选项D错误：有限合伙人可用货币、实物、知识产权、土地使用权或其他财产权利作价出资，不得以劳务出资。

10. D〖解析〗本题考查合伙企业法律制度的财产清偿顺序。根据《合伙企业法》规定，合伙企业的财产首先用于支付合伙企业的清算费用，然后用于支付合伙企业职工工资、社会保险费用、法定补偿金以及缴纳所欠税款、清偿债务，仍有剩余时，依照规定进行分

配。选项D应优先支付清偿。

11. B〖解析〗本题考查董事会会议的召开。董事会会议应有过半数的董事出席方可举行。董事会做出决议，必须经全体董事的过半数通过。本题参加董事会的有5人，由于丁提前退席且未委托他人代为表决，决议只由4人通过，不符合"过半数"的要求，所以该决议无效。

12. A〖解析〗本题考查公司利润分配时关于法定公积金提取的相关知识。法定公积金按照公司税后利润的10%提取，当公司法定公积金累计额为公司注册资本的50%以上时可以不再提取。本题甲公司当年应提取的法定公积金=300×10%=30（万元），累计提取总金额=310+30=340（万元），未超过注册资本的50%〔700×50%=350（万元）〕。

13. A〖解析〗本题考查协议转让。如果投资者是通过协议转让的方式获得上市公司股权的，投资者则无法控制协议购买的股权数量，不能恰好在5%的时点上停下来进行报告和公告。投资者通过协议转让方式，在一个上市公司中拥有权益的股份拟达到或者超过一个上市公司已发行股份的5%时，履行权益披露义务。投资者应当在该事实发生之日起（签订股份转让协议时）3日内，向国务院证券监督管理机构、证券交易所做出书面报告。

14. C〖解析〗本题考查破产费用的相关知识。根据相关法律规定：破产案件的诉讼费用，应根据企业破产法的规定，从债务人财产中拨付。相关当事人以申请人未预先交纳诉讼费用为由，对破产申请提出异议的，人民法院不予支持。

15. C〖解析〗本题主要考查票据背书无效的情形。选项A：背书人未记载被背书人名称即将票据交付他人的，持票人在票据被背书人栏内记载自己的名称与背书人记载具有同等法律效力；选项B：背书不得附条件，附条件的，条件无效，背书有效；选项D：背书人在汇票上记载"不得转让"字样，其后手再背书转让的，原背书人对后手的被背书人不承担票据责任。

16. A〖解析〗本题考查金融企业国有资产评估管理。整体或部分改制为有限责任公司

或股份有限公司的，应当进行评估。本题应选择选项A。

17. B【解析】本题考查资本项目外汇管理制度中合格境内机构投资者制度。根据相关规定，国家外汇管理局负责QDⅡ机构境外投资额度、账户及资金汇兑管理。

18. D【解析】本题考查外汇管理法律制度中人民币汇率制度。根据相关规定，自2005年7月21日起，在我国开始实行以市场供求为基础，参考"一篮子"货币进行调节、有管理的浮动汇率制度。选项D正确。

19. A【解析】本题考查对外直接投资法律制度的相关知识。根据相关规定，涉及敏感国家和地区、敏感行业的境外投资项目，由国家发改委核准；其中，中方投资额20亿美元及以上的，由国家发展改革委提出审核意见报国务院核准。其他境外投资项目，实行备案管理。

20. D【解析】本题考查对外贸易救济中反倾销措施的相关内容。根据规定，终裁决定确定倾销成立，并由此对国内产业造成损害的，可以征收仅倾销税。征收反倾销税，由商务部提出建议，国务院关税税则委员会根据商务部的建议做出决定，由商务部予以公告。选项D为正确选项。

21. D【解析】本题考查企业国有资产的监督管理体制。根据相关规定，企业国有资产属于国家所有，即全民所有。国务院代表国家行使企业国有资产所有权。

22. A【解析】本题考查票据签章对票据效力的影响。出票人在票据上的签章不符合票据法和相关法律规定的，票据无效，选项A正确；背书人、保证人和承兑人在票据上的签章不符合票据法和相关法律规定的，签章无效，但不影响票据上其他签章的效力，选项B、C、D错误。

23. C【解析】本题考查上市公司重大资产重组。发行股份购买资产，股份发行价格不得低于市场参考价的90%。市场参考价为本次发行股份购买资产的董事会决议公告日前20个交易日、60个交易日或120个交易日的公司股票交易均价之一。

24. C【解析】本题考查外国投资者出资方式。选项A：境外投资者在一般情况下应以外币出资；选项B：境外投资者可以进行跨境人民币直接投资，即以合法获得的"境外人民币"来华开展新设企业、增资、参股、并购境内企业等外商直接投资活动；选项D：经审批机关批准，外国投资者可以用其从中国境内举办的其他外商投资企业获得的人民币利润出资。

二、多项选择题答案及解析

1. AC【解析】本题考查法律行为。选项A属于赠与行为，选项C属于房屋租赁行为，都符合法律行为的形式要件。选项B、D并不发生法律后果。

2. AC【解析】本题考查退伙人对基于其退伙前的原因发生的合伙企业债务。选项A：退伙人对基于其退伙前的原因发生的合伙企业债务，承担无限连带责任；选项C：新合伙人对入伙前合伙企业的债务承担无限连带责任。

3. BCD【解析】本题考查公司设立阶段关于合同债务的相关规定。发起人以自己名义为设立公司与他人签订合同的，合同相对人有权请求该发起人承担合同义务；公司成立后，对合同明确表示承认，则合同相对人也有权请求公司承担合同义务，选项B、D正确；若公司终未能成立，合同相对人可请求该发起人承担合同责任，选项C正确。

4. AB【解析】本题考查外汇管理法律制度中特别提款权的相关知识。选项C：特别提款权本身不是货币；选项D：人民币加入特别提款权货币篮，标志着国际社会正式认可人民币成为世界主要货币之一。

5. BCD【解析】本题考查物权法律制度的"建设用地使用权"知识点。以出让方式取得土地使用权的，转让房地产时，应当符合下列条件：①按照出让合同约定已经支付全部土地使用权出让金，并取得土地使用权证书；②按照出让合同约定进行投资开发，属于房屋建设工程的，完成开发投资总额的25%以上，属于成片开发土地的，形成工业用地或者其他建设用地条件；③转让房地产时房屋已经建成的，还应当持有房屋所有权证书。

6. ABC【解析】本题考查特殊的普通合

伙企业执业风险防范措施。为化解经营风险，特殊的普通合伙企业从其经营收益中提取相应比例的资金留存或根据相关规定上缴至指定机构形成执业风险基金，选项A正确；执业风险基金用于偿付合伙人执业活动造成的债务，执业风险基金应当单独立户管理。选项B、C正确。特殊的普通合伙企业应当建立执业风险基金、办理职业保险，选项D错误。

7. AD〖解析〗本题考查有限责任公司股东会特别决议事项。根据《公司法》规定，股东会会议做出修改公司章程、增加或者减少注册资本的决议，以及公司合并、分立、解散或变更公司形式的决议，必须经代表2/3以上表决权的股东通过。

8. BCD〖解析〗本题考查股份有限公司股东的知情权。根据《公司法》规定，股份有限公司股东有权查阅公司章程、股东名册、公司债券存根、股东大会会议记录、董事会会议决议、监事会会议决议、财务会计报告。

9. ACD〖解析〗本题考查汇票的绝对必要记载事项。汇票的绝对必要记载事项包括：①表明"汇票"的字样；②无条件支付的委托；③确定的金额；④付款人名称；⑤收款人名称；⑥出票日期；⑦出票人签章。

10. AB〖解析〗本题考查赠与合同的相关内容。赠与合同成立后，赠与人的经济状况显著恶化，严重影响其生产经营或者家庭生活的，可以不再履行赠与义务，选项A正确；赠与可以附义务，不履行赠与合同约定的义务，赠与人可以撤销赠与，题目中甲乙约定赠与后甲可借用瓷瓶，若赠与后乙不同意借出，甲有权撤销赠与，选项B正确；附义务的赠与，赠与的财产有瑕疵的，赠与人在附义务的限度内承担与出卖人相同的责任，乙可要求甲进行赔偿，选项C错误；赠与合同具有无偿性和单务性特征，在赠与财产的权利转移前赠与人可撤销赠与，选项D错误。

11. ABCD〖解析〗本题考查国家出资企业的相关内容。根据规定，国家出资企业是指国家出资的国有独资企业、国有独资公司、国有资本控股公司、国有资本参股公司。本题所有选项均正确。

12. ABCD〖解析〗本题考查反垄断法律

制度其他协同行为的认定。非价格性其他协同行为的认定，应当考虑下列因素：①经营者的市场行为是否具有一致性；②经营者之间是否进行过意思联络或者信息交流；③经营者能否对一致行为做出合理的解释。此外，认定其他协同行为，还应当考虑相关市场的结构情况、竞争状况、市场变化情况、行业情况等。本题所有选项均正确。

13. BC〖解析〗本题考查涉外经济法律制度的合营企业的组织形式和组织机构。中外合资经营企业又称"合营企业"，合营企业的组织形式为有限责任公司，合资股份公司实际上是合营企业的一种，是按照股份有限公司形式组织的合营企业。本题应选择选项B、C。

14. BD〖解析〗本题考查反垄断法律制度的反垄断法的禁止行为。选项A属于反垄断法的适用排外；选项C属于垄断协议的豁免情形。

三、案例分析题答案及解析

【案例1】

（1）甲银行的拒付理由不成立。根据规定，承兑人不得以其与出票人之间的资金关系对抗持票人，拒绝支付汇票金额。本题中甲银行已经承兑，为票据的主债务人，不能以资金关系为由对持票人拒绝付款。

（2）B公司拒绝F公司追索的理由不成立。根据规定，票据债务人不得以自己与持票人的前手之间的抗辩事由对抗持票人，但持票人明知存在抗辩事由而取得票据的除外。本题F公司对B公司与C公司之间的合同纠纷并不知情，所以B公司不能拒绝F公司的追索权。

（3）B公司拒绝D公司追索的理由成立。根据规定，票据债务人不得以自己与持票人的前手之间的抗辩事由，对抗持票人。但是，持票人明知存在抗辩事由而取得票据的除外。本题D公司知道B公司和C公司之间的合同纠纷，所以B公司可以用对抗C公司的事由对抗D公司。

（4）D公司不能要求E公司承担票据责任。根据规定，保证人未在票据或者粘单上记载"保证"字样而另行签订保证合同或者保证条款的，不属于票据保证。因此D公司不能要求E公司承担票据责任。D公司可以按保证合同要求E公司承担保证责任。根据规定，保证人未在票据或者粘单上记载"保证"字样而另行签订保证合同或条款的，虽不属于票据保证，但仍具有民法上的保证效力。本题E公司与D公司签订了保证合同，因此D公司可以要求E公司承担合同中的保证责任。

【案例2】

（1）乙、戊、辛构成一致行动人。所谓一致行动，是指投资者通过协议、其他安排，与其他投资者共同扩大其所能支配的一个上市公司股份表决权数量的行为或事实。本题戊、辛两公司事先即做出无条件与乙公司保持一致行动的书面承诺，构成一致行动。

（2）①乙公司8月1日持有上市公司股份5%，戊、辛在8月1日～8月3日又分别购入上市公司2.5%的行为不符合规定。根据规定，通过证券交易所的证券交易，投资者持有或者通过协议、其他安排与他人共同持有一个上市公司已发行的股份达到5%时，应当在该事实发生之日起3日内，向国务院证券监督管理机构、证券交易所做出书面报告，通知该上市公司，并予以公告。在上述期限内，不得再行买卖该上市公司的股票。所以本题中，在8月1日起至3日内，乙公司及其一致行动人戊、辛两公司不能继续收购上市公司的股份。②乙公司8月16日和9月3日的公告行为不符合规定。根据规定，投资者持有或者通过协议、其他安排与他人共同持有一个上市公司已发行的股份达到5%后，其所持该上市公司已发行的股份比例每增加或减少5%，应在该事实发生之日起3日内，向国务院证券监督管理机构、证券交易所做出书面报告，通知该上市公司，并予以公告。

（3）①股票发行价格不符合规定。根据规定，上市公司发行股份的价格不得低于市场参考价的90%。市场参考价为本次发行股份购买资产的董事会决议公告日前20个交易日、60个交易日或者120个交易日的公司股票交易均价之一。②丁公司取得的股份在6个月后可以转让不符合规定。根据规定，特定对象以资产认购而取得的上市公司股份，自股份发行结束

之日起12个月内不得转让。

（4）董事会的到会人数符合规定。根据规定，董事会会议应有过半数的董事出席方可举行。题目中董事11人，到会7人，符合规定。

（5）董事会的决议没有通过。根据规定，董事会做出决议必须经全体董事的过半数通过。题目中董事11人，只有5人同意，未超过半数，不符合规定。

（6）人民法院不受理乙公司的起诉。根据规定，董事、高级管理人员的行为侵犯公司利益，股份有限公司连续180日以上单独或者合计持有公司1%以上股份的股东，可以书面请求监事会向人民法院提起诉讼。本题中乙公司持股时间不足180日，不具有提起股东代表诉讼的资格。

【案例3】

（1）甲拒绝缴纳剩余100万元出资的理由不成立。根据规定，债务人的出资人尚未完全履行出资义务的，管理人应当要求该出资人缴纳所认缴的出资，而不受出资期限的限制。

（2）管理人拒绝B公司取回家具的理由成立。根据规定，权利人行使取回权时未依法向管理人支付相关的加工费、保管费、托运费、委托费、代销费等费用，管理人拒绝其取回相关财产的，人民法院应予支持。

（3）管理人拒绝将C公司主张的债权编入债权登记表的理由不成立。根据规定，管理人收到债权申报材料后，应当登记造册，对申报的债权进行审查，并编制债权登记表。管理人必须将申报的债权全部登记在债权登记表上，不允许以其认为债权不能成立为由拒绝编入债权登记表。

（4）管理人拒绝C公司参加第一次债权人会议不符合企业破产法律制度的规定。根据规定，凡是申报债权者均有权参加第一次债权人会议，有权参加对其债权的核查、确认活动，并可依法提出异议。

（5）管理人指定本所注册会计师为债权人会议主席不符合企业破产法律制度的规定。根据规定，债权人会议设主席一人，债权人会议主席由人民法院在有完全表决权的债权人中指定。

【案例4】

（1）①甲有义务维修。根据规定，出租人应当履行租赁物的维修义务，但当事人另有约定的除外。②乙有权要求甲支付维修费用，根据维修时间相应减少租金或延长租期，但不能要求甲支付维修期间住宾馆费用。根据规定，出租人未履行维修义务的，承租人可以自行维修，维修费用由出租人负担。因维修租赁物影响承租人使用的，应当相应减少租金或者延长租期。

（2）甲有权要求乙赔偿洗衣机损坏的损失。根据规定，承租人经出租人同意，可以将租赁物转租给第三人。承租人转租的，承租人与出租人之间的租赁合同继续有效，第三人对租赁物造成损失的，承租人应当赔偿损失。本题丙对洗衣机造成的损失，应由乙承担。

（3）乙有权拒绝甲关于支付第2年租金的要求。根据规定，承租人应当按照约定的期限支付租金。对支付期限没有约定或者约定不明确，依照规定仍不能确定，租赁期间不满1年的，应当在租赁期间届满时支付，租赁期间1年以上的，应当在每届满1年时支付，剩余期间不满1年的，应当在租赁期间届满时支付。

（4）丁取得了房屋所有权。根据规定，不动产物权的设立、变更、转让和消灭，经依法登记，发生效力，未经登记，不发生效力，但法律另有规定的除外。本题已经办理产权登记手续，丁取得了房屋的所有权。

（5）乙关于其优先购买权受到侵害的主张不成立。根据规定，出租人将房屋出卖给近亲属（如配偶、父母、子女、兄弟姐妹等）的，承租人不得主张优先购买权。

（6）丁不能要求乙搬离房屋。根据规定，租赁物在租赁期间发生所有权变动的，不影响租赁合同的效力。本题中甲、乙签订的租赁合同在房屋所有权转移后继续有效，因此租赁期限内，乙可以继续居住。